개정2판

Accounting for Hospitality Industry : A Basic Perspective

K-IFRS에 따른

호텔회계의 이해

류 철 저

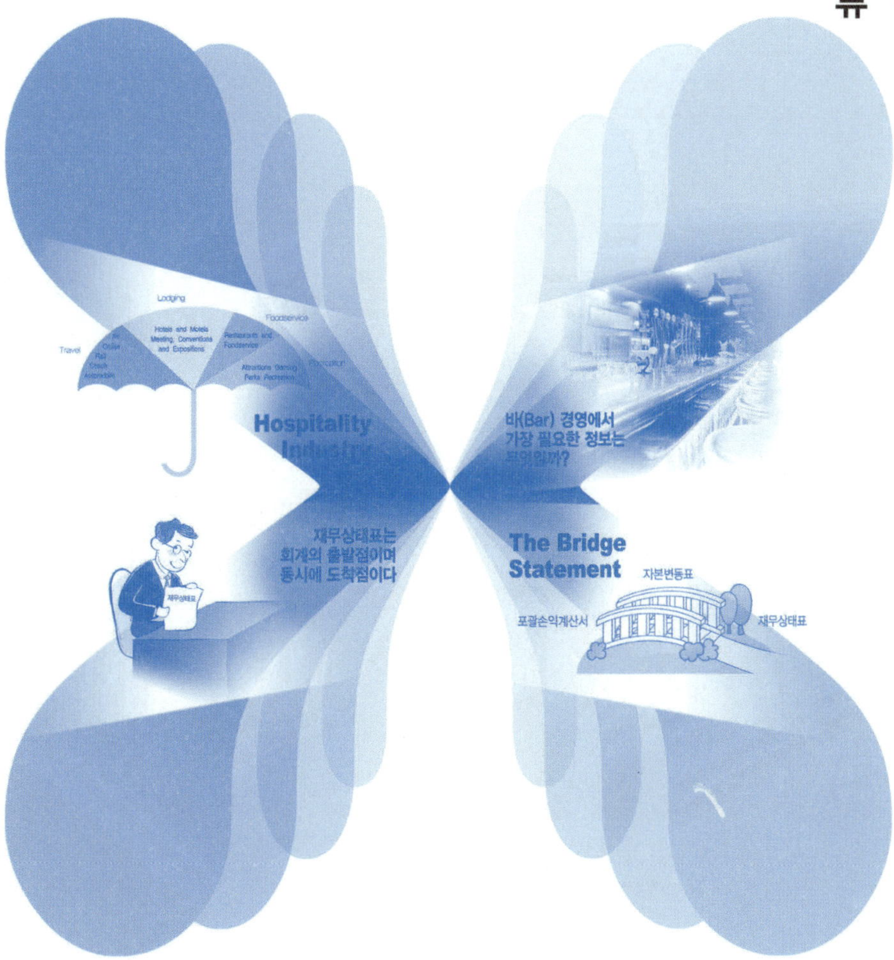

백산출판사

개정판 머리말

K-IFRS가 적용되면서 회계정보이용자 입장에서 고려해야 할 몇 가지 중요한 변화가 있다. 첫째는 K-IFRS에서는 재무제표를 자회사와 연결하여 포괄적으로 간략히 표시하도록 하였다. 그래서 주석에 보다 많은 정보가 담겨지게 되었다. 이에 따라 주석의 기능이 매우 중요해졌다. 또한 둘째로 회계정보가 포괄적으로 표시되어 많은 계정이름들이 바뀌어졌다. 그래서 재무제표분석과 같은 분야들은 좀 더 면밀히 검토하여 수정해야할 필요가 있다. 셋째 각 보고서별로 제시되었던 작성기준이 공통적인 재무제표작성기준으로 마련되었다. 이에 작성기준이 명료해지고 개념들 간의 충돌이 해소되었다.

본 개정판에서는 이상과 같은 변화들을 살펴보면서 해당되는 부분들을 수정하고자 하였다. 그러나 아직도 불충분하고 미흡한 부분들이 읽힌다. 이는 필자의 수용능력에 한계가 있기 때문이지만 K-IFRS의 실무적용이 아직은 짧기 때문이기도 하다. 여러 교수님들과 독자들의 아낌없는 비판과 지적을 바란다.

책을 쓰는 일은 참으로 고된 작업이다. 대학에서의 연구실적 반영비율도 점차 미약해지고, 그에 반하여 쏟아야 하는 시간과 집중력은 논문 몇 편을 쓸 수 있을 정도를 필요로 한다. 그럼에도 불구하고 이 고행을 피하지 못하는 이유는 학생들에게 회계에 대한 체계적인 이해와 기업경영을 바라보는 폭넓은 안목, 그리고 호텔경영에 대한 정확한 관점을 갖도록 하기 위함이다. 본인의 의도와는 다르게 전달될 수도 있겠지만 적어도 그렇게 되기를 희망하기 때문이다.

끝으로, 본서의 외형적 완성도를 높이기 위하여 꼼꼼히 살펴주신 백산출판사 편집부 직원들께 깊은 감사를 드린다.

2014년 5월

머리말

한참 강의를 하다 학생들을 쳐다보면 무표정하다. 강의 내용을 확인해 보아도 머뭇거리기만 한다. 아무리 강의 수준을 낮추어도 이러한 현상은 근래 몇 년 동안 계속되어 왔다. 그래서 어느 대학에서는 회계학 과목을 점차 줄여나가거나, 심지어는 교육과정에서 삭제하기도 하였다고 한다. 올바른 판단인 것 같지는 않다. 기업의 언어인 회계정보에 대한 지식도 심어주지 않고 어떻게 호텔기업의 초석이 될 수 있는 일꾼으로 키웠다고 말할 수 있는가? 회계정보에 대한 기초적인 지식을 갖추지 못한 학생들이 몇 년 뒤 중견관리자로 성장해 가면서 부닥칠 상황을 생각해 보면 매우 우려되는 부분이다.

미국의 유명한 호텔리어인 Charles O'Toole은 호텔의 객실부문을 "The hotel is a wheel, the front is the hub."라고 하였다. 이러한 표현을 인용하여 'The company is a wheel, the accounting information is the hub.'로 바꾸면 어떨까? 그만큼 기업경영에서 회계정보가 차지하는 역할은 필수적이면서 막중하다.

분명, 일반 경영학은 물론 호텔경영학, 관광경영학 및 외식산업경영과 같은 특수 분야의 경영학을 전공하는 학생들일지라도 회계정보에 대한 이해가 얼마나 중요한가를 알아야만 한다. 그리고 회계정보를 이용하여 간단한 의사결정이라도 내릴 수 있어야만 한다. 그러지 않고서는 사회에 진출하여 합리적인 경제활동을 해나갈 수가 없다. 특히, 호텔기업에서는 근래에 이르러 화려한 외형보다는 효율과 이익중심의 사고를 강조하고 있다. 따라서 이러한 경향과 환경변화에 적응해 나가기 위해서는 회계정보에 대한 지식이 더욱 필요하다.

그렇다면 어떻게 해야 하는가? 매년 강의를 개설해 놓고 부닥치는 고민이었다. 이러한 고민에는 교수방법은 물론 강의의 범위, 내용의 깊이, 그리고 실무에서의 유용성 등이 모두 포함된다. 본서에서는 이러한 고민들을 조심스럽게 조금씩 해결해 보고자 하였다.

우선, 회계에서 필요로 하는 근본적인 원칙을 심어주고자 하였다. 그리하여 회계학을 이용하여 여러 경영 현상을 보는 경제적 관점을 키우고, 내용의 깊이보다는 실무에서 부닥칠 수 있는 여러 현상들을 폭넓게 이해할 수 있도록 안내하였다.

다음으로, 호텔기업에서 왜 회계정보가 필요하며, 어떻게 응용되고 있는가를 학생 스스로 깨달아 나갈 수 있도록 정리하고자 하였다. 그리하여 학생들로 하여금 회계정보에 대한 필요성과 응용 범위를 이해하여 경영 각 분야에서 활용할 수 있는 안목을 갖추도록 하였다.

그리고 이러한 학습 결과, 사례 호텔기업의 회계정보들을 직접 확인하면서 활용할 수 있도록 함으로써 호텔경영을 평가하는 새로운 관점을 키우고자 하였다. 그리하여 학생들 스스로 호텔기업의 중견관리자로 성장해 나갈 수 있는 잠재능력을 갖출 수 있도록 하였다.

이상과 같은 방향을 담아 본서는 다음과 같이 구성하였다.

제1부에서는 우선 제1장에서 여러 사례들을 이용하여 학생들로 하여금 회계정보가 필요한 이유를 이해할 수 있도록 하였다. 이를 바탕으로 제2장에서는 회계정보를 기업의 언어라고 하는 까닭과 제3장에서 회계정보에 익숙해져야 하는 필요성을 인식하도록 하였다.

제2부에서는 회계정보가 기록·요약·산출되는 과정을 제5장부터 제9장까지 설명하였다. 여기에서는 회계기록 시 가장 기초가 되는 회계등식의 원리를 이용하여 기초적인 회계처리과정을 정리할 수 있도록 하였다. 그리고 제10장에서는 우리나라 호텔기업 회계제도의 특징을 찾아보고자 하였다. 이렇게 제1부와 제2부에서는 학생들로 하여금 호텔기업에서 회계정보가 필요한 이유와 처리과정을 이해할 수 있도록 하였다.

제3부에서는 호텔기업 현장에서 가장 폭넓게 활용하고 있는 재무제표분석과 CVP분석을 다루었다. 제11장과 제12장에서는 재무제표분석 방법과 비율분석에 대하여 살펴보았고, 제13장과 제14장에서는 원가정보의 중요성과 CVP분석에 대해 설명하였다. 이러한 도구들은 쉬우면서도 그 활용도가 매우 높다. 그래서 사례를 중심으로 설명하면서 특정 상황에서 최적의 의사결정을 내릴 수 있도록 유도하였다.

이렇듯 호텔회계에 대한 기본적 관점 중심, 학생 이용자 중심으로 구성하다 보니 간과해버린 부분들도 있다. 특히, 재무제표의 주요 계정과목과 호텔영업회계에 대한 상세한 설명들을 담지 못하였다. 또한, 호텔회계에 대하여 매우 기초적인 관점을 중심으로 다루었기 때문에 추가적으로 필요한 원가·관리회계에 대한 깊이 있는 설명이 생략되었다. 이 부분들은 중급과정에서 다루는 것이 현실적 측면을 고려할 때 합당하다고 생각하였다. 이외에도 한 학기 학습용으로 개발하다 보니 여러 제약으로 인하여 미흡한 부분들이 많이 있다. 독자들의 아낌없는 지적과 비판을 바란다.

본서를 저술하면서 Gray & Liguori(2003), Meigs, Meigs, Bettner, & Whittington(1996), Moncarz & Portocarrero(2002), Nykiel(2005), Rutherford(2002), Vallen & Vallen(2000), Walker(2004), Weygandt, Kieso, & Kell(1996), 최정길(2005) 등의 문헌을 많이 활용하

였다. 특히, 국내의 호텔회계 관련서 중에서 경희대학교 최정길 교수의 저서는 매우 반가운 도서였다. 호텔회계 분야에 대하여 중요하고 새로운 관점들을 제시하고 있어 많은 도움이 되었다. 진정한 땀이 배어 있는 저서가 주는 즐거움을 느낄 수 있었다.

본서의 출판을 위해 지원을 아끼지 않으신 백산출판사의 秦旭相 사장님, 산뜻한 편집과 꼼꼼한 교정으로 본서의 완성도를 높여주신 편집부 직원들께 깊은 감사를 드린다.

2009년 5월

Brief Contents

제1부 왜 회계정보가 필요한가?

제1장 다섯 가지 사례

제2장 왜 회계정보를 '기업의 언어'라고 하는가?

제3장 이제는 회계정보에 익숙해져야만 한다

제2부 회계정보는 어떻게 요약되는가?

제4장 회계실무는 어떤 체계에 근거하고 있는가?

제5장 회계등식에 숨겨진 비밀을 찾아서

제6장 회계정보는 어떻게 기록되는가?

제7장 회계정보는 어떻게 산출되는가?

제8장 호텔기업의 재무상태와 경영성과는 어디에 기록되는가?

제9장 호텔기업의 자본과 현금의 변화는 어떻게 기록되는가?

제10장 호텔기업의 회계제도는 어떤 특징이 있는가?

제3부 회계정보를 어떻게 활용할 수 있는가?

제11장 재무제표는 어떻게 분석할 수 있는가?

제12장 간단하면서도 풍부한 정보를 제공하는 도구(Ⅰ): 비율분석

제13장 왜 원가정보가 중요한가?

제14장 간단하면서도 풍부한 정보를 제공하는 도구(Ⅱ): CVP분석

[부록]

참고문헌

찾아보기

Contents

제1부 왜 회계정보가 필요한가?

제1장 다섯 가지 사례 17

1.1 블루오션을 찾아보자 • 18

1.2 바(bar) 사업계획서에서 가장 중요한 정보는 무엇인가? • 20

1.3 차 한 대 팔면 얼마나 남을까? • 23

1.4 청년 창업바람 • 25

1.5 재무제표란 무엇이고 왜 중요한가? • 28

제2장 왜 회계정보를 '기업의 언어'라고 하는가? 31

2.1 기업의 특성과 형태 • 32

1. 기업이란 무엇인가? / 32
2. 기업의 종류에는 어떤 것이 있는가? / 35

2.2 기업경영과 경영순환과정 • 39

1. 경영이란 무엇인가? / 39
2. 경영은 어떤 순환과정을 거치는가? / 42

2.3 기업의 경영활동과 회계정보 • 43

1. 기업의 경영활동이란 무엇인가? / 43
2. 왜 회계정보를 '기업의 언어'라고 하는가? / 45

제3장 이제는 회계정보에 익숙해져야만 한다 47

3.1 호텔산업의 특징 • 48

1. 호스피텔러티산업의 범위 / 48
2. 호텔산업의 일반적 특징 / 50

3. 호텔기업의 재무비용상 특징 / 52

3.2 호텔기업의 종류와 조직구조 • 53

1. 호텔의 분류 / 53
2. 호텔기업의 조직적 특성과 조직구조 / 55

3.3 호텔경영에서 가장 중요한 관점의 변화 • 60

1. 호텔산업이 직면한 문제들 / 60
2. 왜 회계정보에 익숙해져야 하는가? / 61

제2부 회계정보는 어떻게 요약되는가?

제4장 회계실무는 어떤 체계에 근거하고 있는가? 67

4.1 회계의 의의와 목적은 무엇인가? • 69

1. 회계의 의의 / 69
2. 회계의 목적 / 72

4.2 회계실무는 어떠한 체계에 근거하고 있는가? • 73

1. 회계의 개념적 체계는 어떻게 이루어졌는가? / 73
2. 회계가정은 왜 필요한가? / 75
3. 왜 회계정보의 질적 속성이 필요한가? / 77
4. 회계원칙은 어떤 역할을 하는가? / 80
5. 회계관습이란 무엇인가? / 82

제5장 회계등식에 숨겨진 비밀을 찾아서 85

5.1 회계는 정보시스템이다 • 86

5.2 회계등식에 숨겨진 비밀을 찾아서 • 88

1. 회계등식이란 무엇인가? / 88
2. 회계등식에 숨겨진 비밀을 찾아서 / 89
3. 회계정보의 특성 / 94

5.3 회계정보는 누가 이용하는가? • 94

제6장 회계정보는 어떻게 기록되는가? 99

6.1 회계정보는 어떤 과정을 거치면서 산출되는가? • 101

6.2 회계거래의 확인과 분석 • 103

1. 회계상의 거래란 무엇인가? / 103
2. 회계상 거래의 특징 / 104
3. 회계등식을 이용한 거래의 기록 / 105
4. 수많은 회계거래들은 어떻게 정리하는가? / 111

6.3 분 개 • 115

1. 왜 분개과정이 필요한가? / 115
2. 사례 연습 / 115
3. 분개장에 기입하기 / 118

6.4 전 기 • 119

제7장 회계정보는 어떻게 산출되는가? 123

7.1 결산의 의의와 절차 • 124

7.2 결산 예비 절차 • 125

1. 시산표의 작성 / 125
2. 결산 수정 분개 / 128
3. 정산표의 작성 / 130

7.3 결산 본 절차 • 132

제8장 호텔기업의 재무상태와 경영성과는 어디에 기록되는가? 135

8.1 재무제표란 무엇인가? • 137

1. 재무제표란 무엇인가? / 139
2. 일반적으로 인정된 회계원칙 / 140
3. 재무제표 작성기준 / 141

8.2 재무상태 • 144

1. 재무상태표에 담긴 정보내용 / 144
2. 재무상태표의 형식 / 146

3. 자　산 / 149
4. 부　채 / 153
5. 자　본 / 154

8.3 손익계산서와 포괄손익계산서 • 156

1. 손익계산서 vs. 재무상태표 / 156
2. 수　익 / 157
3. 비　용 / 158
4. 손익계산서의 형식 / 158
5. 포괄손익계산서 / 162

제9장 호텔기업의 자본과 현금의 변화는 어떻게 기록되는가? 163

9.1 자본변동표 • 165

9.2 현금흐름표 • 167

1. 왜 현금흐름표가 중요한가? / 167
2. 현금흐름표의 정보내용과 정보흐름 / 168

9.3 재무제표 사이의 정보흐름 • 172

9.4 재무제표는 어떻게 공시되는가? • 174

1. 재무제표의 공시 시점 / 175
2. 외부감사제도 / 176

제10장 호텔기업의 회계제도는 어떤 특징이 있는가? 179

10.1 호텔기업의 회계기준 • 180

1. 우리나라의 기업회계기준 / 180
2. 미국의 숙박산업 회계기준 / 182
3. 기업회계기준과 USAL의 비교 / 183

10.2 호텔기업의 손익계산 • 186

1. 총괄식 손익계산서와 부문별 손익계산서 / 186
2. 부문별 손익계산방식의 활용 / 189

10.3 야간감사 • 194

1. 감사의 종류 / 194
2. 야간감사란 무엇인가? / 196
3. 야간감사자의 업무 / 197

제3부 회계정보를 어떻게 활용할 수 있는가?

제11장 재무제표는 어떻게 분석할 수 있는가? 201

11.1 재무제표분석이란 무엇인가? • 202

1. 재무제표분석이란 무엇인가? / 202
2. 왜 재무제표를 이용하는가? / 204
3. 어떤 방법들이 있는가? / 204

11.2 수직적 분석방법 • 207

11.3 수평적 분석방법 • 211

1. 수평적 분석방법이란 무엇인가? / 211
2. 추세형 재무제표를 이용한 평가방법 / 211
3. 재무비율의 추세를 이용한 평가방법 / 214

제12장 간단하면서도 풍부한 정보를 제공하는 도구(I): 비율분석 219

12.1 창업 사례의 분석 • 220

12.2 비율분석이란 무엇인가? • 222

1. 비율분석의 의의와 유용성 / 222
2. 재무비율의 종류 / 224

12.3 사례 기업 분석 • 225

1. 안정성비율 / 229
2. 수익성비율 / 232
3. 성장성비율 / 235
4. 활동성비율 / 236

12.4 비율분석을 이용한 경영평가방법 • 240

1. 상호비교법을 이용한 평가방법 / 240
2. 추세분석법을 이용한 평가방법 / 243
3. 비율분석을 이용한 경영평가방법의 한계 / 243

제13장 왜 원가정보가 중요한가? 247

13.1 원가를 알면 경제가 보인다 • 248

13.2 원가란 무엇인가? • 251

1. 원가란 무엇인가? / 251
2. 재무회계와 어떤 차이가 있는가? / 252
3. 왜 원가정보가 중요한가? / 254

13.3 원가에는 어떤 종류가 있는가? • 255

1. 추적가능성에 따른 분류 / 255
2. 제조활동과의 관련성에 의한 구분 / 256
3. 원가행태에 의한 분류 / 260
4. 통제가능 여부에 따른 분류 / 262
5. 의사결정과의 관련성에 따른 분류 / 262

13.4 제품의 제조원가는 어떻게 산출되는가? • 263

13.5 원가의 개념을 어떻게 활용할 수 있는가? • 266

1. Off season에도 영업을 계속할 것인가? / 266
2. 어느 레스토랑을 구입하는 것이 유리한가? / 267

제14장 간단하면서도 풍부한 정보를 제공하는 도구(II): CVP분석 271

14.1 CVP(Cost-Volume-Profit)분석이란 무엇인가? • 272

1. 간단하지만 매우 중요한 문제들 / 272
2. CVP분석이란 무엇인가? / 273
3. CVP분석을 위한 몇 가지 가정 / 274

14.2 CVP분석을 위한 기본 개념의 이해 • 277

1. 손익분기점은 어떻게 찾는가? / 277
2. 공헌이익이란 무엇인가? / 280
3. 공헌이익률이란 무엇인가? / 281

14.3 CVP분석 활용해 보기 • 283

1. 목표이익을 고려하면 어떻게 되는가? / 283
2. 영업레버리지는 어떤 경우에 사용하는가? / 284
3. 복수제품일 때는 어떻게 하는가? / 286

[부록] 291

1. 기업회계 기준서 제1001호 재무제표 표시 / 292
2. 호텔신라 감사보고서(20×2) / 325
3. USAL SAMPLE CHART / 351
4. USAL 대차대조표, 손익계산서, 각종 명세서 / 356

참고문헌 364

찾아보기 369

Accounting for Hospitality Industry : A Basic Perspective

제1부

왜 회계정보가 필요한가?

제1장 다섯 가지 사례

제2장 왜 회계정보를 '기업의 언어'라고 하는가?

제3장 이제는 회계정보에 익숙해져야만 한다

제1장
다섯 가지 사례

1.1 블루오션을 찾아보자

1.2 바(bar) 사업계획서에서 가장 중요한 정보는 무엇인가?

1.3 차 한 대 팔면 얼마나 남을까?

1.4 청년 창업바람

1.5 재무제표란 무엇이고 왜 중요한가?

01 Accounting for Hospitality Industry: A Basic Perspective

다섯 가지 사례

1.1 블루오션을 찾아보자

본서의 독자들은 언젠가는 호텔기업에서 중심적 역할을 담당하게 될 사람들이다. 호텔기업의 중견 사원으로 성장하기 위해서는 수많은 경쟁을 극복해 나갈 수 있는 능력을 갖추어야만 한다. 이러한 경쟁을 이겨 나가려면 무언가 다른 사람들과 차별화된 역량을 개발해야 한다. 즉, 경쟁 사회에 각자의 경력들을 up-loading시켰을 때 우선적으로 인정받을 수 있는 특징과 능력을 갖추고 있어야만 한다.

다음의 사례는 『블루오션 전략』이라는 도서에 담긴 내용의 일부이다.[1] 호텔산업, 더 좁게는 호텔기업, 호텔 종사원의 업무들 중에도 존재할 수 있는 블루오션이 무엇인가를 생각해 보자.

1) 강혜구 옮김(2005). 『블루오션 전략』, 서울: 교보문고. 5~7.

[사례 1-1] 블루오션(blue ocean)이란 무엇인가?

블루오션은 현재 존재하지 않는 모든 산업을 나타내며 아직 우리가 모르고 있는 시장 공간이다. 그렇기 때문에 블루오션에서는 게임의 규칙이 아직 없고 경쟁과도 무관하다.

레드오션은 오늘날 존재하는 모든 산업을 뜻하며 이미 세상에 알려진 시장 공간이다. 블루오션은 현재 존재하지 않는 모든 산업을 나타내며 아직 우리가 모르고 있는 시장 공간이다. 레드오션에서는 산업 간의 경계선이 명확하게 그어져 있다. 우리는 이를 받아들이고 그 게임의 법칙 또한, 알고 있다.

기업들은 기존 수요에서 보다 큰 점유율을 얻기 위해 경쟁자를 능가하려 애쓴다. 시장 참가자 수가 늘어남에 따라 수익과 성장에 대한 기대치는 낮아진다. 애써 개발한 상품은 흔한 일상품이 되고 목을 죄는 경쟁으로 시장은 유혈의 붉은 바다로 변한다.

이와는 대조적으로 블루오션은 미개척 시장 공간으로 새로운 수요 창출과 고수익 성장을 향한 기회로 정의된다. 블루오션은 기존 산업의 경계선 바깥에서 완전히 새롭게 창출되는 경우도 있으나 대부분은 기존 산업을 확장하여 만들어졌다.

블루오션에서는 게임의 규칙이 아직 정해지지 않았기 때문에 경쟁과 무관하다. 레드오션에서는 경쟁자를 능가하기 위해 붉은 바다를 잘 헤쳐 나가는 것이 중요하며 또한, 그럴 것이다. 그리고 이것은 언제나 비즈니스 라이프의 현실이다.

공급이 수요를 초과하는 대부분 산업의 경우, 축소되는 시장 공간에서 점유율 경쟁이 필요한 것은 사실이다. 그러나 점유율에서 우위를 점한다고 하더라도 지속적으로 높은 실적을 내기는 어렵다.

기업은 이러한 한계를 뛰어넘어야 한다. 그리고 수익과 성장의 새로운 기회를 잡기 위해 블루오션을 창출해야 한다.

아쉽게도 블루오션은 항해지도에 잘 나타나 있지 않다. 지난 20년간 절대적 영향력을 미친 기업의 경영 전략 업무 포커스는 경쟁을 바탕으로 한 레드오션 전략이었다.

- 중략 -

블루오션이란 용어는 분명 새로운 것이지만 블루오션 자체가 과거에 존재하지 않았던 것은 아니다. 즉, 과거에도 있었고 현재에도 있는 비즈니스 라이프의 한 형태다. 100년 전으로 거슬러 올라가 보자. 오늘날의 산업 가운데 얼마나 많은 산업이 그 당시에는 존재조차 하지 않았던가. 자동차, 음반, 항공, 석유화학, 건강, 경영 컨설팅 같은 기본 산업 분야조차 그때는 거론되지 않았거나 막 모습을 드러냈다.

1.2 바(bar) 사업계획서에서 가장 중요한 정보는 무엇인가?

바(bar)는 고객이 이용하기 편리한 곳에 일정한 시설을 갖추어 놓고 각종 음료와 음식을 제공하는 영업장을 말한다. 호텔의 메인 바, 로비 라운지 바, 스카이 라운지 바와 같이 매우 고급스러운 곳도 있지만, 일반인들이 편하게 이용할 수 있는 저렴하면서도 대중적인 곳도 있다. 경제적 수준이 높아지면서 바는 휴식 공간은 물론 사교 공간으로서의 역할도 담당하게 되어 이용 고객이 점차 늘어나고 있다.

다음의 [사례 1-2]는 Parry(2003)가 권장하고 있는 바(bar) 사업계획서의 개요이다.[2] 사업계획서란 사업의 목적과 시장현황 및 각종 수익과 비용에 대한 계획들에 대하여 요약한 서류를 말한다. 일종의 계획 중인 사업에 대한 청사진을 담아놓은 것이다.

[사례 1-2]의 사업계획서에서 가장 핵심적인 정보는 무엇인가?

먼저, 사업의 목적과 시장 상황에 대해 파악하고 있다. 그리고 자금 계획에서부터 3년간에 걸친 예상 손익계산에 이르기까지 손익과 현금에 대해 매우 면밀한 분석이 이루어져 있다.

이러한 사업계획서를 보면 바(bar)의 경영에서 가장 중요한 정보는 곧 재무정보라는 것을 알 수 있다. 이와 같이 재무정보에 대한 이해는 사업의 성패와 가장 직접적인 관련이 있기 때문에 사업 초기는 물론 경영과정에서 가장 필요하고도 중요한 것이다.

---

2) Parry, C.(2003). *Bar and Beverage Operation*, Florida: Atlantic Publishing Group, Inc. 116~117.

[사례 1-2] 바 사업계획서의 개요(예시)

재무정보에 대한 이해는 사업 초기는 물론 경영과정에서 가장 필요하고도 중요한 것이다.

Ⅰ. 표 지

Ⅱ. 사업의 목적

Ⅲ. 목 차

Ⅳ. 현 황
- A. 사업의 종류
- B. 시장 현황
- C. 경쟁
- D. 사업 운영 절차
- E. 인력
- F. 보험 사항
- G. 재무 자료

Ⅴ. 재무 정보
- A. 자금 차용 계획
- B. 자본적 장비 및 공급자 목록
- C. 대차대조표*
- D. 손익분기점 분석
- E. 예상 손익계산서*
  1. 3년 요약
  2. 1차 사업연도 월별 예상손익
  3. 2차, 3차 사업연도 분기별 예상손익
  4. 예상 추정 시의 가정
- F. 예상 현금흐름

Ⅵ. 관련 증빙서류
- A. 각종 세금 및 영업 관련 법규
- B. 프랜차이즈 사업의 경우 각종 계약 문건
- C. 리스 계약 관련 문건
- D. 자격증 및 법적 문건
- E. 각종 규정 및 공급자 관련 서류

*여기서 대차대조표와 손익계산서 표기는 원도서에 준하여 그대로 표기함.

[그림 1-1] 아름다운 바의 전경

이와 같이 아름다운 바가 계속적으로 운영되기 위해서는 그 무엇보다도 재무정보에 대해 치밀한 계획과 분석이 이루어져야만 한다.

1.3 차 한 대 팔면 얼마나 남을까?

영업이익(operating income)이란 매출액에서 매출원가와 판매관리비를 차감하여 산출한 이익이다. 주로 기업이 본래의 영업활동으로부터 벌어들인 성과가 어떠했는가를 평가할 때 이용되는 개념으로 기업의 수익성을 알 수 있는 중요한 지표 중의 하나이다.

국내 자동차 회사와 수입업체들이 차량 1대를 팔았을 때 거둔 영업이익은 얼마나 될까? 어느 회사가 차량 1대당 가장 높은 수익을 올렸을까?

다음의 [사례 1-3]은 차 한 대를 팔았을 때 영업이익이 얼마나 되는가를 비교한 것이다.[3] 이러한 정보들은 기업이 안고 있는 문제점을 파악하고 미래를 위한 의사결정을 하는 데 매우 중요하게 이용된다. 그렇기 때문에 대부분의 기업들은 이러한 분석을 수시로 수행하면서 경쟁력을 키워 나가고 있다.

그렇다면 이렇게 중요한 정보들은 어디서 얻을 수 있을까? 바로 기업경영과 관련된 회계정보를 요약한 각종 회계보고서(재무제표)에서 찾아볼 수 있다.

[사례 1-3] 차 한 대를 팔았을 때 영업이익은?

영업이익은 기업이 본래의 영업활동으로부터 벌어들인 성과를 평가할 때 이용되는 중요한 지표 중의 하나이다.

국내 최대 자동차 회사인 현대차가 지난해 차량 1대를 팔아 거둔 영업이익(대당 영업이익)이 최근 적자를 기록한 GM·포드는 물론 크라이슬러·폴크스바겐을 앞질렀다. 하지만 독일의 BMW·아우디 등 고급차 업체와 일본 도요타·혼다에 비해서는 크게 낮은 것으로 나타났다.

자산매각수익이나 이자수익을 제외한 순수 영업활동을 통해 얻는 현대차의 경우 국내 5위 자동차 업체인 르노삼성에 비해서도 대당 영업이익이 낮아, 환율하락에 따른 충격이 심한 것으로 나타났다.

26일 본지 산업부가 전 세계 주요 자동차 업체들의 지난해 경영실적을 분석한 결과, 현대차는 지난해 170만1,000대를 판매하고 1조3,841억원의 영업이익을 기록, 대당 81만3,697원의 이익을 올렸다. 이는 크라이슬러(64만757원), 폴크스바겐(21만753원) 등 해외시장의 주요 경쟁업체에 비해 높은 것이다.

3) 조선일보(2006). 03. 27.

현대차의 대당 영업이익은 비싼 고급차를 생산하는 BMW·아우디에 비해서는 크게 낮았다. BMW는 지난해 BMW·롤스로이스·미니를 합쳐 모두 132만7,992대의 차량을 판매하고 3조 6,190억원의 영업이익을 거둬, 대당 272만4,167원의 이익을 냈다. BMW는 현대차보다 판매대수는 37만여 대 적지만, 차량 1대를 판매해서 얻는 이익은 현대차의 3.3배였다. 아우디도 대당 영업이익이 200만8,825원으로 높은 수준을 나타냈다.

BMW·아우디 등의 대당 영업이익이 높은 것은 '성능이 우수한 자동차'라는 브랜드 파워를 바탕으로 비싼 가격에 차를 팔고 있기 때문이다. 아우디·폴스크바겐 그룹의 베른트 피셰츠리더 회장은 "양산(量産)차량보다는 '부자들의 장난감'으로 불리는 고급 차종이 판매량은 적지만 더 큰 수익을 낸다."면서 "자동차 업체의 경쟁력을 높이려면 수익성 높은 신차를 개발해야 한다."고 말했다.

3월 결산법인인 일본 도요타와 혼다도 2004년 4월부터 2005년 3월까지 각각 대당 188만 4,723원, 162만4,979원의 영업이익을 기록, 현대차를 큰 폭으로 앞질렀다.

이번 조사에서 눈에 띄는 점은 고급차의 대명사인 메르세데스 벤츠가 지난해 대당 48만 7,636원의 적자를 기록한 점이다. 이는 지난해 신형 S클래스가 9월에 출시되면서 구형 모델의 판매가 감소, 벤츠의 판매량이 사상 처음으로 BMW에 밀리면서 판매가 부진했기 때문이다. 다임러크라이슬러의 디터 제체 회장은 메르세데스 벤츠의 수익성 향상을 위해 8,500명의 감원을 추진하는 등 대대적인 구조조정에 나섰다.

지난해 심각한 재무위기를 겪은 GM(-56만4,565원)과 포드(-14만3,737원)도 과도한 복지비용과 할인판매 경쟁으로 대규모 적자를 기록, 대당 이익이 마이너스를 기록했다. 국내 브랜드가 해외 시장에 파고들 여지가 많지 않다.

국산차 업체 중엔 르노삼성이 대당 107만5,313원의 영업이익을 거둬, 현대차를 앞지르는 이변을 낳았다. 이는 르노삼성이 고급차 SM7을 경쟁차종인 현대차 그랜저(TG)보다 약 6개월 일찍 출시, 시장을 선점하면서 판매가 증가했기 때문이다.

반면, 현대차의 대당 영업이익은 2004년(118만원)보다 낮아져, 환율하락으로 인한 타격이 심각한 것으로 나타났다. 또 지난해 내수판매 부진을 겪었던 기아차는 대당 영업이익이 5만4,861원에 머물렀고, 영업적자를 낸 쌍용차는 대당 1만4,861원씩의 손실을 기록했다.

현대증권 송상훈 애널리스트는 "국산차의 대당 수익성을 경쟁관계인 일본차 수준으로 끌어올리려면 고부가가치 차종을 개발하고 브랜드 이미지를 개선하는 전략을 마련해야 한다."고 말했다.

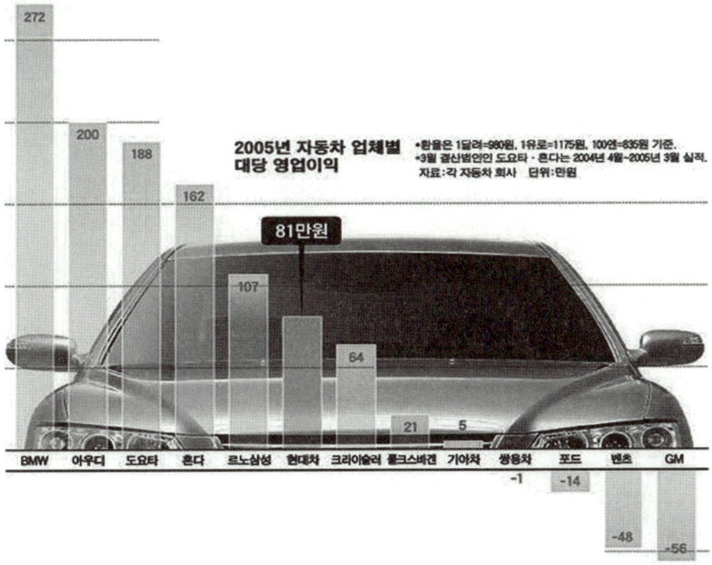

[그림 1-2] 차 한 대의 영업이익 비교

기업의 영업이익이란 매출원가와 판매관리비를 제외한 순수 영업활동을 통해 얻는 수익이다. 그래서 판매대수당 영업이익은 자동차 회사의 수익성을 보여주는 중요한 지표다.

1.4 청년 창업바람

창업은 자신의 의지에 따라 누구나 할 수 있는 것이다. 그러나 일반 회사에서 일하는 것보다 적극적이고 개인적인 사업방식으로 운영되기 때문에 성공가능성은 천차만별이라고 할 수 있다. 따라서 무턱대고 시작하기보다는 자신의 여러 가지 여건과 시장 환경을 고려하고, 다양한 창업 사례를 면밀히 검토·분석한 후에 시작하는 것이 바람직하다.

창업을 위해서는 개인적인 사업방식(경영철학이나 경영방법)을 습득하고 자신의 여건(특히 경제적 여건이나 영업력)과 시장 환경(경쟁의 정도, 기술력, 산업 특성 등)을 분석적으로 이해하기 위한 능력을 갖추어 나가는 과정이 필요하다. 그리고 경영의 결과를 평가할 수 있는 능력도 갖추어야만 한다.

다음의 [사례 1-4]는 네 가지 창업 사례에 대한 내용이다.[4] [사례 1-2]의 바(bar) 사업계획서의 개요를 생각하면서, 다음과 같은 의문점을 갖고 기사를 읽어 보기 바란다. 여기서 가장 중요한 정보가 무엇인가도 논의해 보자.

- 창업을 하려면 우선 준비해야 할 일이 무엇일까?
- 각 사례 중에서 순수익이 가장 큰 아이템은 어느 것인가?
- 네 가지 창업아이템 중에서 한 가지를 선택하려면 어느 아이템을 선택할 것인가? 이때, 선택의 기준은 무엇인가?

[사례 1-4] 창업 사례 비교

창업 시 가장 중요한 정보는 사회적 환경과 수익성에 대한 것이다.

"나를 알아주는 회사가 없다면 아예 내가 회사를 차려 사장이 되지, 뭐." 20, 30세대들 사이에 창업바람이 불고 있다.

최근 온라인 리크루트 업체 잡코리아가 대학생들의 창업동향에 관한 설문조사를 실시한 결과 남녀 대학생 1,235명 중 464명(37.6%)이 '취업' 대신 '창업'을 준비하고 있다고 답했다. '창업 준비를 하고 있지 않다'고 응답한 771명의 절대 다수인 705명(91.4%)도 "상황에 따라 훗날 창업 계획이 있다."고 말했다. 청년 창업 붐은 '평생직장' 개념이 깨지고 '평생직업'이 그 자리를 대신하면서 등장한 신세대 풍속도. 친구들이 용돈 걱정을 하고 있는 사이, 사업에 대한 열기와 자신만의 독창적인 경영 아이디어로 적잖은 매출과 수익을 창출하고 있는 청년사업가들도 적지 않다.

"직장생활의 미래란 게 뻔히 보이잖아요. 젊음을 밑천 삼아 창업에 도전해 보기로 한 겁니다." 경기도 고양에서 악취제거제품 전문점 '왕코 2125'를 운영 중인 이연찬(28) 사장은 요즘 자신감으로 가득 차 있었다. 생활 속의 악취를 제거하는 악취제거 제품이란 틈새시장에 뛰어들어 기대 이상의 성공을 거두고 있기 때문이다.

"저도 직장생활을 5년 넘게 했습니다. 시간이 지나면서 미래에 대한 불안이 엄습해 오더군요. 구조조정이다, 명퇴다 해서 한창 일할 나이에 그만두는 분들도 많이 봤고요."

---

4) 조선일보(2002). 12. 13.

올 4월 회사를 그만두고 창업 준비에 들어갔다. 관련 서적과 인터넷을 샅샅이 뒤졌다. 창업 아이템은 많은데 이 사장의 마음에 꼭 와 닿는 업종은 없었다. 그러나 사업도 인연이 있는 것일까. 친구 소개로 지난 달 창업을 했다. 이 사장이 점포 비용을 포함해서 창업비용으로 쓴 돈은 모두 2,000만원. 첫 달 월 매출 900만원에 순수익은 300만원을 넘겼다.
"직장생활보다는 창업을 권하고 싶습니다."

서울 화양동에서 잉크충전방 '굳웰잉크'를 운영하고 있는 이성환(33) 사장은 작년 12월까지만 해도 평범한 샐러리맨이었다. "문득 이런 생각이 들더군요. 평생 회사 속에 갇혀 아등바등 살지도 모른다는 불안감이요. 내 사업을 해야겠다는 생각이 강렬했습니다."

창업하기로 마음을 먹자 인터넷과 신문을 꼼꼼히 검색했다. 소규모 창업에서 아이템이 중요하다는 것을 이 사장 본인이 잘 알고 있었다.

"신문을 읽다가 '잉크를 재충전해 주거나 잉크 관련 제품을 판매하는 소매점이 있다'는 문구가 눈에 확 들어오더군요. 바로 본사로 달려갔죠." 직장생활을 할 때 알게 된 사람이 마침 잉크충전방을 하고 있었다. 그를 통해 관련 자료와 잉크충전방의 전망에 대해 자세히 알게 됐다.

지난 6월 개점한 이 사장이 점포 비용을 포함해 창업비용으로 지출한 돈은 4,000만원 정도. 월 매출 1,000만원에 순수익은 300만원이 넘는다. "젊음은 도전이라고 그러잖아요. 자신의 위치에서 안주하지 않고 미래를 내다보고 도전해 보는 것도 소중하다고 생각합니다."

서울 대치동에서 세계맥주전문점 '와바'를 경영하고 있는 김재범(29) 사장은 '사업'에 대한 원대한 꿈을 갖고 있다. 국내 프랜차이즈 업계의 대표적인 브랜드와 체인점을 꾸려 나가는 것이 그것이다. '와바' 창업 전에는 편의점을 3년간 운영한 경험도 있다.

"사람들은 편의점이 잘 안돼 업종 변경을 한 줄 알아요. 사실 편의점도 본사에서 인정받을 정도로 매출이 컸습니다. 더 이상 배울 것이 없다고 생각하니까 관심이 떨어지더군요."

세계맥주 전문점이란 100여 가지가 넘는 세계 각국 맥주를 부담 없는 가격으로 즐길 수 있는 신개념의 맥주 전문점을 말한다.

김 사장이 점포 보증금을 포함해 창업비용으로 쓴 돈은 모두 3억원 정도. 편의점 때 벌어놓은 돈이 밑천이 됐다. 12월 현재 월 매출 3,600만원에 순이익 1,100만원 정도를 올리고 있다. "창업을 적극 권합니다. 직장생활에서도 배울 게 많겠죠. 하지만 자기 사업을 하면서 부딪히는 문제를 해결하면서 배우는 것에 비하면 적다고 할 수 있죠."

서울 여의도에서 온라인 인쇄 편의점 '번대 통신'을 운영하고 있는 황순찬(34) 사장은 젊은이들에게 창업하기를 권했다. 실패를 해도 젊음이 있기 때문에 재기가 얼마든지 가능하다는 점을 강조했다.

"창업한 지 1년 조금 넘었지만 직장생활 10년 넘게 한 것보다 정신적으로나 물질적으로 훨씬 더 만족하고 있습니다. 회사생활이란 게 다 마찬가지입니다. 개인의 발전을 보장할 수 없는 곳이죠. 고생은 되더라도 자기 발전과 비전을 위해 창업을 권합니다."

온라인 인쇄 편의점이란 고객이 원하는 인쇄물을 인터넷을 활용해서 신속하게 제작, 배달해주는 사업을 말한다. 점포 비용을 포함해 창업비용으로 1,000만원 정도를 투자했다. 현재 월 매출 400만원에 순수익은 200만원을 넘기고 있다.

"자기 사업이라 규모가 작아도 애착이 많이 갑니다. 예전에 직장생활을 할 때는 경험하지 못했던 부분이죠. 발이 부르트도록 근처 빌딩가를 돌며 홍보 전단지를 배포해도 피곤한 줄 모릅니다."

1.5 재무제표란 무엇이고 왜 중요한가?

매년 3월이 되면 상장기업들의 지난 해 경영성과와 이에 대한 감사결과를 발표한다. 각 신문에는 많은 기업들의 결산 실적을 보도하고 주요 정보내용들을 요약하여 독자들에게 알려준다. 그 정보내용들의 대부분은 기업들이 발표한 재무제표에 담겨져 있다.

다음의 [사례 1-5]에 담긴 신문기사 내용을 읽고 재무제표정보와 연결재무제표정보가 왜 중요한가를 지적해 보자.

[사례 1-5] 재무제표는 왜 중요한가?

재무제표에는 기업의 경영상태와 실적에 대한 정보내용들이 담겨져 있다. 외부의 이해관계자들은 재무제표에 담긴 정보내용에 근거하여 기업의 가치를 평가한다.

12월 결산 상장 법인의 작년 결산 실적이 지난달 대부분 발표됐습니다. 최근엔 기업들이 올해 1분기 실적을 속속 발표하고 있습니다. 그런데 기업들이 실적을 발표하고 증권사들이 이를 분석하고 전망하는 내용을 살펴보면 '재무제표', '연결재무제표'란 말이 자주 등장합니다. 오늘은 재무제표는 무엇이고 왜 도입되었는지, 어떻게 이해해야 하는지 알아보도록 하겠습니다.

재무제표란 무엇이고, 왜 작성하는 것인가?

재무제표란 기업이 외부의 이해관계자들에게 기업의 재무상태와 경영성과를 알려주기 위해 작성한 일련의 표를 말합니다. 일정 시점에 기업이 가진 자산이 어느 정도이고 그 자산을 갖추느라 어떻게 자금을 조달했는지, 일정 기간 기업이 얼마를 지출하고 얼마를 벌어들였는지 일목요연하게 정리한 표입니다. 구체적으로는 대차대조표, 손익계산서, 현금흐름표 등을 가리킵니다.

재무제표는 기업을 평가하고 비교하는 데 가장 기본적인 자료이기 때문에 이해하기 쉽고, 믿을 수 있고, 중요한 정보가 빠짐없이 포함되어 있어야 합니다. 그렇지 않다면 정보로서 유용성이 떨어질 수밖에 없겠지요. 그래서 재무제표는 회계기준이라고 하는 공통적 기준에 따라 작성하도록 합니다. 상장 기업은 회계기준에 따라 작성된 분기(3개월), 반기(6개월), 연간 단위 재무제표를 의무적으로 공시해야 하고 외부 기관의 검증을 받도록 하고 있습니다.

우리나라는 '한국기업회계기준'이라는 회계기준을 채택하고 있었는데, 2011년에 'IFRS(International Financial Reporting Standard)'라는 새로운 회계기준으로 바꾸었습니다. 예전 기업 회계기준이 한국에서만 통용되는 것이었다면 IFRS는 국제적으로 통용되는 회계기준이라고 보면 됩니다. 경제활동의 영역이 국제적으로 점차 확장되다 보니 자연스럽게 국제적 회계기준이 등장하게 된 것이고, 우리나라도 이러한 흐름에 동참하게 된 것이지요. IFRS는 현재 전 세계 130여개 국가에서 채택하고 있습니다.

연결재무제표란 무엇인가?

IFRS가 기존 회계기준과 다른 점 중 하나가 지배기업과 산하 종속회사의 실적을 합산하여 반영한 연결재무제표를 핵심 재무제표로 간주한다는 점입니다. 기존 기업회계기준에서는 개별 기업의 재무상태와 경영성과에 초점을 둔 개별 재무제표가 핵심 재무제표였고 연결재무제표는 보조적으로 활용했습니다. 그러나 IFRS에서는 반대로 연결재무제표를 핵심 재무제표로 정하고 개별 재무제표를 보조적 자료로 활용합니다.

연결재무제표에서는 지배회사와 종속회사를 마치 한 회사처럼 취급하여, 연결 대상 회사의 자산, 부채, 매출액, 순이익 등 모든 회계상 항목을 합산하여 재무제표를 작성하게 됩니다.

단순히 합산하는 데서 끝나는 것은 아니고, 내부거래로 중복된 부분은 제외합니다. 예를 들어 종속회사가 지배회사에 상품을 팔았다면 여기서 발생한 매출은 연결재무제표상 매출액에 포함하지 않습니다. 두 회사를 한 실체로 간주하기 때문에 내부적으로 상품과 돈의 위치만 바뀌었을 뿐 실제 매출이 일어났다고 보지 않는 것이지요.

연결재무제표를 작성할 때 합산에 포함하는 종속회사에 모든 계열사가 포함되지는 않습니다. 국내외 계열사 중에서 그 회사의 실적이 지배회사의 수익에 영향을 주고 지배회사가 계열사의 경영의사결정에 실질적으로 영향을 미칠 수 있는 경우에 한해 '종속회사'라고 분류해 합산 대상으로 삼습니다. 지분율이 50%를 초과하는 경우 또는 지분율이 50%에 못 미치더라도 나머지 주주가 모두 소액 주주여서 사실상 지배력을 행사할 수 있는 경우가 이에 해당합니다. 지분율이 20%에서 50% 사이이면서 '종속회사'에 해당하지 않는 계열사는 '관계회사'로 분류하여 실적을 지분율만큼만 합산해서 반영합니다.

연결재무제표는 왜 중요한가?

IFRS에서는 왜 지배회사와 종속회사를 하나로 묶어 파악하는 연결재무제표를 중요하게 볼까요? 간단히 말하면 기업실적에 대한 정보를 더 정확히 제공하기 때문입니다. 기존 개별 재무제표는 지배회사에 국한된 정보를 중심으로 작성되기 때문에 종속회사가 지배회사에 미치는 영향이 어느 정도인지 쉽게 파악되지 않습니다. 그러나 연결재무제표에서는 종속회사의 재무상태나 경영성과에 대한 상세한 내용이 모두 포함되기 때문에 기업의 수익성이나 건전성을 분석하고 예측하기가 수월합니다.

또한, 연결재무제표는 기업실적의 왜곡을 줄이는 데 도움이 됩니다. 지배회사가 나쁜 실적을 감추기 위해 계열사에 손실을 미루거나 계열사의 이익을 늘려주기 위해 부당하게 지원하는 일이 발생할 수 있습니다. 지배회사와 종속회사 사이의 내부거래를 통해 실적을 부풀릴 수도 있겠지요. 연결재무제표에서는 실적은 모두 합산하고 내부거래는 제거하기 때문에 이러한 시도가 효과가 별로 없고, 결국 이런 시도 자체를 차단하는 효과를 낳습니다.

우리나라와 같이 많은 기업 집단이 존재하고 계열사 간 의존도가 높은 경우, 해외 진출이 활발해 해외 법인이 많은 경우에 연결재무제표의 효용성이 높다고 할 수 있습니다.

IFRS가 처음 채택된 2011년에는 대형 상장 기업만 분기, 반기, 연간 재무제표를 모두 연결재무제표로 공시하도록 하고, 자산 총액 2조원 미만 상장 기업들은 연말에 한 번만 연결재무제표를 공시하면 되도록 하였습니다. 회계기준 변경에 따른 부담을 고려하여 적응기간을 부여한 것이지요.

그러나 올해부터는 기업 규모를 막론하고 모든 상장 기업이 IFRS에 따른 분기, 반기, 연간 연결재무제표를 공시해야 합니다. 2011년 금융감독원 통계를 보면 자산 2조원 미만 상장 기업 중 1050개 기업이 종속회사를 평균 3.8개 보유한 것으로 나타납니다.

한편 개별 재무제표와 연결재무제표는 작성 기준이 다르므로 실적을 서로 비교할 때는 주의가 필요합니다. 증권사의 실적 전망을 참고할 때도 연결실적 기준인지 아닌지를 잘 확인해야 하겠습니다.

내부거래

계열회사 사이에서 일어나는 거래 행위를 통틀어 내부거래라고 합니다. 한 계열회사가 다른 계열회사의 상품 및 서비스를 구입하는 것, 다른 계열회사에 자금이나 인력을 지원하는 것 모두 내부거래입니다. 내부거래 중에서 계열회사에 가격이나 거래 조건을 유리하게 해주는 경우, 계열회사나 임직원에게 구매를 강요하는 경우 등은 공정한 경쟁을 가로막는 행위이기 때문에 부당 내부거래로 간주해 규제합니다.

자료: (조선일보. 2013.04.20)

제2장 왜 회계정보를 '기업의 언어'라고 하는가?

2.1 기업의 특성과 형태

1. 기업이란 무엇인가?
2. 기업의 종류에는 어떤 것이 있는가?

2.2 기업경영과 경영순환과정

1. 경영이란 무엇인가?
2. 경영은 어떤 순환과정을 거치는가?

2.3 기업의 경영활동과 회계정보

1. 기업의 경영활동이란 무엇인가?
2. 왜 회계정보를 '기업의 언어'라고 하는가?

02 Accounting for Hospitality Industry: A Basic Perspective

왜 회계정보를 '기업의 언어'라고 하는가?

2.1 기업의 특성과 형태

1. 기업이란 무엇인가?

기업(corporation, company, enterprise, business)에 대한 정의는 학자들의 견해에 따라 조금씩 다르다. 그러나 여러 가지 견해들을 간략히 종합하면, 기업이란 '**재화와 용역**(service)**을 생산하여, 이를 필요로 하는 사람들에게 분배하는 과정을 반복적으로 수행하는 조직**'이라고 할 수 있다.[5] 여기서 재화와 용역을 생산하기 위해 필요한 여러 가지 자원들을 생산요소(factors of production)라고 한다. [그림 2-1]에서 알 수 있듯이, 생산요소에는 자연적 자원(natural resources), 인간의 노동력(labor), 자본(capital) 및 기업가(entrepreneur)가 있다. 전통적으로 기업의 생산요소로 자연적 자원, 노동력, 자본을 일컬어 왔다. 그러나 21세기를 넘어오면서 기업의 경영환경이 역동적으로 변화하고, 기술발전이 혁신적으로 급속히 전개되고 있다. 이에 따라 기업의 유연하고 선도적인 대응전략이 요구되었다. 이에 기업의 각종 전략과

5) Jones, K. H., Price, J. B., Werner, M. L. & Doran, M. S.(1996). *Introduction Financial Accounting: A User Perspective*, N.J.: Prentice-Hall, Inc. 4.

경영계획에 대한 의사결정의 권한이 가장 많이 집중된 기업가의 철학과 최고경영자의 역할이 중요시 되었다. 이러한 예는 우리나라의 주요 기업이나 미국의 애플과 같은 기업들에서 흔히 볼 수 있게 되었다. 그래서 본서에서도 기업의 생산요소로 전통적인 생산요소와 더불어 기업경영에서 매우 중요한 역할을 담당하게 된 기업가를 포함하였다.

기업은 이러한 네 가지 생산요소들을 효과적으로 결합하여 생산, 분배과정을 지속적으로 반복하게 된다. 그리고 이러한 과정을 지속적으로 수행해 나가기 위해서는 **이익의 창출을 가장 우선적인 목적**으로 삼게 된다. 다시 말해서, 기업은 외부로부터 조달한 여러 가지 자원들을 효율적으로 결합하여 고객이 필요로 하는 재화와 용역을 생산하고 판매함으로써 이익을 창출한다. 그리고 이러한 이익을 바탕으로 성장·발전하게 된다.

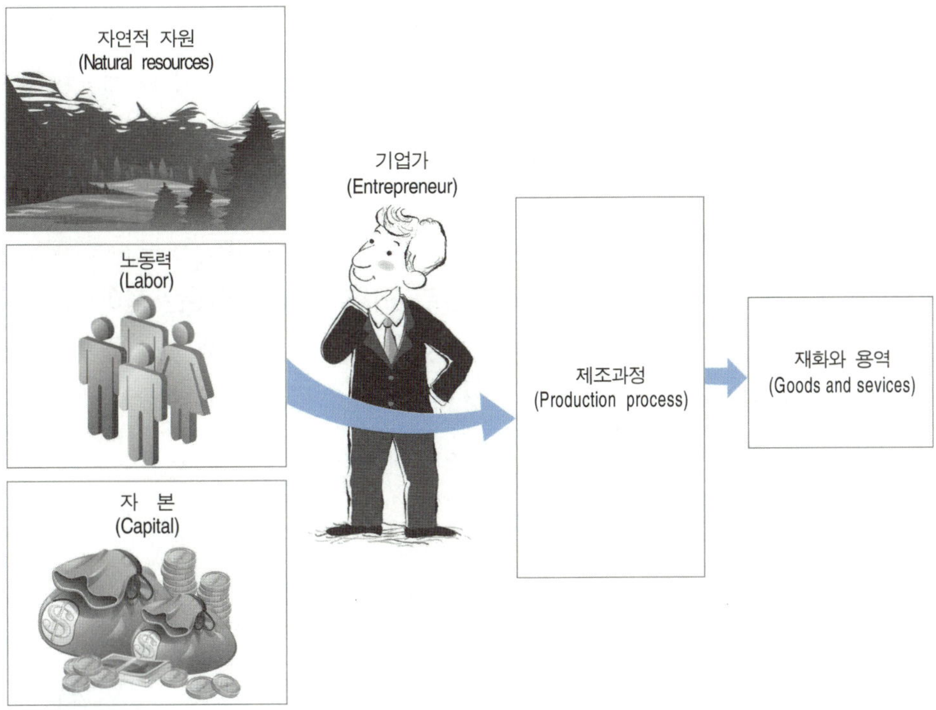

[그림 2-1] 기업의 생산요소들

기업은 생산요소들을 가지고 재화와 용역을 생산하여 이를 필요로 하는 사람들에게 분배하는 과정을 반복적으로 수행하는 조직이다.

그렇다면 기업이 지속적으로 이익을 창출하고 성장·발전하기 위해서는 어떠한 특성을 가지고 있어야 될까? **기업의 특성**은 다섯 가지 관점에서 생각해 볼 수 있다.[6)]

첫째, 기업은 이익의 극대화(profit maximization)**를 추구하는 조직체이다.** 이익은 기업을 유지·발전시키고 성장해 나가는 데 가장 필요한 원천이 된다. 그래서 기업의 모든 조직과 경영활동은 이익을 극대화하기 위하여 최선을 다하게 된다.

둘째, 기업은 경제적 특성(economic characteristic)**을 지니고 있다.** 즉, 기업의 모든 활동은 경제적인 사고를 전제로 하여 이루어진다는 것이다. 이러한 특성 때문에 기업은 이윤을 얻을 수 있고, 이를 바탕으로 지속적인 영업활동을 수행할 수 있는 것이다.

셋째, 기업은 사회적 특성(social characteristic)**을 갖는다.** 기업은 인간에 의하여 구성된 사회적인 조직체의 하나이다. 따라서 기업은 인간이라는 구성원과 기업이 속한 사회의 다른 조직체들과 유기적으로 관계를 잘 맺어야만 한다. 이러한 관계가 원활하게 이루어질 때 비로소 기업의 목적을 효율적으로 달성할 수 있는 것이다.

넷째, 기업은 기술적 특성(technical characteristic)**을 갖고 있다.** 이 의미는 재화나 용역의 생산에서부터 판매에 이르기까지 기업은 고도의 숙련도와 기술을 필요로 한다는 것이다. 특히, 요즈음과 같이 기술변화가 극심한 경우 새로운 제품에 대한 연구와 기술개발을 소홀히 한다면 그 기업은 결국 도태될 것이다.

다섯째, 기업은 국민경제에서 유일한 생산단위(production unit)**라는 점이다.** 한 나라의 경제는 가계, 기업, 정부라는 세 개의 경제단위로 이루어져 있다. 이 세 개의 경제단위 중에서 가계나 정부와는 달리 기업은 생산적 기능을 강조하고 있다. 그렇기 때문에 기업은 다른 경제단위보다 효율성과 이윤추구를 강조하게 된다.

---

6) 김영규(1993). 『경영학원론』 제2판, 서울: 박영사. 11~12.

2. 기업의 종류에는 어떤 것이 있는가?

기업의 종류는 크게 출자형태나 경영활동의 내용에 따라 나눌 수 있다.[7)]

출자의 형태에 따른 구분은 출자자가 누구인가에 따라 공기업과 사기업으로 나누어진다. 공기업은 출자자가 주로 국가나 공공기관인 경우를 말하고, 사기업은 출자자가 주로 개인으로 이루어진 기업을 의미한다.

기업의 종류를 경영활동의 내용에 따라 나누는 것은 그들이 종사하는 업무의 성격에 따라 구분하는 것으로 제조 기업(manufacturing companies), 상업 기업(merchandising companies), 서비스 기업(service companies), 복합형 기업(hybrid companies)으로 나눌 수 있다.

경영학이 주로 사기업을 중심으로 발전해 왔기 때문에 여기서는 사기업을 중심으로 살펴보고자 한다.

사기업은 [표 2-1]에서 보는 바와 같이 출자자의 수에 따라 개인기업과 공동기업으로 나누어진다. 그리고 공동기업은 다시 소수공동기업과 다수공동기업으로 구분된다.

[표 2-1] 사기업의 분류

사기업은 크게 개인기업과 공동기업으로 나누어진다.

<table>
<tr><th colspan="2" rowspan="2">경제적 형태(출자자의 수)</th><th rowspan="2">법률적 형태</th><th colspan="2">소유와 경영</th></tr>
<tr><th>소유주</th><th>경영자</th></tr>
<tr><td colspan="2">개인기업</td><td>개인기업</td><td>개 인</td><td>소유주와 동일</td></tr>
<tr><td rowspan="5">공동기업</td><td rowspan="4">소수공동기업</td><td>합명회사</td><td>무한책임</td><td>무한책임</td></tr>
<tr><td>합자회사</td><td>유한책임
무한책임</td><td>무한책임</td></tr>
<tr><td>유한회사</td><td>유한책임</td><td>유한책임</td></tr>
<tr><td>조합</td><td>무한책임</td><td>무한책임</td></tr>
<tr><td>다수공동기업</td><td>주식회사</td><td>주 주</td><td>대표이사</td></tr>
</table>

7) Jones, K. H., Price, J. B., Werner, M. L. & Doran, M. S.(1996). 앞의 책. 18~22.

(1) 개인기업

개인기업(proprietorship)이란 사기업 중에서 가장 오랜 기간 동안 존재해 왔으며, 가장 간단한 형태의 기업이다. 이는 개인 혼자서 자본의 전액을 출자하고, 직접 경영하고, 손실에 대해 무한책임을 지는 형태이다.

개인이 출자하고 경영을 하기 때문에 창업이 간단하고, 의사결정의 신속함이나 비밀 유지가 가능하다는 이점이 있다. 그러나 개인의 출자능력과 관리능력에 한계가 있고, 각종 위험에 대해 혼자서 무한책임을 져야 한다는 단점도 있다.

(2) 소수공동기업

소수공동기업이란 출자자의 수가 일부 소수로 국한되어 설립·운영되는 형태의 기업들을 의미한다. 여기에는 합명회사, 합자회사, 유한회사, 조합 등이 있다.

① 합명회사

합명회사는 2명 이상의 출자자가 공동으로 출자하여 설립하고, 기업의 채무에 대해 전원이 무한책임을 지는 기업형태이다. 개인기업의 형태가 약간 발전하여 친밀한 관계에 있는 소수의 사람들이 개인적 신용을 바탕으로 설립하는 것이 일반적이다.

② 합자회사

합자회사는 출자자가 유한책임사원과 무한책임사원으로 구성되어 있다. 그리고 경영은 무한책임을 지는 출자자가 담당하고, 유한책임을 지는 출자자는 이익의 분배만을 받는다.

③ 유한회사

유한회사는 출자자가 50인 이하의 유한책임사원만으로 구성되는 소규모 기업형태이다. 출자자는 경영에 적극적으로 참여할뿐더러 유한책임도 갖는다. 또한, 출자에 대해 주권을 발행하지 않으며, 출자 지분을 다른 사람에게 양도할 때는 사원총회의 승인을 받아야만 한다. 이러한 특징 때문에 유한회사는 규모면에서 한계를 갖고 있다.

④ 조합

조합은 2명 이상이 상호 출자하여 공동사업을 경영할 것을 약정하여 맺게 되는 기업형태이다. 조합원은 무한책임을 지고, 업무집행은 조합원 과반수의 찬성으로 결정된다.

(3) 다수공동기업(주식회사)

앞에서 설명한 합명회사, 합자회사 및 유한회사는 출자자의 수를 제한한다거나, 출자금에 대해 무한책임을 묻는 제도 때문에 많은 자본을 조달하는 데 한계가 있다. 그래서 기업의 성장이나 발전도 제한적일 수밖에 없었다. 이러한 한계를 극복하기 위하여 발전되어온 기업형태가 바로 주식회사이다. 주식회사는 오늘날 대부분의 기업형태로 자리 잡고 있기 때문에 경영학에서의 주된 연구대상이 되었다. 그래서 경영학 관련 교과목에서 말하는 기업이라 함은 통상 주식회사를 의미한다.

주식회사가 오늘날 가장 보편적인 기업의 형태가 된 것은 다음과 같은 3가지 특징 때문이다.

① 자본이 증권으로 이루어졌다

주식회사의 자본은 액면가가 똑같은 유가증권, 즉 주식(stock)으로 구성되었다.[8)] 이러한 제도 때문에 주식회사의 주식은 매매가 자유롭고, 또한, 일반 대중으로부터 대규모의 자본을 조달할 수도 있게 되었다.

② 출자자는 유한책임만을 진다

유한책임이란 회사가 파산하였을 경우, 출자자는 본인이 가지고 있는 주식 즉 출자금의 한도 내에서만 책임을 지는 제도이다. 이러한 제도 때문에 투자자들은 자신의 능력 범위 내에서 주식을 안심하고 사고 팔 수 있는 것이다.

---

8) 주식회사의 자본은 발행주식의 수로 나타낸다. 현재 우리나라에서는 주식의 액면가를 100원, 200원, 500원, 1,000원, 2,500원, 5,000원으로 분할하여 발행하도록 되어 있다. 그리고 발행주식의 수는 손익계산서 맨 아래에 제시하도록 하고 있다.
본서에서 사례로 인용할 호텔신라의 2013년 12월 현재의 총 발행주식 수를 알아보자(예: 금융감독원 전자공시시스템(http://dart.fss.or.kr) > 호텔신라 > 감사보고서(2013. 12) > 재무제표에 대한 주석).

③ 소유와 경영이 분리되어 있다

주식회사의 규모가 커 가면서 주주의 수가 많아지게 되어 주주들이 모두 직접 경영에 참가할 수 없게 된다. 그래서 주주들은 주주총회에서 전문경영인(expert)을 선임하여 회사의 경영을 위임한다. 그리고 전문경영인은 보다 많은 이익을 창출하기 위해 자신의 경영능력을 최대한 발휘하게 된다. 이러한 특징을 소유와 경영의 분리라고 한다. 주식회사는 그 규모가 점차 커 가면서 이러한 소유와 경영이 분리되는 현상이 두드러지게 된다.

이상과 같은 특징 때문에 주식회사는 회계의 발전에도 크게 영향을 미쳤다.[9] 즉, 주식회사가 발전하면서 기업이 영속적으로 존재한다는 계속기업의 개념이 정착되었다. 이에 따라, 투자자들이 기간에 구속되지 않고 투자를 하게 되었다. 그리고 순이익이나 배당금과 같은 회계정보는 물론 정기적인 보고와 같은 회계절차의 필요성이 강조되었다.

[사례 2-1]에서는 2013년 기준 우리나라 기업의 법인형태별 구성을 보여주고 있다.[10] 이 자료를 통해 알 수 있듯이, 우리나라 법인 중 91%가 주식회사의 형태이다.

[사례 2-1] 우리나라 기업의 법인형태별 구성

2013년 기준 우리나라 기업의 법인형태별 구성을 보면 주식회사가 90.9%를 차지하고 있다.

2013년 현재 우리나라 기업의 법인형태별 구성을 보면, 총 538,134개의 기업 중에서 합명회사 851개(0.2%), 합자회사 3,897개(0.7%), 유한회사 21,044개(3.9%), 주식회사 489,258(90.9%), 기타 23,084개(4.3%)로 되어 있다. 여기서 기타 법인은 비영리 법인과 외국계 법인을 말한다.

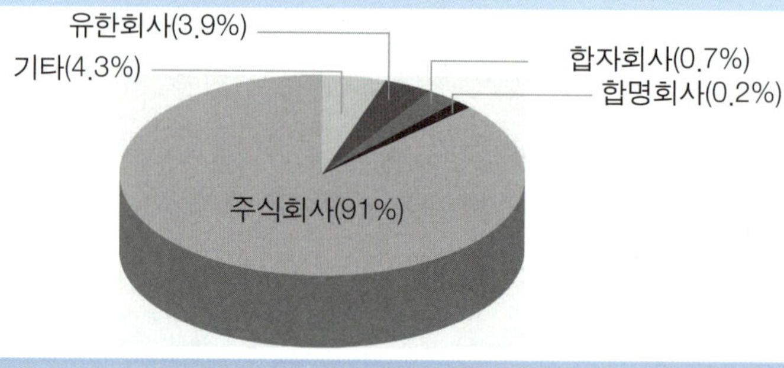

[그림 2-2] 우리나라 기업의 법인형태별 분포

우리나라 기업의 91%가 주식회사의 형태이다. 이와 같이 주식회사는 오늘날 대부분의 기업형태로 자리 잡고 있기 때문에 경영학에서의 주된 연구대상이 되었다.

9) 남상오(1984). 『회계이론』, 서울: 일신사. 121~122.

10) 국세청(nts.go.kr) > 국세통계 > 법인세 > 지역별가동법인수.

한편, 호텔기업의 경우 저자가 조사한 바에 의하면 전국 특급호텔 중 단 한 곳만이 유한회사이고 나머지는 모두 주식회사로 나타났다. 이러한 결과로 보아 주식회사가 다른 법인형태에 비하여 현대적 기업경영에 유리한 기업형태라는 것을 알 수 있다.

2.2 기업경영과 경영순환과정

1. 경영이란 무엇인가?

이제까지 설명한 바와 같이, 기업은 기본적으로 자원, 노동, 자본 등과 같은 1차적 생산요소들을 효과적으로 활용하여 기업의 목적을 달성해 나가고 있다. 그러면 기업의 목적을 보다 효과적으로 달성하기 위해서는 어떻게 해야 할까?

먼저, 여러 종류의 자원들을 효율적으로 활용하기 위하여 수많은 의사결정과 행동들이 필요하다. 이때, 필요한 개념이 곧 경영이다. 즉 경영(management)이란 **'조직의 사명이나 목적을 효과적으로 달성하기 위하여 여러 자원들을 효율적으로 활용하는 일련의 과정'**을 말한다.[11] 여기서 효과적(effective)이란 적절한 방법으로 업무를 정확하게 수행하는 것을 말하며, 효율적(efficient)이란 최소의 자원을 이용하여 최적의 목적을 달성하는 것을 의미한다. [그림 2-1]에서 경영자를 제4의 생산요소로 포함시켰던 이유도 바로 여기에 있다. 즉, 오늘날과 같이 역동적인 기업 환경에서는 경영활동의 중심에 있는 경영자(좁은 의미에서는 최고경영자, CEO (chief executive officer))의 역할이 점차 증대되고 있기 때문이다. 이러한 의미에서 경영의 개념을 좀 더 구체적으로 정의하면 **'조직의 방향을 제시하고 리더십(leadership)을 통하여 조직의 여러 자원들(즉, 생산요소들)을 어떻게 활용할 것인가를 결정하는 것'**이라고 할 수도 있다.[12]

---

11) Robbins, S. P. & Coulter, M.(2002). *Management*, 7th ed., N.J.: Prentice-Hall, Inc. 6.

12) Drucker, P.(1974). *Management, Tasks, Responsibilities*, N.Y.: Harper & Row. 14.

다음의 [사례 2-2]는 경영의 역할에 대하여 설명하고 있다.13) 여기서 '경영'은 20세기의 변화와 혁신에 가장 중요한 역할을 하였다고 주장하고 있다.

[사례 2-2] 20세기에 가장 중요한 혁신

20세기에 많은 혁신들이 빠르게 이루어질 수 있었던 것은 바로 또 다른 혁신의 힘, 즉 '경영'이라는 규율이 있었기 때문이다.

20세기에 이루어진 가장 중요한 혁신은 무엇인가?

인류의 생명을 두 배, 세 배로 늘린 항생제와 백신일까? 거리의 개념을 바꿔놓은 자동차와 비행기라고 할 수 있을까? 전화와 텔레비전 같은 새로운 의사소통 수단은 어떤가? 아니면 우리를 신경제(新經濟)로 진입하게 한 반도체 칩이나 컴퓨터 또는 네트워크라고 해야 할까?

이런 모든 혁신들이 우리의 삶을 바꿔놓은 것은 분명하다. 그러나 이런 혁신들이 빠르고 넓게 퍼질 수 있었던 데는 또 다른 혁신의 힘이 컸다. 그것은 바로 '경영'이라는 규율이다. 경영을 통해서 조직을 제대로 돌아가도록 하는 데 필요한 사고와 경험을 모을 수 있었기 때문이다. 우리는 경제적 발전을 가속화하는 생산성 증가율을 따질 때 기술에 주안점을 두곤 한다. 그러나 사실은 경영이 생산성 향상에 훨씬 중요한 역할을 하고 있다.

그렇다면 기업의 목적을 달성하기 위한 경영활동에 필요한 주요 기능은 무엇인가? 기업이 기업의 목표를 설정하고, 그 목표를 달성하기 위한 여러 가지 활동과 의사결정 과정은 [그림 2-3]과 같다. 그림에서 보는 바와 같이, 기업은 기업의 목적을 달성하기 위하여 **계획하고**(planning), **조직하며**(organizing), **수많은 의사결정을 하고**(decision making), **원활한 의사소통**(communication)**을 위하여 동기유발을 강구하고**(motivating), **통제를 하는**(controlling) **것**과 같은 경영활동들을 반복적으로 수행하게 된다.14)

계획 및 의사결정(planning and decision making)**기능**은 경영에서 가장 근본적인 기능이다. 계획이란 조직의 목적을 설정하고 그 목적을 어떻게 하면 가장 효과적으로 달성할 수 있는가를 결정하는 기능이다. 이러한 계획과정의 여러 대안들 가운데 최적의 대안을 선택하는 것이 의사결정기능이다. 따라서 의사결정은 계획과정의 한 부분이 된다.

---

13) 조안 마그레타(권영설·김홍열 옮김)(2002). 『경영이란 무엇인가』, 서울: 김영사. 12~13.

14) Griffin, R. W.(2003). *Fundamental of Management*, 3rd ed., N.Y.: Houghton Mifflin Company. 8~9.
Robbins, S. P. & Coulter, M.(2002). 앞의 책. 6.

조직(organizing)기능은 조직의 목적을 달성하기 위해 필요한 인력과 자원을 적절하게 배치하는 일을 말한다. 즉, 조직의 목적이 설정되면 실천 가능한 직무들에 대한 계획이 세워지게 된다. 그리고 그 계획을 수행하는 데 필요한 인력과 자원을 구성하게 된다. 이때, 필요한 기능이 곧 조직기능이다.

의사소통(communication)기능은 개인이나 집단 간에 직무를 원활하게 수행하기 위하여 필요한 기능이다. 이 기능은 개인 간, 집단 간 유연한 의사결정을 촉진시켜 기업 전체가 역동적인 환경변화에 대처해 나갈 수 있도록 한다.

동기유발(motivating)기능은 조직구성원의 사기를 높여주고, 갈등을 해결해 주면서 조직의 문화를 형성해 나가기 위해 필요한 기능이다.

통제(controlling)기능은 조직의 목적이 잘 수행되고 있는가를 확인해 나가는 과정을 의미한다. 이러한 통제기능으로 인해 조직은 주어진 시간과 자원을 가지고 조직의 목적을 효과적으로 달성해 나가는 것이다.

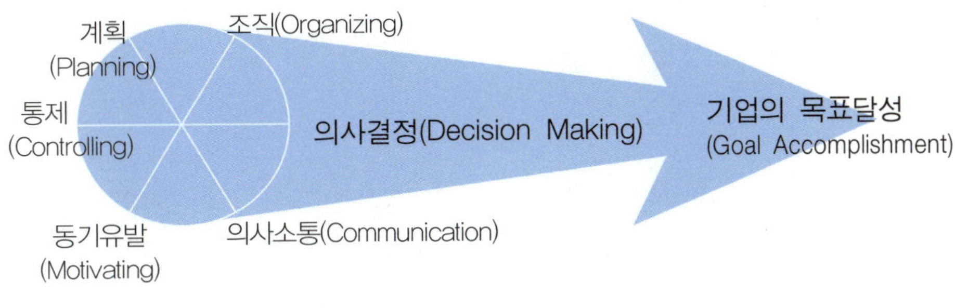

자료: Robbins, S. P. & Coulter, M.(2002). 앞의 책. 6.

[그림 2-3] 기업의 경영기능

기업은 기본적 경영기능인 계획, 조직, 의사결정, 의사소통, 동기유발, 통제하는 활동을 반복적으로 수행하면서 기업의 목표를 달성해 나간다.

이상과 같은 경영기능들은 [그림 2-3]과 같이 상호작용을 하면서 결과적으로 조직의 목적을 달성하는데 기여하게 된다.

2. 경영은 어떤 순환과정을 거치는가?

앞에서 우리는 경영의 정의에 대하여 두 가지 견해를 살펴보았다. 하나는 경영을 '조직의 사명이나 목적을 달성하기 위하여 여러 자원들을 효율적으로 활용하는 일련의 과정'이라는 정의이고, 또 다른 하나는 '계획하고, 조직하고, 의사결정하고, 동기유발하고, 통제하는 작업'이라는 견해이다.

이러한 경영에 대한 두 견해를 결합하면 경영이 어떠한 순환과정을 거치면서 반복적으로 이루어지는가를 이해할 수 있다. 즉, 경영의 순환과정에서 제일 먼저 이루어지는 것은 여러 가지 자원을 투입하는 것이다. 그 다음으로, 경영목표를 효율적으로 달성하기 위해 계획하고, 조직하고, 의사결정하고, 동기유발하며, 통제하는 일련의 경영활동을 거치게 된다. 이러한 일

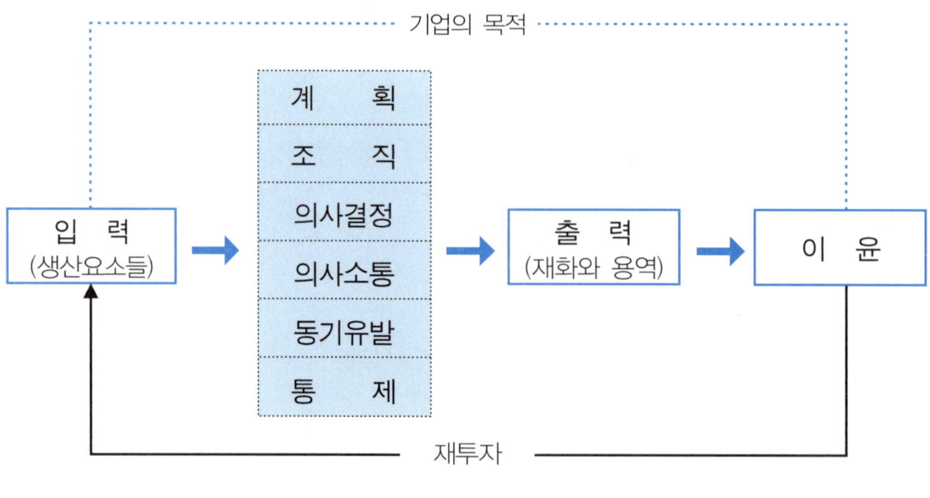

[그림 2-4] 경영의 순환과정

기업은 경영순환과정을 반복적, 지속적으로 거치면서 기업의 목표를 달성해 나간다.

련의 과정을 거치면서 고객이 원하는 재화와 용역을 산출하게 된다. 그리고 이상과 같은 활동으로부터 얻어진 이윤의 일부를 재투자하여 기업의 경영활동을 지속적으로 수행하게 된다.

앞의 [그림 2-4]는 이러한 경영의 순환과정을 보여주고 있다.

2.3 기업의 경영활동과 회계정보

1. 기업의 경영활동이란 무엇인가?

기업의 목적은 무엇인가? 기업의 1차적 목적은 이윤을 극대화하는 것이다. 그리고 이윤의 일부를 재투자하고 여러 가지 방법으로 사회에 환원하는 것을 목적으로 한다. 그렇다면 기업은 이러한 목적을 달성하기 위하여 구체적으로 어떠한 활동을 수행할까?

기업은 기업의 목적을 달성하기 위하여 몇 가지 중요한 활동들을 지속적이고 반복적으로 수행한다. 우선, 기업은 기업을 운영하기 위하여 자금을 조달한다. 그리고 조달된 자금은 재화와 용역을 생산할 수 있도록 공장, 시설들과 같은 여러 곳에 투자를 하게 된다. 아울러 이러한 활동으로부터 생산된 재화와 용역은 기업의 목적을 달성할 수 있도록 판매과정을 거치게 된다. 이와 같이 **기업이 자금을 조달하고, 조달한 자금을 이용하여 투자를 하고, 재화와 용역을 생산, 판매하는 영업활동을 전개하는 일련의 활동들을 기업의 경영활동**이라고 한다. 여기서 자금을 조달하는 활동을 **재무활동**이라 하고, 조달된 자금을 운영하기 위한 여러 가지 활동을 **투자활동**이라고 한다. 그리고 수익을 얻기 위하여 생산된 재화와 용역을 판매하는 활동을 **영업활동**이라고 한다.

이렇게 볼 때, 기업은 기업의 목적을 달성하기 위하여 재무활동과 투자활동 및 영업활동을 반복적으로 수행한다고 할 수 있다.[15] 이러한 기업의 경영활동을 간략히 그림으로 나타내면 [그림 2-5]와 같다.

15) 나영(2004). 『기업경영과 회계』, 서울: 신영사. 14.
이석규(1997). 『신 재무관리론』, 서울: 석정. 3~4.

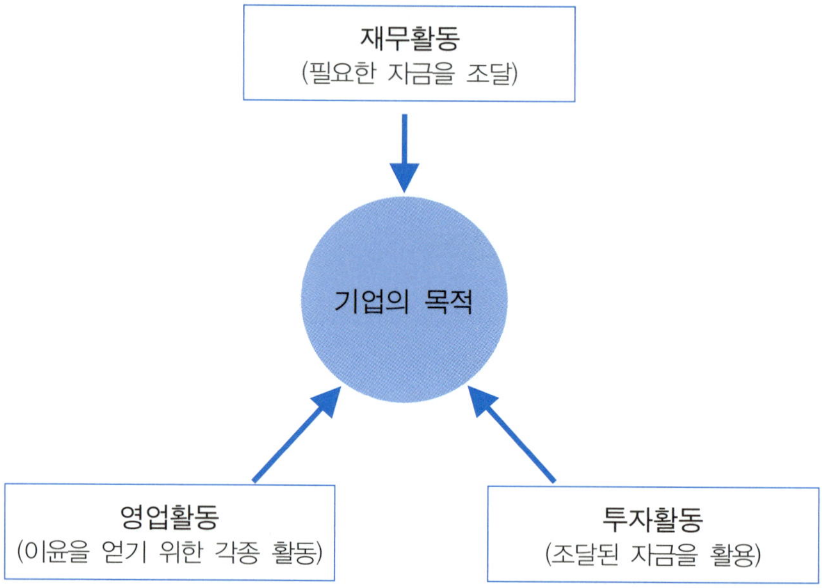

[그림 2-5] 기업의 목적과 경영활동

기업은 기업의 목적을 달성하기 위해 재무활동과 투자활동 및 영업활동을 수행하게 된다.

재무활동(financing activities)은 기업이 필요로 하는 자금을 조달하는 활동이다. 기업이 투자활동과 영업활동을 수행하기 위해서는 무엇보다 자금이 필요하다. 그런데 필요한 자금을 어떠한 방법으로 조달하고 얼마를 조달할 것인가를 결정해야 하는데, 이러한 조달방법과 조달규모를 결정하는 활동을 곧 재무활동이라고 한다.

투자활동(investment activities)은 영업활동을 수행하기 위해 필요한 자원을 취득하거나 처분하는 활동을 말한다. 투자활동의 결과로 기업이 보유하고 있는 재산의 규모나 종류가 변화하게 된다. 예를 들면, 공장을 세우기 위해 토지를 매입하거나, 새로운 제품을 제조하기 위하여 기계를 구입하게 되면 토지나 기계장치와 같은 새로운 종류의 재산이 증가하는 변화를 가져온다. 아울러, 기업이 가지고 있는 현금의 규모가 감소하게 된다. 이와 같이 여러 가지 투자활동으로 인하여 기업의 재산은 그 종류나 규모가 변화하게 된다.

영업활동(operating activities)이란 기업 본래의 목적을 달성하기 위하여 수행하는 여러 가지 활동들을 의미한다. 예를 들면, 재화나 용역을 생산하여 판매하는 행위라든지, 신제품 개발을 위한 연구개발(research & development) 활동, 마케팅 활동 등은 모두 기업의 목적인 이익을 보다 많이 올리기 위해 수행하는 활동들이다. 기업은 이러한 영업활동을 통하여 이익을 창출하며 이익을 바탕으로 성장·발전하게 된다.

2. 왜 회계정보를 '기업의 언어'라고 하는가?

이제까지 살펴본 바와 같이, 기업의 경영활동에는 재무활동과 투자활동 및 영업활동이 있다. 이러한 기업의 경영활동은 기업의 목적을 달성하기 위하여 상호 관련성을 갖고 이루어진다. 그리고 그 결과 기업의 재산상태가 변화하게 되고, 또한 경영성과도 달라지게 된다.

그런데 이러한 경영활동의 결과는 기업과 관련된 많은 사람들이 이용하기 때문에 일정한 방법에 따라 기록할 필요가 있다. 더 나아가, 기업과 관계가 있는 사람들에게 그들이 이해하기 쉽도록 경영활동의 결과들을 잘 작성하여 보고해야만 한다. 기업의 재산상태의 변화와 영업활동에 대한 성과들을 기록한 장부들이 곧 기업의 재무보고서이다.

그러면 기업의 경영활동과 재무보고서는 어떠한 관련을 갖고 있는가?

우선, 기업이 필요한 자금을 조달하고, 조달된 자금으로 경영활동을 수행하게 되면 재산상태에 변화를 가져오게 된다. 예를 들어, A기업이 은행으로부터 3,000만원을 현금으로 융자를 받았다고 하자. 그러면 A기업은 3,000만원이라는 빚(부채)과 현금이라는 재산이 생긴 것이다. 만일, 이 중에서 공장을 세우기 위해 현금 2,000만원을 주고 토지를 구입하였다면 A기업에게는 다시 현금과 토지라는 재산에 변화를 가져오게 된다. 이와 같이 기업의 재무활동과 투자활동이 이루어지면 기업이 가지고 있는 재산이나 부채와 같은 재산상태가 변화하게 된다. 이러한 재산상태의 변화를 요약한 재무보고서가 **재무상태표**이다.

한편, 기업은 영업활동을 통하여 상품이나 제품을 판매하고, 이로 인하여 각종 수익과 비용이 발생하게 되어 이익이 생기게 된다. 이러한 이익과 같은 영업성과에 대한 정보들을 요약한 재무보고서가 바로 **포괄손익계산서**이다.

또한, 기업이 경영활동을 원활히 수행하기 위해서는 반드시 현금을 필요로 하게 된다. 경영활동에 필요한 현금이 들어오고 나가는 것에 관한 정보를 요약·정리한 재무보고서가 **현금흐름표**이다.

이러한 재무보고서들을 통틀어 재무제표(financial statements)라고 한다. 기업의 경영활동과 재무제표와의 관계를 요약하면 [그림 2-6]과 같다.

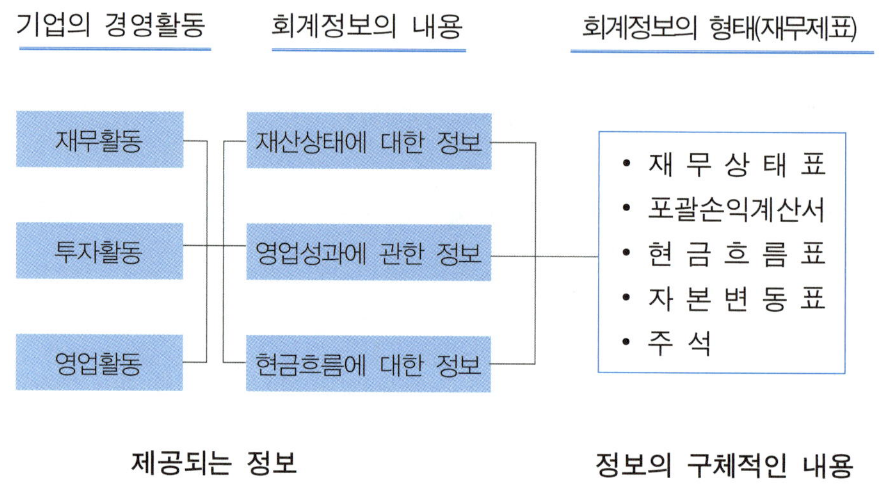

[그림 2-6] 기업의 경영활동과 회계정보

기업의 경영활동은 모두 재무보고서에 담긴다. 재무보고서에는 기업 경영활동의 모든 결과가 담겨 있다. 이러한 기업의 여러 가지 경영활동의 결과를 알려면 결국 회계정보를 이해할 수 있어야 한다. 그래서 회계정보를 '기업의 언어'라고 한다.

[그림 2-6]에서 알 수 있듯이, 기업의 경영활동에는 재무활동과 투자활동 및 영업활동이 있고 **이러한 경영활동의 내용과 결과는 결국 재무상태표와 포괄손익계산서, 현금흐름표, 자본변동표 및 주석과 같은 재무제표를 통하여 알 수 있게 된다.**

이렇게 볼 때, 재무제표에 담긴 회계정보들은 결국 기업의 경영활동에 대한 내용들로서 경영활동을 비교적 간략히 요약하여 전달해 주고 있음을 알 수 있다. 결국, 재무제표에 담긴 회계정보는 기업의 모든 경영활동을 요약하고 있기 때문에, 이를 통하여 다양한 이해관계자들과 의사소통을 하기 위한 수단으로 이용된다. 그래서 회계정보를 바로 '**기업의 언어**(the language of business)'라고 한다.[16]

16) Hermanson, R. H., Edwards, J. D. & Maher, M. W.(1998). *Accounting: A Business Perspective*, N.Y.: The McGraw-Hill Co., Inc. 12.

제3장
이제는 회계정보에 익숙해져야만 한다

3.1 호텔산업의 특징

1. 호스피텔러티산업의 범위
2. 호텔산업의 일반적 특징
3. 호텔기업의 재무비용상 특징

3.2 호텔기업의 종류와 조직구조

1. 호텔의 분류
2. 호텔기업의 조직적 특성과 조직구조

3.3 호텔경영에서 가장 중요한 관점의 변화

1. 호텔산업이 직면한 문제들
2. 왜 회계정보에 익숙해져야 하는가?

03 Accounting for Hospitality Industry: A Basic Perspective

이제는 회계정보에 익숙해져야만 한다

호텔산업은 매우 역동적이고 매력적인 산업이다. 또한, 무한한 성장가능성을 내포하고 있다. 그러나 다른 한편으로는 호텔산업이 지속적으로 성장하기 위해서는 극복해야 할 문제점들도 많다. 본 장에서는 호텔산업의 특징에 대해 알아보고, 직면한 문제점들을 재무적 관점과 조직적 측면에서 살펴본다. 그리고 이러한 문제점들을 해결하는 데 가장 필요한 정보가 무엇인가를 도출해 본다.

3.1 호텔산업의 특징

1. 호스피텔러티산업의 범위

호텔산업은 넓은 의미에서 호스피텔러티산업(hospitality industry)의 한 영역이다. 호스피텔러티산업은 여행, 숙박, 외식, 클럽, 게임, 유흥(attractions), 엔터테인먼트, 오락 등과 같이 세분화하기도 하고,[17] 여행산업(travel), 숙박산업(lodging), 외식산업(food service), 오락산

17) Nykiel, R. A.(2005). *Hospitality Management Strategies*, N.J.: Prentice-Hall, Inc. 5.

업(recreation)과 같이 네 영역으로 대별하기도 한다.[18]

국내에서는 호스피텔러티산업과 관광산업(혹은 관광사업)의 범위가 혼용되어 사용되고 있다. 우리나라의 「관광진흥법」 제2조 1항에 따르면 "'관광사업'이란 관광객을 위하여 운송·숙박·음식·운동·오락·휴양 또는 용역을 제공하거나 그 밖에 관광에 딸린 시설을 갖추어 이를 이용하게 하는 업(業)을 말한다."라고 되어 있다. 이러한 정의에 따라 「관광진흥법」 제3조에서는 관광사업의 종류로 여행업, 관광숙박업(호텔업, 휴양 콘도미니엄업), 관광객 이용시설업(관광객을 위하여 음식·운동·휴양·문화·예술 또는 레저 등에 적합한 시설을 갖추어 이를 관광객에게 이용하게 하는 업), 국제회의업, 카지노업, 유원시설업, 관광 편의시설업으로 나누고 있다.

이와 같이 호스피텔러티산업의 분류에서 호텔산업은 숙박업의 한 영역이지만, 「관광진흥법」에 의하면 관광숙박업에 속한 관광사업의 한 분야에 해당되기도 한다.

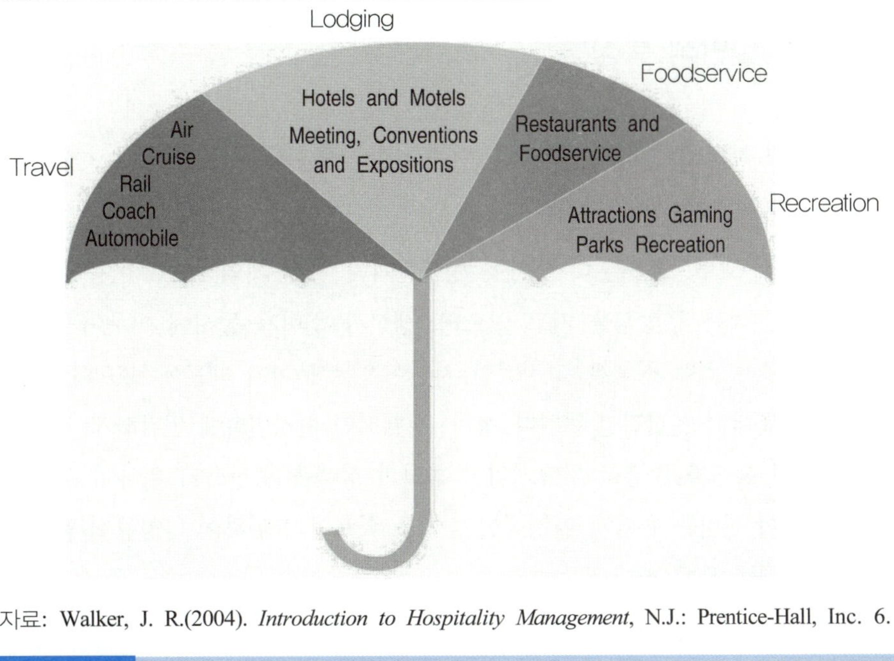

자료: Walker, J. R.(2004). *Introduction to Hospitality Management*, N.J.: Prentice-Hall, Inc. 6.

[그림 3-1] 호스피텔러티산업의 범위

호스피텔러티산업은 여행산업, 숙박산업, 외식산업, 오락산업 등의 네 영역으로 구성되어 있다.

18) Walker, J. R.(2004). *Introduction to Hospitality Management*, N.J.: Prentice-Hall, Inc. 5~6.

학문체계상 호텔경영학은 경영학이론을 바탕으로 경영학의 한 분야로 발전되어 왔다. 그럼에도 불구하고 우리나라의 「관광진흥법」에 따라 관광산업의 한 분야로 간주될 경우 그 발전에는 상당한 한계에 이르게 된다. 분명 호텔산업과 관광산업은 상호 협업적이고 보완적 역할을 필요로 하고 있다. 그래서 학문체계나 산업분류에는 경영학의 범주 내에서 상호독립적인 관계를 유지하고 있어야 한다. 이에 본서에서는 「관광진흥법」의 한계를 지적하면서 Walker(2004)[19]의 구분에 따라 호스피텔러티산업을 네 영역으로 나누어 설명한다.

Walker(2004)는 [그림 3-1]과 같이 **호스피텔러티산업을 여행, 숙박, 외식, 오락산업 등의 네 영역으로 구분**하였다. 그리고 **여행산업**에는 항공, 크루즈, 철도, 자동차 여행 등이 포함되고, **숙박산업**에는 호텔 및 모텔업, 연회 및 컨벤션(meeting and conventions), 박람회(expositions) 등이 있다. **외식산업**에는 레스토랑과 각종 요식업이, **휴양산업**에는 게임, 테마공원, 기타 휴양업 등이 포함된다.

2. 호텔산업의 일반적 특징

호텔산업이 일반 제조업이나 상품매매업, 서비스업 등과 다른 특징은 상품 측면, 경영 측면 및 시설 측면에서 찾아볼 수 있다.[20]

상품적 측면에서 호텔 상품은 다른 제조 상품들과는 달리 지역적으로 이동이 불가능하고, 주로 서비스에 의존하는 무형성을 띠고 있으며, 생산과 소비가 동시에 이루어지는 소멸성이 있다는 점이다. 또한, 호텔 상품은 고정적인 자산이 대부분이기 때문에 수요의 변화에 따라 탄력적이지 못할 뿐더러 계절적인 변화나 정치·경제적인 환경변화에 민감하게 영향을 받는다는 것이다. 이러한 특징들은 결국 호텔기업이 최고의 상품을 생산하기 위하여 끊임없이 교육과 훈련을 강화해야 한다는 부담과 안정적인 수익을 확보하기 위하여 다양한 상품을 개발해야 한다는 압박으로 작용하게 된다.

경영적 특성으로는 인적 자원과 고정자산에 대한 의존도가 다른 산업에 비하여 매우 높다는 점이다. 또한, 이러한 특성으로 인하여 자본회전율이 다른 산업에 비하여 매우 낮아 총자본(총자산)이 매출수익의 창출에 효율적으로 이용되지 못한다는 것이다. 2012년 기준 주요 산업

19) 위의 책. 6.

20) 21세기호텔관광연구회(2005). 『호텔경영학』 개정판, 서울: 현학사. 57~62.

과 숙박산업의 자본회전율을 비교하면 [표 3-1]과 같다.[21] 표에 나타난 바와 같이, 숙박산업의 자본회전율(총자산회전율, 자기자본회전율, 자본금회전율)은 제조업은 물론 건설업 및 오락, 문화 및 운동관련산업보다 낮으며, 더욱이 같은 서비스산업군에서도 매우 낮게 나타나고 있다. 자본회전율은 자산의 회전속도를 나타내는 비율이기 때문에 높을수록 자산을 효율적으로 활용하고 있다는 의미가 된다. 따라서 숙박산업의 경우 자산 활용이 매우 비효율적임을 알 수 있다. 이는 곧 호텔산업이 고정자산에 대한 의존도가 높은 데서 유래된 것이다.

[표 3-1] 산업별 주요 자본회전율 비교

자본회전율은 총자산(총자본)을 얼마나 효율적으로 사용하였는가를 나타내는 지표로, 비율이 높을수록 자산을 효율적으로 활용하고 있음을 나타낸다.

구 분	총자산회전율		자기자본회전율		자본금회전율	
	2011	2012	2011	2012	2011	2012
제조업	1.16	1.13	2.43	2.31	15.43	15.93
서비스업	0.84	0.83	2.76	2.71	5.08	5.20
도매 및 소매업	1.97	1.86	5.75	5.27	21.17	20.42
숙박 및 음식점업	0.42	0.46	0.91	0.99	3.90	4.50
숙박업	0.21	0.23	0.42	0.46	2.03	2.31
건설업	0.98	0.97	2.48	2.41	5.59	5.19
예술, 스포츠 및 여가관련 서비스업	0.44	0.45	1.51	1.80	2.70	2.54

자료: 한국은행경제통계시스템(//ecos.bok.or.kr)

*산업구분은 한국은행 기업경영분석에 따른 것으로 각 산업별 제시한 회전율 값은 대기업과 중소기업을 합산한 값을 나타냄.

시설 측면에서는 각종 시설과 관련하여 고정비용이 지속적으로 과다하게 발생한다는 점이다. 호텔은 건물, 토지는 물론 각종 내부 시설 등이 호텔상품을 구성하는 중요한 요소들이기 때문에 초기에 이런 고정자산에 대한 투자액이 상당히 많은 비중을 차지하게 된다. 이로 인하여, 호텔이미지를 일정 수준에 맞추기 위해서는 지속적으로 유지·관리에 필요한 비용들이 발생하게 된다.

21) 한국은행경제통계시스템(//ecos.bok.or.kr)>통계연구/간행물>주요통계간행물>기업경영분석(2012).

3. 호텔기업의 재무비용상 특징

호텔산업은 위에서 살펴본 바와 같이 상품 측면, 경영 측면 및 시설 측면에서 제조업이나 서비스업과 다른 특징이 있다. 이외에도 재무비용적인 측면에서 또 다른 특성을 찾아볼 수 있다. 본서에서 재무비용상의 특성을 별도로 다루는 이유는 재무비용과 관련된 정보들은 수익에 직접적인 영향을 미칠뿐더러 **향후 호텔기업이 적극적인 관점에서 극복해야 할 문제들**이기 때문이다. 호텔기업이 안고 있는 재무비용상의 특성은 다음과 같이 5가지 정도로 요약할 수 있다.[22)]

첫째, 총자산에서 고정자산이 차지하는 비중이 높아 자본회전율이 낮다는 점이다. 앞 절에서 설명한 바와 같이 자본회전율이 낮다는 것은 그만큼 자산을 효율적으로 사용하지 못하고 있다는 것이다.

둘째 특성은 이로 인하여 고정원가의 지출이 많아 손익분기점이 높다는 것이다. 손익분기점(BEP, break-even point)이란 총수익과 총원가가 일치하는 매출액 또는 판매량을 의미한다. 즉, 손익분기점 이후의 매출액을 올려야 이익이 발생한다는 것이다. 따라서 손익분기점이 높다는 것은 그만큼 높은 매출액을 실현해야 하며 이익실현이 어렵다는 것이다. 손익분기점에 대해서는 본서 제14장에서 자세히 다룬다.

셋째, 호텔기업은 일정 수준 이상의 서비스품질을 유지해야 하기 때문에 인적 의존도가 높다. 이에 따라 고정원가라고 할 수 있는 인건비의 비중이 크다. 일반 제조업의 경우 설비자동화를 통하여 인건비를 최소화할 수 있다. 그러나 인적 서비스에 대한 의존도가 높은 호텔기업의 경우에는 인건비 부담이 지속적으로 증가하는 경향이 있다.

넷째, 재무비용면에서의 특징은 각종 시설물이나 설비 등에 대한 노후화와 진부화가 일반 제조업보다 빨리 이루어진다는 점이다. 이러한 노후화와 진부화는 시설의 이용에 관계없이 주기적으로 발생하기 때문에 결국 각종 비용을 과다하게 발생시키는 요인으로 작용하고 있다.

다섯째, 초기 투자비용이 과다하다는 점이다. 호텔기업의 모든 시설물들은 곧 호텔의 상품적 가치를 나타내는 기준이기 때문에 건설 초기부터 집중적으로 투자되어야 할뿐더러 일정 수준 이상의 제품을 사용해야만 한다. 이로 인하여 초기 투자비용이 과다하여 결국 금융비용의 지출이 많이 발생할 수 있다.

---

22) 하동현·변우희·조문식·김권식(2006). 『관광학원론』, 서울: 한올출판사. 214~216.

이상과 같은 호텔기업이 안고 있는 재무비용상의 특징은 결국 호텔기업이 자산을 어떻게 효율적으로 활용할 수 있는가, 과다한 고정비용의 문제를 어떻게 해결할 수 있는가, 효과적인 자산관리방식은 무엇인가와 같은 문제점을 던져주고 있다. 이러한 문제들이 해결되어야 호텔기업이 수익목표를 설정하고 이를 확보할 수 있기 때문이다.

3.2 호텔기업의 종류와 조직구조

1. 호텔의 분류

호텔의 종류는 위치, 서비스 범위, 숙박목적, 숙박기간, 시설형태, 경영형태, 입지, 요금지불방식에 따라 [표 3-2]와 같이 구분할 수 있다.[23)]

[표 3-2] 호텔의 전형적인 분류

호텔은 위치, 서비스 범위, 숙박목적, 숙박기간, 시설형태, 경영형태, 입지, 요금지불방식에 따라 나눌 수 있다.

분류기준	종 류
위 치	도심지호텔(central city hotel), 휴양지호텔(resort hotel), 공항호텔(airport hotel), 고속도로호텔(freeway hotel)
서비스 범위	Full service hotel: Deluxe, Luxury, Upscale, Midscale Limited service hotel: Midscale, Economy, Budget
숙박목적	커머셜호텔(commercial hotel), 컨벤션호텔(convention hotel), 카지노호텔(casino hotel), 리조트호텔(resort hotel), 아파트먼트 호텔(apartment hotel)
숙박기간	단기체재형 호텔(transient hotel), 장기체재형 호텔(residential hotel), 장기체재형 영구호텔(permanent hotel)
시설형태	Motel, Boatel, Yachtel, Youth hostel, Floatel, All-suite hotel
경영형태	경영계약호텔(management contract hotel), 개별경영호텔(independent management hotel), 프랜차이징호텔(franchising hotel), 일반체인호텔(regular chain hotel), 리퍼럴조직호텔(referral organization hotel), 공동소유호텔(co-owner chain hotel), 임대경영호텔(lease management hotel)
입 지	Metropolitan hotel, City hotel, Suburban hotel, Country hotel, Airport hotel, Seaport hotel, Terminal hotel, Beach hotel
요금지불방식	American plan hotel, European plan hotel, Dual-plan hotel

---

23) Vallen, G. K. & Vallen, J. J.(2000). *Check-In Check-Out*, 6th ed., N.J.: Prentice-Hall, Inc. 32~68.
차길수·윤세목(2006). 『호텔경영학원론』, 서울: 현학사. 52~77.

앞의 [표 3-2]에 대한 자세한 설명은 호텔경영학 교재를 참고하기 바란다. 여기서는 경영형태에 따른 분류를 중심으로 설명하고자 한다. 이는 호텔기업의 소유와 경영관계에 따라 추가적으로 비용이 발생하기 때문이다. 경영형태에 따른 분류를 쉽게 이해하기 위하여 호텔기업을 소유 및 경영관계에 따라 구분하면 [그림 3-2]와 같다.[24)]

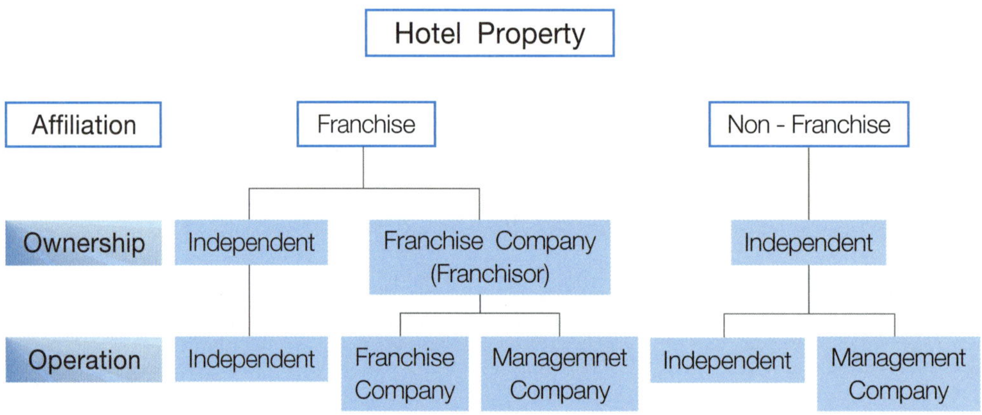

[그림 3-2] 호텔기업의 소유와 경영관계에 따른 경영방식의 형태

호텔기업은 소유자와 경영자 사이의 계약관계에 따라 여러 가지 경영방식을 선택할 수가 있다. 이때, 경영방식에 대한 계약조건에 따라 추가적으로 비용이 발생하게 된다.

호텔기업의 소유와 경영관계에 따른 경영방식은 크게 프랜차이즈계약을 맺고 있는가에 따라 프랜차이즈호텔과 독립경영호텔로 구분할 수 있다. 이러한 구분은 다시 소유주와 경영형태에 따라 개별경영호텔, 프랜차이즈호텔, 경영계약호텔로 나누어진다.

호텔프랜차이징은 호텔체인본사(franchisor)와 호텔소유주(franchisee)와의 계약으로 체인본사가 체인브랜드는 물론 표준화된 다양한 서비스를 호텔소유주에게 제공하는 계약을 말한다. 이때, 호텔소유주는 체인본사에 프랜차이즈 가입비, 프랜차이즈 사용료(royalty), 예약료, 마케팅 비용 등을 지불하게 된다. 각 비용들에 대한 지불은 객실매출액, 예약건수 등을 기준으로 결정된다.

최정길(2005). 『호텔경영학』, 서울: 21세기사. 98~111.
21세기호텔관광연구회(2005). 앞의 책. 62~74.

24) Hayes, D. K. & Ninemeier, J. D.(2004). *Hotel Operations Management*, N.J.: Pearson Education, Inc. 22.

경영계약방식은 호텔경영회사(operator)가 호텔소유주를 대신하여 호텔의 운영과 경영을 책임지는 계약을 맺고 운영되는 형태이다. 호텔소유주는 경영계약의 대가로 호텔경영회사에 일정액의 경영계약비용을 지불하게 되는데, 보상액수를 결정하는 기준에는 총매출액, 영업이익, 총매출액과 영업이익을 혼합하여 사용하는 방식이 있다.[25)]

최근의 호텔산업 동향을 보면, 체인호텔의 도입이 가속화 · 대형화되면서 독립경영 형태보다는 경영계약 형태의 호텔들이 증가하고 있다. 이는 호텔소유주들 대부분이 호텔체인본사(franchisor)의 경험과 신뢰성(reliability), 우수한 인적 자원, 수익성(profitability) 향상을 위한 전략, 경영성과를 판단할 수 있는 엄격한 기준, 우수한 보고체계를 가지고 있는 경영계약 형태를 선호하고 있기 때문이다.[26)] 따라서 이러한 경향을 이해하고 활용하기 위해서는 호텔기업에 근무하는 종사자들이 기본적으로 손익과 관련된 총매출액, 영업이익, 각종 비용 등과 같은 회계정보에 익숙해야만 할 것이다.

2. 호텔기업의 조직적 특성과 조직구조

조직화(organizing)란 조직목적을 달성하기 위하여 인적·물적 자원을 구조화하는 과정으로 각종 과업들을 직무별로 세분화하고(dividing), 각 직무들을 수행하기 위하여 적절한 부문들을 설정하고(specifying), 각 부문에 최적의 직무를 할당하며(determining), 각 부문 간의 권한을 위임하는(delegating) 일련의 과정들을 말한다.[27)]

그런데 호텔기업의 조직구조는 제조업이나 다른 서비스업과는 달리 다음과 같은 **네 가지 특징적인 측면**이 있다.[28)] 첫째, 모든 부문이 고객서비스를 위한 협동체로 유기적으로 결합되어 있다는 점이다. 둘째, 이러한 각 부문들 간의 유기적 관계로 인하여 영업부문(객실, 식음, 부대시설 등)과 업무지원부문(재무, 구매, 인사, 시설관리 등)이 수평적, 수직적 관계를 갖게 되는 라인-스태프형 조직(line and staff organization)으로 구성되어 있다. 셋째, 객실, 식음, 연회부문과 같은 수익부문(revenue center)과 판매촉진, 재무, 총무, 인적자원관리, 시설관리

25) 차길수·윤세목(2006). 앞의 책. 156~159.

26) Heather A. S. & Renaghan, L. M.(1992). "Southeast Asia: A New Model for Hotel Development," *The Cornell Hotel and Restaurant Administration Quarterly*, 33, 5(Oct.). 16~17.

27) Stutts, A.(2001). *Hotel and Lodging Management*, N.Y.: John Wiley & Sons, Inc. 33.

28) 박대환·박봉규·공기열·박진우(2007). 『호텔경영관리론』, 대구: 대명. 104~105.

부문 등과 같은 비용부문(cost center)으로 명확하게 구분된다는 것이다. 그래서 수익부문은 매출극대화를 위하여 최선을 다하고, 비용부문은 수익부문이 최대의 매출을 올릴 수 있도록 업무지원을 하게 된다. 네 번째 특징은 지배인제도에 의하여 조직화된다는 것이다. 지배인제도란 부문별로 실무적 전문성을 가진 전문 임원들에 의하여 경영관리가 이루어지는 형태를 의미한다. 호텔기업의 조직구조가 가장 대표적인 예이다. 이러한 특성 때문에 호텔에서의 지배인은 실무 경험을 바탕으로 전문적인 지식을 쌓고, 국제적인 사고방식과 세련되고 품위 있는 몸가짐, 유창한 외국어 구사능력 등을 고루 갖춘 직업이라고 말할 수 있다.

기업의 조직구조는 기업이 어떠한 부문에 중점을 두고 무엇을 지향하는가를 반영하게 된다. **호텔기업의 조직구조**도 이상과 같은 네 가지 특성을 반영하면서 발전되어 왔다. 다만, 근래에 이르러 호텔경영의 관심이 수익 중심의 경영체계로 변화하고 있기 때문에 조직구조상에서 어느 부문이 강조되어야 하는가를 살펴볼 필요가 있다. 호텔기업의 전형적인 조직구조를 살펴보면 [그림 3-3]과 같다.[29)]

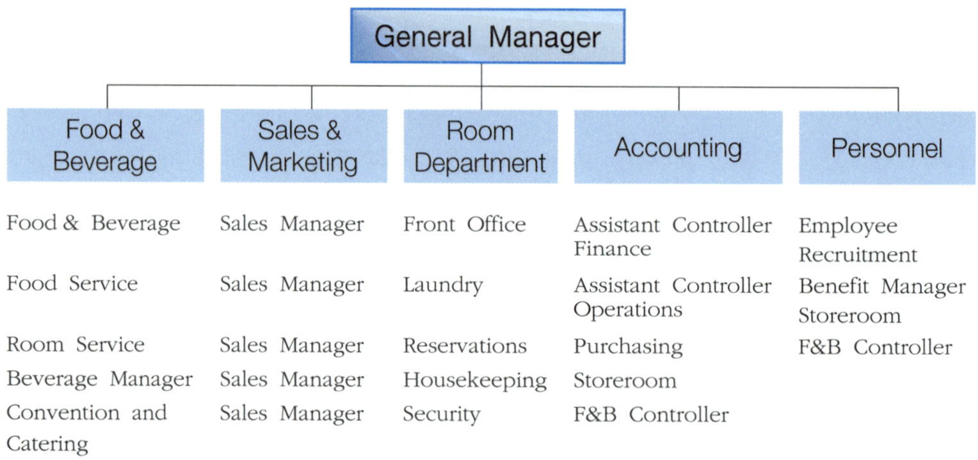

[그림 3-3] 호텔기업의 전형적인 조직구조

호텔기업의 조직을 전형적으로 살펴보면 판촉부, 회계부, 기술부, 구매부, 객실부, 식음료부 형태로 구성되어 있다.

29) Rutherford, D. G.(2002). *Hotel Management and Operations*, 3rd ed., N.Y.: John Wiley & Sons, Inc. 38.

앞의 [그림 3-3]에서 보는 바와 같이, 호텔기업의 전형적인 조직구조는 수익부문인 객실부, 식음료부, 판촉부와 지원부문인 재무부, 인사부로 구성되어 있다. 이러한 조직구조는 객실의 규모와 고객들에게 제공되는 서비스의 범위에 따라 각 부문들의 종류와 구성이 변형될 수 있다. 편의상, 객실 75실 이하의 제한된 서비스 호텔, 즉 제한된 서비스 호텔(limited-service hotel)의 경우, 500객실 미만의 풀 서비스 호텔(full-service hotel under 500 rooms)의 경우, 500객실 이상의 풀 서비스 호텔(full-service hotel over 500 rooms)의 경우로 나누어 살펴보면 [그림 3-4], [그림 3-5], [그림 3-6], [그림 3-7]과 같다.[30)]

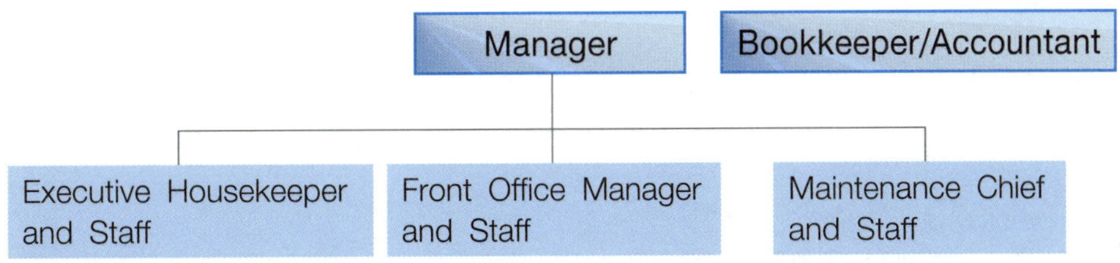

[그림 3-4] 객실 75실 이하, 제한된 서비스 호텔의 조직구조

호텔의 조직구조는 기본적으로 Bookkeeping, Housekeeping, Front Office, Maintenance로 구성된다.

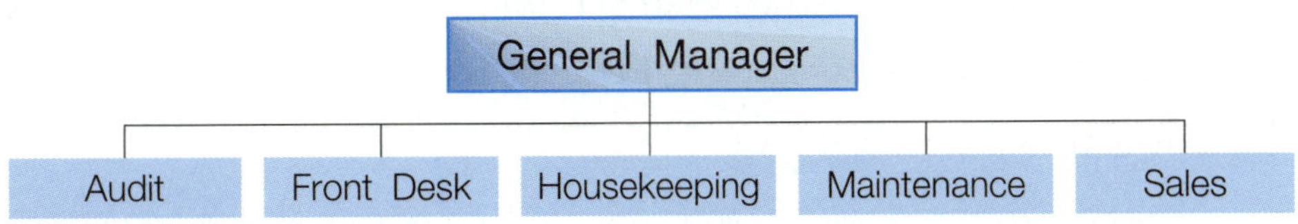

[그림 3-5] 제한된 서비스 호텔의 조직구조

호텔의 조직구조는 호텔의 주요 수입부문인 객실의 규모가 커지면서 판촉을 강화하기 위한 Sales부문이 추가된다.

30) Stutts, A.(2001). 앞의 책. 33~41.

[그림 3-6] 500객실 미만의 풀 서비스 호텔의 조직구조

객실 수가 많아지면서 고용인원이 증가되어 이를 관리하기 위한 Human Resources부문과 수익관리를 위한 Accounting부문이 추가된다. 이와 더불어 호텔조직은 더 많은 부문별 관리자들이 필요하게 된다.

[그림 3-4]에서 [그림 3-7]까지와 같이 호텔의 조직구조는 기본적으로 객실의 규모와 서비스의 범위에 따라 결정된다. 여기서 **가장 기본적인 부문은** Housekeeping, Front Office, Maintenance, Bookkeeping(혹은 Accounting)이다. 이러한 네 부문을 바탕으로 하여 **호텔의 규모가 확대되면서** Human Resourecs(혹은 Personnel), Food & Beverage, Security **등이 추가적으로 부문화**되어 가는 것이다.

이와 같이 호텔의 조직구조는 객실 규모와 서비스의 범위에 따라 업무가 세분화, 전문화됨에 따라 부문의 수가 증가하게 된다. **경영조직은 효율성을 전제로 분화되며, 효율성의 판단기준은 수익성에 근거한다.** 그렇다면 이러한 조직구조의 변화를 어떤 관점에서 읽어야 하는가? 이때, 호텔기업의 규모에 관계없이 경영 의사결정과정에서 중요한 역할을 담당하는 부문은 어느 부문일까? 특히, 근래에 호텔경영의 관점이 이익중심의 경영으로 변화하면서 '역할이 점차 중요시되는 부문은 어느 부문인가?'에 대하여 생각해 보기 바란다.

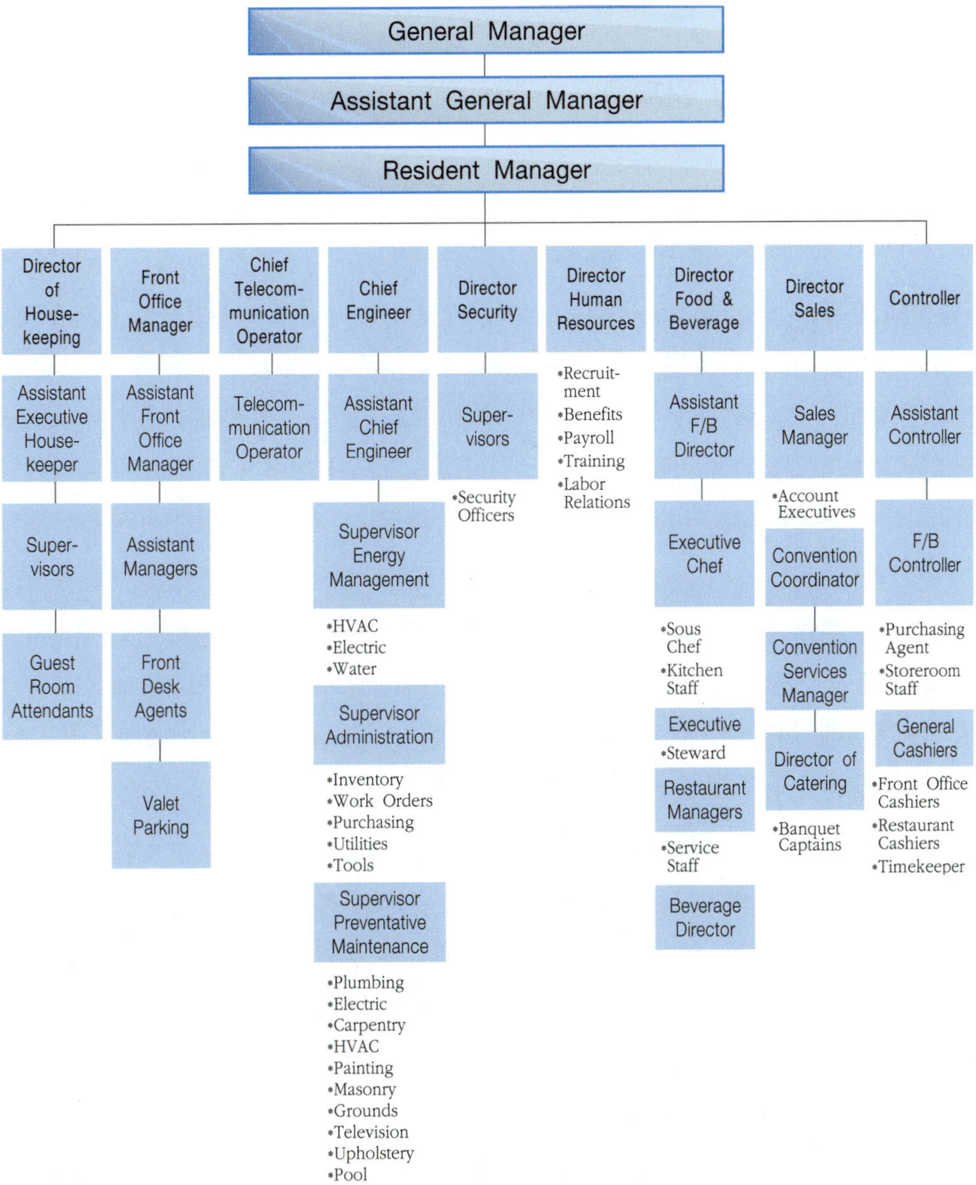

[그림 3-7] 500객실 이상의 풀 서비스

호텔의 객실 수가 500실을 초과하면서 풀 서비스를 제공할 경우 호텔의 모든 부문들은 상당히 세분화, 전문화되어 간다.

3.3 호텔경영에서 가장 중요한 관점의 변화

1. 호텔산업이 직면한 문제들

오늘날 호텔산업이 직면하고 있는 문제점들은 경영상의 문제, 마케팅상의 문제, 기술적인 문제, 경제적인 문제들로 나누어 생각해볼 수 있다.31)

경영상의 문제(operating issues)로는 끊임없이 종업원 부족과 비용절감의 문제가 해결되지 못하고 있다는 점이다. 호텔 종업원들은 쾌적한 근무환경에도 불구하고 이직률이 높은 편이다. 또한, 지배인제도로 인하여 승진기회가 상대적으로 적다. 그러면서도 인적 서비스품질에는 영향을 미치지 않으면서 비용발생을 최소화하려는 시도가 끊이지 않고 있다. 따라서 유능한 관리자들을 양성하기가 어렵고, 비용 발생을 억제하려는 정책으로 인하여 서비스 질의 개선이 어려워지고 있다.

마케팅상의 문제(marketing issues)로는 호텔의 외부환경이 매우 경쟁적으로 변화하고 있으며, 이와 동시에 호텔이용객의 욕구가 다양화 · 고품질화되면서 시장점유율에 위협을 느끼게 된다는 점이다. 이로 말미암아, 시장이 매우 세분화(segmentation)되고 틈새시장(niche)이 형성되면서 결국 수익에 많은 영향을 미치고 있다.

그리고 오늘날 호텔기업이 직면하고 있는 **기술적인 문제**(technological issues)로는 IT기술의 발달로 인해 고객의 욕구가 높아지고 있다는 것이다. 즉, 고객들은 컴퓨터 클릭(clicks) 횟수를 최소화하면서 객실을 예약할 수 있는 대화식 예약시스템(interactive reservation system), 객실에서 인터넷 접속, 객실서비스주문, 전자게임, 체크 아웃 등이 가능한 대화식 메뉴시스템을 요구하고 있으며, 호텔 입장에서는 마케팅 관리 및 고객관리를 위한 종합적인 데이터마이닝기술(data mining technology)을 필요로 하고 있다.

호텔산업과 관련된 **경제적 문제들**(economics issues)을 나타내는 대표적인 표현으로 다음과 같은 말이 있다: "As goes the economy, so goes the lodging industry." 즉, 숙박산업의 수익성은 경제적 조건에 따라 변화한다는 것이다. 특히, 경제적인 환경변화가 세계적으로 동조화되면서 이러한 경향은 시간적 차이가 없이 매우 빠르게 반영되고 있다.

---

31) Hayes, D. K. & Ninemeier, J. D.(2004). *Hotel Operations Management*, N.J.: Pearson Education, Inc. 31~35.

이상과 같이 호텔기업이 직면한 문제점들은 결국 추가적인 비용발생의 원인이 되고 있다. 따라서 유능한 호텔리어가 되기 위해서는 현장에서 직면하게 될 이러한 문제점들에 대하여 충분히 이해를 하고 그 해결방안에 대하여 논의할 수 있어야 할 것이다.

한편, 이러한 문제점들이 있음에도 불구하고 호텔산업을 포함한 호스피텔러티산업은 아직도 매우 역동적이고 매력적인 산업이다. 호텔산업은 무한한 성장가능성을 내포하고 있으며, 각종 상품과 브랜드가 매우 세분화되고 있다. 또한, 관광산업의 세계화, 다문화(multiculturalism) 경향이 확산됨에 따라 시장의 범위가 세계적으로 확장되면서 그 범위가 더욱 넓어지고 있다.[32] 이러한 현상으로 인하여 호텔산업은 세분화된 소비자의 욕구에 부응하면서 새로운 개념, 새로운 세분화 및 새로운 아이디어들이 스스로 개발되어 가고 있다.

2. 왜 회계정보에 익숙해져야 하는가?

호텔산업이 1950년대 이후 상당한 발전을 거듭하면서 기업가들이 새로운 호텔건립에 투자를 아끼지 않았던 이유는 주로 호텔 소유에 따른 사회적 지위 향상, 부동산(토지, 건물) 가치의 상승으로 인한 이익을 목적하였기 때문이다. 예를 들어, Hilton이나 Sheraton과 같은 호텔기업의 가치가 증대된 것은 호텔경영으로부터 발생하는 이익이라기보다는 호텔 매매나 과세소득, 자산재평가를 통한 자산가치 상승과 같은 방법을 통해 이루어졌다.

현실적인 측면에서 살펴보면, 호텔산업은 두 가지 요인으로부터 기인된 높은 위험에도 불구하고 오늘날까지 발전해 왔다. 그 두 가지 요인은 바로 **고급스러운 소비속성이 주기적으로 변화한다는 점과 상당히 많은 자본투자를 필요로 하고 있다는 점**이다. 이로 말미암아 호텔 이익의 상당 부분은 객실이나 식음료 판매로부터 얻어낸 것이 아니고, 부동산 가치의 상승으로부터 유래된 것이었다.[33]

본 장에서는 호텔의 종류를 열거하면서부터 최근 호텔산업의 경향, 호텔 조직구조의 특징 및 호텔산업이 직면한 문제점들을 설명하기까지 관심의 초점을 효율성과 비용, 수익성에 두어 왔다. 이는 호텔산업의 특징, 조직구조, 직면한 문제점들을 통하여 향후 호텔경영에서 중요한 관점과 경영의 방향이 무엇인가를 도출해 보기 위한 것이었다. 그리고 이때, 필요한 지식이나

---

32) Nykiel, R. A.(2005). *Hospitality Management Strategies*, N.J.: Prentice-Hall, Inc. 4.

33) Walker, J. R.(2004). 앞의 책. 108.

정보가 무엇인가를 알아내기 위한 것이었다.

다음의 [사례 3-1]은 중국 쑤저우(蘇州)에 '쑤저우 신라'를 오픈한 신라호텔에 관한 기사이다.[34] 여기서 신라호텔 이만수 사장은 **국내 호텔경영에서 가장 중요한 관점은 '효율'과 '이익중심경영'이라고 강조**하고 있다.

[사례 3-1] 호텔경영에서 가장 중요한 관점

우리나라 호텔경영에서 가장 중요한 관점은 '효율'과 '이익중심경영'이라고 말할 수 있다. 그러기 위해서는 호텔기업 내의 모든 부서가 수익을 낼 수 있도록 관리되는 '발상의 전환'이 필요하다.

호텔 사업은 흔히 성장성이 낮은 업종으로 분류된다. 수익을 내는 객실과 식당의 규모가 정해져 있는데다, 시장이 포화 상태에 있어 신규 투자 위험이 크기 때문이다. 특히 포시즌스, 하이얏트, 힐튼, 메리어트 등 유명 호텔브랜드들이 세계 시장의 대부분을 장악하고 있어 국내 브랜드가 해외 시장에 파고들 여지가 많지 않다.

이런 상황에서 국내 토종 브랜드인 신라호텔이 국내 호텔 브랜드로는 처음으로 중국 시장에 진출했다.

신라호텔은 1일 중국 쑤저우(蘇州)에 5성급인 '쑤저우 신라호텔'을 공식 오픈했다.

객실 308개, 식당 4개, 컨퍼런스홀 1개, 회의실 9개를 갖춘 이 호텔은 현지 투자 개발회사인 젠웨이가 2006년 4월 완공한 것으로, 신라호텔이 20년간 위탁 경영하게 된다.

신라호텔은 위탁경영 수수료로 초기 4년간은 매출액의 4%, 이후에는 8%를 받는다. 호텔측은 경영이 정상화되는 2010년 이후에는 매년 5~10억원의 수수료 수입을 올릴 것으로 전망했다.

- 중략 -

국내 호텔경영과 관련해서는 '효율'과 '이익중심경영'을 강조했다.

이 사장은 "재무, 총무, 홍보 등을 포함한 모든 부서가 수익을 낼 수 있도록 '발상의 전환'을 유도하고 불필요한 인력 수요를 줄여 조직의 효율성을 높이는 것을 최우선 과제로 삼고 있다."고 밝혔다.

---

34) 동아일보(2006). 07. 10.

'효율'과 '이익중심경영'을 강조하는 이유는 무엇일까? 그리고 이러한 의사결정을 하기 위한 정보들은 어디서 얻어낼 수 있는가? 이러한 질문에 대한 해답은 우리가 앞으로 학습하게 될 호텔회계에 대한 이해에서 찾아낼 수 있을 것이다.

근래에 이르러 우리나라의 호텔기업에서는 수익성을 창출해내기 위하여 호텔산업과 연계시킬 수 있는 외식업, 제빵업, 골프장 운영 등과 같은 분야로 진출하고 있다. 다음의 [사례 3-2]는 우리나라에서는 전자산업에 속한 기업으로 알고 있는 소니(Sony)의 다변화 정책의 결과를 보여주고 있다.[35] 호텔기업의 수익성과 효율성을 고려하면서 함께 검토되어야 할 부분이다.

[사례 3-2] 소니의 추억

기업은 다변화 전략을 통하여 새로운 수익모델을 만들어간다. 그러나 수익모델이 실질적인 수익을 만들어내기까지는 상당한 자금과 시간이 소요된다. 또한, 기업의 경쟁적 환경과 소비자 욕구도 변화한다.

열네 살 소피 마르소는 1980년 영화 '라 붐'으로 세계 소년들의 가슴을 뒤흔들었다. 파티에서 만난 사내아이가 마르소에게 헤드폰을 씌워줬다. 사내아이가 찬 카세트테이프 플레이어에서 '라 붐'의 주제곡 '리얼리티(Reality)'가 흘렀다. 둘은 음악에 맞춰 춤을 췄다. 한국에선 극장 개봉을 하지 않아 비디오 플레이어가 있는 친구 집에 모여 '라 붐'의 그 장면을 넋 놓고 봤다. 워크맨과 헤드폰 문화는 그렇게 한국에 알려졌다.

1980~90년대 한국 10대들 사이에서 소니의 워크맨은 지금 애플의 아이폰이었다. 손바닥만 한 게 얇고 날렵해 최첨단 그 자체였다. 아이들은 일본 출장 간 아버지나 삼촌이 워크맨 사오기를 고대했다. 워크맨은 1979년 세상에 선보였다. 해외 출장이 잦던 소니 창업주 이부카 마사루가 '비행기에서도 음악을 즐길 수 없을까' 궁리한 게 출발점이었다. 워크맨은 걷거나 춤추며 음악을 듣는다는 새로운 문화를 창조했다. 작년 초 단종되기까지 2억대 넘게 팔렸다.

1990년대까지 소니는 지금 애플처럼 혁신의 상징이었다. 세계 최초로 개발한 제품이 1959년 트랜지스터 TV를 시작으로 82년 CD 플레이어, 90년 8mm 캠코더까지 이어졌다. 그런 소니가 더는 눈길 끄는 제품을 내놓지 못하면서 시장에서 외면당하고 있다. '소니가 만들면 다 팔린다'는 자만이 화근이었다. 기술자들은 새것을 유연하게 받아들이려 하기보다는 자기 부서 챙기기에 바쁜 관료로 변해 갔다.

35) 조선일보(2014). 01. 29.

소니는 TV 시장이 브라운관에서 평판으로 넘어가는데도 2000년대 초반까지 고집스럽게 브라운관 개량에 매달렸다. 그 사이 삼성·LG가 치고 나갔다. 부서 사이에 칸막이가 높아지면서 비슷한 기술을 여러 부서가 중복 개발하느라 빠르게 바뀌는 시장을 따라가지 못했다. 재작년 말 국제 신용 평가사 피치가 소니를 투기 등급으로 강등하더니 엊그제 무디스도 소니에 투기 등급을 매겼다. 2000년대 초 한 주에 1만6000엔까지 갔던 주가가 10분의 1토막이 나 1600엔 선에 거래된다.

어제의 글로벌 일류 기업이 허망하게 권좌에서 밀려나는 것이 이젠 새로운 일이 아니다. 노키아는 1998년 세계 휴대전화 시장에서 판매량 1위에 오른 뒤 14년이나 정상을 지켰다. 그러나 스마트폰 경쟁을 따라잡지 못하고 몰락해 작년 말 마이크로소프트로 주인이 바뀌었다. 필름 시장의 절대 강자였던 코닥은 디지털 경쟁에서 뒤처져 재작년 초 파산했다. 혁신을 멈추면 생존마저 위협받는 게 글로벌 기업들이 살고 있는 '정글'의 법칙이다.

(저자 주: 2014년 1월 27일 미국의 신용평가 기관인 무디스는 소니에 대하여 정크 수준인 Ba1(투자부적격) 등급을 내렸다. 우리에게 소니는 전자전문 기업으로 알려져 있으나 소니의 기업군은 전자를 비롯하여 보험업, 엔터테인먼트업, 게임업 등으로 다변화되면서 재무적 부실을 초래하게 되었다.)

제2부

회계정보는 어떻게 요약되는가?

Accounting for Hospitality Industry : A Basic Perspective

제4장 회계실무는 어떤 체계에 근거하고 있는가?
제5장 회계등식에 숨겨진 비밀을 찾아서
제6장 회계정보는 어떻게 기록되는가?
제7장 회계정보는 어떻게 산출되는가?
제8장 호텔기업의 재무상태와 경영성과는 어디에 기록되는가?
제9장 호텔기업의 자본과 현금의 변화는 어떻게 기록되는가?
제10장 호텔기업의 회계제도는 어떤 특징이 있는가?

제4장
회계실무는 어떤 체계에 근거하고 있는가?

4.1 회계의 의의와 목적은 무엇인가?

1. 회계의 의의
2. 회계의 목적

4.2 회계실무는 어떠한 체계에 근거하고 있는가?

1. 회계의 개념적 체계는 어떻게 이루어졌는가?
2. 회계가정은 왜 필요한가?
3. 왜 회계정보의 질적 속성이 필요한가?
4. 회계원칙은 어떤 역할을 하는가?
5. 회계관습이란 무엇인가?

04 Accounting for Hospitality Industry: A Basic Perspective

회계실무는 어떤 체계에 근거하고 있는가?

이제까지 우리는 회계정보에는 기업의 모든 경영활동의 내용과 그 결과들이 요약되어 담겨져 있다는 것을 알았다. 그래서 회계정보는 기업을 이해하기 위해서 반드시 알아두어야 할 언어라는 것도 알았다. 그런데 이러한 회계정보는 사실 수십 년간에 걸쳐서 경제적 환경의 변화와 사회적 필요에 따라 그 역할이 꾸준히 변해 왔다.

본 장에서는 이러한 회계정보가 어떠한 목적을 가지고 발전해 왔으며, 회계정보에 담겨 있는 기본적인 개념들에는 어떠한 것들이 있고, 그러한 개념들과 회계실무가 어떻게 연결되어 있는가를 살펴보고자 한다.

회계정보는 기업의 언어로써 그 역할이 점차 증대되고 중요시되고 있다. 따라서 그 바탕을 이루는 기본적인 개념과 이론들에 대하여 이해하는 것이 매우 중요하다. 이러한 기본적인 이론들을 이해함으로써 회계정보를 보다 폭넓게 활용할 수 있는 바탕이 되며, 더 나아가 호텔기업의 한 구성원으로서 직무를 수행해 나갈 때 보다 효과적이고 합리적인 의사결정을 내릴 수 있을 것이다. 즉, 호텔기업의 목적과 목적 달성의 정도를 평가해 주는 회계정보에 대한 충분한 이해가 이루어져야 고객에게 보다 높은 차원의 서비스를 제공할 수 있을뿐더러 효과적인 의사결정을 얻어낼 수 있게 된다.[36)]

36) Moncarz, E. S. & Portocarrero, N. J.(2002). *Accounting for the Hospitality Industry*, N.J.: Prentice-Hall, Inc. 13~14.

4.1 회계의 의의와 목적은 무엇인가?

1. 회계의 의의

회계(accounting)의 의미는 원래 '셈을 한다', '계산을 한다'는 말과 같이 단순히 장부를 처리하는 기능으로만 인식되어 왔다. 그러나 오늘날과 같이 국민경제에서 기업이 차지하는 비중이 점차 높아지고, 기업과 관련된 이해관계자가 많아지면서 회계의 역할 역시 막중해졌다.

우선, 기업 내부적으로는 경영의사결정과 경영통제를 위한 정보를 제공하고 있다. 그리고 외부적으로는 기업과 관련된 많은 이해관계자들에게 기업의 재산상태와 경영성과에 관한 정보를 제공하는 역할을 수행한다.

이와 같이 회계는 단순히 계산을 한다는 의미에서부터 기업 내외의 많은 이해관계자들에게 기업경영과 관련된 다양한 정보를 제공하는 역할에 이르기까지 경제환경의 변화에 따라 그 목적이나 기능 또한 꾸준히 변화되어 왔다. 그래서 회계에 대한 정의나 목적을 한마디로 정의하기는 매우 어렵다.

다만, 회계학 역시 시대와 경제적 환경의 변화에 따라 함께 변화하는 실용학문 중 하나이다. 따라서 시대의 변화에 따라 회계전문기관에서 발표된 일반적인 견해를 중심으로 살펴보면 회계의 역할과 정의를 보다 명확하게 이해할 수 있을 것이다. 이와 같이 회계의 정의를 시대적 변화에 따라 살펴봄으로써 우리는 경제사회에서 회계의 역할이 어떻게 발전해 왔는가를 알 수 있게 된다.

회계의 정의는 [그림 4-1]에서 보는 바와 같이 시대적 변화에 따라 크게 세 단계로 나누어 설명할 수 있다.

연 대	1940년대	1960년대	1970년대
발표 기관	미국공인회계사회	미국회계학회	미국공인회계사회
주요 내용	경제적 사건을 기록·분류·요약 및 해석하는 기술	경제적 정보를 식별·측정·전달하는 과정	경제적 의사결정에 유용한 정보를 제공하는 서비스 활동

[그림 4-1] 회계의 정의에 대한 변화

회계의 의미는 시대적 요구와 경제적 환경의 변화에 따라 발전해 왔다.

전통적으로 회계는 기업실무에서 기업과 관련하여 발생한 여러 가지 거래들을 장부에 기록하고, 재무보고서를 작성하기 위하여 사용되는 단순한 기술(art)이라고 인식되어 왔다. 이러한 인식에 근거하여 정의를 내린 것이 바로 1941년 미국공인회계사회(American Institute of Certified Public Accountants, AICPA)의 발표이다.[37)]

> "회계는 적어도 부분적으로나마 재무적 성격을 가지는 거래나 사건을 의미가 있는 방법으로 화폐단위에 의하여 기록·분류·요약하고 그 결과를 해석하는 기술이다(Accounting is the art of recording, classifying and summarizing in a significant manner and terms of money, transaction and events which are in part at least, of a financial character, and interpret the results thereof)."

이러한 회계의 정의를 살펴보면, 회계는 기업경영과 관련된 경제적 거래들을 정해진 방법에 따라 체계적으로 정리하고, 이를 종합하여 재무보고서를 작성·보고하는 단순한 기술에 불과하다는 것이다.

이러한 정의에는 회계의 주된 목적이 단순히 기계적으로 재무보고서를 작성하는 데 국한되어 있음을 알 수 있다. 따라서 재무보고서를 작성하는 목적이나 재무보고서를 이용하는 정보이용자가 필요로 하는 정보에 대하여는 알 수 없다는 문제점이 있다.

---

37) AICPA, Committee on Terminology(1961). *Review and Resume*(Accounting Terminology Bulletin No. 1). 20.

이러한 문제점에 대하여 1966년 미국회계학회(American Accounting Association, AAA)에서는 새로운 정의를 내렸다. 즉, 회계는 이해관계자들이 경제적인 의사결정을 하는 데 필요한 정보를 제공하는 정보시스템으로 보아야 한다는 견해를 제기하였다. 미국회계학회가 "기초적 회계이론에 관한 보고서(A Statement of Basic Accounting Theory, ASOBAT)"라는 보고서를 통하여 발표한 회계의 정의는 다음과 같다.[38)]

> "회계란 정보이용자가 합리적인 판단이나 의사결정을 할 수 있도록 경제적 정보들을 식별하고 측정하여 전달하는 과정이다(The process of identification, Measuring and communicating economic information to permit informed judgements and decisions by users of the information)."

이러한 정의는 3가지 관점에서 중요한 의미를 갖고 있다. 첫째는 회계를 단순히 경제적 거래들을 장부에 기록하여 재무보고서를 작성하기 위한 기술로 접근하려는 전통적인 사고에서 벗어났다는 것이다. 둘째는 회계를 정보처리과정으로 이해하여 하나의 정보시스템(information system)으로 관찰하려는 전환점을 마련하게 되었다는 것이다. 그리고 셋째는 회계정보를 이용하여 경제적 의사결정을 할 때 그 유용성을 높이려는 이용자 중심의 회계(user oriented accounting)를 강조하게 되었다는 점이다.

이용자 중심의 회계를 강조하는 사고는 더욱 발전하여 회계를 하나의 서비스 활동(service activity)으로 정의하기에 이르렀다. 이러한 정의는 1970년에 미국공인회계사회(AICPA)에서 발표된 보고서에서 찾아볼 수 있다.[39)]

> "회계는 서비스 활동이다. 그 기능은 여러 가지 대안 중에서 합리적인 선택을 하여야 할 경우 경제적 의사결정에 유용하도록 재무적인 성격을 갖고 있는 계량적 정보들을 경제적 실체에서 제공하는 것이다(Accounting is a service activity. It's function is to provide quantitative information, primarily financial in nature, about economic entities that is intended to be useful in making economic decision in making reasoned choices among alternatives courses of action)."

---

38) AAA, Committee to Prepare a Statement of Basic Accounting Theory(1966). *A Statement of Basic Accounting Theory*, AAA. 1.

39) AICPA(1970). "Basic Concepts and Accounting Principles Underlying Financial Statements of Business Enterprises", *Accounting Principles Board Statement*, No. 4, AICPA. par 9 & 40.

이제까지 설명한 바와 같이, 회계의 정의는 시대적 변화와 경제적 환경에 따라 변화되어 왔다. 이상의 내용들을 요약하면 다음과 같다.

우선, 기본적으로 회계는 기업경영과 관련된 경제적 거래들을 기록·분류·요약하고 해석하는 기술(art)을 바탕으로 이루어진 하나의 정보시스템이라는 점이다. 또한, 정보시스템인 회계는 정보이용자가 합리적인 판단과 경제적 의사결정을 할 수 있도록 기업경영에 관한 계량적 정보를 측정·전달하는 하나의 서비스 활동이라는 것이다.

이와 같이 회계정보는 기업경영에 대해 알려주는 매우 중요한 정보이다. 그래서 호텔기업을 포함한 모든 기업의 구성원들에게 회계정보에 대한 이해가 매우 중요하다. 이러한 이해를 바탕으로 고객에게 보다 높은 차원의 서비스를 제공할 수 있을뿐더러 효과적인 의사결정을 도출해낼 수 있기 때문이다.

2. 회계의 목적

목적이란 이룩하거나 도달하려고 하는 목표나 방향을 의미한다. 이러한 사전적 의미에 따르면 회계의 목적은 결국 회계가 궁극적으로 지향하는 목표이다. 따라서 회계목적을 어떻게 설정하는가에 따라 이를 지탱해 주는 회계이론이나 기준은 물론 이를 준수해야 하는 회계실무에도 상당한 영향을 미치게 된다.

이와 같이 회계목적은 회계정보를 제공하는 목적이 무엇이며, 어디에 이용할 것인가에 따라 다양해질 수 있다. 우리는 여기서 회계의 목적에 대한 두 가지 견해만을 살펴보도록 하자.

우선, 1966년 미국회계학회(AAA)가 발표한 **"기초적 회계이론에 관한 보고서**(ASOBAT)" 에서는 다음과 같이 3가지를 제시하였다.[40] 첫째, 회계정보에는 기업경영과 관련된 계획의 수립과 통제가 효과적으로 이루어질 수 있는 내용을 담고 있어야 한다. 둘째, 회계정보에는 경영자가 기업의 한정된 자원을 얼마나 효과적으로 관리하였으며, 셋째, 더 나아가 사회발전에 얼마나 기여했는가를 판단할 수 있는 내용이 포함되어야 한다는 것이다. 미국회계학회가 제시한 이러한 회계목적은 기업경영에서 회계정보가 얼마나 중요한 역할을 하고 있는가를 나타내고 있다.

---

40) AAA, Committee to Prepare a Statement of Basic Accounting Theory(1966). 앞의 책.

그런데 미국회계학회가 제시한 이와 같은 회계목적에 대하여 1978년 미국의 재무회계기준위원회(FASB, Financial Accounting Standards Board)에서는 보다 광범위하면서도 구체적인 회계목적을 제시하였다. 즉, 회계는 첫째, 투자 및 신용결정에 유용한 정보 제공, 둘째, 현금흐름의 전망을 평가하는 데 유용한 정보를 제공, 셋째, 기업의 자원과 이들 자원에 대한 청구권 및 자원의 변화에 대한 정보를 제공해야 한다는 것이다. 이러한 관점은 결국 **회계의 목적이 기업의 이해관계자들이 합리적인 의사결정을 할 수 있도록 유용한 정보를 제공하는 것임을 의미**한다고 할 수 있다.

한편, 우리나라 「기업회계기준서 제1001호」에서는 재무보고의 핵심적인 수단인 재무제표의 목적을 "광범위한 정보이용자의 경제적 의사결정에 유용한 기업의 재무상태, 재무성과와 재무상태변동에 관한 정보를 제공하는 것이다. 또한, 재무제표는 위탁받은 자원에 대한 경영진의 수탁책임 결과도 보여준다. 이러한 목적을 충족하기 위하여 재무제표는 다음과 같은 기업정보를 제공한다. (1) 자산, (2) 부채, (3) 자본, (4) 차익과 차손을 포함한 광의의 수익과 비용, (5) 소유주로서의 자격을 행사하는 소유주에 의한 출자와 소유주에 대한 배분, (6) 현금흐름, 이러한 정보는 주석에서 제공되는 정보와 함께 재무제표이용자가 기업의 미래현금흐름, 특히 그 시기와 확실성을 예측하는 데 도움을 준다."라고 명시하고 있다.

4.2 회계실무는 어떠한 체계에 근거하고 있는가?

1. 회계의 개념적 체계는 어떻게 이루어졌는가?

회계는 전통적으로 기업경영과 관련된 여러 가지 경제적 거래들을 장부에 기록하고, 각종 보고서를 작성하는 것과 같은 실무를 바탕으로 발전하여 왔다. 그래서 회계의 목적이나 개념들은 바로 기업의 회계실무를 중심으로 발전해 온 재무회계의 목적이나 개념을 의미하게 된다.

기업에서 공시하는 회계정보를 이용하는 사람들에는 해당 기업의 주식을 소유하고 있는 투자자, 기업에서 발행한 사채를 구입한 채권자, 종업원, 거래처, 고객에 이르기까지 매우 다양하다. 따라서 그들이 필요로 하는 회계정보에 대한 욕구도 다양할 수밖에 없으며, 때로는 서로의 이해관계가 상충되는 경우도 있다. 그래서 회계는 특정 이용자의 욕구를 충족시키기보다는 가능한 한 다양한 욕구를 모두 수용할 수 있는 정보를 제공해야만 한다. 다시 말해서, 기업의 경영활동을 요약한 회계보고서인 재무제표는 대다수의 회계정보이용자들이 만족할 수 있는 일반 목적의 재무제표(general-purpose financial statement)가 되어야만 한다.

그런데 보다 많은 회계정보이용자들로부터 일반 목적의 재무제표로 동의를 받기 위해서는 재무제표가 작성되기까지의 작성 목적이나 논리적 배경이 체계적으로 입증될 수 있어야만 한다. 이와 같이 **일반 목적의 재무제표가 작성되어 많은 정보이용자들에게 알려지기까지 회계 현상에 대하여 논리적으로 설명한 것을 회계의 개념체계**(conceptual framework)라고 한다.[41] 그래서 기업의 언어인 회계정보를 바르게 이해하기 위해서는 회계의 개념체계를 충분히 이해하고 있어야만 한다.

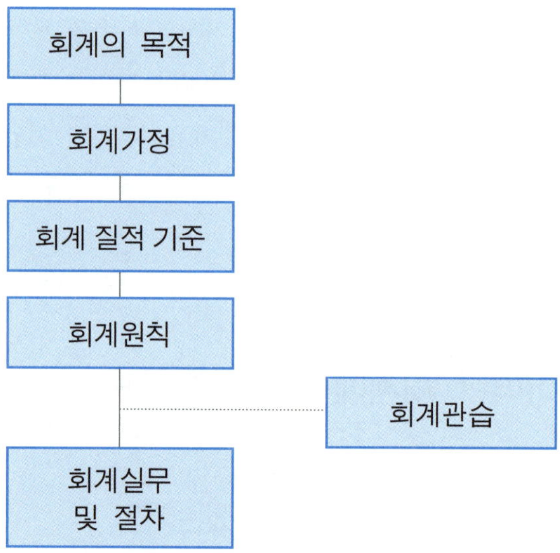

[그림 4-2] 회계의 개념체계

회계의 개념체계는 일반 목적의 재무제표가 작성되어 많은 정보이용자들에게 알려지기까지 회계 현상에 대하여 논리적으로 설명한 것이다. 따라서 기업의 언어인 회계정보를 바르게 이해하기 위해서는 개념체계를 충분히 이해하여야 한다.

41) FASB, Discussion Memorandum(1978). *Conceptual Framework for Accounting and Reporting*, FASB.

이러한 개념체계의 구체적인 내용과 각 개념들 간의 관계는 접근방법에 따라 다소 다를 수 있다. 여기에서는 일반적으로 논의하고 있는 개념체계를 가지고 설명하고자 한다. 일반적으로 제시되고 있는 회계의 개념체계는 [그림 4-2]와 같다.

[그림 4-2]에서 보는 바와 같이, 회계의 개념체계는 회계의 목적에서부터 시작된다. 이것은 다른 학문에서와 마찬가지로 어떠한 학문이 이론적 체계를 갖추고 객관적으로 인정받기 위해서는 우선 그 학문이 추구하는 목적이 논리적으로 정립되어 있어야만 대다수의 이해관계자들로부터 인정받을 수 있기 때문이다.

회계의 목적은 앞에서도 설명한 바와 같이 기업의 이해관계자(회계정보이용자)들이 합리적인 의사결정을 할 수 있도록 유용한 정보를 제공하는 것이다. 이는 회계학이 실용성과 활용성을 높이기 위한 학문이기 때문에 **정보의 유용성**(information usefulness)에 최우선의 목적을 두고 있다는 것을 의미한다.

이러한 목적은 이론적으로는 매우 타당하고 실현가능해 보이지만, 현실적으로 생각해 보면 정보를 이용하는 목적과 이용자 및 실무담당자에 따라 다소 달라질 수도 있다. 그래서 회계의 목적을 지지해 주면서 현실적인 회계실무와의 차이를 최소화할 수 있는 어떤 가정이나 논리가 필요하게 된다. 그래서 제기된 개념들이 바로 회계가정과 회계원칙이다. 이러한 개념들에 대해 각각 나누어서 설명해 보기로 하자.

2. 회계가정은 왜 필요한가?

회계학도 다른 학문 분야들과 마찬가지로 그 이론적 틀(체계)을 만들어 나가기 위하여 일련의 기본적인 전제조건들을 근거로 하여 발전되어 왔다. 다시 말해서, 회계가 실행되고 있는 환경에 대한 기본적 가정을 근거로 하여 일반적으로 적용할 수 있는 이론을 논리적으로 전개하여 왔다.

이와 같은 회계환경에 대한 기본적 가정 혹은 전제조건을 회계가정(accounting assumption) 또는 회계공준(accounting postulates)이라고 한다. 즉, **회계가정이란 회계이론을 형성하고 이를 전개하기 위하여 반드시 요구되는 기본적인 전제조건**이라고 할 수 있다. 이러한 회계가정은 기업 회계를 뒷받침하는 기본적인 전제가 되며, 또한 회계원칙이나 회계실무를 전개하기 위한 기반을 제공하게 된다.

일반적으로 받아들여지고 있는 회계가정으로는 기업실체의 가정, 계속기업의 가정, 화폐단위 측정의 가정, 회계기간의 가정이 있다.[42]

(1) 기업실체의 가정

기업실체의 가정(business entity assumption)이란 회계행위가 이루어지는 기본단위는 기업 그 자체라는 것이다.

이러한 가정에 의하여 기업은 인격을 가진 하나의 실체로서 기업의 구성원인 경영자, 주주, 종업원과 분리된 독립적인 조직이며, 다른 기업과도 별개의 관계에 있게 된다. 따라서 기업실체의 가정은 바로 기업경영에 대한 회계자료가 어떤 관점에서 기록·보고되어야 하는지를 명확하게 해준다. 즉, 기업경영에 대한 회계행위는 기업 자신이 행한 거래만을 대상으로 기록되는 것이지, 경영자나 주주 등과 같은 이해관계자가 행한 것들은 대상에서 제외된다는 것이다.

(2) 계속기업의 가정

계속기업의 가정(going concern assumption)이란 기업은 본래의 목적을 달성하기 위하여 계속 존재하며 경영활동도 지속적으로 수행한다는 가정이다.

예를 들어 어떤 기업이 영업 목적으로 차량을 구입하였다고 하자. 회계에서는 이러한 차량에 대하여 몇 년간 사용할 것이며, 또 사용 후 중고차로 판매할 경우에는 얼마나 될 것인가에 따라 매년 차량의 가치를 깎아 나간다. 이러한 행위를 감가상각이라고 하는데, 몇 년 후에 얼마에 팔 수 있으며, 매년 얼마씩 감가를 한다는 것은 바로 기업의 경영활동이 계속해서 이루어진다는 것을 전제로 하기 때문이다.

이와 같이 기업이 계속적으로 경영활동을 수행한다는 가정을 전제로 하기 때문에 기업의 각종 재산(예를 들면, 건물, 기계장치, 차량 등)에 대하여 가치를 평가하는 절차를 갖는 것이다.

---

42) 남상오(1984). 앞의 책. 346~366.

(3) 화폐단위 측정의 가정

화폐단위 측정의 가정(monetary measurement assumption)이란 경영활동에서 발생하는 모든 경제적 거래는 화폐가치로 측정하여 표시할 수 있어야 하며, 또한, 그 화폐가치는 안정적이라는 가정이다. 즉, 회계상의 모든 거래는 화폐가치로 측정되어 재무상태나 경영성과를 보고하게 되는데, 이러한 정보가 유용하고 비교가능성을 갖기 위해서는 화폐가치가 일정기간 동안은 변동이 없어야 한다는 것이다.

이와 같이 화폐단위 측정의 가정은 화폐가치의 안정성을 포함하고 있기 때문에 물가변동이 심한 오늘날의 회계에서는 다소 객관성을 인정하기 어려울 수도 있다. 따라서 물가변동이 극심한 경우에는 화폐가치를 수정해야 할 필요가 있기 때문에 화폐가치의 안전성에 대한 새로운 조정과정이 필요하다.

(4) 회계기간의 가정

회계기간의 가정(time period assumption)이란 기업실체의 경제적 활동을 일정기간 단위로 구분하여 각 기간마다 회계정보를 정보이용자에게 보고하자는 가정이다.

계속기업의 가정에 의하면, 명백한 반증이 없는 한 기업의 영업활동은 영속적으로 이루어진다. 그러나 오랜 기간 동안 이루어진 기업의 재무상태와 경영성과를 측정한다는 것은 매우 어렵다. 그래서 기업들은 회계기간이라는 인위적인 기간을 설정하여 각 기간 말 현재의 재무상태와 그 기간 동안의 경영성과를 측정하여 회계정보이용자에게 보고해야 한다.

일반적으로 회계기간(accounting period)은 1년을 넘지 않는 범위 내에서 기업이 임의대로 설정할 수 있는데, 대부분 1년을 한 회계기간으로 하고 있다. 이와 같이 1년을 회계기간으로 한 경우를 회계연도(fiscal year)라고 한다.

3. 왜 회계정보의 질적 속성이 필요한가?

이제까지 설명한 바와 같이 회계의 목적은 정보이용자의 경제적 의사결정에 유용한 정보(useful information)를 제공하는 것이다. 그런데 유용한 정보라는 것은 상당히 포괄적이고 추상적인 의미이기 때문에 유용성(usefulness)을 판단할 수 있는 구체적인 어떤 기준이 필요하다. 다시 말해서, 회계정보가 유용한 의사결정도구로 이용되기 위해서는 최소한 몇 가지 필요한 속성을 갖추고 있어야만 한다. 이와 같이 **회계정보가 유용한 정보가 되기 위하여 갖추어야 할 중요한 기준이나 속성을 회계정보의 질적 속성**(qualitative characteristics of accounting information)이라고 한다.43) 이러한 회계정보의 질적 속성은 어떤 정보가 유용한 것인가를 판단하는 기준이 된다. 우리나라 한국회계연구원의 회계기준위원회(KASB, Korea Accounting Standards Board)와 미국의 재무회계기준심의회(FASB, Financial Accounting Standards Board)에서는 회계정보의 질적 속성을 [그림 4-3]과 같이 크게 관련성과 신뢰성으로 나누어 제시하고 있다.44) 그리고 2차적 속성으로 비교가능성을 들고 있다.

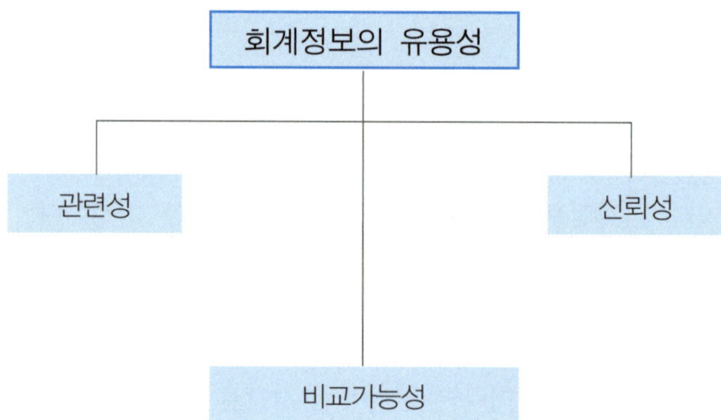

[그림 4-3] 회계정보의 질적 속성

회계정보가 유용한 정보가 되기 위해서는 경제적 의사결정과 관련되어 있으며, 신뢰할 수 있는 정보라는 속성을 가지고 있어야만 한다.

---

43) 남상오(1984). 앞의 책. 623.

44) FASB(1980), “Qualitative Characteristics of Accounting Information”, *Statement of Financial Accounting Concepts*, No. 2, FASB.

(1) 관련성(목적적합성)

관련성(relevance)은 신뢰성과 더불어 회계정보가 유용하기 위해서 지녀야 할 주요 속성의 하나이다. 관련성 있는 정보란 정보이용자가 의도하고 있는 의사결정의 목적에 적합한 정보를 의미한다. 어떠한 정보가 의사결정과 관련성을 갖기 위해서는 의사결정 시점에 적합한 정보여야 하며(적시성, timeliness), 의사결정자의 예측능력을 향상시킬 수 있는 데 도움이 될 수 있어야 한다(예측가치, predictive value). 또한, 의사결정의 결과를 확인은 물론 수정할 수 있어야 한다(피드백 가치, feedback value). 그래서 관련성의 하위 속성으로 적시성과 예측가치, 피드백 가치를 포함시키고 있다.

(2) 신뢰성

신뢰성(reliability)이란 확신의 정도를 의미한다. 신뢰성이 있는 정보가 되기 위해서는 표현이나 측정값이 정확해야 하며, 어느 한 정보이용자의 입장만을 고려한 편의(bias)가 없이 보다 많은 정보이용자의 입장에서 작성된 정보여야만 한다.

회계정보의 신뢰성은 첫째, 회계정보는 그 정보가 나타내고자 하는 대상을 충실히 표현하고 있어야 하고(표현의 충실성, representational faithfulness), 둘째, 객관적으로 검증이 가능한 정보여야 하며(검증가능성, verifiability), 셋째, 중립적인 정보(중립성, neutrality)이어야 한다. 그래서 이상과 같은 표현의 충실성, 검증가능성, 중립성은 신뢰성을 지지하는 하위 속성이 된다.

(3) 비교가능성

비교가능성(comparability)은 정보의 유용성을 제고할 수 있는 2차적 특성이다. 즉, 비교가능성은 관련성과 신뢰성만큼 중요한 질적 특성은 아니지만, 관련성과 신뢰성을 갖춘 정보가 기업 간에 비교가 가능하고, 기간 간에 비교가 가능할 경우(계속성, consistency)라면 회계정보의 유용성이 제고될 수 있다는 것이다.

이상과 같이 유용한 회계정보가 되기 위해서는 우선적으로 관련성과 신뢰성을 갖추어야 하며, 더 나아가 비교가능성과 같은 특성을 갖출 수 있어야만 된다.

4. 회계원칙은 어떤 역할을 하는가?

기업은 기업의 이해관계자들에게 경영활동의 결과인 재무상태에 관한 정보를 측정하여 전달할 책임과 의미가 있다. 이 경우, 경영활동에 관한 정보를 제공하는 수단으로 일반적으로 활용되는 것이 재무제표이다. 그런데 이러한 보고서가 신뢰성을 확보하고 기업 이해관계자의 이익을 옹호하기 위해서는 적정하게 작성되었는가를 판단할 수 있는 어떤 기준이 있어야 한다. 즉, 사회전반에 걸쳐 공정하고 타당하다고 인정되는 판단의 기준이 필요하다. 이때, 필요한 기준이 바로 회계원칙이라고 할 수 있다.

회계원칙(accounting principles)**은 회계의 목적을 달성하기 위하여 회계실무로부터 논리적으로 도출한 구체적인 방법들**이라고 할 수 있다. 즉, 회계원칙은 회계실무에서 회계업무를 처리할 때 지켜야 할 지침으로 회계실무를 이끌어 나가는 지도원리를 나타내기 때문에 회계기준(accounting standards)이라고도 한다.

회계원칙은 역사적 원가의 원칙, 수익인식의 원칙, 대응의 원칙, 완전공시의 원칙을 기본원칙으로 하고 있다.

(1) 역사적 원가의 원칙

역사적 원가의 원칙(historical cost principle)은 취득원가주의라고도 하는데 모든 회계 사실은 취득한 원가로 평가한다는 것이다. 이는 모든 자산과 용역을 취득한 시점에서의 화폐가치로 인식하여 기록하는 것이 가장 객관적이고 검증이 가능하기 때문이다.

역사적 원가는 취득원가로 평가되기 때문에 측정하기가 쉽고, 객관적이라 회계정보의 신뢰성을 높이고, 경영자의 수탁책임의 한계를 명확히 한다는 장점이 있다. 그러나 취득시점과 보고시점이 다를 경우 물가상승이나 수요·공급의 변동 등으로 인한 가치의 변화를 반영하지 못한다는 한계가 있을 수 있다. 그러나 이러한 한계에도 불구하고 현행 회계에서는 역사적 원가의 객관성과 검증가능성을 중요시하기 때문에 역사적 원가의 원칙을 기본으로 하고 있다.

(2) 수익인식의 원칙

수익인식의 원칙(revenue recognition principle)은 재화나 용역의 판매가격이 객관적으로 측정될 수 있고, 그 수익을 획득하였다는 사실이 확실시되었을 때 인식한다는 것이다. 그래서 수익인식의 원칙은 다음에 설명한 대응의 원칙과 더불어 발생주의회계(accrual basis)의 근간을 이룬다.

(3) 대응의 원칙

대응의 원칙(matching principle)은 수익·비용의 대응원칙이라고도 하는데, 수익과 비용은 그 발생원천에 따라 명료하게 분류하고, 각 수익 항목과 이에 관련된 비용 항목을 상호 비교할 수 있도록 대응시켜 손익을 계산한다는 원칙이다. 즉, 일정기간의 손익을 정확히 산출하기 위하여서는 일정 회계기간에 발생한 수익과 비용을 대응시켜 손익을 계산해야 한다는 것이다.

(4) 완전공시의 원칙

원전공시의 원칙(full disclosure principle)이란 정보이용자의 의사결정에 영향을 미칠 수 있는 중요한 경제적 사건에 대한 정보는 모두 재무제표에 공시되어야 한다는 원칙이다.

이 원칙은 기업의 경제활동을 전달하는 공식 수단인 기본재무제표만으로는 의사결정에 필요한 모든 정보를 충분히 제공한다는 것이 불가능하다는 것을 뜻한다. 그래서 완전공시의 원칙을 충족시켜 주기 위해 재무제표에 표시된 사항을 여러 가지 방법을 통하여 추가적으로 공시해야만 한다. 이에 따라, 기본재무제표와 함께 주기, 주석 및 부속명세서가 공시되고 있는데, 이는 곧 완전공시의 원칙이 점차 중요시되고 있기 때문이다.

이제까지 설명한 바와 같이, 회계원칙은 회계행위를 할 때 준수해야 할 행위의 지침으로서 회계실무를 이끌어가는 지도원리이다. 이와 같이 포괄적으로 사용되는 회계원칙을 '**일반적으로 인정된 회계원칙**(GAAP, Generally Accepted Accounting Principle)'이라고 한다.

GAAP는 다음과 같은 3가지 특징을 갖고 있다.

첫째, GAAP는 일반적으로 수용되는 회계원칙이다. 둘째, GAAP는 다수의 지지를 받는 원칙으로, 권위 있는 회계전문기관의 광범위한 연구와 실무자들과의 토론을 거쳐 확정된다. 셋째, GAAP는 회계실무의 지침으로서, 기업의 회계처리나 회계보고를 지도할뿐더러 또한, 회계감사에 있어서 감사인의 판단기준도 된다.

우리나라에서는 한국회계기준원(www.kasb.or.kr)에서 제정한 『기업회계기준서』와 『기업회계기준』이 GAAP에 해당된다. 『기업회계기준서』는 회계행위를 수행할 때 이용되는 회계행위의 지침이다. 본서에서는 『기업회계기준서』를 [부록 1]에 수록하여 이해를 돕고자 하였다.

5. 회계관습이란 무엇인가?

여기서 우리는 회계원칙이 과연 '회계실무에서 발생하는 모든 문제점들을 포함하여 설명할 수 있을까?' 하는 의구심을 가질 수 있다. 물론 그렇지 못하다. 왜냐하면, 산업의 특성에 따라 실무에서 다른 산업과는 달리 관행적으로 회계처리를 하는 방법이 있을 수 있다. 산업의 특성이나 기업의 규모에 따라 실무적으로 달라질 수 있는 회계처리방법들을 모두 회계원칙에 포함시킬 수 없다. 그렇다고 이러한 특성을 무시할 수도 없다. 그래서 회계원칙이라고는 말할 수 없지만 실무적으로 인정할 수밖에 없는 회계상의 관습들이 있는데 이를 회계관습이라고 한다. 다시 말해서, **회계관습**(accounting convention)**이란 회계원칙으로 인정할 만큼 타당성을 입증할 수는 없으나, 오랫동안 회계실무에서 유용성이나 편의성 때문에 전통적으로 불가피하게 인정되고 있는 회계상의 관습**을 말한다.

회계관습은 다양한 환경의 변화에 적용하기 위한 일종의 수정원칙이라고 할 수 있는데, 회계실무에서 예외로 인정되고 있는 대표적인 개념으로 보수주의, 중요성, 산업별 관행 등이 있다.

(1) 보수주의

보수주의(conservation)란 두 가지 이상의 대체적인 회계처리방법이 있을 경우 자본에 가장 불리한 영향을 미치는 방법으로 회계처리하는 것을 뜻한다. 즉, 자산은 가능한 한 적게, 부채는 가능한 한 많게, 그리고 수익은 가급적 적게, 비용은 될 수 있으면 많게 계상함으로써 가능한 기업의 보고이익을 줄이도록 하는 것이다. 이러한 보수주의 사고는 기업의 재무구조를 견고히 하려는 회계실무에서 오랫동안 지켜져 내려온 것이다.

(2) 중요성

중요성(materiality)이란 상대적인 개념으로써 해당 정보가 정보이용자에게 전달되어 의사결정에 중요하다고 인정되면 재무제표에 반영하고, 그렇지 않은 경우는 생략해도 된다는 속성이다. 즉, 당연히 회계정보로 인식하여 보고되어야 하지만 정보이용자의 의사결정에 미치는 영향이 아주 미미하거나, 회계정보로부터 기대되는 정보효과가 크지 않다고 판단될 때 회계담당자는 중요성의 판단에 따라 회계처리가 가능하다는 것이다. 중요성은 다소 모호한 개념이기 때문에 특정 항목의 절대적 크기나 성격 및 의사결정에서의 역할 등에 의해 판단된다.

(3) 산업별 관행

산업별 관행(industry practice)이란 특정 산업에서 정상적인 회계원칙으로는 처리할 수 없는 사항에 대해서 특수하게 인정되어야 할 회계실무를 말한다. 이러한 산업별 관행은 관습이나 법률 등으로 결정되는데, 회계담당자는 산업의 특수성에 따라 일반적으로 적용되는 회계원칙과 다른 원칙을 적용할 때는 그 이유를 충분히 공시하여 의사결정에 오해가 없도록 해야 한다.

제5장
회계등식에 숨겨진 비밀을 찾아서

5.1 회계는 정보시스템이다

5.2 회계등식에 숨겨진 비밀을 찾아서

1. 회계등식이란 무엇인가?
2. 회계등식에 숨겨진 비밀을 찾아서
3. 회계정보의 특성

5.3 회계정보는 누가 이용하는가?

05 Accounting for Hospitality Industry: A Basic Perspective

회계등식에 숨겨진 비밀을 찾아서

5.1 회계는 정보시스템이다

제4장에서 살펴본 바와 같이, 현대회계는 "**정보이용자가 합리적인 판단이나 의사결정을 할 수 있도록 경제적으로 의미가 있는 정보들을 식별하고 측정하여 전달하는 과정**(The process of identification, measuring and communicating economic information to permit informed judgements and decisions by users of the information)"이라고 말할 수 있다. 즉, 오늘날의 회계는 기업과 관련된 이해관계자들에게 유용한 정보(useful information)를 제공하기 위하여 경제적으로 의미 있는 정보들을 식별·측정하여 커뮤니케이팅하는 것을 기본 목적으로 하고 있다. 여기서 경제적 정보를 식별한다는 것은 기업이나 호텔기업, 학교, 병원 등과 같은 회계실체의 경영활동과정에서 경제적으로 의미가 있는 거래들을 선정한다는 것이다. 측정한다는 것은 선정된 정보에 수치를 부여하여 계량화하는 것을 의미한다. 그리고 커뮤니케이팅이란 정보를 필요로 하는 이해관계자들에게 전달하는 것을 말한다.

이러한 기본적인 목적을 달성하기 위하여 기업은 필요한 여러 절차를 마련하고 운영하게 된다. 이때, 기업경영과 관련된 경제적 거래들을 기록, 정리 및 요약하는 일련의 과정들을 **회**

계정보시스템(accounting information system)이라고 한다. 이러한 회계정보시스템은 [그림 5-1]과 같이 나타낼 수 있다.[45)]

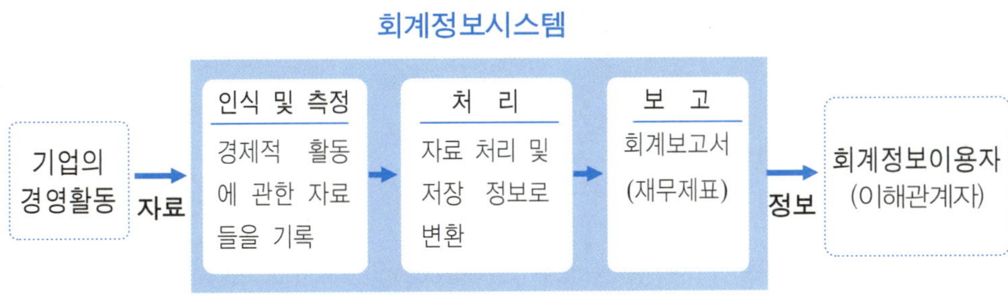

[그림 5-1] 회계정보시스템과 회계정보이용자

회계정보시스템은 기업의 경제적 활동과 관련된 자료들을 처리하여 기업의 경영활동과 회계정보이용자의 의사결정자를 연결시키는 역할을 한다.

위의 [그림 5-1]에서 보는 바와 같이, 회계정보시스템은 기업의 경영활동 중에서 경제적인 거래들을 인식하고 측정하여 자료로 기록을 한다. 그리고 이 자료를 경제적 의사결정에 유용한 정보로 이용될 수 있도록 처리하고 저장을 한다. 여기서부터 경제적 거래는 의사결정에 적합한 정보로서의 가치를 갖게 되는데, 기업에서는 이러한 정보를 기업과 관련된 이해관계자들에게 정기적으로 보고를 하게 된다.

이와 같이 회계정보시스템은 기업의 경영활동과 의사결정자를 연결시키는 역할을 하게 된다. 이때, 기업 내부의 회계정보이용자들에게는 기업 고유의 형식에 따라 정보를 제공한다. 그리고 외부의 회계정보이용자(이해관계자)들에게는 주로 재무제표와 같은 정형화된 회계보고서에 정보를 담아 제공한다.

이러한 회계정보시스템은 기업의 규모나 필요로 하는 정보의 양 및 시스템의 종류에 따라 달라질 수 있다. 그러나 회계정보시스템이 어떠한 방법으로 운용되든지 회계정보를 인식하고 측정하는 기능, 자료를 처리하는 기능, 보고하는 기능과 같은 기본적인 3가지 기능은 변함이

45) Horngern, C. T., Sundem, G. I. & Elliot J. A.(1996). *Introduction to Financial Accounting*, 6th ed., N.J.: Prentice-Hall. 3.

없다. 다음 절부터 회계정보시스템이 어떠한 과정을 거치면서 회계정보를 산출하는가를 살펴본다.

5.2 회계등식에 숨겨진 비밀을 찾아서

1. 회계등식이란 무엇인가?

기업이 소유하고 있는 물적 자원(physical resources)을 자산(assets)이라고 한다. 예를 들면, 자산에는 현금, 토지, 건물, 차량운반구, 가구·집기·비품, 영업권 등이 있다. 이러한 자산을 구입할 경우 구입 자금은 대개 두 가지 방법으로 조달된다. 하나는 기업의 소유주가 출자한 자금을 이용하는 것이고, 또 다른 하나는 은행이나 사채권자들로부터 자금을 빌려서 구입하는 것이다. 앞의 경우와 같이 기업의 소유주가 출자한 자금을 자본(capital)이라고 한다. 그리고 외부로부터 자금을 빌려온 경우를 부채(liabilities)라고 한다.

예로서, M호텔에서 차량운반구를 ₩30,000,000에 현금을 주고 구입한 경우를 가지고 설명해 보자. (1) 만일 차량운반구 가격 모두를 소유주가 출자한 금액으로 구입하였다면, 차량운반구라는 자산은 모두 소유주의 권리인 것이다. (2) 그러나 ₩30,000,000 중에서 ₩10,000,000을 은행에서 대출받아 구입하였다면 소유주의 권리는 ₩20,000,000(₩30,000,000 − ₩10,000,000)으로 감소하게 되고, 부채가 ₩10,000,000 발생한 것이 된다. 이와 같이 **기업의 자산을 자산에 대한 권리**(right)**나 청구권**(claim) **형태로 나타낸 등식을 회계등식**(accounting equation) **혹은 재무상태표 등식**이라고 한다. 회계등식은 다음과 같이 간단히 나타낼 수 있다.

자산(Assets) = 부채(Liabilities) + 자본(Capital)

위의 (1)과 (2)의 사례를 회계등식으로 나타내면 다음과 같다.

	자 산	=	부 채	+	자 본
	현 금				자본금
(1)	₩30,000,000	=			₩30,000,000
(2)	₩30,000,000	=	₩10,000,000	+	₩20,000,000

2. 회계등식에 숨겨진 비밀을 찾아서

앞 절에서 설명한 바와 같이, 회계등식이란 자산에 대한 권리나 청구권을 나타낸 것이다. 그리고 기업 외부인(타인)의 청구권이나 채권자의 지분(creditors' equity)을 부채라 하고, 기업 소유주의 청구권(owners' equity)을 자본 또는 소유주 지분이라고 한다. 자본은 근본적으로 기업에 존재하는 모든 가치(구체적으로는 자산)에서 채권자의 청구권을 빼고 남는 것이기 때문에 잔여 지분(residual equity)이라고도 한다.

이러한 회계등식 속에는 우리가 앞으로 호텔회계를 공부하는 데 기본적으로 필요한 매우 중요한 3가지 개념이 숨어 있다.

다음은 201×년 4월 중에 W호텔에서 발생한 거래이다. 이 예를 가지고 회계등식 속에 담긴 비밀을 찾아보자.

4월 1일 : (1) 오장래는 현금 ₩100,000을 W호텔에 출자하였다.
2일 : (2) W호텔은 객실용 비품을 현금 ₩10,000을 주고 구입하였다.
5일 : (3) W호텔은 주방에서 사용할 ₩30,000짜리 장비를 외상으로 구입하였다.

거래 (1) - 현금 투자. 오장래가 W호텔 사업을 위하여 현금을 출자한 것이다. 이러한 사건은 W호텔이 현금이라는 자산을 소유하게 된 것이며, 동시에 소유주인 오장래의 청구권이 발생한 것이다. 이러한 거래를 회계등식으로 나타내면 다음과 같다.

	자 산	=	부 채	+	자 본
	현 금				자본금
(1)	100,000	=	0	+	100,000

거래 (2) - 객실 비품 현금 구입. W호텔이 현금으로 객실용 비품을 구입하였다면 현금이

라는 자산이 감소한 반면 객실용 비품이라는 자산은 증가하게 된 것이다. 따라서 이러한 거래는 자산의 내용에만 변화가 있을 뿐 자산 총액에는 변화가 없으며, 또한 자본에도 영향을 미치지 않는다. 거래 (2)를 추가한 회계등식은 다음과 같다.

	자산			=	부채	+	자본
	현금	+	객실용 비품				자본금
(1)	100,000			=	0	+	100,000
(2)	− 10,000	+	10,000	=	0	+	0
	90,000	+	10,000	=	0	+	100,000
	100,000 (자산)				100,000 (지분)		

거래 (3) - 주방용 기계 장비 외상으로 구입. W호텔이 기계 장비를 외상으로 구입하였다면 기계 장비라는 자산이 증가하고 더불어 이를 외상으로 구입하였기 때문에 매입채무라는 부채가 증가하게 된다. 이 거래에서도 자본은 어떠한 영향도 받지 않는다. 이상의 거래들이 W호텔의 회계등식에 미치는 영향을 나타내면 다음과 같다.

	자산					=	부채	+	자본
	현금	+	객실용 비품	+	기계 장비		매입채무		자본금
(1)	100,000					=	0	+	100,000
(2)	− 10,000	+	10,000			=	0	+	0
(3)				+	30,000		+ 30,000	+	0
	90,000	+	10,000	+	30,000	=	30,000	+	100,000
	130,000 (자산)						130,000 (지분)		

이상의 예시를 통하여 우리는 W호텔의 재산가치(자산)는 자산에 대한 채권자의 청구권(부채)과 소유주의 청구권(자본)의 변화에 따라 결정된다는 것을 알 수 있다. 또한, 회계처리과정의 모든 단계에서 회계등식은 항상 등식의 왼쪽 합계와 오른쪽 합계가 같은 값을 유지하게 된다는 것을 알 수 있다. 이제, 여기서 회계등식 속에 숨어 있는 매우 중요한 3가지 개념을

도출해 보자.

첫째, 회계등식의 형태는 매우 간단하다. 그러나 기업 경영활동과 관련된 모든 경제적 거래는 회계등식상에서 반드시 두 군데 이상에 동시에 기입된다. 그래서 회계등식은 곧 복식부기시스템(double-entry system)의 기본이 된다는 것이다.[46] 즉, 회계기록의 대상이 되는 모든 거래는 자산, 부채, 자본과 같은 요소들이 서로 결합하여 반드시 양쪽에 같은 금액 크기의 변동을 가져오게 된다는 것이다. 이것을 회계에서는 **거래의 이중성**(a dual aspect of an accounting transaction)이라고 한다.

이러한 거래의 이중성으로 인하여 자산, 부채, 자본의 증감 변화는 회계등식이 유지되도록 조직적으로 기록·계산하게 된다. 이와 같이 거래의 이중성에 따라 회계등식이 항상 성립되는 것을 **복식부기의 원리**(principle of double entry book-keeping)라고 한다. 복식부기의 원리는 거래의 이중성을 근거로 하기 때문에 기록 및 계산상의 누락이나 오류를 자동적으로 검증해 준다. 그래서 복식부기의 원리는 **자기검증기능**(self-verification function)을 가진 완전한 기록·계산 방법이라고 할 수 있다. 이러한 완전성 때문에 괴테는 복식부기의 원리를 인간이 창안해 낸 발명품 중에서 가장 위대한 것 중의 하나라고 극찬하고 있다.

둘째, 따라서 기업의 모든 경제적 거래들은 회계등식에 나타난 자산, 부채 및 자본의 변화로 나타낼 수 있다.[47] 즉, 기업의 모든 경제적 거래는 반드시 자산이나 부채 및 자본의 증가나 감소와 같은 변화를 가져오는데, 이러한 변화는 모두 회계등식을 바탕으로 기록·요약된다는 것이다.

셋째, 결국 기업이 회계정보이용자들의 경제적 의사결정을 위해 정기적으로 제공하고 있는 각종 회계보고서들은 바로 회계등식에 근거하고 있음을 알 수 있다. 기업의 이해관계자들은 일반적으로 '기업의 재산상태가 어떠하며, 이익을 얼마나 내었는가?'와 같은 정보를 필요로 한다. 이러한 정보요구를 충족시켜 주기 위하여 작성되는 회계보고서가 재무상태표와 포괄손익계산서이다. 재무상태표는 특정시점(12월 법인의 경우 12월 31일 현재)에서 기업의 재산상태를 요약한 보고서이다. 즉, 재무상태표는 기업이 소유하고 있는 자산이 얼마나 되며

---

46) Moncarz, E. S. & Portocarrero, N. J.(2002). *Accounting for the Hospitality Industry*, N.J.: Prentice-Hall. 24.

47) Warren, C. S., Reeve, J. M. & Fess, P. E.(2002). *Accounting*, 20th ed., Aust., South-Western: Thomson Learning. 12.

그 자산에 대한 청구권은 얼마인가를 특정시점에서 요약하여 나타낸 표이다. 포괄손익계산서는 일정기간(12월 법인의 경우 1월 1일부터 12월 31일까지)에 기업이 얼마나 이익을 냈는가(경영성과)를 나타낸 보고서이다.48) 이 두 가지 보고서는 회계보고서의 근간을 이루는 것으로 기업의 경영활동과 관련된 모든 정보들이 요약되어 있다.

위에서 살펴본 W호텔의 사례를 이용하여 201×년 4월 5일 현재의 재무상태표를 회계등식에 따라 작성해 보면 다음과 같다.

재 무 상 태 표

201×년 4월 5일 현재

W호텔 (단위: 원)

자산		부채 및 자본	
현금	₩ 90,000	부채	
객실용 비품	10,000	매입채무	₩ 30,000
기계장비	30,000	자본	
		자본(오장래)	₩ 100,000
총자산	₩ 130,000	총부채 및 자본	₩ 130,000

이상과 같이 회계등식에 의하여 집계된 거래들을 이용하여 재무상태표를 작성해 보았다.

여기서 자본은 어떤 경우에 변화를 가져오는가? 자본의 변화는 다음의 [그림 5-2]와 같이 네 가지 경우에 발생하게 된다. 즉, 자본은 소유주가 지분을 회수(withdrawal)하거나 비용이 발생한 경우에 감소하게 되며, 반대로 소유주가 지분을 추가로 투자하거나 수익이 발생하였을 경우에 증가하게 된다.

48) 참고로 12월 법인이란 각종 회계장부들을 12월 31일을 기준으로 마감(결산)하는 법인들을 말한다. 이와 같이 결산일을 기준으로 결산일이 3월 31일인 기업일 경우는 3월 법인, 6월 30일인 경우 6월 법인이라고 한다. 2012년 말 현재 우리나라 법인 중 사업연도 종료일별 분포를 보면 3월 법인이 0.07%, 6월 법인 0.6%, 9월 법인 0.2%, 12월 법인 97.9%, 기타 0.6%와 같다. 이와 같이 대부분의 기업들은 12월 31일 기준으로 사업을 종료하고 각종 회계보고서를 작성한다(자료: 국세청 > 국세통계 > 법인세 >지역별법인가동수).

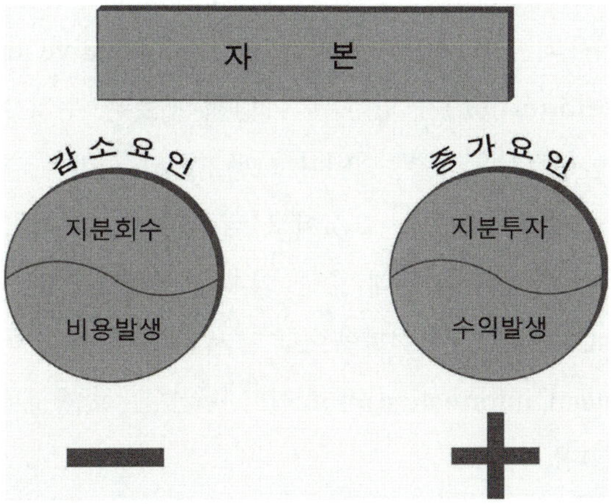

[그림 5-2] 자본의 변화 요인

자본은 지분회수나 비용발생에 의하여 감소하고, 반면에 지분투자나 수익발생에 의하여 증가하게 된다.

[그림 5-2]에서 보는 바와 같이, 자본은 수익이나 비용의 발생에 따라 증감이 이루어지기도 한다. 이러한 수익과 비용에 대한 정보는 어디서 오는 것일까? 바로 또 하나의 중요한 회계보고서인 포괄손익계산서에서 최종적으로 산출된 당기순이익(혹은 당기순손실)으로부터 온다. 즉, 당기순이익이 발생하게 되면 이는 자본의 크기를 증가시키며, 반대로 당기순손실이 발생하면 자본의 크기를 감소시킨다.

이제까지 살펴본 바와 같이, 회계등식은 아주 간단하다. 그러나 그 등식에 담겨 있는 개념들은 우리가 앞으로 학습하게 될 회계거래의 인식에서부터 각종 회계보고서가 작성되기까지의 모든 과정에서 매우 중요한 역할을 하게 된다. 또한, 회계등식에 대한 정확한 이해는 곧 기업에서 제공하는 각종 회계정보들을 이해하는 데 가장 기본적으로 작용하게 될 것이다.

3. 회계정보의 특성

경제적 의사결정에 이용되는 정보에는 계량적 정보(quantitative information)와 비계량적 정보(non-quantitative information)가 있다.[49] 계량적 정보란 수치로 표현이 가능한 정보를 말하고, 비계량적 정보는 CEO의 경영능력이나 노동조합의 성향과 같이 수치로 표현이 불가능한 정보들을 의미한다. 계량적 정보는 그것이 서로 다른 숫자와 비교되거나 수학적 계산의 대상이 될 수 있기 때문에 정보가 전달해 주는 의미나 정확도가 분명하다. 회계가 제공하는 정보는 바로 계량적 정보로써 반드시 화폐액으로 표시된다. 이와 같이 화폐액으로 표시된 정보를 **재무적 정보**(financial information)라고 한다.[50] 모든 회계정보는 바로 재무적 정보라는 점에서 그 특성이 있다.

재무적 정보는 반드시 경제적 가치의 크기를 숫자로 나타내 준다는 점에서 그 의미를 찾을 수 있다. 어떤 정보가 경제적 의사결정에 유용하기 위해서는 반드시 경제적 가치의 크기를 비교할 수 있어야만 한다. 기업 이해관계자들의 의사결정은 대부분 경제적 가치를 고려하여 이루어지고 있다. 따라서 **기업의 경제적 가치의 크기를 비교할 수 있는 재무적 정보는 곧 기업의 가치를 평가하는 중요한 수단**인 것이다.

5.3 회계정보는 누가 이용하는가?

기업의 경영활동에는 경영자를 비롯하여 수많은 이해관계자들이 직·간접적으로 관심을 가지고 있다. 기업의 이해관계자로 기업 내부에는 최고경영자를 비롯하여 종업원이 있고, 기업 외부에는 기업에 투자를 한 주주, 자금을 제공한 채권자, 제품이나 서비스 공급자, 세무당국이나 증권감독원, 소비자, 인근 주민에 이르기까지 다양하게 존재한다. 이들 모두 기업에서 제공하는 경영성과나 순이익의 배분내역 및 현금흐름과 같은 회계정보에 관심을 가지고 있다. 이와 같이 기업과 관련된 모든 이해관계자들은 기업에서 정기적으로 제공하는 회계정보를 이용하여 경제적 의사결정을 하기 때문에 이들 모두를 회계정보이용자(users of accounting information)

---

49) 김혁·백원선·백태영(2004). 『회계와 사회』 제3판, 서울: 신영사. 41.

50) 조성하(1996). 『회계원리』, 서울: 법경사. 31.

라고 말할 수 있다.

기업을 둘러싼 회계정보이용자들이 회계정보를 필요로 하는 이유 즉 의사결정의 내용을 살펴보면 [그림 5-3]과 같다.[51)]

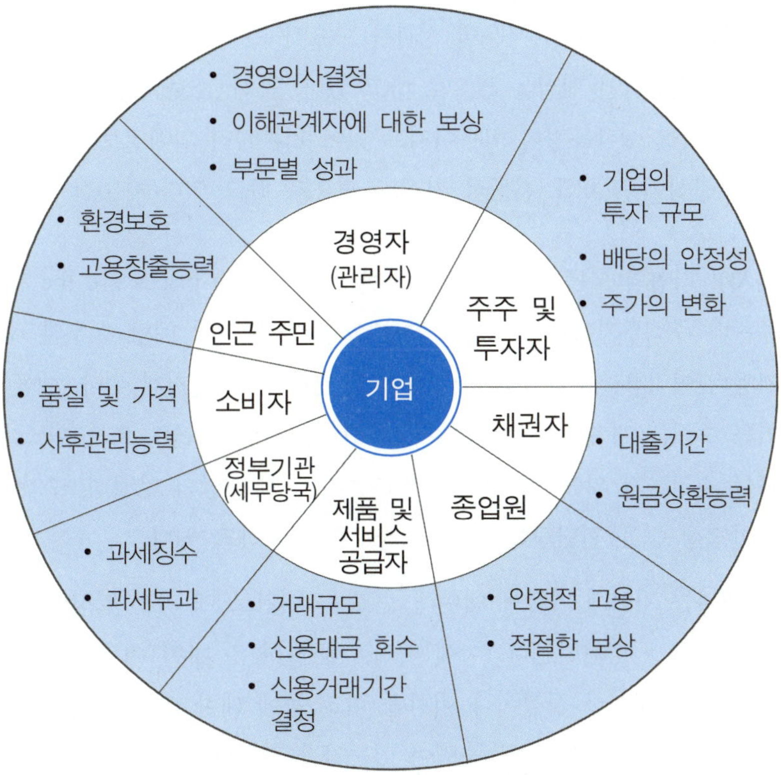

[그림 5-3] 회계정보이용자와 의사결정의 내용

회계정보시스템에서 제공되는 정보는 회계정보이용자의 의사결정 목적에 따라 다르게 이용되고 있다.

[그림 5-3]에 나타나 있는 주요 회계정보이용자들이 필요로 하는 회계정보와 의사결정의 내용을 살펴보면 다음과 같다.

---

51) Horngern, C. T., Sundem, G. I. & Elliot J. A.(1996). 앞의 책. 3.

- **경영자(관리자)**: 최고경영자나 각 부서의 관리자는 기업 경영에 관한 책임과 권한을 가지고 경영계획을 수립하고 운용하게 된다. 또한, 기업의 목표를 달성하기 위하여 자금 조달과 관련된 분석이나 의사결정은 물론 기업과 관련된 이해관계자들을 위한 보상수준을 결정하게 된다. 이때, 경영자나 관리자들은 기업의 재무상태와 경영성과를 나타내고 있는 회계정보를 필요로 하게 된다.

  근래에는 기업조직 내에서 각 부문별 성과를 중요시하고 있다. 그래서 중간관리자들도 회계정보에 대한 전문적인 지식을 필요로 하고 있다. 특히, 호텔기업의 경우 각 outlet별로 주별, 월별, 분기별 성과측정이 이루어지고 있어 기본적인 회계정보에 대한 이해는 물론 성과 비교나 분석에 필요한 전문적 지식도 필요로 하고 있다(제10장 10.2 참고).

- **주주(투자자)**: 기업의 모든 가치는 주가에 반영된다(Stock prices are the firm value).[52)] 따라서 주주나 주식투자자들은 자신이 가지고 있는 주식의 배당 여부와 주가에 영향을 미치는 기업의 이익창출능력에 대한 정보에 많은 관심을 가지게 된다. 이들은 자신이 소유하고 있는 주식을 계속 보유할 것인지(hold), 팔 것인지(sell), 또는 어느 주식을 살 것인지(buy)를 결정하기 위해 회계정보를 이용한다. 즉, 배당의 안정성, 주가의 성장성, 투자회수의 안정성 등을 판단하는 데 회계정보를 활용하고 있다.
- **채권자**: 채권자는 기업에 자금을 대여해 주고 그 대가로 매 기간 일정한 이자를 받고 만기일에 가서 원금을 상환받는다. 이에 따라, 채권자들은 대여 여부에서부터 대여기간의 연장 여부는 물론 대여금 상환이나 이자율 비교 등에 대한 의사결정을 하게 된다. 이를 위하여 기업이 상환 및 이자지급 능력이 있는가를 결정할 수 있는 기업자금의 유동성과 관련된 회계정보를 필요로 한다.
- **종업원**: 종업원들(노동조합 포함)은 임금이나 퇴직금, 복리후생비 등의 결정에 많은 이해관계를 가지고 있다. 그래서 정기적으로 이러한 근로조건에 대해 기업과 협상을 하게 된다. 또한, 다른 기업과 근로조건을 비교하거나 여러 가지 임금이나 복지와 관련된 의사결정을 하게 된다. 이때, 의사결정의 기초 자료가 되는 것이 바로 회계정보이다.
- **정부 당국**: 정부는 기업과 관련된 지원정책이나 규제정책을 수립하고자 할 때, 또는 국가

---

52) Francis, J. C.(1987). *Investment: Analysis and Management*, 4th ed., N.J.: McGraw-Hill Co., Inc. 195.

경제 전체적으로 고용정책을 어떻게 전개해 나갈 것인가를 결정하고자 할 때 다양한 회계 정보를 이용하고 있다. 세무 당국에서는 국가경제의 기반이 되는 국가의 조세권을 행사하기 위하여 기업으로부터 세금을 징수하게 된다. 이때, 법규에 따라 세금을 부과하여야 하기 때문에 과세에 필요한 회계정보에 관심을 가지게 된다.

- **제품 및 서비스 공급자**: 기업은 외부로부터 원재료나 생산설비 및 각종 서비스를 공급받는다. 그런데 이러한 외부공급자들은 기업과의 거래에서 신용조건을 어떻게 결정할 것인가, 계약을 계속 지속해야 할 것인가에 대한 의사결정을 하게 된다. 이때, 의사결정의 토대가 되는 것이 곧 기업의 현금지급능력과 관련된 회계정보들이다.

- **소비자 및 인근 주민**: 소비자들은 기업이 판매하는 제품이나 서비스의 품질과 가격 및 사후봉사(after service) 등을 고려하여 최선의 구매를 하려고 한다. 합리적인 소비자들은 기업이 품질개선이나 가격인하, 충실한 사후봉사 등을 수행할 수 있는 능력을 가지고 있는 기업의 제품을 구매할 것이다. 이와 같이 기업제품과 관련된 종합적인 판단을 하기 위하여 기업에서 공시하는 회계정보를 이용하게 된다.

  또한, 기업이 위치해 있는 지역의 주민들은 기업 활동에 가장 직접적인 영향을 받기 때문에 기업의 공해물질 배출 행위나 고용정책 등에 가장 민감한 반응을 보이게 된다. 이에, 인근 주민들은 기업이 환경보전에 기여할 수 있는 능력이 있는가, 적절한 고용수준을 유지할 수 있는가를 판단하기 위하여 회계정보를 필요로 하게 된다.

이외에도 **대학이나 자선단체와 같은 비영리단체**에서도 연구나 기부금 마련을 위하여 기업의 회계정보에 많은 관심을 가지고 있다.

이제까지 설명한 바와 같이, 기업과 관련된 이해관계자들은 합리적인 의사결정을 위하여 기업이 제공하는 회계정보를 필요로 하고 있으며, 이에 대응하여 회계는 이들의 정보요구(information needs)를 충족시켜 줄 수 있도록 꾸준히 발전해 왔다.

그렇다면 호텔경영학을 전공하는 우리들은 왜 회계정보가 필요할까? 그리고 회계정보의 어떠한 내용이 필요한가? 이제까지 학습한 내용들을 되새기며 곰곰이 다시 생각해 보자.

제6장
회계정보는 어떻게 기록되는가?

6.1 회계정보는 어떤 과정을 거치면서 산출되는가?

6.2 회계거래의 확인과 분석

1. 회계상의 거래란 무엇인가?
2. 회계상 거래의 특징
3. 회계등식을 이용한 거래의 기록
4. 수많은 회계거래들은 어떻게 정리하는가?

6.3 분 개

1. 왜 분개과정이 필요한가?
2. 사례 연습
3. 분개장에 기입하기

6.4 전 기

06 Accounting for Hospitality Industr A Basic Perspective

회계정보는 어떻게 기록되는가?

우리는 제4장에서 회계실무를 지탱하는 이론적 체계에 대하여 학습하였다. 회계는 실무를 바탕으로 발전되어 왔기 때문에 이론적 체계에 대한 이해는 회계실무를 보다 폭넓게 이해하고 응용해 나가는 데 많은 도움이 된다. 그리고 제5장에서는 회계실무에서 회계보고서 작성의 근간이 되는 회계등식에 대하여 학습하였다.

본 장에서는 실무적으로 회계정보가 어떻게 기록되며, 어떠한 과정을 거쳐서 경제적 의사결정에 유용한 정보로 산출되는가를 살펴보고자 한다.

IT산업이 발전하면서 경제적 의미가 있는 거래들을 확인하고, 분개과정을 거치면서 마지막으로 회계정보를 산출되는 과정까지에 대한 이해는 아날로그 시대의 유물이 되어 버렸다. 그래서 점차 그 필요성이 등한시되는 경향이 있다. 그러나 회계정보가 산출되는 과정을 바르게 알아야 회계정보에 대한 이해가 쉬워지며, 더 나아가 회계정보를 분석하고 그 결과를 해석하는 데도 상당한 도움이 된다. 즉, 회계정보가 산출되는 과정에 대한 이해를 바탕으로 회계정보에 대한 분석과 해석이 용이해지게 된다. 특히, 근래에 이르러 호텔기업은 수익을 최우선의 목표로 간주하고 있다. 따라서 회계정보에 대한 이해는 호텔기업의 구성원으로서의 직무에 최선을 다할 수 있는 실마리를 마련하는 데 도움이 될 것이다.

6.1 회계정보는 어떤 과정을 거치면서 산출되는가?

회계의 목적은 회계정보이용자들에게 경제적 의사결정에 유용한 정보를 제공하는 것이다. 그래서 기업에서는 회계정보의 유용성을 높이기 위해 회계기간을 인위적으로 구분하여 각 회계기간마다 체계적인 절차와 방법에 따라 회계정보를 산출하고 보고하게 된다.

이에, 모든 기업들은 회계상의 경제적 거래들을 인식·기록하여 재무제표를 작성하기까지 일련의 회계처리절차를 채택하게 되는데, 이러한 일련의 회계처리과정을 **회계정보의 산출과정** 또는 **회계순환과정**(accounting cycle)이라고 한다. 회계순환과정은 곧 회계정보시스템이 최종 결과물을 얻어내기 위하여 각종 거래들을 요약하고 분석하는 단계들을 나타낸 것이라고 말할 수 있다. 순환과정이라고 하는 이유도 모든 기업이 정기적으로 재무제표를 작성하기 위하여 동일한 회계처리과정을 매 회계기간마다 반복적으로 수행하기 때문이다. 회계순환과정은 다음과 같이 일곱 단계로 요약할 수 있다.

1. 거래 확인 및 분석	현금으로 측정이 가능한 받을 가치(values received)와 지급할 가치(values given)를 인식
↓	
2. 분개장에 기록	거래들을 장부에 발생일자순으로 기록
↓	
3. 원장에 옮겨 씀	분개장에서 거래정보들을 각 계정에 옮겨 씀
↓	
4. 시산표 작성	원장에 담긴 회계정보들의 합계가 일치하는가를 확인
↓	
5. 정산표 작성	결산일 기준 수정해야 할 계정잔액들을 조정하고 정산표 작성
↓	

6. 재무제표 작성	각종 회계보고서를 작성
⬇	
7. 장부 마감	다음 회계기간을 위해 회계기록들을 마감함

[그림 6-1] 회계의 순환과정

회계순환과정은 회계정보시스템의 최종 결과물을 얻어내기 위하여 각종 거래들을 요약하고, 정리하고, 분석하는 단계들을 나타낸 것이다.

회계순환과정의 각 단계는 똑같은 빈도와 주기로 발생하는 것이 아니다. 일반적으로 거래의 분석과 기록은 거래가 발생할 때마다 실시하고, 원장에 전기하는 과정은 기업의 특성에 따라 매일, 매주, 매월과 같이 주기적으로 수행한다. 그리고 계정잔액의 수정과 재무제표작성은 재무제표를 작성할 필요가 있을 때(분기, 반기 또는 회계연도 말)에만 실시하며, 각종 장부의 계정 마감은 회계연도 말에만 실시한다.

대부분의 호텔기업들은 다른 기업들과 마찬가지로 회계기간을 1년 기준(annual accounting periods)으로 하고 있다. 그러나 이러한 1년 기준은 외부용으로 공식적인 보고서를 작성할 때 해당되는 것이다. 근래에는 회계정보의 필요성이 강조되면서 대규모 호텔기업은 물론 중소규모의 호텔기업에서도 내부 보고용으로 월별, 분기별, 반기별(6개월별) 보고서를 필요로 하고 있다. 심지어 한 호텔 내의 각 업장(outlet)별로도 팀장이나 지배인 책임하에서 일별, 주별, 월별 보고서를 필요로 하고 있다. 이러한 필요성에 따라 회계순환과정은 회계기말은 물론 임의적으로 설정한 기간에 따라서도 수행되고 있다.

회계순환과정은 크게 회계정보를 기록하는 단계, 회계정보를 산출하는 단계와 같이 두 단계로 구분할 수 있다. 회계정보를 기록하는 단계는 거래의 확인([그림 6-1]의 1)에서부터 원장에 옮겨 쓰는 과정([그림 6-1]의 3)까지 말하며, 회계정보를 산출하는 단계는 시산표 작성([그림 6-1]의 4)에서 재무제표를 작성하는 과정([그림 6-1]의 7)까지를 의미한다. 본 장에서는 거래의 확인에서부터 각 계정에 전기하기까지의 기록과정을 다룬다. 그리고 결산 시점에서 이루어지는 시산표 작성에서부터 재무제표를 작성한 후 계정을 마감하기까지의 산출단계는 다음 장에서 다루기로 한다.

6.2 회계거래의 확인과 분석

1. 회계상의 거래란 무엇인가?

기업이 경영활동을 계속하게 되면 자산, 부채, 자본의 변화와 더불어 수익과 비용이 발생하게 된다. 이와 같이 자산, 부채, 자본의 증감과 수익, 비용을 발생하게 하는 일체의 경제적 사건들(economic events)을 **회계상의 거래**(accounting transaction)라고 한다. 이러한 회계상의 거래들은 결과적으로 기업의 재무상태와 경영성과에 영향을 미치기 때문에 그 변동의 정도를 정확하게 장부에 기입하여야 한다. 그래서 회계상의 거래는 회계의 1차적 대상이며 또한 출발점이 된다.

기업이 무엇보다도 우선적으로 해야 할 일은 기업의 경영활동 중에서 장부에 기록할 대상을 식별(identification)하는 일이다. 회계상 거래의 유형은 다음과 같이 크게 3가지로 나누어 볼 수 있다.

첫째는 기업외부와의 거래로 자산을 취득하거나 처분하고, 자금을 빌려오거나 각종 비용을 지급하는 것과 같은 것들이다. 회계상의 거래는 대부분 여기에 속한다.

둘째는 기업의 내부에서 발생하는 거래로 각종 자산(집기·비품, 설비자산, 건물 등)을 비용화 처리하거나 원재료의 사용과 같은 형태이다.

셋째는 반복적·일상적 형태는 아니지만 기업의 재무상태와 경영성과에 직접적으로 영향을 미치는 경제적 사건으로 각종 재해로 인한 손실과 같은 것들이다.

한편, 회계상의 거래는 일상생활에서 사용하고 있는 거래의 개념과 서로 다른 측면이 있다. 먼저, 일상적으로는 거래라고 말하지만 실질적으로 자산이나 부채, 자본에 변화를 가져오지 않았기 때문에 회계상의 거래가 아닌 경우가 있다. 예를 들면, 부동산의 임대차계약이나 상품의 매매계약과 같은 것은 일상생활에서는 거래로 통용되고 있다. 그러나 거래시점에서 자산, 부채, 자본에 아무런 변화를 가져오지 않는 단순한 계약행위이기 때문에 회계에서는 거래로 보지 않는다.

반면에, 일상적으로는 거래라고 보지 않지만 회계상으로는 거래로 인식하는 경우도 있다. 예를 들면, 화재나 도난으로 인하여 자산에 손실을 입었을 경우에는 그만큼 자산이 감소한 것으로 보기 때문에 회계에서는 거래로 간주하여 장부에 기록하게 된다. 그러나 일상생활에서는 단순한 손실로 볼 뿐 거래로 보지 않는 경우이다.

이와 같이 회계상의 거래는 반드시 자산, 부채, 자본에 변화를 가져오는 동시에 그 변화의 크기를 화폐액으로 측정할 수 있는 사건들을 의미한다. 그리고 이러한 거래들이 바로 장부기록의 대상이 되는 것이다. 이렇게 볼 때, 기업의 경영활동 중에서 거래인 것과 거래가 아닌 것을 구분할 수 있는 능력을 기르는 것이 매우 중요하다. 왜냐하면 위에서도 언급한 바와 같이 거래는 회계의 기록 대상이 되며, 동시에 회계는 거래의 인식으로부터 출발하기 때문이다.

2. 회계상 거래의 특징

우리는 제5장에서 회계등식에 대하여 설명하면서, 회계등식에는 거래의 이중성이나 복식부기의 원리와 같은 중요한 개념들이 담겨 있다고 지적하였다. 이러한 개념들은 바로 회계등식이 회계상의 거래들을 인식하여 기록하는 원리를 나타낸 것이기 때문이다. 회계거래의 특징은 곧 거래의 이중성이나 복식부기의 원리로 다시 설명할 수 있다.

(1) 거래의 이중성(모든 거래는 적어도 두 개 이상의 영향을 미친다)

회계상 기록의 대상이 되는 모든 거래는 자산, 부채, 자본의 증감이나 비용, 수익의 발생과 같은 요소들이 서로 결합하여 일어나게 된다. 예를 들어, 호텔 설립을 위하여 현금 5,000만원을 출자하였다면, 현금이라는 자산이 5,000만원 증가하고, 다른 한편에서는 자본금이 5,000만원 증가하게 된다.

이와 같이 회계상의 거래는 반드시 양쪽에 같은 금액의 크기의 변동을 가져오게 되는데, 이것을 회계에서는 **거래의 이중성**(a dual aspect of an accounting transaction)이라고 한다. 이러한 이중성으로 인하여 회계거래는 항상 회계등식의 왼쪽 합계와 오른쪽 합계가 등식을 유지하게 된다.

(2) 복식부기의 원리

위에서 설명한 바와 같이, 회계상의 모든 거래는 거래의 이중성으로 인하여 자산, 부채, 자본의 증감에 변화가 있더라도 회계등식(혹은 대차대조표 등식)이 유지되도록 조직적으로 기록하게 된다. 이를 **복식부기의 원리**(principle of double entry book-keeping)라고 한다.

이러한 복식부기의 원리는 거래의 이중성을 근거로 하기 때문에 거래를 기록하거나 계산상의 누락 또는 오류를 자동적으로 검증해 주는 기능을 가진 완전한 기록·계산 방법이라고 할 수 있다.

이러한 복식부기의 원리에 의하여 회계상의 모든 거래는 회계등식의 양쪽에 같은 금액만큼씩 영향을 주어 결국 왼쪽 합계와 오른쪽 합계가 항상 같아져 기록계산상의 오류나 누락을 자동적으로 발견할 수 있게 된다. 이러한 기능을 복식부기의 **자기검증기능**이라고 한다. 자기검증기능에 대한 실제 사례는 다음 장의 시산표 작성과정에서 확인해 볼 수 있다.

3. 회계등식을 이용한 거래의 기록

회계거래는 기업의 자산이나 부채 및 소유주 지분에 영향을 미친다. 우리는 앞 장에서 '자산 = 부채 + 자본'이라는 회계등식과 등식 속에 포함된 의미들에 대하여 설명하였다. 여기에서는 회계거래를 회계등식의 틀 속에서 이해하면서 그 특징을 파악하고자 한다. 또한, 복식부기가 갖는 장점을 이해하기 위해 여러 가지 거래들이 어떻게 기록되는가를 연습해 보고자 한다.

다음은 호텔경영학을 전공한 박인후 군과 정인혜 양이 공동 출자하여 개업한 Who & He레스토랑의 201×년 5월 중 2주간에 발생한 거래들이다. 각 회계거래들이 회계시스템에 어떻게 반영되는가를 회계등식을 통하여 살펴보도록 하자(금액단위는 만원임).

거래 1(5월 1일) 박인후와 정인혜는 각각 현금 ₩5,000을 출자하여 레스토랑을 개업하였다.

거래 2(5월 3일) 은행에서 현금 ₩30,000을 융자받았다.

거래 3(5월 4일) 영업장 임차료 1개월분 ₩2,000을 현금으로 지급하였다.

거래 4(5월 5일) 주방에서 필요한 원재료를 현금 ₩2,000을 지급하고 구입하였다.

거래 5(5월 7일) 매출액 ₩2,000 중 현금판매액은 ₩1,500이고 외상판매액은 ₩500이다.

거래 6(5월 7일) 원재료소비액 ₩400을 장부에 기입하였다(참고: 원재료소비액은 재료비라는 비용계정으로 처리).

거래 7(5월 8일) 계약기간 2년의 화재보험료 ₩2,400을 현금으로 지급하였다.

거래 8(5월 9일) 3년 후 영업장 이동을 위하여 토지 ₩20,000짜리를 현금 ₩2,000과 은행에서 추가로 차입한 ₩18,000을 합하여 구입하였다.

거래 9(5월 10일) 외상으로 판매한 금액 중 ₩300을 현금으로 받았다.

거래 10(5월 13일) 주방 장비 ₩2,000짜리를 외상으로 구입하였다.

거래 11(5월 15일) 매출액 ₩2,500 중 현금판매액은 ₩1,200이고 나머지는 외상판매액이다.

거래 12(5월 15일) 재료소비액 ₩1,000을 장부에 기입하였다.

거래 1 박인후와 정인혜는 각각 현금 ₩5,000씩을 출자하여 레스토랑을 개업하였다.

이 거래에 따르면, 박인후와 정인혜가 각각 현금 ₩5,000을 출자하였으므로 현금 ₩10,000이라는 자산이 증가하고, 자본이 같은 금액만큼 증가하게 된다. 자본의 경우 박인후 지분 ₩5,000, 정인혜 지분 ₩5,000과 같이 따로 기입해도 된다. 이 거래를 회계등식에 기입하면 다음과 같다.

	자산	=	부채	+	자본
	현금				자본금
거래 1	+ 10,000				+ 10,000

거래 2 은행에서 현금 ₩30,000을 융자받았다.

은행에서 현금을 차입했으므로 우선 자산 부분에 현금 ₩30,000이 증가하게 되고 그 원인이 차입금이므로 부채 부분에 차입금 ₩30,000을 기입해야 한다. 이 거래의 이전과 이 거래의 영향을 회계등식에 기입하면 다음과 같다. 회계등식은 계속 성립하고 있음을 알 수 있다.

	자산	=	부채	+	자본
	현금		차입금		자본금
거래 2 추가 전	+ 10,000				+ 10,000
거래 2 추가	+ 30,000		+ 30,000		
거래 2 추가 후	40,000		30,000		10,000

거래 3 영업장 임차료 1개월분 ₩2,000을 현금으로 지급하였다.

임차료를 현금으로 지급하였으므로 현금 ₩2,000이 감소하게 되고, 임차료라는 비용 ₩2,000이 발생하게 된 것이다. 수익이나 비용은 이익에 영향을 미치기 때문에 결국 소유주의 몫인 자본에 영향을 미치게 된다. 그래서 수익과 비용의 발생은 자본의 증가와 감소로 표시된다. 거래 3의 결과를 나타내면 다음과 같다.

	자산	=	부채	+	자본	
	현금		차입금		자본금	수익/(비용)
거래 3 추가 전	40,000	=	30,000		10,000	
거래 3 추가	− 2,000	=				(2,000)
거래 3 추가 후	38,000	=	30,000		10,000	(2,000)

거래 4 주방에서 필요한 원재료를 현금 ₩2,000을 지급하고 구입하였다.

원재료를 구입하였기 때문에 자산 부분에 원재료가 증가하게 되고 현금을 지급하여서 자산에 있는 현금이 감소하게 된다. 이 거래의 결과를 회계등식으로 나타내면 다음과 같다. 거래

4는 비록 자산 부분에서만 증가와 감소가 나타났지만 전체 회계등식은 계속 성립하고 있음을 알 수 있다.

	자산		=	부채	+	자본	
	현금	원재료		차입금		자본금	수익/(비용)
거래 4 추가 전	38,000		=	30,000	+	10,000	(2,000)
거래 4 추가	−2,000	+2,000	=				
거래 4 추가 후	36,000	+2,000	=	30,000	+	10,000	(2,000)

거래 5 매출액 ₩2,000 중 현금판매액은 ₩1,500이고 외상판매액 ₩500이다.

이 거래는 외상판매로 매출이라는 수익이 발생한 것이다. 외상판매액은 언젠가는 현금으로 받을 수 있는 권리를 나타내기 때문에 매출채권이라는 자산으로 처리하고, 매출은 수익을 발생시킨 것이기 때문에 자본의 증가로 처리하면 된다. 거래 내용이 점차 복잡해지고 있지만 회계등식은 변함없이 성립하고 있다.

	자산			=	부채	+	자본	
	현금	매출채권	원재료		차입금		자본금	수익/(비용)
거래 5 추가 전	36,000		+2,000	=	30,000	+	10,000	(2,000)
거래 5 추가	+1,500	+500		=				2,000
거래 5 추가 후	37,500	+500	+2,000	=	30,000	+	10,000	0

거래 6 원재료소비액 ₩400을 장부에 기입하였다.

원재료소비액을 장부에 기입하였다는 거래는 거래 5의 매출액에 대한 원가를 인식하였다는 의미이다. 즉, 거래 5의 매출액은 원재료를 ₩400만큼 사용하여 만들어진 것을 판매한 것으로 매출액 ₩1,000은 수익인 것이고 이 수익에 대한 비용인 재료비 ₩400을 인식한 거래이다. 따라서 원재료가 ₩400 감소하고, 재료비 ₩400은 비용으로 자본이 감소한 것으로 처리하면 된다. 이 거래의 결과를 회계등식으로 나타내면 다음과 같다.

	자산			=	부채	+	자본	
	현금	매출채권	원재료		차입금		자본금	수익/(비용)
거래 6 추가 전	37,500	+ 500	+ 2,000	=	30,000	+	10,000	0
거래 6 추가			− 400	=				(400)
거래 6 추가 후	37,500	+ 500	+ 1,600	=	30,000	+	10,000	-(400)

거래 7 계약기간 2년의 화재보험료 ₩2,400을 현금으로 지급하였다.

앞으로 2년간 소요될 화재보험료 ₩2,400을 지급한 것은 앞으로 2년간 소요될 비용을 미리 지급한 것이다. 이런 경우를 선급보험료라고 한다. 이런 경우에 아직 비용화가 되지 않았기 때문에 즉 서비스를 받지 않았기 때문에 서비스를 받을 권리를 갖고 있는 것이다. 그래서 선급보험료를 자산으로 취급한다. 따라서 거래 7은 현금이라는 자산이 감소하면서 선급보험료라는 자산이 증가한 것이 된다. 이를 회계등식에 나타내면 다음과 같다. 자산 부분에서만 증감이 나타났지만 같은 금액의 증가와 감소이기 때문에 회계등식은 계속 성립된다.

	자산				=	부채	+	자본	
	현금	매출채권	선급보험료	원재료		차입금		자본금	수익/(비용)
거래 7 추가 전	37,500	+ 500		+ 1,600	=	30,000	+	10,000	(400)
거래 7 추가	− 2,400		+ 2,400		=				
거래 7 추가 후	35,100	+ 500	+ 2,400	+ 1,600	=	30,000	+	10,000	(400)

이상으로 거래 1부터 거래 7까지의 거래 내용을 분석하여 회계등식에 적용해 보았다. 거래 8부터 거래 12까지는 이상의 예시를 참고하여 해결할 수 있을 것이다. 그 결과는 다음의 [표 6-1]과 같이 정리할 수 있다. 이상과 같이 회계상 모든 거래들의 결과는 언제나 회계등식을 성립시키고 있다.

[표 6-1] Who & He레스토랑의 거래분석

모든 회계상의 거래는 회계등식에 따라 기록하면 항상 등식이 성립되게 된다. 이것은 바로 거래의 이중성 때문이며 또한 복식부기의 원리가 가지고 있는 특징 때문이기도 하다.

거래 내역	자산						부채		자본	
	현금	매출채권	원재료	선급보험료	토지	장비	매입채무	차입금	자본금	수익/(비용)
1. 현금 출자	10,000								10,000	
2. 현금 차입	+30,000							+30,000		
	40.000							30,000	10,000	
3. 임차료 현금 지급	-2,000									-2,000(임차료)
	38,000							30,000	10,000	(2,000)
4. 식료원재료 현금 구입	-2,000		+2,000							
	36,000		2000					30,000	10,000	(2,000)
5. 매출액	+1,500	+500								+2,000(매출액)
	37,500	500	2,000					30,000	10,000	-
6. 매출원가			-400							-400(매출원가)
	37,500	500	1,600					30,000	10,000	(400)
7. 선급보험료 현금 지급	-2,400			2,400						
	35,100	500	1,600	2,400				30,000	10,000	(400)
8. 토지 구입(현금, 차입금)	-2,000				+20,000			+18,000		
	33,100	500	1,600	2,400	20,000			48,000	10,000	(400)
9. 외상매출액 현금 받음	+300	-300								
	33,400	200	1,600	2,400	20,000			48,000	10,000	(400)
10. 주방 장비 외상 구입						+2,000	+2,000			
	33,400	200	1,600	2,400	20,000	2,000	2,000	48,000	10,000	(400)
11. 매출액	+1,200	+1,300								+2,500(매출액)
	34,600	1,500	1,600	2,400	20,000	2,000	2,000	48,000	10,000	2,100
12. 재료비			-1,000							-1,000(매출원가)
	34,600	1,500	600	2,400	20,000	2,000	2,000	48,000	10,000	1,100
	자산 총액 : 61,100						부채와 자본 총액 : 61,100			

4. 수많은 회계거래들은 어떻게 정리하는가?

(1) 왜 계정이 필요한가?

회계등식을 이용하여 거래들을 기록하는 것은 회계기록의 기본 원리를 이해하는 데 매우 유용하다. 그러나 이러한 기록방법에는 두 가지 문제점이 있다.

첫째는 하루에도 수없이 발생하는 거래들을 이와 같이 기록하는 것에는 한계가 있다는 것이다. 둘째는 특정 항목의 변화에 대한 내역과 거래의 원인을 일목요연하게 제시하지 못하고 있다는 것이다. 예를 들어, 여러분들이 레스토랑을 경영하고 있는데 주방 기기를 구입하려고 한다고 하자. 그러면 제일 먼저 어떤 정보가 필요할까? 아마도 제일 먼저 현금이 얼마나 있으며, 은행계좌에는 잔액이 얼마나 남아 있는가를 확인해 볼 것이다. 이와 마찬가지로 기업의 경영자들도 기업경영과 관련되어 바람직한 의사결정을 하기 위하여 특정 항목에 대하여 시의 적절하고 유용한 정보를 필요로 하게 된다.

그렇다면 회계시스템은 이러한 정보들을 제공하기 위해서 어떻게 설계되었을까? 우리가 앞 장에서 살펴본 바와 같이 모든 거래들은 회계등식에 근거하여 기록되고 요약된다. 그러나 매일 수많은 거래들이 발생할 경우에는 회계등식을 이용하여 각종 거래내역들을 정리하기는 매우 어렵다. 이에, 회계시스템은 모든 거래들이 각기 별도의 항목(item)으로 증감 변화를 나타낼 수 있도록 고안되어 있다. 이와 같이 각종 거래들을 항목별로 체계적으로 기록하기 위하여 회계시스템에서는 '계정(account)'이라는 도구를 사용하고 있다. 즉, **계정은 회계시스템이 회계정보를 체계적으로 정비하기 위하여 필요한 가장 기본적인 규칙(rule)이며 동시에 수많은 거래들을 각 특성에 맞게 배열하기 위한 관문인 것**이다.[53]

모든 계정들은 회계거래의 내역을 체계적으로 기록·분석하기 위하여 현금, 원재료, 객실료 수입, 식료비, 급여와 같이 각기 다른 명칭을 가지고 있다. 이러한 계정들의 목록을 적어놓은 것을 계정과목표(chart of accounts)라고 한다. [부록 2]에 제시된 호텔신라의 재무상태표 계정(327쪽)과 손익계산서 계정(329쪽)을 간단히 제시하면 다음의 [표 6-2]와 같다.

---

53) Warren, C. S., Reeve, J. M. & Fess, P. E.(2002). 앞의 책. 46~47.

[표 6-2] 계정과목(예시)

재무상태표와 손익계산서에서는 계정과목들을 회계정보이용자들이 유용하게 이용할 수 있도록 일정한 규칙에 따라 제시하고 있다.

재무상태표 계정	손익계산서 계정
1. 자산	1. 수익
현금및현금성자산	객실료수입
매출채권 및 기타 채권	식료수입
단기대여금	음료수입
관계기업투자	봉사료수입
장기대여금	상품매출액 등
유형자산	2. 비용
무형자산 등	식료
2. 부채	음료
매입채무 및 기타 채무	상품매출원가
선수금	급여
장기대여금 등	소모품비
3. 자본	린넨 및 제복비
자본금	광고선전비
이익잉여금 등	전기료 등

『기업회계기준서 제1001호』 81에 따르면(본서 [부록 1] 참고), **포괄손익계산서는 다음 중 하나로 표시하도록 되어 있다. (1) 단일 포괄손익계산서, (2) 두 개의 보고서 즉 당기순손익의 구성요소를 표시하는 보고서(별개의 손익계산서)와 당기순손익에서 시작하여 기타포괄손익의 구성요소를 표시하는 보고서(포괄손익계산서).**

본서 [부록 2]의 감사보고서를 살펴보면 '호텔신라'의 경우 포괄손익계산서 제시 방법 중

(2)를 택하여 손익계산서와 포괄손익계산서를 모두 제시하고 있다. 그리고 각 항목에 대하여 상세한 정보는 주석에 담겨 있다. Ⅳ. 기타영업비용의 경우, 주석 21과 25에 구체적 내용이 담겨있는데 주석 21을 살펴보면 21-1 영업비용, 21-2 종업원급여, 21-3 기타영업비용 등에 대하여 상세히 밝히고 있다.

이와 같이 공시되는 손익계산서나 포괄손익계산서에는 포괄적으로 각각의 수익과 이에 대응하는 비용 항목만을 제시하기 때문에 이에 포함된 계정과목들은 주석을 통하여 파악해야 한다. 따라서 [표 6-2]의 계정과목들은 최종 보고서가 산출되기 이전까지의 기장업무를 이해하기 위하여 제시한 것이다.

이와 같이 계정과목은 항목별로 종류가 많은데, 우리나라의 『기업회계기준서』 제1001호에서 제시하고 있는 계정과목은 [부록 1]을 참고하고, 미국의 숙박업통일회계제도(USAL, Uniform System of Accounts for the Lodging Industry)에 나타난 계정과목은 [부록 3] USAL Sample Chart를 참고하기 바란다.

(2) 계정의 특징

계정에는 표준식 계정과 잔액식 계정이 있다. 그러나 교육용으로 간편하게 사용하기 위하여 영어의 'T'자 모양을 본떠 만들어진 'T계정'을 주로 이용한다. T계정은 아래와 같이 세 부분으로 이루어져 있다. 첫째는 계정에 기록될 항목의 이름인 계정의 명칭을 기록하는 부분이다. 둘째는 항목 금액의 증가를 기록하는 부분이고, 셋째는 항목 금액의 감소를 기록하는 부분이다. 여기서 계정의 가운데 선을 기준으로 왼쪽을 차변(debit)이라 하고 오른쪽은 대변(credit)이라고 한다. 간단하게 표시하고자 할 때 차변은 Dr.로 대변은 Cr.로 사용하기도 한다. 차변과 대변이라는 용어는 과거부터 내려온 용어로 그 단어가 갖는 의미는 없고 다만 계정의 왼쪽과 오른쪽을 나타내는 말에 불과하다.

계정 명칭

왼 쪽	오른쪽
차 변	대 변

어떠한 거래가 발생하였을 경우, 그 증감을 차변과 대변 중 어느 쪽에 기록하는가는 회계등

식과 관련이 있다. 즉, 자산과 관련된 과목들은 차변에 증가액을, 반대편인 대변에는 감소액을 기록하면 된다. 부채와 자본은 그 반대가 된다. 그리고 수익은 자본을 증가시키는 것이기 때문에 대변에 기록하고, 반대로 비용은 자본을 감소시키기 때문에 반대편인 차변에 기입하면 된다. 이와 같이 회계등식에 근거하여 자산, 부채, 자본 및 비용, 수익의 증감을 기록하는 것을 요약하면 다음과 같다.

	차 변	대 변
자산 계정 ······	증가 (+)	감소 (−)
부채 계정 ······	감소 (−)	증가 (+)
자본 계정 ······	감소 (−)	증가 (+)
비용 계정 ······	증가 (+)	감소 (−)
수익 계정 ······	감소 (−)	증가 (+)

예로서, 앞에서 작성한 [표 6-1]에서 현금과목을 아래의 현금 계정에 정리해 보자. 현금은 자산이기 때문에 현금을 받아 증가하였거나 보유하고 있는 금액은 계정의 왼쪽에 기록한다. 반면에, 현금을 지급하여 금액이 감소된 경우에는 계정의 오른쪽에 기재한다. 이와 같이 특정 시점에서 현금을 받았을 경우에는 계정의 왼쪽에 추가하여 기록하면 된다. 반대로 현금을 지급하였을 경우에는 계정의 오른쪽에 기입하면 된다. 이러한 과정을 거쳐서 차변 금액 ₩43,000에서 대변 금액 ₩8,400을 빼면 현재 보유하고 있는 현금 잔액 ₩34,600이 되는 것이다. 이 금액을 계정잔액이라고 한다.

현 금

계정의 차변	1.	10,000	3.	2,000	계정의 대변
	2.	30,000	4.	2,000	
	5.	1,500	7.	2,400	
	9.	300	8.	2,000	
	11.	1,200		/	
		43,000		8,400	
		차변합계		대변합계	

계정잔액 = 차변합계 - 대변합계 = 34,600

6.3 분 개

1. 왜 분개과정이 필요한가?

앞 절에서 살펴본 바와 같이, 계정은 회계상의 거래들을 각 특성에 맞게 배열하기 위하여 사용하는 편리한 도구이다. 따라서 회계상의 모든 거래들은 계정에 곧바로 기입할 수가 있다. 그러나 발생되는 거래의 수가 많아지면 그만큼 해당 계정을 찾아내어 거래금액을 기입하는 횟수도 늘어나게 되어 자칫 중복 기입하거나 누락시킬 위험이 있다. 그래서 회계에서는 이러한 위험을 사전에 예방하고, 기록을 정확하게 할뿐더러, 거래를 발생한 순서에 따라 한눈에 알아볼 수 있도록 하기 위하여 복식부기의 원리에 따라 회계거래들을 기록하도록 하고 있다. 이러한 과정을 분개라고 한다.

분개(journalizing)란 회계상의 거래를 정리하여 차변과 대변에 관련 계정을 지정하고 거래금액을 기입하는 절차를 말한다. 이러한 분개과정은 철저히 복식부기의 원리, 즉 회계상의 거래가 기록되면 차변의 합계 금액과 대변의 합계 금액은 일치해야만 한다는 원칙에 근거하고 있다.

분개를 할 때 **3가지 유의해야 할 점**이 있다. 첫째는 해당 거래의 계정과목이 자산, 부채, 자본 중 어디에 해당되는가를 판단해야 한다. 그래야 해당 계정의 증감 변화에 따른 차변 항목과 대변 항목을 구별하기가 쉽게 된다. 둘째는 기록할 금액을 결정하는 것이다. 이는 거래 내용 중에 포함되어 있기 때문에 비교적 결정하기가 쉽다. 셋째는 차변과 대변 중 어느 쪽에 기록할 것인가를 결정하는 일이다. 학생들이 가장 어려워하는 부분인데 이에 대한 기준은 우리가 이미 학습하였다. 즉, 제5장의 회계등식과 앞 절에서 배운 계정의 특징을 적용하면 된다.

2. 사례 연습

앞의 6.2에서 제시한 예제를 가지고 회계등식과 계정기입 방법을 이용하여 분개를 해 보자. 예제를 해결하면서도 이해할 수 있겠지만 분개과정은 회계등식을 이용하여 거래를 분석한 [표 6-1]과 똑같은 결과를 가져오게 된다. 다만, 자산이 감소하는 경우에는 대변에, 부채나 자본이 감소하는 경우에는 차변에 기록될 뿐이다.

거래 1 박인후와 정인혜는 각각 현금 ₩5,000을 출자하여 레스토랑을 개업하였다.

분 석 현금(자산) 증가 - 자본금(자본) 증가

분 개 (차변) 현 금 10,000 (대변) 자 본 금 10,000

거래 2 은행에서 현금 ₩30,000을 융자받았다.

분 석 현금(자산) 증가 - 차입금(부채) 증가

분 개 (차변) 현 금 30,000 (대변) 차 입 금 30,000

거래 3 영업장 임차료 1개월분 ₩2,000을 현금으로 지급하였다.

분 석 임차료(비용) 발생 - 현금(자산) 감소

분 개 (차변) 임 차 료 2,000 (대변) 현 금 2,000

거래 4 주방에서 필요한 원재료를 현금 ₩2,000을 지급하고 구입하였다.

분 석 원재료(자산) 증가 - 현금(자산) 감소

분 개 (차변) 원재료 2,000 (대변) 현 금 2,000

거래 5 매출액 ₩2,000 중 현금판매액은 ₩1,500이고 외상판매액 ₩500이다.

분 석 매출채권(자산) 증가 - 매출(수익) 발생

분 개 (차변) 현 금 1,500 (대변) 매 출 2,000
매출채권 500

거래 6 재료소비액 ₩400을 장부에 기입하였다.

분 석 재료비(비용) 발생 - 원재료(자산) 감소
분 개 (차변) 재료비 400 (대변) 원재료 400

거래 7 계약기간 2년의 화재보험료 ₩2,400을 현금으로 지급하였다.

분 석 선급보험료(자산) 증가 - 현금(자산) 감소
분 개 (차변) 선급보험료 2,400 (대변) 현 금 2,400

* 보험료는 시간이 경과되면서 소멸되는 비용이기 때문에 현금 지급 시에는 자산인 선급보험료로 설정하였다가 회계기말에 보험료라는 비용으로 수정하여 처리한다(제7장 기말 정리 참고).

거래 8 3년 후 영업장 이동을 위하여 토지 ₩20,000짜리를 현금 ₩2,000과 은행에서 추가로 차입한 ₩18,000을 합하여 구입하였다.

분 석 토지(자산) 증가 - 현금(자산) 감소, 차입금(부채) 증가
분 개 (차변) 토 지 20,000 (대변) 현 금 2,000
차 입 금 18,000

거래 9 외상으로 판매한 금액 중 ₩300을 현금으로 받았다.

분 석 현금(자산) 증가 - 매출채권(자산) 감소
분 개 (차변) 현 금 300 (대변) 매출채권 300

거래 10 주방 장비 ₩2,000짜리를 외상으로 구입하였다.

분 석 장비(자산) 증가 - 매입채무(부채) 증가
분 개 (차변) 장 비 2,000 (대변) 매입채무 2,000

거래 11 매출액 ₩2,500 중 현금판매액은 ₩1,200이고 나머지는 외상판매액이다.

분 석 현금(자산), 매출채권(자산) 증가 - 매출액(수익) 발생

분 개 (차변) 현 금 1,200 (대변) 매 출 2,500
매출채권 1,300

거래 12 재료소비액 ₩1,000을 장부에 기입하였다.

분 석 재료비(비용) 발생 - 원재료(자산) 감소

분 개 (차변) 재료비 1,000 (대변) 원재료 1,000

3. 분개장에 기입하기

분개장(journal)은 회계상의 거래를 기록하는 최초의 장부로 거래에 대한 분석 내용을 최초로 기입하기 때문에 원시기입장(book of original entry)이라고도 한다. 분개장 양식은 [표 6-3]과 같다.

[표 6-3]에는 5월 1일과 3일의 거래가 기록되어 있다. 표를 통해 알 수 있듯이, 분개장에는 거래일, 계정과목, 차변과 대변의 금액, 원면, 그리고 거래 내용이 간략히 기록된다. 여기서 원면은 분개장에서 원장으로 전기(轉記, posting)할 때 원장의 해당 계정번호를 기입한 것이다. 원면은 분개장과 원장을 대조하거나 기록상의 오류를 확인하고자 할 때 활용된다.

분개장을 기록하면 특히 다음과 같은 이점이 있다.

① 거래를 발생일자 순서로 기록하기 때문에 거래 내용을 일목요연하게 파악할 수 있다.

② 요약된 거래 내용이 기록되기 때문에 거래의 내용을 간략히 파악할 수 있다.

③ 각 거래별로 차변 금액과 대변 금액을 쉽게 확인할 수 있어 오류를 사전에 방지할 수 있다.

[표 6-3] 분개장

분개장에는 거래 일자, 계정과목, 거래 내용, 원면, 차변과 대변의 금액 등이 기록된다.

분 개 장							
	일 자		적 요	원면	차 변	대 변	
1	5	1	현금	01	10000		1
2			자본금	71		10000	2
3			현금 출자하여 영업개시				3
4		3	현금	01	30000		4
5			차입금	67		30000	5
6			은행에서 차입				6

④ 차변 금액과 대변 금액이 항상 일치하기 때문에 분개 다음 단계에서 작성하는 총계정원장에서도 차변과 대변 금액이 균형을 유지하도록 해 준다.

6.4 전 기

분개는 이미 설명한 바와 같이 모든 거래들이 누락되거나 중복되지 않기 위하여 실시하는 중간적 절차였다. 따라서 분개장에 기록된 거래 내역들은 해당되는 계정에서 일목요연하게 볼 수 있도록 옮겨 적을 필요가 있다. 이와 같이 **분개장의 거래들을 해당 계정에 옮겨 적는 것을 전기(轉記**, posting)라고 한다. 이렇게 옮겨 적음으로써 특정시점에서의 계정 내역과 잔액을 한눈에 파악할 수 있으며, 재무제표를 작성하기 위한 결산절차를 편리하게 해 준다.

분개장에서 계정에 전기하는 방법은 다음과 같이 간단하다.

먼저, 분개장에서 차변인 경우에는 계정의 차변에, 대변인 경우에는 계정의 대변에 거래 발생일을 기록한다.

다음으로, 상대 계정의 계정과목과 금액을 기입한다. 만일 계정과목이 둘 이상인 경우에는 '제좌(諸座)'라고 기입한다.

앞의 사례 중에서 거래 1(5월 1일)과 거래 11(5월 15일)을 분개장에서 계정으로 전기해 보면 다음과 같다.

거래 1(5월 1일) 박인후와 정인혜는 각각 현금 ₩5,000을 출자하여 레스토랑을 개업하였다.

[**분 개**] (차변) 현　　금　　10,000　　(대변) 자 본 금　　10,000

2	5	1	현금	01	10000		2
3			자본금	71		10000	3
4			현금 출자하여 영업개시				4
5							5
6							6

현　금

5/1 자본금 10,000	

자본금

	5/1 현　금 10,000

거래 11(5월 15일) 매출액은 ₩2,500으로 이 중 현금판매액 ₩1,200과 외상판매액(카드) ₩1,300을 장부에 기입하였다.

[**분 개**] (차변) 현　　금　　1,200　　(대변) 매　　출　　2,500
매출채권　　1,300

21			현　　금	01	1200		21
22			매출채권	12	1300		22
23			매　출	82		2500	23
24			현금판매액과 외상판매액을 기입				24
25							25

현　금

5/15 매　출 1,200	

매출액

	5/15 제　좌 2,500

매출채권

5/15 매　출 1,300	

모든 계정들을 항목별로 모아놓은 회계장부를 원장(元帳, ledger)이라고 한다. 또는 **모든 계정들이 모여 있기 때문에 총계정원장**이라고도 한다. 사례의 거래들을 각 계정에 전기한 결과는 [표 6-4]와 같다.

[표 6-4] 총계정원장

총계정원장은 모든 계정들을 모아놓은 장부이다. 그래서 총계정원장에서는 모든 거래 내역들을 거래가 발생한 순서대로 살펴볼 수 있다.

현 금

5/1 자본금	10,000	5/4 임차료	2,000
5/3 차입금	30,000	5/5 원재료	2,000
5/7 매출	1,500	5/8 선급보험료	2,400
5/10 매출채권	300	5/9 토지	2,000
5/15 매 출	1,200		

매입채무

		5/13 장 비	2,000

매출채권

5/7 매출	500	5/10 현금	300
5/15 매출	1,300		

차입금

		5/3 현금	30,000
		5/9 토지	18,000

선급보험료

5/8 현금	2,400		

자본금

		5/1 현금	10,000

원재료

5/5 현금	2,000	5/7 재료비	400
		5/15 재료비	1,000

매 출

		5/7 제좌	2,000
		5/15 제좌	2,500

장 비

5/13 매입채무	2,000		

재료비

5/7 원재료	400		
5/15 원재료	1,000		

토 지

5/9 제좌	20,000		

임차료

5/4 현금	2,000		

제7장

회계정보는 어떻게 산출되는가?

7.1 결산의 의의와 철차

7.2 결산 예비 절차

1. 시산표의 작성
2. 결산 수정 분개
3. 정산표의 작성

7.3 결산 본 절차

07 Accounting for Hospitality Industry: A Basic Perspective

회계정보는 어떻게 산출되는가?

우리는 앞 장에서 회계상의 거래를 인식하여 원장에 옮겨 쓰는 과정까지 학습하였다. 그리고 모든 거래들이 총계정원장에 담긴다는 것도 알게 되었다. 여기까지가 회계정보가 기록되는 과정이다. 이렇게 총계정원장에 기록된 회계정보들은 회계정보이용자들이 유용하게 활용할 수 있는 회계보고서로 산출되기 위해서 모든 장부들을 확인하고 정리하는 절차를 거쳐야만 된다. 이와 같이 기록된 자료로부터 회계정보이용자들에게 필요한 정보를 산출하는 절차를 회계정보의 산출과정 또는 결산 절차라고 한다. 결산 절차는 앞 장의 [그림 6-1]에서 제시된 바와 같이 시산표 작성, 결산 수정 분개를 통한 시산표의 잔액 조정(정산표 작성), 재무제표 작성 및 장부 마감 과정을 거치면서 이루어진다.

7.1 결산의 의의와 절차

제6장에서 살펴본 바와 같이, 모든 기업에서는 회계기간 중에 발생한 각종 거래들을 분개장에 기록을 하고 총계정원장에 전기를 한다. 이러한 과정을 통해 자산과 부채 및 자본과 더불어 수익과 비용의 증감 내역에 대한 자료들을 수집하고 분석하게 된다. 그리고 회계기말이 되면 1년 동안 발생한 거래들을 기록한 모든 장부들을 정리하여 회계정보이용자들이 경제적 의사결

정에 유용하게 이용할 수 있도록 요약·보고하는 작업을 한다. 이에 따라 기업에서는 1년 동안의 경영성과와 회계기말 현재의 재산상태를 파악하게 된다.

이와 같이 인위적으로 회계기간을 구분하여 그 기간에 발생한 손익과 기말의 재산상태를 명확하게 계산하는 여러 가지 절차를 결산이라고 한다. 즉, **결산(closing)이란 회계기말에 총계정원장을 마감(close)한 다음 결산보고서인 재무제표를 작성하는 여러 가지 절차들을 뜻한다.**

결산은 예비 절차, 본 절차, 계정의 마감과 같이 3단계로 구성된다. 첫 번째 단계인 결산 예비 절차는 시산표 작성, 수정 분개와 정리 기입, 정산표 작성과 같은 세 과정으로 이루어진다. 두 번째 단계인 결산 본 절차에서는 기업회계기준에 따라 재무제표를 작성하게 된다. 이러한 단계를 통하여 회계정보이용자들에게 제공할 회계보고서들을 산출하게 된다. 마지막 단계인 계정의 마감은 정산표를 작성한 이후 다음 회계기간의 거래들을 새 장부에 기록하기 위하여 모든 계정들에 대하여 기술적으로 마무리를 하는 절차이다.

본서에서는 결산 예비 절차와 결산 본 절차까지만 설명하고자 한다. 결산의 마지막 단계인 계정의 마감은 실무에서는 중요하지만 극히 단순하고 기계적인 작업이기 때문에 생략한다.

7.2 결산 예비 절차

1. 시산표의 작성

(1) 왜 시산표가 중요한가?

기업은 본격적인 결산 작업에 들어가기에 앞서 재무제표의 기초 자료인 총계정원장의 잔액들이 정확하게 기록되었는지를 점검할 필요가 있다. 이때, 총계정원장의 차변 합계와 대변 합계가 일치하는지를 확인하기 위하여 작성하는 표가 **시산표(試算表**, trial balance)이다. 시산표는 총계정원장에 있는 모든 계정들이 집계되기 때문에 계정집계표라고도 한다.

시산표는 단순히 총계정원장에 있는 모든 계정들의 차변 금액과 대변 금액을 한 곳에 모아 놓은 표에 불과하다. 그런데 결산 예비 절차의 첫 번째 과정으로 시산표 작성을 중시하는 까닭은 바로 **모든 거래를 회계등식에 따라 기록할 경우 복식부기의 원리에 의하여 항상 차변 금액과 대변 금액이 일치한다는 자기검증기능이 작용하고 있기 때문이다.** 즉, 분개나 전기를 바르게 했을 경우 시산표에 집계된 모든 계정의 차변을 합계한 금액과 대변을 합계한 금액이 항상 일치해야만 한다. 만일 일치하지 않을 경우에는 분개나 전기 중 어느 하나가 잘못 기록되었다는 것을 의미하게 된다.

(2) 시산표의 작성

시산표에는 모든 계정 금액을 집계하는 방법에 따라 합계시산표, 잔액시산표, 합계잔액시산표로 나누어진다. 앞 장(제6장)의 [표 6-4]에서 제시한 총계정원장을 이용하여 시산표의 종류들을 설명하면 다음과 같다.

합계시산표(trial balance of totals)는 총계정원장의 모든 계정과목의 차변 합계와 대변 합계를 계산하여 각각 시산표의 차변과 대변에 기입하는 것이다. 합계시산표의 합계액은 분개장의 총계와 일치하기 때문에 원장 전기의 정확성을 확인하는 데 유용하다.

합 계 시 산 표

201×년 5월 15일

차 변	계정과목	대 변
43,000	현 금	8,400
1,800	매출채권	300

잔액시산표(trial balance of balances)는 총계정원장 각 계정 과목의 차변과 대변 금액을 비교하여 잔액을 계산하고, 그 잔액이 차변 잔액이면 시산표의 차변에, 대변 잔액이면 시산표의 대변에 기입하는 것이다. 잔액시산표에서는 자산, 부채, 자본, 수익, 비용의 잔액이 기입되기 때문에 이를 통해 기업의 재무상태와 경영성과를 대략적으로 파악할 수가 있다.

잔 액 시 산 표

201×년 5월 15일

차 변	계정과목	대 변
34,600	현 금	
1,500	매출채권	

합계잔액시산표(trial balance of totals and balances)는 합계시산표와 잔액시산표를 합친 것이다.

합 계 잔 액 시 산 표

201×년 5월 15일

차변		계정과목	대변	
잔액	합계		합계	잔액
34,600	43,000	현　　금	8,400	
1,500	1,800	매출채권	300	

앞 장의 [표 6-4] 총계정원장을 근거로 잔액식 시산표를 작성하면 [표 7-1]과 같다.

[표 7-1] 시산표(잔액식)

회계순환과정은 회계정보시스템이 최종 결과물을 얻어내기 위하여 각종 거래들을 요약하고 분석하는 단계들을 나타낸 것이다.

시　산　표

201×년 5월 15일

Who & He레스토랑　　(단위: 만원)

계정과목	차변	대변
현금	34600	
매출채권	1500	
선급보험료	2400	
원재료	600	
장비	2000	
토지	20000	
매입채무		2000
차입금		48000
자본금		10000
매출		4500
매출원가	1400	
임차료	2000	
	64500	64500

한편, 시산표가 총계정원장의 정확성을 완벽하게 입증해 주는 것은 아니다. 시산표는 단지 결산 본 절차에 앞서 차변 합계와 대변 합계가 일치하는가를 확인하는 과정에 불과하다. 만일 시산표를 작성한 다음 차변 합계와 대변 합계가 일치하지 않는다면, 시산표의 합계 계산 확인, 총계정원장에서 시산표로 옮겨 적는 과정 확인, 총계정원장 잔액 확인, 전기 및 분개 확인 등과 같이 시산표를 작성하기까지의 과정을 역으로 추적해 나가면 된다.

그러나 분개 자체가 누락되었거나, 이중 분개로 인하여 차·대변 금액을 동시에 같이 기입하였거나, 차·대변을 반대로 분개한 경우에는 오류를 발견할 수가 없다. 이와 같이 시산표만으로 오류를 발견할 수 없는 경우 자기검증기능의 한계가 된다.

2. 결산 수정 분개

회계실무에서 수익과 비용을 인식하는 방법에는 현금기준과 발생기준이 있다.

현금기준(cash basis)은 수익과 비용을 현금의 유입이나 지출을 기준으로 인식하는 것이다. 이에 대해 **발생기준**(accrual basis)은 수익은 실현되었을 때 인식하고 비용은 관련 수익에 대응시켜서 인식하는 것이다. 즉, 발생기준에서는 반드시 수익과 비용을 대응하여 인식하도록 되어 있다. 기업의 회계거래들은 대부분 신용 거래에 의하여 이루어지는 경향이 있다. 따라서 수익과 비용을 현금기준으로 인식할 경우 적절하게 수익과 비용을 반영하지 못하게 된다. 그래서 현행 기업회계기준에서는 발생기준에 따라 수익과 비용을 인식토록 되어 있다. 이에 따라 **회계기말에 정확한 기간 손익을 계산하기 위하여 수정 분개를 실행**하게 된다.

수정 분개에는 이연 분개와 발생 분개가 있다.

이연 분개는 당기에 수입된 수익 중 기간이 지나지 않아 다음 기로 이연시켜야 하는 이연수익(deferred revenues)(예: 선수임대료나 선수이자와 같은 선수수익)과 당기에 지급된 비용 중 기간이 경과되지 않아 다음 기로 이연시켜야 하는 이연 비용(deferred expenses)(예: 선급보험료와 같은 선급비용)이 있다.

발생 분개는 현금 수입은 없었지만 이미 당기에 발생한 수익으로 당기의 기간 손익에 포함되어야 하는 발생 수익(accrual revenues)(예: 미수이자와 같은 미수수익)과 현금의 지출은 없었지만 이미 당기에 발생한 비용이기 때문에 기간 손익에 포함하는 발생 비용(accrual expenses)

(예: 미지급임차료와 같은 미지급비용)이 있다.

앞 장의 6.2에서 제시한 예제 중 거래 7(5월 8일)을 가지고 수정 분개에 대해 설명해 보자. 거래 7은 다음과 같다.

거래 7 계약기간 2년의 화재보험료 ₩2,400을 현금으로 지급하였다.

이 거래는 앞으로 2년간 소요될 화재보험료 ₩2,400을 미리 지급한 것이다. 이런 경우를 선급보험료라고 했다. 이런 선급보험료는 기간이 경과되면서 비용으로 된다. 그러나 현금 지급 시점에서는 기간이 경과되지 않았기 때문에 비용으로 인식할 수가 없고 단지 서비스를 받을 권리를 갖고 있는 선급보험료라는 자산으로 취급한다. 그래서 분개를 하면 선급보험료라는 자산의 증가와 현금이라는 자산이 감소하게 되어 다음과 같이 된다.

분 개 (차변) 선급보험료 2,400 (대변) 현 금 2,400

그런데 선급보험료는 기간이 경과되면서 비용화되는 것이다. 따라서 5월 중에는 24개월 중 1개월에 해당되는 ₩2,400 × 1/24 = ₩100이 보험료라는 비용으로 처리되어야 한다. 즉, 선급보험료 중 ₩100을 차감하여 보험료라는 비용으로 처리해야만 한다. 이러한 과정을 수정 분개라고 하는데, 거래 7을 5월말 기준으로 수정 분개하면 다음과 같다.

수정 분개 (차변) 보험료 100 (대변) 선급보험료 100

이러한 **수정 분개를 함으로써 얻어지는 효과**는 당기에 발생한 수익이나 비용을 당기의 손익으로 반영하여 기간 손익을 적정하게 계상하고, 현재의 재무상태를 명확하게 나타낼 수 있다는 점이다.

수정 분개한 결과를 기입하면 다음에 제시한 [표 7-2]의 수정분개란과 같다. 여기서 선급보험료는 5월분 ₩100을 차감하게 되고, 보험료라는 새로운 비용 계정을 기입하면 된다.

3. 정산표의 작성

(1) 왜 정산표가 필요한가?

정산표(精算表, worksheet)는 시산표에 결산 수정 분개의 내용을 반영하여 손익계산서와 대차대조표를 보다 정확하고 편리하게 산출하도록 작성하는 표이다. 여기서 결산 수정 분개가 반영되기 이전의 시산표를 수정전시산표라 하고, 결산 수정 분개가 반영된 이후의 시산표를 수정후시산표라고 한다. 그래서 정산표에는 수정전시산표와 결산정리분개, 수정후시산표, 포괄손익계산서 및 재무상태표 등 5개의 난이 있게 된다. 각 난에는 각각 차변과 대변이 있어 결국 금액을 기록하는 칸은 총 10개가 된다. 이와 같이 10개의 칸으로 이루어진 정산표를 10위식 정산표라고 한다. 때론 수정후시산표가 없는 8위식 정산표를 사용하기도 하는데, 편리하기는 하나 수정 후 내용을 확인할 수 없기 때문에 실무에서는 10위식 정산표를 주로 작성하고 있다.

이러한 정산표는 모든 단계에서 차변과 대변이 항상 일치하게 고안되어 있어 분개장이나 원장의 오류를 확인하는 데 매우 유용하다. 또한, 정산표에는 각 원장계정의 잔액이 재무제표의 양식대로 배열되어 있기 때문에 이를 이용하면 회계정보를 산출하고 회계장부를 마감하는 데 용이하다.

정산표는 공식적인 회계보고서가 아니기 때문에 그 작성은 선택적이다. 다만, 회계실무에서 편의상 많이 사용하는 도구이다.

(2) 정산표의 작성

정산표는 [표 7-2]와 같이 머리 부분에는 회사 이름, 정산표라는 본 양식의 이름, 기간이 표시된다. 그리고 정산표의 본문에는 차변과 대변이 있는 다섯 쌍의 금액란이 있다.

정산표는 다음과 같이 다섯 단계를 거치면서 작성된다.

제1단계: 총계정원장의 잔액을 수정전시산표에 기입한다.

제2단계: 원장계정의 잔액 중에서 수정이 필요한 계정을 수정분개란에 기입한다.

제3단계: 수정된 원장계정의 잔액을 수정후시산표에 기입한다.

제4단계: 수정후시산표에 있는 계정잔액을 손익계산서란이나 대차대조표란에 옮겨 적는다.

제5단계: 포괄손익계산서란과 재무상태표란의 차·대변 합계를 구하고, 차변과 대변의 합계가 일치하도록 하는 금액을 당기순이익(당기순손실)으로 처리한다.

[표 7-2] 정산표

회계정보의 산출과정에서 모든 거래 정보들을 모아놓은 곳이 정산표이다. 이러한 정산표는 공식적인 회계보고서는 아니지만 회계실무에서 편의상 많이 작성하고 있다.

정 산 표

201×년 5월 1일부터

201×년 5월 15일까지

Who & He레스토랑 (단위: 원)

적요	수정전시산표		수정분개		수정후시산표		포괄손익계산서		재무상태표	
	차변	대변	차변	대변	차변	대변	차변	대변	차변	대변
현금	34,600				34,600				34,600	
매출 채권	1,500				1,500				1,500	
선급보험료	2,400			100	2,300				2,300	
원재료	600				600				600	
장비	2,000				2,000				2,000	
토지	20,000				20,000				20,000	
매입 채무		2,000				2,000				2,000
차입금		48,000				48,000				48,000
자본금		10,000				10,000				10,000
매출		4,500				4,500		4,500		
매출 원가	1,400				1,400		1,400			
임차료	2,000				2,000		2,000			
합계	64,500	64,500								
보험료			100		100		100			
합계			100	100	64,500	64,500				
당기순이익							1,000			1,000
합계							4,500	4,500	61,000	61,000

7.3 결산 본 절차

결산 본 절차는 기업회계기준에서 제시된 재무제표를 작성하는 단계이다. 이 단계에서 비로소 회계정보이용자들에게 제공할 회계보고서들이 산출된다.

앞에서 설명한 정산표가 정확하게 작성되었다면 정산표의 손익계산서란과 재무상태표란을 가지고 손익계산서와 재무상태표를 작성하면 된다. 이에 따라 손익계산서와 재무상태표를 작성하면 [표 7-3]과 같다.

[표 7-3] Who & He레스토랑의 손익계산서와 재무상태표

정산표가 정확하게 작성되었다면 정산표를 근거로 손익계산서와 재무상태표를 작성하면 된다.

손 익 계 산 서

201×년 5월 1일부터
201×년 5월 15일까지

Who & He레스토랑 (단위: 만원)

1. 매 출 액		4,500
2. 재 료 비		(1,400)
3. 기타 영업비용		
임차료	2,000	
보험료	100	(2,100)
4. 당기순이익		1,000

재 무 상 태 표

201×년 5월 15일 현재

Who & He레스토랑 (단위: 만원)

자 산		부 채	
현 금	34,600	매입채무	2,000
매출채권	1,500	차 입 금	48,000
선급보험료	2,300	자 본	
원 재 료	600	자 본 금	10,000
장 비	2,000	이익잉여금 *	1,000
토 지	20,000		
합 계	61,000	합 계	61,000

* 이익잉여금은 기초의 이익잉여금에 당기순이익을 더한 금액 중에서 배당금이나 적립금 등으로 처분한 금액을 차감한 잔액을 기입하는 것이다. 그러나 여기에서는 간단히 정보의 흐름을 이해하기 위하여 당기순이익만을 이익잉여금으로 제시하였다.

우리는 이제까지 회계상의 거래를 인식하는 것에서부터 회계정보이용자에게 제공하는 회계보고서를 산출하는 과정까지를 학습하였다. 즉, 회계정보가 산출되는 일련의 과정들에 대하여 개략적으로 살펴보았다. 대부분의 학생들은 이 내용들을 마치 아날로그 시대에만 필요한 것으로 알고 있다. 특히, 근래에 IT산업이 발전하면서 일반 기업은 물론 호텔기업에서도 해당 계정에 금액을 입력만 하면 모든 보고서들이 작성되기 때문에 그 필요성이 없어진 것처럼 생각할 수 있다.

그러나 우리가 이렇게 어려운 과정을 습득해야 하는 이유는 비록 간단한 예제이지만 직접 회계정보의 흐름을 이해하고 문제를 해결할 수 있어야 최종 회계보고서에 대한 이해를 더욱 깊이 있게 할 수 있기 때문이다. 아무리 회계정보시스템이 발전하더라도 회계정보의 흐름을 명확하게 이해하지 못하고서는 결과물에 대한 해석이나 분석은 제한적일 수밖에 없다.

[예제 7-1] 회계정보 산출과정 사례 연습

* 다음은 K&M 레스토랑의 201×년 11월 중 거래이다. 각 거래를 1. 분개하고, 2. 총계정원장에 전기한 다음, 3. 정산표와 4. 손익계산서, 재무상태표를 작성하여라.

1. K와 M은 각각 현금 3,000만원씩 출자하여 영업개시하다.
2. 식재료 450만원어치를 현금주고 매입하다.
3. 영업장 임차료 1개월분 50만원을 현금으로 지급하다.
4. 매출액 350만원 중 250만원은 현금받고 팔고 나머지 100만원은 외상이다.
5. 위 매출액에 대한 식재료 사용액은 190만원이다.
6. 종업원 교통비로 30만원을 현금으로 주다.
7. 영업장용 토지 4,000만원을 현금을 주고 구입하다.
8. 은행에서 1,000만원을 융자받았다.
9. 계약기간 1년의 자동차보험료 60만원을 현금으로 지급하다.
10. 위 차입금 중 300만원을 현금으로 갚다.
11. 현금매출액은 320만원이다.
12. 위 매출액에 대한 식재료 사용액은 210만원이다.
13. 이번 달 광고비 30만원을 현금으로 지급하다.
14. 이번 달 인건비 150만원을 현금으로 지급하다.

(월말 수정분개) 당월분 보험료 5만원을 비용으로 처리하다.

[확인]

- 수정전시산표 계정잔액: 현금 2,500, 식재료 50, 선급보험료 60, 매출채권 100, 토지 4,000, 자본금 6,000, 차입금 700, 매출 670, 매출원가 400, 임차료 50, 교통비 30, 광고비 30, 인건비 150
- 당기순이익: 5
- 손익계산서 합계: 670
- 재무상태표 합계: 6,705(이상 단위: 만원)

제8장

호텔기업의 재무상태와 경영성과는 어디에 기록되는가?

8.1 재무제표란 무엇인가?

1. 재무제표란 무엇인가?
2. 일반적으로 인정된 회계원칙
3. 재무제표의 작성기준

8.2 재무상태표

1. 재무상태표에 담긴 정보내용
2. 재무상태표의 형식
3. 자 산
4. 부 채
5. 자 본

8.3 손익계산서와 포괄손익계산서

1. 손익계산서 vs. 재무상태표
2. 수 익
3. 비 용
4. 손익계산서의 형식
5. 포괄손익계산서

08 Accounting for Hospitality Industry: A Basic Perspective

호텔기업의 재무상태와 경영성과는 어디에

우리는 제2장에서 기업은 기업의 목적을 달성하기 위하여 재무활동과 투자활동 및 영업활동과 같은 경영활동을 지속적으로 수행한다고 배웠다. 그리고 이러한 기업활동의 결과로 인한 재산상태의 변화나 영업성과와 같은 정보들은 기업의 언어인 회계정보에 담긴다고 이해를 하였다. 또한, 회계정보는 재무상태표, 포괄손익계산서, 현금흐름표, 자본변동표, 주석과 같은 회계보고서를 통하여 기업의 이해관계자들에게 알려준다는 것을 알았다(46쪽 [그림 2-6] 참고). 이와 같은 기업의 회계보고서들을 재무제표(financial statements)라고 한다.

본 장에서는 재무제표의 의미를 살펴보고, 재무제표를 작성할 때 기준이 되는 일반적으로 인정된 회계원칙에 대하여 알아본다. 그리고 기업의 주요 회계보고서인 재무상태표, 포괄손익계산서의 내용과 작성 원칙에 대하여 살펴본다. 다음 장(제9장)에서는 현금흐름표, 자본변동표의 내용과 작성 원칙 및 각 보고서 사이의 정보의 흐름을 살펴보도록 한다. 그리고 이러한 재무제표들의 신뢰성을 높이기 위한 제도인 외부감사제도에 대하여 알아보고자 한다.

8.1 재무제표란 무엇인가?

다음은 어느 신문에 실린 경제 기사이다. 신문 기사란 일반적으로 평균적인 지식을 갖고 있는 대중들의 수준에 맞춰 작성된다. 이제 대학에서 학문의 길에 들어선 여러분들은 최소한 다음 기사 정도는 쉽게 이해할 수 있어야 하지 않을까? 이 기사를 통하여 우리는 다음 질문에 간략히 답할 수 있도록 준비해 보자.

- 반기보고서란 무엇인가?
- 재무제표가 왜 투자의사결정에 중요한가?
- 손익계산서에 담긴 여러 이익의 개념들에는 어떠한 차이가 있는가?
- 현금흐름표가 왜 중요한가?
- 흑자도산이란 무엇인가?
- 금융감독원의 전자공시시스템(http://dart.fss.or.kr)을 방문하여 관심이 있는 업종의 경쟁관계에 있는 두 기업을 선택하여 두 기업의 재무제표를 비교해 보자(예: 숙박산업의 경우 호텔신라와 호텔롯데).

[사례 8-1] 재무제표를 잘 살피면 투자전략이 한눈에

회계는 기업의 언어라고 했다. 그래서 기업에서 발표하는 각종 회계보고서를 통하여 기업의 참모습을 읽어낼 수 있는 것이다.

오는 15일이면 각 상장, 등록기업의 상반기 실적 발표가 최종 마무리된다. 투자자들로서는 각 기업의 지난 반년간(1~6월) '성적표'를 보면서 하반기 투자전략을 세워야 할 시점이다.

기업의 성적표는 '재무제표'라는 형식으로 발표된다. 재무제표는 일정기간 동안 기업의 경제적 상태를 나타내는 회계보고서로 대차대조표, 손익계산서, 이익잉여금처분계산서, 현금흐름표, 자본변동표의 다섯 가지로 구성되어 있다. 전문가들은 전문용어와 복잡한 수치 때문에 접근이 다소 어렵기는 하지만, 재무제표야말로 일반투자자들이 기업 내용에 가장 직접적으로 접근할 수 있는 방법이라고 입을 모은다.

■ **금융감독원 홈페이지에서 열람 가능**: 기업의 재무제표는 금융감독원 전자공시시스템에서 무료로 열람할 수 있다. 사이트 첫 화면에서 검색란에 원하는 기업의 이름을 넣으면, 1999년 이후 이 기업이 발표한 다양한 투자 관련 보고서가 나온다. 이 중 '반기보고서'가 상반기 성적표다.

전자상거래 업체인 '△△주식회사'의 예를 보자. 매출구성비, 회원 수, 제휴계약 내용, 유·무상증자 현황 등 사업 내용과 실적을 나타내는 갖가지 자료를 볼 수 있다. 수십 개의 항목으로 짜인 재무제표를 일일이 보는 것은 불가능한 일. 전문가들은 기업의 특성에 따라 꼭 봐야 할 항목이 따로 있다고 말한다.

■ **영업이익과 경상이익, 당기(반기)순이익을 구분해 보라**: 가장 먼저 살필 항목은 손익계산서에 나와 있는 '영업이익'과 '영업외이익'이다. 영업이익이란 기업이 주된 사업으로 벌어들인 돈을 말한다. 영업외이익은 주된 사업이 아닌 주식투자나 이자놀이 등으로 벌어들인 돈이다. ○○증권 ○○○애널리스트(analyst)는 "영업이익보다 영업외이익이 지나치게 많을 경우 해당 기업이 주된 사업보다 다른 데에 한눈을 팔고 있다는 얘기"라고 말했다.

영업이익과 영업외이익을 합하면 경상이익이 된다. 경상이익은 영업외이익에 들어 있는 금융비용을 고려한 이익이라는 점에 가장 큰 의미가 있다. 영업이익이 플러스를 기록했더라도 경상이익이 마이너스라면 해당 기업이 영업활동으로 벌어들인 돈으로 이자비용조차 감당하지 못한다는 의미다.

△△주식회사의 경우 올 상반기 영업이익은 20억원가량 손실이 났지만, 올 초 ○○회사와 합병 때 유가증권 평가처분이익이 대폭 늘어나 영업외이익(영업외수익 - 영업외비용)이 32억원가량 발생, 경상이익은 12억원가량 흑자를 기록했다.

투자자들이 가장 많이 접하는 당기(반기)순이익은 이런 경상이익에 '특별손익'을 반영한 것이다. 특별손익이란 비정기적으로 기업에 돌아오는 이익이나 손실을 말한다. 공장을 매각해 이익을 냈다거나, 천재지변에 의한 손실이 났을 경우를 예로 들 수 있다.

△△주식회사의 반기 손익계산서

(제16기 반기: 201×. 1. 1일 - 201×. 6. 30일)

(단위: 천원)

과 목	금 액
1. 매출액	43,035,481
2. 매출원가	30,344,170
3. 매출총이익	12,691,311
4. 판매비와 관리비	14,964,586
5. 영업이익(3-4)	-2,003,275
6. 영업외수익	4,059,387
7. 영업외비용	878,582
8. 경상이익(5+6-7)	1,177,530
9. 법인세차감전순이익	1,177,530
10. 당기순이익	1,177,530

■ **매출액은 고무줄이 될 수도 있다:** 기업의 특성에 따라서는 매출액이 '고무줄'이 될 수도 있다. 일반 제조업은 세금계산서가 바로 매출로 잡히지만, 조선, 건설업 등 제조기간이 긴 업종은 진척도에 따라 '자의적'으로 매출을 잡기 때문이다. 특정 기업의 매출이 전년도보다 지나치게 크게 증가하거나 줄었을 경우 이런 자의적인 매출 산정을 의심해 보아야 한다.

투자자들이 투자에 가장 크게 참고하는 전년대비 증감률도 주의해서 보아야 할 항목이다. ○○경제연구소 ○○○이사는 "대부분의 기업은 매출액이나 영업이익이 특정 계정에 늘어나거나 줄어드는 성격을 갖고 있기 때문에 전년 동기와 비교하는 게 적합하다."며 "다만 인터넷 업체처럼 사업이 급성장하는 곳은 전 분기와 비교해야만 엄청난 증감률의 '숫자놀음'을 피할 수 있다."고 말했다.

현금흐름표도 꼭 챙겨 보아야 한다. 기업이 손익계산서상에 흑자를 내고도 당장의 현금 융통에 어려움을 겪어 '흑자부도'를 내는 경우도 있기 때문이다. 또 자회사, 대리점, 해외법인 등에 물건을 파는 것도 '영업이익'에 들어가지만, 그게 정말 최종 소비자에게 팔리지도 않은 상품 매출을 재무제표에 반영, '밀어내기'식 매출, 영업이익 뻥튀기를 시도하는 기업들도 있기 때문이다.

전문가들은 재무제표를 읽기 어려울 경우 각 증권사 사이트에 올라온 기업분석 보고서를 참고할 것을 권한다.

1. 재무제표란 무엇인가?

회계의 목적은 기업이 수행한 경제적 활동들을 체계적으로 처리하여 기업의 이해관계자들의 경제적 의사결정에 유용한 정보를 제공하는 것이다. 그런데 다양한 이해관계자들에게 기업과 관련된 회계정보를 제공하기 위해서는 이해하기 쉽고 서로 비교하기 쉬운 어떤 공통된 형태의 틀이 필요하다. 이와 같이 기업의 다양한 이해관계자들의 정보욕구를 최대한 충족시켜 줄 수 있는 공통된 형태의 틀을 갖춘 회계보고서들을 재무제표라고 한다. 즉, **재무제표(財務諸表**, financial statements)**란 기업과 관련된 이해관계자들에게 특정 회계기간 동안 기업의 경영활동을 간략하게 요약한 회계보고서로서, 특정시점에서의 재무상태(자산, 부채, 자본의 변화 내역)와 일정기간의 경영성과(수익과 비용의 발생 내역)를 요약한 표**라고 할 수 있다.

우리나라의 한국회계기준원 회계기준위원회에서 2013년 2월 28일 개정한 『기업회계기준서 제1001호』 7, 10에 따르면 **전체 재무제표로 재무상태표, 포괄손익계산서(별개의 손익계산서 포함), 자본변동표, 현금흐름표, 주석**을 포함시키고 있다. 여기서 주석은 다른 재무제표와는 달리 일정한 틀을 갖춘 보고서가 아니고, 위의 재무제표에 표시된 항목을 구체적으로 설명하거나 세분화하며, 재무제표 인식요건을 충족하지 못하는 항목에 대한 정보를 제공하는 설명서라고 할 수 있다([부록 1] 참고). 자본변동표는 자본의 크기와 그 변동에 관한 정보를 제공하는 재무보고서로서, 자본을 구성하고 있는 자본금, 자본잉여금, 자본조정, 이익잉여금(또는 결손금)의 변동에 대한 포괄적인 정보를 제공하고 있다.

재무제표는 정보이용자들에게 각기 다른 역할과 재무적 정보를 제공하고 있기 때문에 각 재무제표들에 담긴 주요 정보내용과 상호 간의 관계를 잘 알아두어야 한다.

2. 일반적으로 인정된 회계원칙

기업에 의하여 작성되는 재무보고서가 만약 서로 다른 방법과 형태로 작성된다면 이를 이용하여 의사결정을 하는 기업의 이해관계자들은 각 보고서들을 비교하는 데 상당한 어려움을 겪게 될 것이다.

그래서 기업 임의대로 재무제표를 작성하지 않고 **기업들 간에 그리고 기간 간의 비교가능성을 높이기 위하여** 일정한 형태로 재무보고를 할 수 있도록 어떤 기준을 마련할 필요가 있다. 그래야 기업의 이해관계자들이 회계정보를 편리하게 이용할 수 있을뿐더러 기업들 사이나 기간 간의 차이를 비교하기가 용이해진다. 이에 따라 우리나라를 비롯한 세계 모든 국가에서는 회계실무에서 재무제표를 작성하고 보고할 때 기준이 될 수 있는 일반원칙을 정하고 있다. 이러한 회계원칙을 '**일반적으로 인정된 회계원칙**(GAAP, Generally Accepted Accounting Principles)'이라고 한다.

일반적으로 인정된 회계원칙은 다음과 같은 특성이 있다.

- GAAP는 기업이 회계행위를 할 때 준수해야 하는 행위의 지침이다. 그래서 실무에서 수행하고 있는 회계업무는 GAAP에서 제시하고 있는 방법에 근거하여 처리하여야만 한다.
- GAAP는 모든 기업에 적용이 가능하고, 다양한 이해관계자들의 요구에 부응할 수 있도록

보편타당해야 한다. 회계정보이용자들은 각자의 이해관계에 따라 요구하는 정보의 내용이 다를 수 있다. 그러나 회계담당자가 각기 다른 정보요구를 모두 반영할 수는 없다. 따라서 일반적이고 보편타당하다고 인정되는 정보를 중심으로 실무에 반영하게 된다.

- 따라서, GAAP는 다양한 이해관계자들의 요구를 조정하는 타협적인 성격을 갖는다.
- GAAP는 변화하지 않는 것이 아니라, 사회 환경의 변화와 경제 발전에 따라 변화한다. 원칙이나 기준은 사회적 요구에 따라 변화하게 된다. GAAP도 사회적·경제적 환경의 요구를 반영하기 위하여 변화한다.

우리나라에서의 GAAP로는 『기업회계기준』과 현재 지속적으로 이의 내용을 구체적이면서도 국제적 기준에 맞도록 수정하고 있는 『기업회계기준서』가 있다. 『기업회계기준』은 「주식회사의외부감사에관한법률 제13조제1항」과 기타의 법령(예: 「기업구조조정투자회사법 제24조제5항 및 동법시행령 제15조」)으로부터 위탁받아 회계기준위원회가 『기업회계기준』, 『기업회계기준서』, 『기업회계기준해석서』의 형태로 제정·공표하며, 실무 적용상의 지침을 제공하기 위하여 한국회계연구원이 「회계기준적용의견서」 및 「질의회신요약」을 발표한다. 기준서 등이 제정되면서 기존의 『기업회계기준』, 『준칙』, 『기업회계기준등에관한해석』의 관련 내용은 기준서 등으로 대체되고 있다.

3. 재무제표의 작성기준

재무제표는 기업의 재무상태와 재무성과를 체계적으로 표현한 것이다. 이러한 재무제표의 목적은 광범위한 정보이용자의 경제적 의사결정에 유용한 기업의 재무상태, 재무성과와 재무상태의 변동에 관한 정보를 제공하는 것이다. 또한, 재무제표는 위탁받은 자원에 대한 경영진의 수탁책임 결과도 보여준다. 이와 같이 재무제표가 회계정보의 유용성을 높이고 회계정보이용자의 경제적 의사결정 목적을 충족시키기 위해서는 재무제표 작성자가 기본적으로 준수해야 할 공통된 기준이 필요하다.

『기업회계기준서 제1001호』가 개정되기 이전에는 각 보고서 별로 작성기준이 마련되었었다. 즉, 재무상태표(옛 대차대조표)는 자산・부채・자본의 구분표시, 총액표시, 1년 기준, 유동성 배열, 잉여금 구분, 특정비용의 이연 등, 포괄손익계산서(옛 손익계산서)는 발생주의, 수익・비용 대응, 총액표시, 이익의 구분표시 등과 같이 보고서의 특성에 맞게 기준을 제시하였었다. 그러나 이러한 기준들은 서로 중복되거나 기준으로써의 실효성이 떨어지는 것들도 있었다. 그래서 『기업회계기준서 제1001호』에서는 재무제표의 작성기준이 되는 일반사항으로 기준서 15번에서 46번에 걸쳐 다음과 같이 8가지를 제시하고 있다.

(1) 공정한 표시와 한국채택국제회계기준의 준수

① 재무제표는 기업의 재무상태, 재무성과 및 현금흐름을 공정하게 표시해야 한다. 공정한 표시를 위해서는 '개념체계'에서 정한 자산, 부채, 수익 및 비용에 대한 정의와 인식요건에 따라 거래, 그 밖의 사건과 상황의 효과를 충실하게 표현해야 한다. 한국채택국제회계기준에 따라 작성된 재무제표(필요에 따라 추가 공시한 경우 포함)는 공정하게 표시된 재무제표로 본다.

② 한국채택국제회계기준을 준수하여 재무제표를 작성하는 기업은 그러한 준수 사실을 주석에 명시적이고 제한 없이 기재한다. 재무제표가 한국채택국제회계기준의 요구사항을 모두 충족한 경우가 아니라면 한국채택국제회계기준을 준수하여 작성되었다고 기재하여서는 아니 된다.

③ 한국채택국제회계기준을 준수하여 작성된 재무제표는 국제회계기준을 준수하여 작성된 재무제표임을 주석으로 공시할 수 있다.

(2) 계속기업

경영진은 재무제표를 작성할 때 계속기업으로서의 존속가능성을 평가해야 한다. 경영진이 기업을 청산하거나 경영활동을 중단할 의도를 가지고 있지 않거나, 청산 또는 경영활동의 중단 외에 다른 현실적 대안이 없는 경우가 아니면 계속기업을 전제로 재무제표를 작성한다. 계속기업으로서의 존속능력에 유의적인 의문이 제기될 수 있는 사건이나 상황과 관련된 중요한 불확실성을 알게 된 경우, 경영진은 그러한 불확실성을 공시하여야 한다. 재무제표가 계속기업의 기준하에 작성되지 않는 경우에는 그 사실과 함께 재무제표가 작성된 기준 및 그 기업을 계속기업으로 보지 않는 이유를 공시하여야 한다.

(3) 발생기준 회계

기업은 현금흐름 정보를 제외하고는 발생기준 회계를 사용하여 재무제표를 작성한다.

(4) 중요성과 통합표시

유사한 항목은 중요성 분류에 따라 재무제표에 구분하여 표시한다. 상이한 성격이나 기능을 가진 항목은 구분하여 표시한다. 다만 중요하지 않은 항목은 성격이나 기능이 유사한 항목과 통합하여 표시할 수 있다.

(5) 상계

한국채택국제회계기준에서 요구하거나 허용하지 않는 한 자산과 부채 그리고 수익과 비용은 상계하지 아니한다.

(6) 보고빈도

전체 재무제표(비교정보를 포함)는 적어도 1년마다 작성한다. 보고기간 종료일을 변경하여 재무제표의 보고기간이 1년을 초과하거나 미달하는 경우 재무제표 해당 기간뿐만 아니라 다음 사항을 추가로 공시한다.

① 보고기간이 1년을 초과하거나 미달하게 된 이유

② 재무제표에 표시된 금액이 완전하게 비교가능하지는 않다는 사실

(7) 비교정보

한국채택국제회계기준이 달리 허용하거나 요구하는 경우를 제외하고는 당기 재무제표에 보고되는 모든 금액에 대해 전기 비교정보를 공시한다. 당기 재무제표를 이해하는 데 목적적합하다면 서술형 정보의 경우에도 비교정보를 포함한다.

(8) 표시의 계속성

재무제표 항목의 표시와 분류는 다음의 경우를 제외하고는 매기 동일하여야 한다.

① 사업내용의 유의적인 변화나 재무제표를 검토한 결과 다른 표시나 분류방법이 더 적절한 것이 명백한 경우. 이 경우 『기업회계기준서 제1008호』에서 정하는 회계정책의 선택 및 적용 요건을 고려한다.

② 한국채택국제회계기준에서 표시방법의 변경을 요구하는 경우.

8.2 재무상태표

1. 재무상태표에 담긴 정보내용

재무제표를 작성하는 목적은 기업과 이해관계가 있는 회계정보이용자들이 기업에 관한 경제적 의사결정을 할 때 도움이 될 수 있는 재무정보를 제공하는 데 있다. 따라서 회계정보이용자가 어떤 재무정보를 필요로 하느냐에 따라 작성하여야 할 재무제표의 종류가 결정된다.

재무상태표(statement of financial position)**는 특정시점에 기업이 소유하고 있는 자산, 부채, 자본의 내용을 구성항목별로 정리하여 작성한 보고서**이다. 일정 시점의 재무상태, 즉 작성시점에 기업이 소유하고 있는 자산의 상태와 그 자산이 존재하게 된 원천을 나타낸 표이다. 모든 기업은 반드시 일 년에 한 번씩 재무상태표를 작성하여야 하며, 필요에 따라서는 월말, 분기 말(분기보고서) 혹은 반기 말(반기보고서)에 작성하기도 한다.

재무상태표를 구성하고 있는 자산, 부채, 자본의 상호관계를 식으로 표시하면 다음과 같다. 이 등식은 우리가 제5장에서 배운 회계등식과 같다.

자산(Assets) = 부채(Liabilities) + 자본(Owners' Equity)

위의 등식은 복식부기제도(double entry book-keeping system)의 기본으로 장부기입 및 재무보고서 작성의 기초가 되므로 정확하게 기억해 두어야 한다. **회계등식에 담긴 의미**는 무엇인가?

회계등식에서 왼쪽의 자산은 기업이 주어진 자금을 어떤 식으로 투자했는가를 보여주고 있으며, 오른쪽의 부채와 자본은 기업이 자산을 구입하기 위하여 자금조달을 어떤 방식으로 하였는가를 보여준다. 즉, 기업은 오른쪽과 같이 소유주가 직접 출자한 자본(자기자본)과 다른 사람이나 은행으로부터 빌려온 부채(타인자본)를 가지고 왼쪽의 자산과 같이 투자를 했다는 것이다. 따라서 기업이 소유하고 있는 자산의 합계는 곧 그 자산에 대한 청구권(請求權, claims)의 합계와 같게 된다.

이와 같이 재무상태표는 기업의 모든 재무적 정보를 담고 있기 때문에 우리가 특정 기업에 대하여 알고자 할 때 가장 먼저 살펴보아야 할 가장 기본적인 보고서이다. 이러한 등식을 구성하고 있는 요소인 자산, 부채, 자본의 의의와 종류에 대하여 구체적으로 설명하기로 한다.

[그림 8-1] 기업에 대해 알고자 할 때 사용하는 첫 번째 도구: 재무상태표

기업의 현재 재산상태에 초점을 둔 재무적 도구가 바로 재무상태표이다. 따라서 기업에 대해 알고자 할 때 가장 먼저 필요한 도구나 서류는 바로 재무상태표이다.

2. 재무상태표의 형식

모든 재무제표의 형식은 크게 머리말과 본문으로 이루어진다. 머리말 부분에는 각 재무제표의 명칭과 함께 ① 회사명, ② 작성일 또는 회계기간, ③ 보고통화 및 금액단위 등이 표시되어야 한다. 금액단위는 회계정보이용자에게 오해를 줄 염려가 없을 경우에는 천원이나 백만원 단위 등으로 표시할 수 있다. 본문에는 해당 재무제표에서 필요로 하는 정보내용을 담게 된다.

재무상태표는 본문에서 기업이 보유하고 있는 자산의 내역과 금액 및 자산을 보유하기 위해 조달한 부채와 자본의 내역과 금액을 기재한다. 이러한 본문을 기재하는 방법에는 [표 8-1]과 같이 계정식(account form)과 보고서(report form)가 있다.

[표 8-1] 재무상태표의 양식

재무상태표에는 기업의 재무상태에 대한 구체적인 정보내용이 체계적으로 포함되어 있다. 재무상태표 양식은 이러한 정보내용을 정보이용자에게 효과적으로 전달하기 위하여 고안되었다.

재 무 상 태 표

년 월 일 현재

○○주식회사 (단위: 백만원)

자 산	부 채
	자 본

계 정 식

재 무 상 태 표

년 월 일 현재

○○주식회사 (단위: 백만원)

자 산
부 채
자 본

보 고 식

계정식은 왼쪽에 자산을 표시하고, 오른쪽에 부채와 자본을 표시하여 작성하는 형식이다. 보고식은 자산을 위쪽에 표시하고 부채와 자본은 아래쪽에 표시하여 작성한 양식이다. 계정식은 편의상 주로 학교에서 연습용으로 재무상태표를 작성할 때 이용하고, 기업에서 공식적으로 보고할 때는 보고식을 이용한다. 우리나라의 『기업회계기준서』에도 보고식으로 작성하도록 되어 있다.

[표 8-2] 재무상태표의 정보내용

재무상태표에는 기업이 투자한 내역(자산)과 투자를 위하여 자금을 조달한 내역(부채와 자본)에 관한 정보들이 담겨 있다.

재 무 상 태 표

제40기말 20×2년 12월 31일 현재

제39기말 20×1년 12월 31일 현재

주식회사 호텔신라 (단위: 원)

과 목	제40기말	제39기말
자산		
Ⅰ. 유동자산		
현금 및 현금성 자산	265,898,592,966	124,048,397,442
기타금융자산	672,977,874	366,305,573
매출채권 및 기타채권	94,345,230,796	76,759,059,033
단기대여금	958,811,060	495,565,980
선급금	7,812,216,646	10,540,009,304
선급비용	14,489,787,282	23,549,251,467
재고자산	353,673,955,865	334,853,587,104
유동자산 합계	737,852,572,489	570,612,175,903
Ⅱ. 비유동자산		
관계기업투자	985,180,000	3,634,430,819
종속기업투자	9,648,463,309	20,888,324,773
매도가능금융자산	45,282,159,532	45,282,159,532
장기대여금	2,104,052,390	5,016,419,840
유형자산	478,764,019,305	474,736,663,435
무형자산	26,112,214,393	26,924,995,414
기타금융자산	241,467,049,612	228,515,529,221
비유동자산 합계	804,363,138,541	804,998,523,034
자산 총계	1,542,215,711,030	1,375,610,698,937
부채 및 자본		
부채		
Ⅰ. 유동부채		
매입채무 및 기타채무	191,267,874,456	183,200,964,613
선수금	24,138,946,632	17,295,018,769
기타금융부채	2,082,584,918	2,194,869,317
미지급법인세	23,155,924,29	10,917,783,356
유동성장기차입금	80,000,000,000	51,792,500,000
선수수익	15,424,765,204	18,590,877,522
충당 부채	10,152,043,188	8,135,913,528
파생 금융 부채	541,182,056	237,985,531
유동부채 합계	346,763,320,743	292,365,912,636

II. 비유동부채		
장기기타 채무	6,702,608,028	4,957,621,033
장기 차입금	388,808,963,708	368,848,992,297
기타 금융 부채	95,686,356,675	88,020,859,715
확정 급여 부채	10,983,973,566	14,820,071,620
이연법인세부채	6,633,926,353	6,618,271,893
파생금융부채	-	1,948,936,539
비유동부채 합계	508,815,828,330	485,214,753,097
부채 총계	855,579,149,073	777,580,665,733
자본		
I. 납입자본과 적립금		
자본금	200,000,000,000	200,000,000,000
자본잉여금	196,553,967,982	196,303,575,169
기타자본	(3,945,308,524)	(4,016,901,598)
기타 포괄손익 누계액	6,000,334,325	4,752,863,394
적립금	188,787,649,401	153,504,588,751
이익 잉여금	99,239,919,773	47,485,907,488
자본 총계	686,636,561,957	598,030,033,204
부채 및 자본의 총계	1,542,215,711,030	1,375,610,698,937

재무상태표의 자세한 양식은 [표 8-2]와 같다. [표 8-2]에서는 재무상태표의 내용을 간략히 제시하기 위하여 중분류에 해당되는 항목에만 합계금액을 제시하였다. 상세한 내용은 [부록 2]를 참조하기 바란다.

[표 8-2]를 살펴보면, 재무상태표의 구성요소는 자산, 부채, 자본으로 이루어져 있음을 알 수 있다. 그리고 자산은 유동자산과 비유동자산으로 구분되어 있고, 유동자산은 현금 및 현금성 자산, 기타금융자산, 매출채권, 단기대여금, 선급금, 선급비용 등과 같은 과목으로 이루어져 있고, 비유동자산은 관계기업투자, 종속기업투자, 매도가능금융자산과 같은 관련기업 투자정보와 유동화가 가능한 금융자산에 대한 정보 및 장기대여금, 유형자산, 무형자산 등에 대한 내역을 담고 있다. 부채는 유동부채와 비유동부채로 나뉘어져 있고, 자본은 자본금, 자본잉여금, 기타자본, 기타 포괄손익 누계액, 적립금, 이익잉여금으로 구성되어 있다. 이제 자산, 부채, 자본에 담긴 각 계정과목들의 성격과 주요 정보내용에 대하여 살펴보자.

3. 자 산

(1) 자산의 의미

기업은 영업활동에 필요한 현금, 유가증권, 상품 및 건물, 기계장치 등과 같은 재화와 매출채권, 대여금 등과 같은 채권 그리고 특허권이나 영업권 등과 같은 법률상의 권리를 보유하게 되는데 이들을 일컬어 자산이라고 한다. 즉, 자산이란 기업이 경영활동을 위하여 소유하고 있는 가치가 있는 재화와 채권 및 법률상의 권리를 말한다.

이와 같이 자산(assets)이란 경제적 가치가 있는 자원, 즉 가치가 있는 물건이나 권리를 의미한다. 좀 더 학술적으로 표현하면 **'자산이란 특정 기업이 과거에 발생한 거래나 사건의 결과로 획득하여 통제할 수 있는 미래의 용역잠재력**(service potential)**이다'**라고 할 수 있다. 매우 어려운 표현이지만 다음과 같이 의미를 나누어 생각해 보면 쉽게 이해할 수 있다.

'과거에 발생한 거래나 사건'이라는 것은 이미 발생된 거래에 의하여 구체적으로 자산의 소유를 확인할 수 있어야 된다는 의미이고, **'통제할 수 있는'**이란 해당 기업에서 법적 권리가 있다는 것이다. 그리고 **'미래의 용역잠재력'**이란 미래에 자산을 처분함으로써 현금이 들어오거나 현금의 지출을 대신할 수 있음을 의미한다. 따라서 상품처럼 판매활동을 통하여 현금의 유입을 가져오는 것도 자산이지만, 미래에 받을 효익에 대비하여 미리 현금을 지불하여 미래의 현금유출을 불필요하게 하는 선급금과 같은 것도 자산이다. 또한, 토지나 건물 등도 생산 및 판매활동에 직·간접적으로 사용되거나 매각됨으로써 미래의 현금유입을 증가시킬 수 있는 용역잠재력이 있기 때문에 자산으로 볼 수 있다.

회계이론이나 실무에서는 자산이 되기 위한 조건으로서 경제적 가치가 반드시 화폐가치로 표시 가능해야 된다는 것을 전제로 하고 있다. 예를 들어, 호텔기업이 우수한 종업원을 고용하고 있거나 조직구성원들의 사기가 높다는 것은 호텔기업으로서 훌륭한 자산(재산)이지만 화폐가치로 표시할 수 없기 때문에 회계상의 자산이 되지 못한다. 또한, 기업을 성공적으로 경영함으로써 얻게 되는 기업의 가치나 명성도 화폐가치로 표시할 수 없기 때문에 회계상의 자산이 되지 못한다.

(2) 자산의 분류

자산을 재무상태표에 표시할 때는 정보이용자들이 이해하기 쉽고, 해당 자산의 특성을 잘 파악할 수 있도록 가능한 한 일정한 분류방법에 의하여 제시하는 것이 좋다. 그래서 『기업회계기준서 제1001호』에서는 자산을 유동자산과 비유동자산, 부채를 유동부채와 비유동부채로 크게 분류하고 있다. 여기서 유동과 비유동의 구분은 보고기간 후 12개월 이내에 현금으로 회수되거나 결제되는 것인가 아니면 보고기간 후 12개월 이후에 이루어지는가에 달려있다. 즉, 자산이나 부채의 현금화가 보고기간 이후 1년 이내에 이루어지면 유동, 1년 이후에 이루어지면 비유동에 속한다. 이와 같이 1년을 기준으로 분류하는 것을 1년 기준(one year basis)이라고 한다.

이상과 같은 기준에 따라 『기업회계기준서 제1001호』에서는 신뢰성 있고 목적적합한 정보를 제공한다면 자산과 부채의 일부는 유동성/비유동성 구분법으로, 나머지는 유동성 순서에 따른 표시방법으로 표시하도록 하여 혼합표시방법을 적용하도록 하고 있다. 이러한 혼합표시방법은 기업이 다양한 사업을 영위하는 경우에 매우 유용하다.

[표 8-3] 자산의 분류

자산은 1년 기준에 근거하여 유동자산과 비유동자산으로 나누어진다.

구분	내용
유동자산	현금및현금성자산, 매출채권, 단기대여금, 선급금, 선급비용 등과 같이 판매과정을 거치지 않고 현금화가 가능한 자산 → **당좌자산**
	상품, 제품, 반제품, 재공품, 원재료, 저장품, 등과 같이 판매과정을 거침으로써 현금화가 가능한 자산 → **재고자산**
비유동자산	장기성 예금, 투자유가증권, 장기대여금 등과 같이 유휴자금을 장기적 이윤이나 타사를 지배할 목적으로 소유하고 있는 자산 → **기타금융자산**
	토지, 건물, 기계장치, 차량운반구 등과 같이 영업활동을 위하여 장기적으로 보유하고 있는 유형의 자산(tangible assets) → **유형자산**
	영업권, 산업재산권, 창업비 등과 같이 영업을 위하여 장기적으로 보유하고 있는 물적 실체가 없는 무형의 자산(intangible assets) → **무형자산**
	이연법인세자산, 임차보증금, 장기매출채권 등과 같이 투자자산, 유형자산, 무형자산에 속하지 않는 비유동자산 → **기타수취채권**

『기업회계기준서 제1001호』에 따라 자산의 종류들을 구분하면 다음의 [표 8-3]과 같다. 이 표에서 각 계정과목들을 당좌자산, 재고자산, 기타금융자산, 유형자산, 무형자산, 기타수취채권 등과 같이 과목별로 목록화한 것은 학습의 편의를 위하여 제시한 것이다.

① 유동자산

유동자산(current assets)이란 재무상태표 공시일로부터 1년 이내에 현금화가 가능하다고 기대되는 자산으로 당좌자산과 재고자산으로 다시 분류된다.

ⓐ **당좌자산**(quick assets)은 유동자산 중에서 현금화가 가장 빨리 될 수 있는 것으로 판매과정을 거치지 않고 현금으로 전환되는 자산이다.

- 현금및현금성자산: 통화 및 타인발행수표 등의 통화대용증권과 당좌예금, 보통예금 및 큰 거래비용 없이 현금으로 전환이 용이하고 이자율 변동에 따른 가치 변동의 위험이 중요하지 않은 금융상품으로서 취득 당시 만기일(또는 상환일)이 3개월 이내인 것을 말함.
- 매출채권: 일반적 상거래에 발생한 외상매출금과 받을 어음.
- 단기대여금: 회수기간이 1년 이내에 도래하는 대여금.
- 미수금: 일반적 상거래 이외에서 발생한 미수채권. 예를 들면, 상품을 외상으로 판매하면 일반적 상거래이기 때문에 매출채권이 되고 건물이나 비품 등을 외상으로 판매했을 경우에는 미수금이 된다.
- 선급금: 상품이나 원재료 등의 매입을 위하여 미리 지급한 금액.

ⓑ **재고자산**(inventory assets)은 생산 또는 판매과정을 거쳐야 비로소 현금화가 가능한 자산으로 그 종류는 다음과 같다.

- 상품: 상기업이 판매를 목적으로 구입한 것, 만일 판매 목적이 아니고 사무용이나 종업원 복지 등을 위하여 구입하는 경우는 비품이 된다.
- 제품: 제조기업이 판매를 목적으로 제조한 생산품이나 부산물.

이외에도 재고자산에는 재공품, 원재료, 저장품 등이 있다.

② 비유동자산

비유동자산(non-current assets)이란 재무상태표 공시일로부터 1년 이후에나 현금화가 가능하다고 기대되는 자산으로 기타금융자산, 유형자산, 무형자산, 기타수취채권이 있다.

ⓐ **기타금융자산**이란 유형자산이나 무형자산에 속하지 않고 장기적인 투자이윤을 얻을 목적으로 보유하는 자산이다.

- **장기금융상품**: 유동자산에 속하지 않는 금융상품으로 만기일이 1년 이내에 도래하지 않는 정기예금, 정기적금 등.
- **투자유가증권**: 유동자산에 속하지 않는 유가증권으로 1년 이상 보유하기 위하여 투자한 것.
- **장기대여금**: 유동자산에 속하지 아니하는 장기의 대여금.

ⓑ **유형자산**(tangible)이란 기업이 영업이나 생산활동을 위하여 소유하고 있는 구체적인 형태를 갖고 있는 자산이다.

- **토지**: 영업활동을 위하여 취득한 대지, 임야, 전답 등.
- **건물**: 영업활동을 목적으로 취득한 건물과 건물부속설비.
- **비품**: 사무용이나 직원복지용으로 보유하고 있는 책상, 컴퓨터, 냉장고 등과 같은 자산.

이외에도 유형자산으로 구축물, 기계장치, 선박, 차량운반구 등이 있다.

ⓒ **무형자산**(intangible assets)이란 기업이 영업이나 생산활동을 위하여 보유하고 있는 구체적·물리적 실체는 가지고 있지 않는 것으로, 자산을 소유함으로써 장기간에 걸쳐 법률적, 경제적 효익을 누릴 수 있는 자산이다.

- **산업재산권**: 일정기간 독점적·배타적으로 이용할 수 있는 권리를 나타낸 특허권, 실용신안권, 의장권 등.
- **창업비**: 발기인의 보수, 인수수수료, 주식발행비, 인·허가비 등과 같이 회사설립을 위하여 발생한 비용.

이외에도 무형자산에는 영업권, 광업권, 어업권, 개발비 등이 있다.

ⓓ **기타수취채권**은 이연법인세자산, 임차보증금 등과 같이 투자자산, 유형자산 및 무형자산에 속하지 않는 비유동자산들을 의미한다.

4. 부 채

(1) 부채의 의의

기업은 자기가 출자한 자기자본만을 가지고 영업을 하는 것이 아니다. 기업이 영업활동을 하다 보면 외부로부터 자금을 빌려오는 경우도 있고, 상품을 외상으로 매입하게 되어 채무(빚)를 지게 되는 경우도 있다.

부채(liabilities)란 특정 기업이 과거의 거래나 사건의 결과로 미래에 자산이나 용역을 다른 기업에게 이전해야 하는 채무나 의무를 의미한다. 부채도 자산과 마찬가지로 회계이론 및 실무상으로 장부에 기입되기 위해서는 화폐금액으로 표시할 수 있어야 한다.

(2) 부채의 분류

부채의 분류도 자산의 경우와 마찬가지로 1년 기준에 따라 결산일로부터 1년 이내에 상환기간이 도래하는 유동부채(current liabilities)와 1년 이후에 상환의무가 도래하는 비유동부채(non-current liabilities)로 분류된다.

① 유동부채

유동부채(current liabilities)란 재무상태표 공시일로부터 1년 이내에 상환해야 할 의무가 있는 채무를 의미한다.

- **매입채무**: 일반적 상거래에 발생한 외상매입금과 지급어음.
- **단기차입금**: 금융기관이나 외부인으로부터 현금을 차입한 것으로 1년 이내에 상환할 의무가 있는 채무.
- **미지급금**: 일반적 상거래 이외에서 발생한 채무. 예를 들면, 비품을 구입하고 그 대금을 지급하지 않은 경우에는 일반적 상거래가 아니기 때문에 매입채무가 아닌 미지급금이 된다.
- **미지급비용**: 당기에 발생된 비용으로서 지급되지 아니한 것.

② 비유동부채

비유동부채(non-current liabilities)란 재무상태표 공시일로부터 1년 이후에야 상환할 의무가 있는 장기성 채무를 의미한다.

- **사채**: 1년 이후에 상환되는 사채의 가액.
- **장기차입금**: 금융기관이나 외부인으로부터 현금을 차입한 것으로 1년 이후에 상환할 의미가 있는 채무.
- **장기성매입채무**: 유동부채에 속하지 아니하는 일반적 상거래에서 발생한 장기의 외상매입금이나 매입채무.

5. 자 본

(1) 자본의 의미

자본이란 개념은 여러 가지 의미로 사용되고 있어서 정확하게 정의하기는 곤란하다. 회계에서 자본은 기업이 소유하고 있는 자산에 대한 소유주의 지분(owners' equity)을 의미한다. 즉, 자본은 기업주 자신이 영업활동을 위하여 출자한 출자액과 기업이 영업활동의 결과로 벌어들인 이익 중에서 외부로 유출시키지 않고 사내에 유보시킨 유보이익의 합계액을 말한다.

한편, 자본은 기업이 소유하고 있는 자산총액에서 부채총액을 차감한 잔액, 즉 잔여지분(residual interest)으로도 나타낼 수 있는데, 이것을 식으로 나타내면 다음과 같다.

자산총액 – 부채총액 = 자본총액

위의 등식을 자본등식이라 하며, 이 등식의 왼쪽에 있는 부채를 오른쪽으로 옮기면 재무상태표등식이 된다.

(2) 자본의 분류

자본은 자본금과 자본잉여금, 자본조정, 기타포괄손익누계액, 적립금, 이익잉여금으로 구분된다.

① 자본금

자본금은 기업의 출자자가 기업에 출자한 금액으로 원칙적으로 회사에 영구히 남아 기업 활동의 기초가 되는 것이다. 주식회사의 경우 자본금은 발행주식수에 주식의 액면금액을 곱한 금액이 된다.

자본금은 보통주자본금과 우선주자본금으로 구분하여 표시하도록 되어 있다. 이러한 이유는 보통주와 우선주는 배당금 지급 및 청산 시의 권리가 서로 다르기 때문이다.

② 자본잉여금

자본잉여금(capital surplus)은 자본거래에서 발생하는 잉여금으로 주식발행초과금과 기타 자본잉여금으로 구분된다. 주식발행초과금이란 주식발행 시 액면가액을 초과하여 불입된 금액을 말한다.

③ 자본조정

자본조정(capital adjustment)이란 자본금, 자본잉여금 및 이익잉여금 중 어느 항목에도 속하지 않는 임시적 성격의 자본항목으로 자본에 가산 혹은 차감하는 형식으로 표시된다. 자본조정에는 주식할인발행차금, 출자전환채무, 감자차손 등이 있다.

④ 기타포괄손익누계액

자본조정항목의 일종으로 매도가능증권평가손익, 파생상품평가손익 등과 같이 자본조정에 영향을 미치는 항목들을 의미한다.

⑤ 적립금

적립금은 기업이 미래의 투자나 불확실성에 대비하여 순이익 중의 일부를 기업 내부에 적립해 놓는 것으로 법정적립금과 임의적립금이 있다.

⑥ 이익잉여금

이익잉여금(earned surplus)은 영업활동에서 발생된 순이익 중 주주에게 배당금을 지급하고 남은 부분을 의미하는 것으로 이익준비금, 임의적립금, 차기이월이익잉여금(또는 차기이월결손금) 등이 있다. 이것은 이익잉여금처분(혹은 결손금처분)의 결과를 나타낸 금액이다.

8.3 손익계산서와 포괄손익계산서

제6장에서 설명한 바와 같이 『기업회계기준서 제1001호』 81에 의하면 포괄손익계산서는 (1) 단일 포괄손익계산서로 보고하거나 (2) 당기순손익의 구성요소를 표시하는 보고서(별개의 손익계산서)와 당기순손익에서 시작하여 기타포괄손익의 구성요소를 표시하는 보고서(포괄손익계산서) 즉 두 개의 보고서로 작성하도록 되어 있다.

본서에서는 학생들의 이해를 돕기 위해 우선 당기순손익의 구성요소를 표시하는 손익계산서에 대하여 먼저 설명한 다음에 손익계산서에서 산출된 당기순손익을 시작으로 기타포괄손익의 구성요소를 표시하는 포괄손익계산서에 대하여 살펴보고자 한다.

1. 손익계산서 vs. 재무상태표

손익계산서(income statement, I/S)**란 일정 회계기간 동안의 기업의 경영성과를 나타낸 보고서로 재무상태표와 함께 가장 중요한 재무제표**의 하나이다.

손익계산서와 재무상태표는 주로 어떠한 차이가 있을까?

우선, 손익계산서는 일정기간의 경영성과를 표시하는 보고서인데 대하여, 재무상태표는 특정시점에서의 기업의 재무상태를 나타낸 보고서이다. 즉, 손익계산서는 1년 동안의 경영성과인 당기순이익이 산출된 과정을 나타내고 있다. 그러나 재무상태표는 결산일 현재의 재무상태를 나타낸 보고서이다. 그래서 손익계산서 양식을 보면 '××월 ××일부터 ××월 ××일까지'라고 표기하여 일정 회계기간을 나타내고 있다. 반면에 재무상태표는 '××월 ××일 현재'라고 표기되어 있어 특정시점을 나타내고 있다.

두 번째 차이는 기업의 의사결정과 관련지어 생각해 볼 수 있다. 손익계산서는 기업의 생산, 판매 및 관리활동 등에 대한 의사결정의 성과(순이익)와 그 발생 원인을 나타낸 것이다. 이에 대해 재무상태표는 그로 인한 결과를 정리해 놓은 것이라고 할 수 있다.

그러면 이러한 손익계산서에는 어떠한 내용들이 담겨 있는지 알아보자.

모든 기업의 경영성과는 반드시 이익(profit)의 크기로 압축된다. 이때, 순이익이란 기업이 일정기간 동안 벌어들인 수익(revenue)과 그 수익을 얻기 위하여 지출한 비용(expenses) 사이의 차이를 의미한다. 이러한 과정을 산식으로 나타낸 것이 바로 **손익계산서 등식**(income statement formula)이라고 할 수 있다.

손익계산서 등식: 수익 − 비용 = 이익

손익계산서 등식은 바로 손익계산서가 일정기간 동안에 발생한 모든 수익과 이에 대응하는 모든 비용을 기록하여 순이익의 크기와 그 발생 과정을 알려주고 있는 보고서라는 것을 나타내고 있다. 그러면 이러한 손익계산서 등식을 구성하고 있는 요소인 수익과 비용의 의의와 종류에 대하여 좀 더 구체적으로 설명하기로 한다.

2. 수 익

수익(revenue)이란 일정기간 동안에 고객에게 재화나 서비스를 제공하고 그 대가로 받은 것을 화폐가치로 표현한 것이다. 예를 들면, 호텔 내의 한 면세점에서 상품을 팔면 현금을 받게 된다. 이때, 상품의 판매액이 곧 수익에 해당된다. 또 다른 예로 용역업체의 경우 심부름이라는 서비스를 제공해 주면 이에 대한 수수료를 받게 된다. 이때, 수수료 수령액이 수익에 해당한다.

이와 같이 기업이 영업활동을 통하여 벌어들인 수입 또는 수입으로 될 금액을 수익이라고 하는데, 이러한 수익을 손익계산서에 나타낼 때는 수익이 발생한 원천에 따라 매출액, 영업외수익, 특별이익으로 구분하여 표시한다. 각 수익의 의미는 다음과 같다.

- 매출액: 정상적·반복적인 주요 영업활동과 관련하여 재화나 용역을 제공하고 그 대가로 받은 수익.
- 영업외수익: 주요 영업활동과는 직접적인 관련은 없으나 영업활동에 따라 통상적으로 발생하는 수익(이자수익, 배당금수익, 임대료, 외환차익, 외화환산이익 등).

3. 비 용

비용(expense)이란 수익을 얻는 과정에서 소비 또는 지출된 경제 가치를 화폐액으로 표시한 것이다. 예를 들면, 상품 판매 시 매출액은 수익이 된다. 그러나 판매 상품의 원가인 매출원가는 매출액이라는 수익을 얻기 위해 소비된 것이기 때문에 비용이 된다.

비용을 손익계산서에 나타낼 때는 수익과 마찬가지로 발생한 원천에 따라 기재하여야 한다. 이와 같이 수익과 비용을 발생한 원천에 따라 기재하는 것은 바로 **회계정보의 비교가능성**과 **이해가능성**을 높이기 위한 것이다. 비용은 발생 원천에 따라 매출원가, 판매비와관리비, 영업외비용, 법인세비용으로 구분하여 나타낸다.

- 매출원가: 매출을 위하여 소비된 원가. 즉, 매출된 상품의 원가.
- 판매비와관리비: 재화나 용역을 판매하기 위한 활동과 경영활동을 관리하기 위하여 발생하는 비용(급여, 퇴직급여, 복리후생비, 임차료, 접대비, 세금과공과, 광고선전비, 연구비 등).
- 영업외비용: 기업의 영업활동과 직접적인 관계는 없으나 통상적으로 발생하는 비용(이자비용, 단기투자자산처분손실, 외환차손, 외화환산손실, 기부금 등).
- 법인세비용: 모든 비용을 차감한 기업의 이익에 대하여 법인세법 등의 법령에 의하여 부과된 세액.

4. 손익계산서의 형식

손익계산서의 형식도 재무상태표와 마찬가지로 크게는 머리말과 본문으로 구성된다. 머리말에는 ① 손익계산서라는 보고서의 명칭, ② 회사의 명칭, ③ 회계기간, ④ 보고통화 및 금액단위 등의 네 가지가 표시된다. 그리고 본문은 손익계산서 등식에서 살펴본 바와 같이 기본적으로 수익, 비용, 순이익(순손실)의 3가지 기본요소로 구성된다. 여기서 수익과 비용은 앞에서 설명한 바와 같이 발생원천에 따라 대응하여 표기한다. 즉, 매출액과 매출원가, 영업외수익과 영업외비용, 특별이익과 특별손실은 같은 원천이기 때문에 대응하여 나타낸다.

손익계산서의 양식은 크게 두 가지 방법으로 나누어 볼 수 있다.

하나는 손익계산서의 3가지 기본 요소, 즉 수익, 비용, 순이익을 어떻게 배열하느냐에 따라 계정식과 보고식으로 나누는 방법이다. [표 8-4]에서 보는 바와 같이, 계정식은 왼쪽에 비용,

오른쪽에 수익을 표시하여 순손익을 계산하는 방법이다. 보고식은 수익항목 아래에 비용항목을 표기한 다음 그 아래에 순손익을 나타내는 방법이다.

[표 8-4] 손익계산서의 양식

손익계산서에는 기업 경영활동의 결과에 대한 정보가 발생원천에 따라 표시되어 있다.

계정식

손 익 계 산 서

년 월 일부터 년 월 일까지

○○주식회사 (단위: 백만원)

비 용	수 익
당기순이익	

보고식

손 익 계 산 서

년 월 일부터 년 월 일까지

○○주식회사 (단위: 백만원)

수 익
비 용
당기순이익

이때, 수익과 비용은 각 단계별로 발생원천에 따라 계산해야만 한다. 『기업회계기준서 제1001호』에서 제시하고 있는 손익계산서의 기본구조는 다음과 같다.

[표 8-5] 손익계산서의 구조

손익계산서는 수익과 비용을 각 단계별로 발생원천에 따라 제시하고 있다.

Ⅰ. 매출액
Ⅱ. 매출원가
Ⅲ. 매출총이익
　　판매비와관리비
Ⅳ. 영업이익
　　영업외수익
　　영업외비용
Ⅴ. 법인세비용차감전계속사업손익
Ⅵ. 법인세비용
Ⅶ. 당기순이익
Ⅷ. 주당이익

여기서 제조업, 판매업 및 건설업 외의 업종에 속하는 기업은 매출총손익의 구분표시를 생략할 수 있다. 이러한 예외 조건에 따라 작성된 호텔기업의 손익계산서는 다음의 [표 8-6]과 같다.

[표 8-6] 손익계산서의 정보내용

손익계산서는 해당 기간의 경영성과를 나타낼 뿐만 아니라 기업의 미래현금흐름과 수익창출능력 등의 예측에 유용한 정보를 제공한다.

손 익 계 산 서

제40기 20×2년 1월 1일부터 20×2년 12월 31일까지
제39기 20×1년 1월 1일부터 20×1년 12월 31일까지

주식회사 호텔신라 (단위: 원)

과 목	제40기	제39기
Ⅰ. 매출액	2,189,737,806,303	1,764,353,261,639
Ⅱ. 재료비	(1,247,346,131,897)	(974,716,743,024)
Ⅲ. 인건비	(132,963,968,166)	(113,007,851,274)
Ⅳ. 기타영업비용	(680,173,064,225)	(580,595,711,788)
Ⅴ. 영업이익	129,254,642,015	96,032,955,553
Ⅵ. 영업외손익		
금융수익	15,863,368,607	12,786,367,545
금융비용	(25,318,059,861)	(25,846,556,272)
투자손익	15,364,988,405	2,346,920,400
기타영업외수익	18,226,238,568	18,441,090,049
기타영업외비용	(20,007,658,368)	(30,256,613,456)
영업외손익 합계	4,128,877,351	(22,528,791,734)
Ⅶ. 법인세비용차감전순이익	133,383,519,366	73,504,163,819
법인세비용	32,001,124,641	17,479,512,986
Ⅷ. 당기순이익	101,382,394,725	56,024,650,833
Ⅸ. 주당순이익		
기본주당이익	2,576	1,425

위의 [표 8-6]은 『기업회계기준서 제1001호』에서 제시하고 있는 손익계산서의 기본구조와 달리 매출원가, 판매비와관리비를 재료비, 인건비, 경비로 나누어 제시하고 있다. 그 이유는 다음과 같다.

매출원가는 제품, 상품 등의 매출액에 대응되는 원가로서 판매된 제품이나 상품 등에 대한 제조원가 또는 매입원가를 말한다. 판매비와관리비는 제품, 상품, 용역 등의 판매활동과 기업의 관리활동에서 발생하는 비용으로 매출원가에 속하지 않는 모든 영업비용이 포함된다. 따라서 매출원가 및 판매비와관리비는 결국 원가의 3요소인 재료비, 인건비, 경비로 구분하여 나타낼 수 있기 때문이다.

우리나라의 『기업회계기준서』에서 요구하고 있는 보고식 손익계산서(혹은 구분식 손익계산서)에 의하면 이익에는 매출총이익, 영업이익, 법인세비용차감전순이익, 당기순이익과 같은 네 가지의 이익개념이 제시되어 있다. 이와 같이 이익을 산출 단계별로 구분하여 제시하는 이유는 각각의 이익이 서로 다른 의미와 정보내용(information content)을 포함하고 있기 때문이다. 각 이익에 포함되어 있는 정보내용은 다음과 같다.

매출총이익(gross margin)은 매출액에서 매출원가를 차감하여 산출된 이익이다(매출액 − 매출원가 = 매출총이익). 매출액은 상품을 판매한 대가로서 일반적으로 판매가격을 의미하고, 매출원가는 판매한 상품의 원가를 나타낸 것이다. 매출총이익은 매출액에 대하여 기업이 판매한 제품이나 서비스의 수익성이 어느 정도인가를 평가하는 데 유용한 척도로 이용된다.

영업이익(operating income)은 매출총이익에서 판매비와관리비를 차감하여 산출한 이익이다(매출총이익 − 판매비와 일반관리비 = 영업이익). 판매비와관리비는 기업의 관리 및 영업활동을 위한 비용이다. 그러나 현실적으로 매출액에 직접 대응시키는 것이 불가능하기 때문에 기간대응의 원칙에 따라 매출총이익에 대응시킨 것이다. 이러한 영업이익은 기업이 본래의 영업활동으로부터 벌어들인 성과가 어떠했는가를 평가하는 척도로 이용된다.

법인세비용차감전순이익(net income before income tax expense)은 영업이익에 영업외수익을 더하고 영업외비용을 차감하여 산출된 이익이다(영업이익 + 영업외수익 − 영업외비용 = 법인세비용차감전순이익). 영업외수익과 영업외비용은 기업의 주된 영업활동과 직접적인 관계는 없으나, 영업활동에 부수적으로 나타나는 수익과 비용이다. 그래서 법인세비용차감전순이익은 기업의 주요 영업활동을 포함한 일상적인 영업활동에 대한 성과를 나타낸 정보라는 점에서 매우 중요하다. 법인세비용차감전순이익은 법인세비용을 산출하는 근거가 된다.

당기순이익(net income)은 법인세비용차감전순이익에서 법인세비용을 차감하여 산출한다(법인세비용차감전순이익 − 법인세비용 = 당기순이익). 손익계산서에서 최종적으로 산출된 당기순이익(혹은 당기순손실) 정보는 각종 적립금이나 배당의 재원이 될뿐더러, 기업의 미래현금흐름과 수익창출능력의 예측에 이용되기 때문에 기업의 이해관계자들이 가장 중요시하는 정보의 하나이다.

5. 포괄손익계산서

『기업회계기준서 제1001호』 81에 의하면 단일 포괄손익계산서만으로 보고하거나 손익계산서와 포괄손익계산서를 함께 작성하여 보고하도록 제시하고 있다.

포괄손익계산서는 손익계산서의 최종 결과인 당기순이익에 매도가능금융자산평가이익(손실), 보험수리적이익(손실)과 같은 기타포괄손익을 가감하여 총포괄이익을 산출하는 보고서이다. 사례기업의 포괄손익계산서를 제시하면 [표 8-7]과 같다.

포괄손익계산서에서 당기순이익 정보는 현금흐름표로 가고, 총포괄이익 정보는 자본변동표에 모아진다.

[표 8-7] 포괄손익계산서의 정보내용

포괄손익계산서에는 손익항목이 경상항목이든 비경상항목이든 당해 연도의 모든 포괄적 손익에 대한 정보가 담겨져 있다.

포 괄 손 익 계 산 서

제40기 20×2년 1월 1일부터 20×2년 12월 31일까지
제39기 20×1년 1월 1일부터 20×1년 12월 31일까지

주식회사 호텔신라 (단위: 원)

과 목	제40기	제39기
Ⅰ. 당기순이익	101,382,394,725	56,024,650,833
Ⅱ. 기타포괄손익		
매도가능금융자산평가손익	-	(10,048,795,021)
파생금융부채평가손익	1,247,470,931	2,135,592,851
보험수리적손실	(2,514,715,290)	(4,273,435,259)
Ⅲ. 총포괄이익	100,115,150,366	43,838,013,404

제9장
호텔기업의 자본과 현금의 변화는 어떻게 기록되는가?

9.1 자본변동표

9.2 현금흐름표

1. 왜 현금흐름표가 중요한가?
2. 현금흐름표의 정보내용과 정보흐름

9.3 재무제표 사이의 정보흐름

9.4 재무제표는 어떻게 공시되는가?

1. 재무제표의 공시 시점
2. 외부감사제도

호텔기업의 자본과 현금의 변화는 어떻게 기록되는가?

우리는 제8장에서 재무제표 중 가장 대표적인 보고서인 재무상태표와 손익계산서에 대하여 학습하였다. 재무상태표는 기업의 경영활동에 대한 모든 결과가 요약되기 때문에 기업과 관련된 경제적 의사결정을 할 때 가장 먼저 살펴보아야 할 보고서라는 점에서, 그리고 손익계산서는 일정기간 동안의 경영성과는 물론 기업의 미래현금흐름과 수익창출능력 등의 예측에 유용한 정보를 제공한다는 측면에서 매우 중요한 보고서라고 강조하였다.

그런데 재무상태표 정보 중에서 특히 현금과 자본의 변화는 기업경영활동에 직접적으로 매우 중요한 영향을 미친다. 그래서 회계정보의 충분성을 충족시켜 주기 위하여 한 회계기간 동안에 자본의 변화 내용과 현금흐름이 어떻게 이루어져 왔는가에 대한 내역을 별도로 작성할 필요가 있다. 이때 작성하는 재무보고서가 자본변동표와 현금흐름표이다.

본 장에서는 자본의 변화 내용을 요약한 자본변동표와 현금흐름의 변화 내역을 요약한 현금흐름표와 각 재무제표 간의 정보흐름에 대하여 학습한다. 그리고 제8장과 본 장에서 학습한 재무제표정보에 신뢰성을 인정받기 위한 과정인 외부감사제도에 대하여 알아본다.

9.1 자본변동표

자본변동표(Statement of Changes in Equity)**는 자본의 크기와 그 변동에 관한 정보를 제공하는 재무보고서로서, 자본을 구성하고 있는 자본금, 자본잉여금, 자본조정, 기타포괄손익누계액, 이익잉여금(또는 결손금)의 변동에 대한 포괄적인 정보를 제공**하고 있다.

미국회계기준을 포함한 국제적인 회계기준에서는 이미 자본변동표를 기본 재무제표로 작성할 것을 요구하고 있다. 우리나라의 경우 『기업회계기준서 제1001호』에서부터 비로소 기본 재무제표로 포함시켰다. 자본변동표의 정보내용은 [표 9-1]과 같다.

[표 9-1] 자본변동표의 정보내용

자본변동표에는 소유주 지분인 자본(재무상태표)의 변동 내역이 상세히 기록된다.

자 본 변 동 표

제40기 20×2년 1월 1일부터 20×2년 12월 31일까지
제39기 20×1년 1월 1일부터 20×1년 12월 31일까지

주식회사 호텔신라 (단위: 원)

과 목	자본금	자본잉여금	기타자본	기타포괄손익누계액	적립금	이익잉여금	총 계
2011.1.1	200,000,000,000	197,340,667,013	(4,207,228,250)	12,666,065,564	115,623,272,091	45,429,175,174	566,951,951,592
당기순이익	-	-	-	-	-	26,024,650,833	56,024,650,833
기타포괄손익:							
매도가능금융자산평가손실	-	-	-	(10,048,795,021)	-	-	(10,048,795,021)
파생금융부채평가이익	-	-	-	2.135.592.851	-	-	2,135,592,851
보험수리적손실	-	-	-	-	-	(4,273,435,259)	(4,273,435,259)
총포괄손익	-	-	-	(7,913,202,170)	-	51,751,215,574	43,838,013,404
연차배당	-	-	-	-	-	(11,813,166,600)	(11,813,166,600)
적립금의 적립	-	-	-	-	37,881,316,660	(37,881,316,660)	-
자기주식의 처분	-	136,359,156	355,708,926	-	-	-	492,068,082
주식선택권의 행사	-	-	(165,382,274)	-	-	-	(165,382,274)
자본잉여금의 변동	-	(1,173,451,000)	-	-	-	-	(1,173,451,000)
2011.12.31	200,000,000,000	196,303,575,169	(4,016,901,598)	4,752,863,394	153,504,588,751	47,485,907,488	598,030,033,204
2012.1.1	200,000,000,000	196,303,575,169	(4,016,901,598)	4,752,863,394	153,504,588,751	47,485,907,488	598,030,033,204
당기순이익	-	-	-	-	-	101,382,394,725	101,382,394,725
기타포괄손익:							
파생금융부채평가이익	-	-	-	1,247,470,931	-	-	1,247,470,931
보험수리적손실	-	-	-	-	-	(2,514,715,290)	(2,514,715,290)
총포괄손익	-	-	-	1,247,470,391	-	98,867,679,435	100,115,150,366
연차배당	-	-	-	-	-	(11,830,606,500)	(11,830,606,500)
적립금의 적립	-	-	-	-	35,283,060,650	(35,283,060,650)	-
자기주식의 처분	-	250,392,813	242,240,390	-	-	-	492,633,203
주식선택권의 행사	-	-	(170,648,316)	-	-	-	(170,648,316)
2012.12.31	200,000,000,000	196,553,967,982	(3,945,309,524)	6,000,334,325	188,787,649,401	99,239,919,773	686,636,561,957

[표 9-1]에서도 알 수 있듯이, 자본변동표는 자본금, 자본잉여금, 자본조정, 기타포괄손익누계액 및 이익잉여금의 변동내용에 대한 포괄적인 정보를 제공한다. 특히, 수정 후 이익잉여금이나 처분 후 이익잉여금과 같은 이익잉여금 처분 내용을 구체적으로 제공하고 있다. 그래서 자본변동표를 포괄손익계산서와 재무상태표를 이어주는 'Bridge Statement'라고도 한다.[54)]

[그림 9-1] The Bridge Statement

자본변동표는 재무상태표와 포괄손익계산서를 이어주는 다리 역할을 한다.

자본변동표의 정보흐름은 [그림 9-2]와 같다. 그림에서 알 수 있듯이, 자본변동표에는 전기말 현재(당기초)의 자본에 포괄손익계산서의 당기순이익 정보와 당기 중에 발생한 자본의 변

재무상태표 (20×1.12.31.)

자본 1. 자본금
2. 자본잉여금
3. 자본조정
4. 기타포괄손익누계
5. 이익잉여금

포괄손익계산서 (20×2. 1. 1. - 20×2. 12. 31.)

당기순이익

→

자본변동표 (20×2. 1. 1. - 20×2. 12. 31.)

당기순이익
기타포괄손익
총포괄손익
연차배당
적립금의 적립
자기주식의 처분
주식선택권의 행사
자본총계

→

재무상태표 (20×2.12.31.)

자산
부채
자본
1. 자본금
2. 자본잉여금
3. 자본조정
4. 기타포괄손익누계
5. 이익잉여금

[그림 9-2] 자본변동표의 정보흐름

자본변동표에는 전기의 자본 내용과 당기의 당기순이익 및 이익잉여금처분내역 등이 정리되어 다시 당기말 기준으로 작성되는 재무상태표에 집계된다.

54) Jones, R. G., Price, J. B., Werner, M. L. & Doran, M. S.(1996). 앞의 책. 161.

동내역들이 집계된다. 이러한 자본변동의 내역이 정리되면 다시 당기말 기준으로 작성되는 재무상태표에 담겨진다.

[부록 2]의 자본변동표에서 2011.12.31.의 총계와 2012.12.31.의 총계를 가지고 대차대조표의 제39기말, 제40기말의 자본잔액을 확인해 보자. [그림 9-2]의 정보흐름을 쉽게 이해할 수 있을 것이다.(참고: [부록 2]의 감사보고서 작성 시에는 대차대조표 명칭을 사용하였기 때문에 이후 [부록 2]와 관련된 설명에서는 대차대조표 명칭을 그대로 사용함)

9.2 현금흐름표

1. 왜 현금흐름표가 중요한가?

현금흐름표(statement of cash flows)**는 일정기간 동안에 기업의 경영활동, 즉 영업활동과 투자활동 및 재무활동으로 인한 현금의 유입액과 유출액을 표시한 보고서**이다.

제8장에서 설명한 바와 같이, 기업의 재무상태나 이익의 계산은 발생주의에 의하여 기록된다. 그래서 장부상으로는 이익이 발생하였음에도 불구하고 실질적으로는 현금이 없을 수도 있다. 참고로 흑자도산이란 바로 장부상으로는 이익이 발생하였으나 현금이라는 유동성이 없어 부도가 나는 경우이다. 재무상태표나 포괄손익계산서가 갖는 이러한 한계를 보완하기 위하여 현금주의에 의하여 작성된 재무제표가 바로 현

[그림 9-3] 현금은 기업경영에서 '공(ball)'과 같다

골퍼가 좋은 점수를 얻기 위해서는 공을 칠 때부터 떨어지는 순간까지 날아가는 모습을 정확하게 파악해야만 한다. 현금은 기업경영에서 바로 공과 같이 언제나 관심을 갖고 지켜봐야 할 대상이다.

금흐름표이다. 이와 같이 현금흐름표는 현금주의에 근거하여 작성되기 때문에 기업의 배당지급능력이나 채무상환능력과 같은 현금 동원 능력, 즉 유동성을 평가하는 데 매우 중요한 원천이 된다.

그래서 현금흐름은 기업경영에서 구기 종목의 '공(ball)'에 비유되기도 한다. 구기 종목에서 감독은 물론 모든 선수들은 경기 내내 공의 움직임에 집중해야 한다. 그래야 좋은 결과를 얻을 수 있다. 기업경영에서 현금이 바로 이러한 공과 같다. 즉, 현금이 부족할 경우 기업이 아무리 이익을 많이 내더라도 이러한 이익은 장부상의 가치이기 때문에 갑작스러운 유동성 위기에는 대처할 수가 없다. 우리나라가 1997년 IMF로부터 외환자금을 지원받은 것도 바로 외환유동성이 부족하여 갑작스러운 외환 수요에 대처하지 못하였기 때문이다. 그래서 이러한 위험에 대비하여 기업은 항상 일정 수준의 현금을 확보하고 있어야만 한다.

2. 현금흐름표의 정보내용과 정보흐름

현금흐름표에는 기업의 경영활동에 따른 현금의 유입과 유출에 대한 내역들이 담겨 있다. 기업의 경영활동에는 제2장의 2.3에서 배운 바와 같이 영업활동과 투자활동 및 재무활동이 있다. 현금흐름표에는 한 회계기간 동안에 발생한 각 경영활동별 현금흐름을 정리하여 기록하게 된다. 이러한 회계기간 동안의 현금증가액(혹은 감소액)에 기초의 현금을 더하면 기말 현재의 현금보유액이 된다.

[표 9-2] 현금흐름표의 정보내용

현금흐름표에는 기업의 경영활동별 현금흐름의 내용과 기말의 현금보유액에 대한 정보내용들이 담겨 있다. 그래서 기업의 유동성을 파악하는 데 매우 유용한 보고서이다.

현 금 흐 름 표

제40기 20×2년 1월 1일부터 20×2년 12월 31일까지
제39기 20×1년 1월 1일부터 20×1년 12월 31일까지

주식회사 호텔신라 (단위: 원)

과 목	제40기	제39기
Ⅰ. **영업활동현금흐름**		
1. 당기순이익	101,382,394,725	56,024,650,833
2. 비현금 조정		
재고자산평가손실(환입)	3,071,123,106	(1,309,689,905)
재고자산폐기손실	199,234,465	89,821,940
대손상각비	-	1,443,143
퇴직급여	7,999,609,301	6,477,430,925

감가상각비	36,717,279,810	32,893,378,485
무형자산상각비	6,313,870,897	1,404,745,297
외화환산손실	124,137,093	226,120,251
유형자산처분손실	1,558,531,986	3,384,796,154
투자자산처분손실	1,023,659,869	-
외화환산이익	(282,828,163)	(260,986,097)
유형자산처분이익	(29,359,992)	(17,863,411)
투자자산처분이익	(15,899,802,438)	-
무형자산처분이익	(98,544,916)	-
김융수익 (이자수익)	(15,863,368,607)	(12,786,367,545)
금융원가 (이자비용)	25,317,059,861	25,846,556,272
배당금수익	(488,845,836)	(2,346,920,400)
법인세비용	32,001,124,641	17,479,512,986
소 계	81,663,881,077	71,081,978,095
3. 영업활동으로 인한 자산부채의 변동		
기타금융자산	68,450,000	2,771,450
매출채권	(15,661,152,403)	(13,067,964,291)
기타채권	(1,979,404,426)	(13,812,777,493)
선급금	2,727,792,658	(2,928,375,052)
선급비용	9,223,659,151	7,076,854,380
재고자산	(24,761,868,749)	(117,588,891,695)
매입채무	9,275,582,277	32,448,191,781
기타채무	1,580,609,379	20,564,686,212
선수금	6,843,927,863	(150,022,098)
기타금융부채	(487,947,689)	(199,438,214)
선수수익	(3,360,830,352)	(2,011,905,241)
총당부채	(212,253,756)	2,395,813,361
장기기타채무	1,744,986,995	827,796,032
장기기타금융부채	4,104,812,710	2,925,030,801
확정급여부채 기여금 납입	(14,396,452,246)	(6,542,894,982)
관계사 전입 · 전출	538,298,834	(1,318,303,412)
퇴직금의 지급	(1,895,120,288)	(2,833,311,037)
소 계	(26,046,910,042)	(94,212,739,498)
이자수취	5,621,077,627	3,699,532,855
법인세납부	(19,422,687,990)	(19,688,464,305)
영업활동으로 인한 순현금흐름	143,197,755,397	16,904,957,980

Ⅱ. **투자활동현금흐름**		
기타금융자산의 감소	3,606,005,624	26,445,540,774
기타금융자산의 증가	(6,859,471,926)	(30,574,551,813)
단기대여금의 회수	2,087,372,412	478,784,850
단기대여금의 증가	(2,111,115,132)	-
종속기업투자 및 관계기업투자의 처분	31,796,602,983	-
종속기업투자의 취득	(3,012,868,131)	(524,488,529)
장기대여금의 회수	3,239,079,218	10,829,000
장기대여금의 증가	(758,741,928)	(1,566,731,830)
유형자산의 처분	798,129,183	446,096,013
유형자산의 취득	(40,843,553,441)	(66,226,740,983)
무형자산의 처분	1,458,480,000	-
무형자산의 취득	(6,861,024,960)	(1,475,788,017)
배당금의 수취	488,845,836	2,346,920,400
투자활동으로 인한 순현금흐름	(16,972,260,262)	(70,640,130,135)
Ⅲ. **재무활동현금흐름**		
단기차입금의 차입	-	112,923,628,308
단기차입금의 상환	-	(162,949,474,948)
유동성장기차입금의 상환	(51,792,500,000)	(124,535,000,000)
사채의 발행	99,569,500,000	288,731,596,971
자기주식의 처분	777,588,891	370,083,800
배당금의 지급	(11,830,083,820)	(11,813,166,600)
이자의 지급	(21,099,804,682)	(20,980,4224,374)
재무활동으로 인한 순현금흐름	15,624,700,389	81,747,243,157
Ⅳ. **현금및현금성자산의 증가**	141,850,195,524	28,012,071,002
Ⅴ. **기초 현금및현금성자산**	124,048,397,442	96,036,326,440
Ⅵ. **기말 현금및현금성자산**	265,898,592,966	124,048,397,442

현금흐름표의 정보내용은 [표 9-2]와 같다. 현금흐름표는 [표 9-2]에서 보는 바와 같이, 영업활동과 투자활동 및 재무활동으로 인한 현금흐름에 기초의 현금을 더하여 기말의 현금액을 산출해 내는 것이다. 현금의 산출과정과 현금정보의 흐름은 [그림 9-4]와 같다. 여기서 기초의 현금은 지난 기말에 작성된 재무상태표에 나타난 현금및현금성자산에 해당되는 금액이다. 그리고 기말의 현금액은 이번 기말에 작성되는 재무상태표의 현금및현금성자산으로 표시된다.

[그림 9-4]의 정보흐름에 대한 이해를 높이기 위하여 [부록 2]의 현금흐름표의 제39기, 제40기의 기말 현금및현금성 자산 금액과 대차대조표의 제39기말과 제40기말 현금및현금성 자산의 잔액을 비교해보기 바란다.

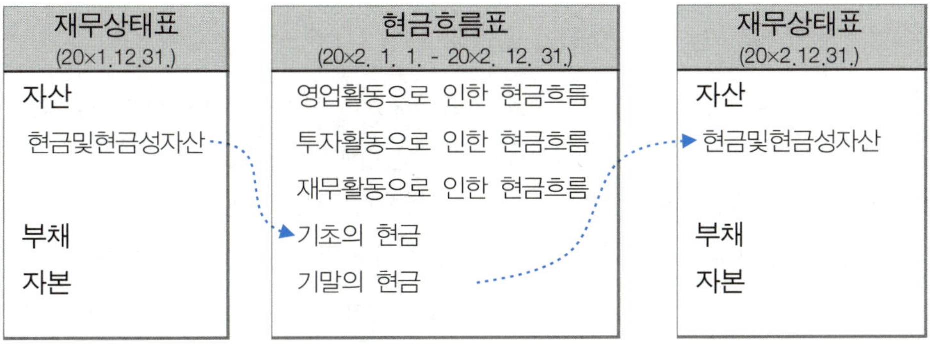

[그림 9-4] 현금정보의 흐름

당기 회계기간 말의 현금보유액은 기초의 재무상태표 잔액에 당기 경영활동별 현금흐름의 결과를 더하여 구해진다. 이렇게 집계된 기말 잔액은 다시 당기 재무상태표의 현금및현금성자산으로 나타난다.

9.3 재무제표 사이의 정보흐름

우리는 제8장과 제9장을 학습해 오면서 재무상태표는 특정시점에서 기업의 재무상태를 나타낸 것이고, 포괄손익계산서, 자본변동표 및 현금흐름표는 일정 회계기간 동안의 경영성과와 자본변동의 내역 및 현금의 흐름을 알려주는 보고서라는 것을 알았다. 여기서 특정시점이란 기업의 모든 재무상태가 집계된 결산일을 나타낸 것이고, 일정기간이란 이러한 결과가 산출되기까지 1년에 걸친 회계기간을 의미하는 것이다. 다시 말해서, 한 회계기간 동안의 성과를 나타내는 이익이 산출된 과정과 자본금이 변화된 내역, 현금의 유입과 유출의 결과 등이 결산일 현재의 잔액으로 모두 재무상태표에 기록된다.

이러한 관계는 재무제표 사이의 정보의 흐름을 살펴봄으로써 보다 쉽고 명확하게 알 수 있다. 재무제표 사이의 상호관계는 우리가 앞에서 살펴본 [표 8-2] 재무상태표를 출발점으로 [표 8-6] 손익계산서, [표 9-1] 자본변동표, [표 9-2] 현금흐름표를 결합해 보면 종합적으로 알 수 있다. 이렇게 재무제표 간의 정보흐름을 종합해 보면 [그림 9-5]와 같이 나타낼 수 있다.

특정 회계기간 중의 모든 경영활동에 관한 정보내용들은 기초(즉, 직전 회계기간 말)의 재무상태를 나타낸 재무상태표에 담긴 정보들을 기준으로 하여 작성된다. 우선, 수익과 비용의 발생내역들은 포괄손익계산서에 기록되고, 포괄손익계산서에서 산출된 당기순이익의 처분내역에 관한 정보와 이익잉여금의 산출내용을 포함하여 자본의 변동사항은 자본변동표에 담기게 되고, 현금의 유입과 유출에 따른 증감변화에 대한 정보들은 현금흐름표에 기록한다.

이러한 3가지 재무제표를 근거로 하여 다시 이번 회계기간 말 현재의 재무상태를 나타내는 재무상태표가 작성된다. 그래서 포괄손익계산서, 자본변동표 및 현금흐름표에는 일정기간 동안의 회계정보의 변화 내용들이 정리되어 있으며, 재무상태표에는 특정시점에서의 회계정보들이 담기게 된다. 이렇게 볼 때, 재무상태표에는 포괄손익계산서와 자본변동표 및 현금흐름표에 담긴 정보들이 모두 담겨 있다고 할 수 있다. 그래서 **재무상태표는 회계의 출발점이며 동시에 도착점이 되는 것**이다. 다만, 이익잉여금이나 자본변동 및 현금 정보에 대한 금액들은 결과만을 담고 있기 때문에 그 산출과정을 알기 위해서는 반드시 해당 재무제표들을 함께 활용하여야만 한다.

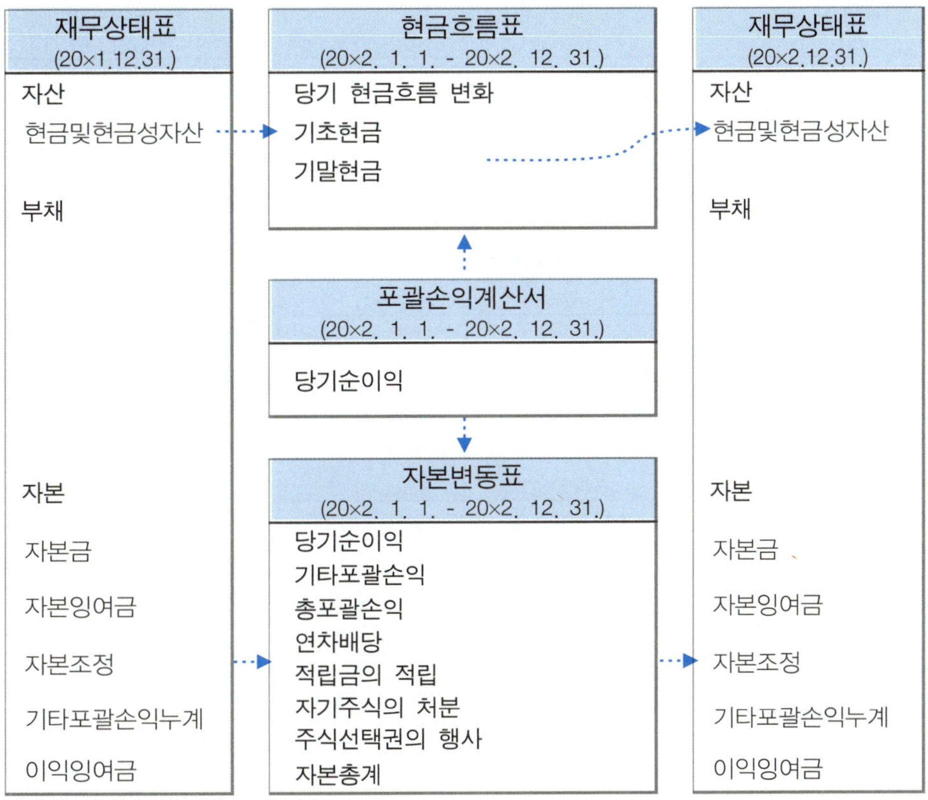

[그림 9-5] 재무제표 사이의 정보흐름

재무상태표는 기업이라는 상자를 열 때 제일 먼저 꺼내 보는 서류이다. 또한, 모든 서류들을 끝까지 자세히 살펴보다가 제일 마지막으로 넣어야 하는 서류이기도 하다.

[그림 9-5]의 내용을 본서의 사례기업인 호텔신라의 재무제표 [표 8-2], [표 8-6], [표 9-1], [표 9-2]를 가지고 정보의 흐름을 정리해보면 [그림 9-6]과 같다.

이와 같이 재무제표는 회계절차의 거의 마지막 단계에서 작성되지만, 재무제표의 구성내용과 의미 및 상호관계를 잘 익혀 두면 회계정보를 분석하는 데 매우 쉽게 접근할 수가 있다. 그래서 재무제표의 정보내용과 상호관계를 개괄적으로나마 이해하는 것은 바로 기업경영과 관련된 회계정보에 대하여 학습하는 독자들에게 매우 중요하고 유용한 출발점이 된다.

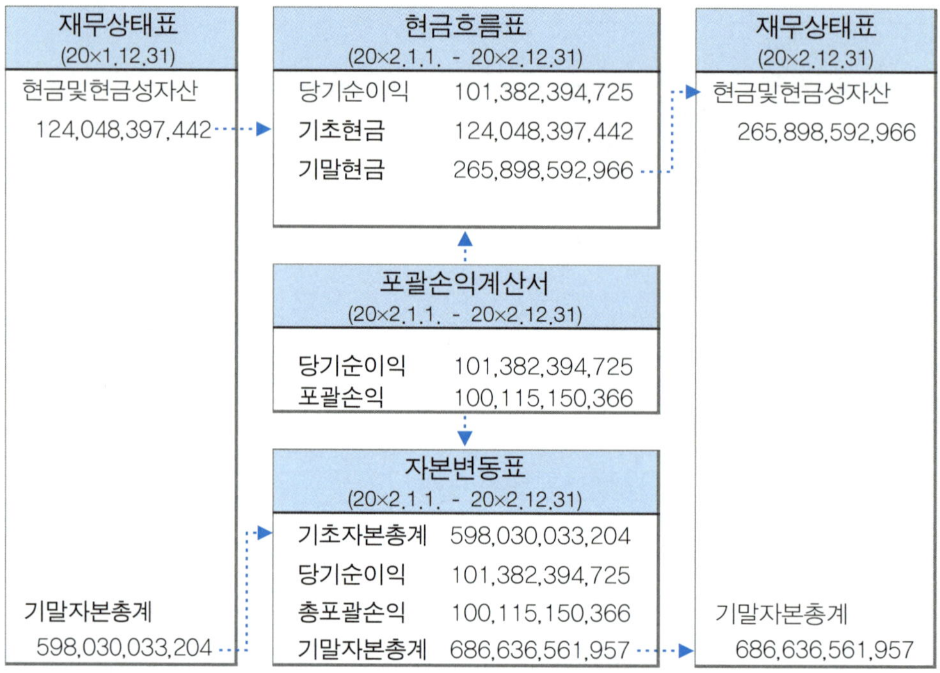

[그림 9-6] 사례기업을 이용한 재무제표의 정보흐름

호텔신라의 20×1년 재무상태표와 20×2년 현금흐름표, 포괄손익계산서, 자본변동표, 재무상태표 간의 정보흐름을 정리해 보자.

9.4 재무제표는 어떻게 공시되는가?

한 회계기간이 종료되면 호텔기업에서는 회계정보이용자들을 위하여 재무제표라는 도구를 이용하여 호텔기업의 재무상태와 경영성과에 대한 정보를 제공한다. 그런데 '특정 호텔기업에서 작성된 재무제표가 과연 신뢰할 만한가?'라는 문제가 제기된다. 특히, 현대 경제사회에서는 주주는 물론 채권자 및 잠재적 투자자 등 많은 이해관계자들의 경우 기업이 작성하여 공시한 각종 회계정보에 대한 의존도가 매우 높다. 따라서 중대한 오류나 잘못 작성된 보고서를 토대로 의사결정을 할 경우 개인의 피해는 물론 사회 전체적인 자원 배분이 왜곡될 우려가 있다.

그래서 기업이 작성한 재무제표에 신뢰성을 부여하기 위하여 기업과 직접적으로 관련이 없는 외부감사인의 감사를 받게 되어 있다. 재무제표의 작성과 더불어 회계처리과정에서 중요한 재무제표의 공시제도와 외부감사보고서에 대하여 알아보자.

1. 재무제표의 공시 시점

야구 경기에서 베이스에 주자가 있을 때 때리는 안타와 주자가 없을 경우에 때리는 안타는 경기에 기여하는 정도가 매우 다르다. 특히, 주자가 득점 가능한 베이스에 있을 때 때리는 안타는 득점과 직결되기 때문에 적시타(timely hit)라고도 한다. 그만큼 시의적절하다는 의미이다.

기업이 공시하는 각종 회계정보는 기본적으로 기업과 관련된 이해관계자들의 의사결정에 유용하도록 목적적합하고 신뢰성이 있어야 한다. 또한, 이와 더불어 회계정보의 활용도를 높이기 위해서 시기적으로도 적시(timeliness)에 이루어져야 한다.

「주식회사의 외부감사에 관한 법률」에 의하면 직전 연도 자산 총액 70억 이상이거나 한국증권선물거래소에 주권이 상장되어 있는 기업은 반드시 『기업회계기준서 제1001호』에서 정하는 방법에 따라 재무제표를 작성해야 하며, 회계기간 종료일로부터 90일 이내에 감사보고서와 감사받은 연차재무제표를 금융감독원에 제출하여야 한다.[55)]

여기서 연차재무제표는 결산일을 기준으로 작성하는 재무상태표, 포괄손익계산서, 현금흐름표 및 자본변동표를 의미한다. 그런데 이러한 연차재무제표는 1년 단위로 작성되기 때문에 이해관계자들에게 적시성 있는 정보를 제공하는 데는 한계가 있다. 그래서 한국증권선물거래소에 주식을 상장한 기업들은 연차재무제표에 앞서 중간재무제표를 공시하도록 되어 있다. 중간재무제표에는 재무상태표, 포괄손익계산서, 현금흐름표가 포함되며, 3개월 간격으로 작성되는 것을 **분기보고서**(quarterly reports)라 하고 6개월 만에 작성하여 공시하는 것을 **반기보고서**(semi-annual reports)라고 한다.

---

55) 결산일이 12월 31일인 기업을 12월 법인이라고도 한다. 국세청 조사에 의하면 2012년 기준 우리나라 총 법인 중 12월 법인이 99.6%가 되며, 다음으로 3월 법인, 기타, 6월 법인, 9월 법인 순으로 구성되어 있다(국세청 홈페이지 국세통계연보). 12월 법인의 경우는 다음 해 3월말까지, 3월 법인의 경우는 6월말까지 연간재무제표를 금융감독원에 제출하고 신문에 공시하여야 한다.

2. 외부감사제도

기업에서 공시하는 재무제표가 일반적으로 인정된 회계원칙에 의거하여 작성되었더라도 기업이 회계처리를 할 때 이를 적정하게 준수하였는가에 대하여 일반 이해관계자들은 확인할 수가 없다. 그래서 재무제표를 작성하여 공시하는 **기업과 독립적인 위치에 있는 공인된 외부감사인(일반적으로 공인회계사)**이 기업의 재무제표가 일반적으로 인정된 회계원칙에 따라 적절하게 작성되었는가에 대하여 의견을 표명하도록 하는 제도가 있다. 이러한 제도가 바로 외부감사제도(external auditing)이다. 외부감사 과정은 회계정보를 전달받은 정보이용자들이 회계정보의 품질(quality)을 평가하는 데 도움을 주게 된다.[56)]

우리나라에서는 「주식회사의 외부감사에 관한 법률」에 의거하여 직전 연도 자산 총액 70억 이상, 한국증권선물거래소에 주권이 상장되어 있는 기업 등과 같이 일정 조건을 갖춘 주식회사는 반드시 외부감사인에 의한 회계감사를 받게 되어 있다.

외부감사인은 기업이 일반적으로 인정된 회계원칙인 『기업회계기준』과 『기업회계기준서』를 준수하여 재무제표를 적절하게 작성하였는지 여부를 감사한다. 그리고 그 결과는 감사보고서를 통해 감사의견(audit opinion)으로 표명한다. 감사의견에는 회계기준에 따라 적정하게 표시되고 감사의 범위가 제한되지 않았는가의 여부에 따라 4가지로 나누어진다.

적정의견(unqualified opinion)은 재무제표가 『기업회계기준』에 따라 적정하게 작성되었다고 인정되는 경우에 표명한다. 적정의견은 회계정보가 『기업회계기준』에 따라 사실대로 표현되어 있으며 적정하게 작성되었다는 의미이지 재무상태가 양호하다거나 경영성과가 좋다는 것은 아님을 유념해야 한다.

한정의견(qualified opinion)은 재무제표에 대한 감사범위가 부분적으로 제한되었거나, 재무제표가 부분적으로 『기업회계기준』에 위배하여 작성되었을 경우에 표명한다.

부적정의견(adverse opinion)은 『기업회계기준』을 위배한 정도가 매우 심각하여 재무제표가 영향을 받게 작성되었을 경우에 표명하는 의견이다.

의견거절(disclaimer of opinion)은 외부감사인이 감사의견을 표명하기에 충분할 정도로 증거를 수집하지 못하였거나 감사범위가 크게 제한됨에 따라 감사의견을 표명할 수 없는 경우를 말한다.

---

56) 이효익(2008). 『회계감사론』 제10판, 서울: 신영사. 22.

이러한 감사의견들은 기업에서 공시한 재무제표가 신뢰할 만한가를 판단하는 근거이지 기업의 재무상태나 경영성과와 관련된 것이 아님을 명심해야 한다.

[부록 1]의 주식회사 호텔신라의 재무제표에 대한 외부감사인의 감사보고서를 살펴보자. 여기서 보듯이 감사보고서는 크게 3문단으로 구성되어 있다.

첫 번째 문단은 도입문단으로 피감사인과 감사대상 재무제표를 밝히고 회사경영자와 감사인의 책임 내용을 밝히고 있다.

두 번째 문단은 범위문단으로 감사인이 적용한 감사기준의 유형과 성격 및 감사인이 수행한 감사절차의 내용을 상세하게 기술하고 있다.

세 번째 문단은 의견문단으로 감사를 실시한 결과에 대하여 감사인의 감사의견을 표명하는 곳이다.

다음의 [사례 9-1]을 참고해 보자.[57] 기업에서는 재무제표를 정기적으로 공시하면서 기업경영에 영향을 미칠 수 있는 사안에 대해서는 공시제도를 통하여 수시로 공시하고 있다. 다음의 사례는 정기적인 공시에 못지 않게 수시로 공시하는 정보도 기업을 평가하는 데 매우 중요함을 알려주고 있다.

[사례 9-1] 'DART'에 기업 고해성사 숨어 있다

DART는 금융감독원의 전자공시시스템(//dart.fss.or.kr)이다. 기업은 기업경영과 관련된 많은 정보들을 이곳을 통하여 공시하고 있다.

C&중공업, 지난 8월에 이미 자본잠식 고백

호텔신라, "불황 속 면세점 수익 줄까 걱정"

제주은행, "불확실한 지역 경제·PF가 약재"

지난 3일 기업개선작업(워크아웃)에 들어간 C&중공업 위기설이 증시에서 처음 불거진 것은 9월이다. 조선업계와 일부 신용평가사, 애널리스트, 은행권 여신 담당자들은 C&중공업이 어렵다는 것을 지난 7월부터 알고 있었다. 주가도 그 즈음 하강곡선을 그리기 시작했다.

개인투자자들은 "장기 투자하면 괜찮겠지."라며 돈을 넣고 있었다. 그러나 공시를 잘 뒤져본 투자자였다면 손실을 어느 정도 줄일 수 있었다.

57) 매일경제신문(2008). 12. 08.

C&중공업은 지난 8월 5일 회사채 설명서에서 "2006년부터 2년 연속 당기순손실을 기록했고, 2008년 3월 현재 자본잠식 상태에 있다"고 알렸다. 또 "기존 컨테이너사업 등의 저조한 EBITDA 창출로 2007년 마이너스 영업 현금흐름을 기록해 중장기 투자로 인한 자본 지출 부담 증가가 예상돼 잉여현금흐름 창출은 어려울 전망"이라고 유동성 위기를 고백했다. 공시 속에 기업의 '고해성사'가 숨어 있었던 셈이다.

그렇다면 구체적으로 어떤 공시를 주목해야 할까.

먼저, 기업들은 자금사정이 어려울 경우 회사채를 발행할 때가 많다. 회사채 발행에는 반드시 '사업설명서'가 필요하다. 금융감독원 전자공시(dart.fss.or.kr)에서 '예비사업설명서', '유가증권신고서' 등으로 기재된 공시가 있다면 회사에서 '고백'하는 위험 항목인 '투자 위험사항'을 들여다볼 필요가 있다.

예를 들어, 지난 1일 호텔신라가 공시한 '예비사업설명서'에는 이 회사에 투자했을 때 따르는 위험사항이 공시돼 있다.

이 보고서에 따르면, 호텔신라는 금융위기가 가져온 경제불황에 민감하다. 새로운 주요 수익원으로 여기고 문을 연 인천공항 면세점 때문이다. 이 회사의 2008년 3분기 차입금이 전기 말(24억원)에 비해 80억원 늘었다.

여기에는 인천공항 면세점 운영자금 증가가 주된 역할을 했다. 더구나 인천공항 면세점은 3분기 주요 명품 브랜드의 '매입 시즌' 도래로 재고자산을 늘린 상황이다. 4분기 매출이 부진하면 재고자산이 취득원가 이하로 판매될 수 있어 손실로 이어질 수 있다. 회사측은 "차입금 증가 및 금리 상승으로 인한 이자비용 증가는 악영향이 될 수 있다."고 분석한다.

지방은행인 제주은행(11월 26일)은 "지역경제의 불확실성이 은행 수익성에 영향을 미칠 수 있다."고 설명하며 "총여신 중 건설업 및 부동산개발·공급업 비중이 시중 은행 평균 8.8%에 비해 약 14%로 높다."고 부동산 프로젝트파이낸싱(PF)대출 부실화 가능성을 내비쳤다.
최근 코스닥 기업의 사채 발행 관련 예비사업설명서에는 경기침체로 인한 어려움이 묻어난다.

반도체칩 개발업체인 펜타마이크로는 지난달 24일 보고서에는 "생산제품은 특정 제품군 또는 주문화에 특화돼 있기 때문에 회사의 영업실적은 국내외 경기에 따라 변동될 수 있다."며 "반도체산업 특성상 관련 영업환경의 변화에 효율적으로 대응하지 못한다면 영업 위험을 초래할 수 있다."고 했다.

무선네트워크 업체인 쿨투는 지난달 28일 "3분기 주된 사업부문인 무선센터네트워크 부문에서 매출이 큰 폭으로 하락해 단기간 내 매출·수익 창출이 어려울 경우 차입금 상환이 어려움을 겪을 수 있다."며 회사의 존속가치도 하락할 수 있다고 공시했다.

온규현 골드만삭스자산운용 본부장(CIO)은 "어느 기업이나 투자리스크는 존재한다. 문제는 그 리스크를 모니터링할 수 있느냐에 달려 있다."고 말했다. 위험이 있다면 투자수익률도 그만큼 클 수 있다. 하지만 어느 순간 그 리스크가 너무 커져 버린다면 얼른 발을 빼는 게 현명하다. 공시에는 그 시점에 대한 실마리가 담겨 있다.

제10장

호텔기업의 회계제도는 어떤 특징이 있는가?

10.1 호텔기업의 회계기준

1. 우리나라의 기업회계기준
2. 미국의 숙박산업 회계기준
3. 기업회계기준과 USAL의 비교

10.2 호텔기업의 손익계산

1. 총괄식 손익계산서와 부문별 손익계산서
2. 부문별 손익계산방식의 활용

10.3 야간감사

1. 감사의 종류
2. 야간감사란 무엇인가?
3. 야간감사자의 업무

10 Accounting for Hospitality Industry: A Basic Perspective

호텔기업의 회계제도는 어떤 특징이 있는가?

우리나라 호텔기업의 회계제도는 **3가지 특징**이 있다. 첫째는 회계실무에서 적용하고 있는 회계기준이 두 가지라는 점이다. 국내의 특1급 호텔의 경우 대부분 경영계약이나 프랜차이즈방식에 의하여 경영되고 있다. 그래서 회계기준도 국내 기준인 기업회계기준과 국제적 기준인 USAL을 병행하여 적용하고 있다. 둘째는 이에 따라 손익계산방식이 기업회계기준과 다르다는 것이다. 그래서 국내의 본사직영체인호텔(롯데호텔, 신라호텔, 파라다이스 호텔 등)의 경우에도 USAL 방식에 의하여 구분식 손익계산을 하고 있다. 셋째는 호텔기업에만 있는 야간감사제도이다. 내부감사제도가 잘 정비된 기업일수록 부정을 사전에 예방할 수가 있고, 회계업무처리에 신빙성이 높다. 호텔기업의 경우 이러한 제도가 구조적으로 잘 발달되어 왔다. 이상 3가지 특징에 대하여 살펴본다.

10.1 호텔기업의 회계기준

1. 우리나라의 기업회계기준

우리나라는 1958년 「기업회계원칙」과 「재무제표규칙」을 제정하여 최초로 회계기준을 법규화하였다. 이후 「기업회계원칙」, 「재무제표규칙」, 「상장법인 등의 회계처리에 관한 규정」 및 「상장법인 등의 재무제표에 관한 규칙」 등 여러 가지 원칙과 법규가 만들어졌다. 그러나 이를 통합하여 1981년에 「기업회계기준(FAS, Financial Accounting Standards)」이라는 명칭으로 일원화하였다.

「기업회계기준」은 1981년 새로운 명칭으로 일원화된 이후 2000년 7월부터 한국회계연구원(Korea Accounting Institute)의 회계기준위원회(Korea Accounting Standards Board)에서 제정하고 있다.

「기업회계기준」은 「주식회사의 외부감사에 관한 법률」 제13조 제1항과 기타의 법령(예: 기업 구조조정 투자회사법 제24조제5항」 및 「동법시행령 제15조」)으로부터 위탁받아 한국회계연구원(Korea Accounting Institute)의 회계기준위원회(Korea Accounting Standards Board)에서 『기업회계기준서』, 『기업회계기준해석서』의 형태로 순차적으로 제정·공표되고 있다. 또한, 실무 적용상의 지침을 제공하기 위하여 한국회계기준원이 「회계기준 적용 의견서」 및 「질의 회신 요약」을 발표한다. 이와 같이 기존의 『기업회계기준』이나 각종 준칙, 「기업회계기준 등에 관한 해석」의 관련 내용은 새로운 기준서들이 제정되면서 점차 대체되어 가고 있다.

『기업회계기준서』는 제정 순서대로 일련번호를 부여한다. 2007년 11월 현재 제01호~제25호, 제101호~제103호가 제정되었으며, 대부분 의견수렴과정을 거쳐 공표되었다. 또한, 업종별 특성을 반영하기 위하여 업종별 회계처리준칙도 발표하고 있는데, 이제까지 리스 회계처리준칙, 건설업 회계처리준칙, 보험업 회계처리준칙, 은행업 회계처리준칙, 금융지주회사 회계처리준칙, 유동화 전문회사 회계처리준칙 등이 제정·발표되었다. 국내의 호텔기업들은 『기업회계기준서』에 근거하여 회계처리를 하고 있으나, 경영계약 호텔기업이나 프랜차이즈 호텔기업들은 이와 더불어 미국의 호텔회계기준인 USAL에 맞추어 회계처리를 한다.

『기업회계기준서 제1001호』는 국제기준에 부합하도록 지속적으로 기준서를 제정 및 개정하고 있으며,[58] 이와 더불어 실무적으로는 국제적 회계 신인도를 높이기 위한 노력도 지속적으로 이루어지고 있다.[59] 아울러, 2011년부터 적용되는 한국채택국제회계기준(K-IFRS, International Financial Reporting Standard)의 성공적인 도입을 위하여 기업들의 K-IFRS 도입준비를 유도하고 정보이용자들의 이해가능성을 제고시키기 위해 기존의 기업회계기준을 개정해 나가고 있다.

58) www.kasb.or.kr

59) 송인만·이창우·이갑재(2007). "국제적 회계신인도 10위권 진입 방안에 관한 연구", 한국공인회계사회.

2. 미국의 숙박산업 회계기준

미국의 호텔회계기준은 1926년 뉴욕시 호텔협회에서 처음 제정한 'Uniform System of Accounts for Hotel(USAH)'을 근거로 발전되어 왔다. 이후, 9번에 걸친 개정을 통하여 현재는 1996년에 개정된 'Uniform System of Accounts for the Lodging Industry(USAL)'을 기준으로 하고 있다.

USAL은 미국호텔·모텔협회에서 승인된 호텔기업의 '일반적으로 인정된 회계원칙(GAAP)'으로 인정되고 있다. USAL은 재무제표작성에 대한 규정을 주로 담고 있으며 구체적인 회계처리방법은 거의 규정하고 있지 않다. 다만, 호텔기업의 특성에 맞추어 재무제표의 양식 등을 통일화하였기 때문에 호텔기업의 규모나 경영형태의 차이에도 불구하고 모든 호텔기업이 적용 가능하도록 하였다.[60)]

이와 같이 USAL은 오랫동안 호텔 실무에 적용을 하면서 호텔기업의 특성을 최대한 반영하였기 때문에 포괄적이고 적합한 기준들로 구성되어 있다. 그래서 유럽은 물론 캐나다, 일본 등 세계 많은 나라들에서 폭넓게 적용하고 있다.

USAL이 가지고 있는 특징은 다음과 같다.[61)]

- 여러 종류의 호텔기업에서 제공하는 재무제표들을 비교하기가 편리하도록 하였다.
- 이러한 특징으로 인하여 전 세계적으로 호텔의 규모나 경영형태에 관계없이 회계정보에 대한 비교와 이해가 용이해졌다.
- 호스피텔러티산업(hospitality industry) 전반적으로 적용 가능하도록 사용이 편리하고 효과적인 회계시스템을 제공하고 있다.
- 특정한 수익과 비용 항목들을 그룹화(grouping)하여 그 결과를 평가하는 것과 같은 책임회계시스템(responsibility accounting system)의 중요성을 인식하도록 하였다.
- 이상과 같이 광범위한 적용과 표준화된 체계 등으로 인하여 지역적, 국가적은 물론 전 세계적으로 호텔산업에 대한 통계를 발전시키는 데 중요한 역할을 하고 있다.

---

60) 최정길(2006). 『호텔회계학입문』, 서울: 21세기사. 41.

61) Moncarz, E. S. & Portocarrero, N. J.(2004). *Accounting for the Hospitality Industry*, N.J.: Prentice-Hall. 241.
주성우(2003). 『관광·호텔 재무회계원리』, 서울: 현학사. 234.

요약하면, USAL은 호스피텔러티산업은 물론 특정의 산업계층에 이르기까지 경영결과를 나타내는데 편리하도록 효율적인 방법을 제공하고 있다고 말할 수 있다.

3. 기업회계기준서와 USAL의 비교

기업회계기준서와 USAL을 비교하면 [표 10-1]과 같다. 여기서 자본변동표와 소유주지분명세서는 유사한 정보내용을 담고 있기 때문에 동일한 보고서로 볼 수 있다. 그리고 기업회계기준서의 이익잉여금처분계산서는 2007 회계연도부터 자본변동표의 작성을 의무화하면서 정보내용이 중복되는 경우가 많아 현재 그 유용성에 대하여 논의 중에 있다(제9장 9.1 참고). 부속명세서에서의 차이는 기업회계기준서는 일반 기업을 대상으로 한 것인 반면 USAL의 경우 숙박산업에 국한된 기준이기 때문에 숙박산업의 특징을 반영한 명세서가 포함되어 있으므로 차이가 있다.

[표 10-1] 기업회계기준서와 USAL의 주요 차이

기업회계기준서와 USAL의 주요 차이는 부속명세서에서 찾아볼 수 있다. 이는 USAL이 단지 숙박산업을 위한 기준이기 때문이다.

	기업회계기준서	USAL
작성원칙	• 목적적합성 • 신뢰성 • 비교가능성	• 기업회계기준서와 동일
재무제표	• 재무상태표 • 포괄손익계산서 (손익계산서) • 자본변동표 • 현금흐름표 • 주석	• 대차대조표(Balance Sheet) • 손익계산서(Statement of Income) • 소유주지분명세서(Statement of Shareholders' Equity) • 현금흐름표(Statement of Cash Flows)
부속명세서	• 각종 계정명세서 • 재무보증명세서 • 기타명세서 등	• 부문별 수입명세서 • 영업부문 손익계산서 • 공통영업비명세서 • 기타 명세서

기업회계기준서와 USAL에서 제시하고 있는 주요 재무제표인 재무상태표, 손익계산서, 현금흐름표, 자본변동표(소유주지분명세서)의 구성상의 차이는 [표 10-2], [표 10-3], [표 10-4], [표 10-5]와 같다.

[표 10-2] 재무상태표의 정보내용 비교

		기업회계기준서	USAL
작성원칙		• 기업회계기준서와 동일	• 기업회계기준서와 동일
구성	자산	• 유동자산: 당좌자산, 재고자산 • 비유동자산: 투자자산, 유형자산, 무형자산, 기타비유동자산	• 유동자산 • 장기채권 • 투자자산 • 유형고정자산 • 기타자산
	부채	• 유동부채 • 비유동부채	• 유동부채 • 고정부채 • 기타장기부채 • 우발채무
	자본	• 자본금 • 자본잉여금 • 자본조정 • 기타포괄손익누계 • 이익잉여금	• 자본금 • 자본잉여금 • 자본조정 • 이익잉여금

[표 10-3] 손익계산서의 정보내용 비교

	기업회계기준서	USAL
작성원칙	• 기업회계기준서와 동일	• 기업회계기준서와 동일 • 거래접근법에 따른 부문별 계산
구　　성	• 매출액 • 매출원가 • 매출총이익 • 판매비와관리비 • 영업이익 • 영업외수익 • 영업외비용 • 법인세차감전순손익 • 법인세비용 • 당기순이익 • 주당손익	• 매출액: 객실, 식료, 음료 등 부문별 • 매출원가및비용: 각 부문별 • 영업부문이익 • 미배분영업비용 • 미배분영업비용차감후순이익 • 경영수수료 • 지급이자·감가상각·법인세비용 등 차감전순이익 • 이자비용, 감가상각 등 • 법인세비용차감전순이익 • 법인세비용 • 당기순이익

[표 10-4] 현금흐름표의 정보내용 비교

	기업회계기준서	USAL
작성원칙	• 기업회계기준서와 동일	• 기업회계기준서와 동일
구　　성	• 영업활동으로 인한 현금흐름 • 투자활동으로 인한 현금흐름 • 재무활동으로 인한 현금흐름 • 현금의 증가(감소) • 기초의 현금 • 기말의 현금	• 기업회계기준서와 동일

[표 10-5] 자본변동표(소유주지분명세서)의 정보내용 비교

	기업회계기준서	USAL
작성원칙	• 기업회계기준서와 동일	• 기업회계기준서와 동일
구 성	• 각 항목별 기초잔액, 변동사항, 기말잔액을 표시 • 자본금 • 자본잉여금 • 자본조정 • 기타포괄손익누계 • 이익잉여금	• 각 항목별 기초잔액, 변동사항, 기말잔액을 표시 • 자본금 • 자본잉여금 • 이익잉여금 • 자본조정

10.2 호텔기업의 손익계산

1. 총괄식 손익계산서와 부문별 손익계산서

USAL에서 제시하고 있는 손익계산서에는 총괄식 손익계산서(statement of income)와 부문별 손익계산서(departmental statement of income)가 있다. 총괄식 손익계산서와 부문별 손익계산서의 커다란 차이는 순이익(net income)을 산출하는 방법에 있다.

총괄식 손익계산서에서는 [표 10-6]과 같이 총수익에서 각 부문에서 발생한 비용들을 차감하여 순이익을 산출한다. 즉, 수입항목에는 각 부문에서 발생한 수입들을 집계하고, 비용항목에서는 부문별 비용은 물론 영업과 관련된 모든 비용들을 집계한다. 그리고 총수입에서 총비용을 차감하여 순이익을 산출한다.

[표 10-6] 총괄식 손익계산서

총괄식 손익계산서는 총수익에서 총비용을 차감하여 순이익을 산출한다.

STATEMENT OF INCOME		
	Current Year	Prior Year
REVENUE	$	$
Rooms		
Food		
Beverage		
Telecommunications		
Garage and Parking		
Other Operated Department		
Rental and Other Income		
Total Revenue		
COSTS AND EXPENSES		
Rooms		
Food		
Beverage		
Telecommunications		
Garage and Parking		
Other Operated Department		
Administrative and General		
Human Resources		
Information Systems		
Security		
Marketing		
Franchise Fees		
Transportation		
Property Operation and Maintenance		
Rent, Property Taxes and Insurance		
Interest Expense		
Depreciation and Amortization		
Total Costs and Expenses		
INCOME BEFORE INCOME TAXES		
INCOME TAXES		
Current		
Deferred		
Total income taxes		
NEX INCOME	$	$

[표 10-7] 부문별 손익계산서

부문별 손익계산서는 호텔의 각 부문에서 작성한 손익명세서를 근거로 작성된다. 이에 따라 부문별 이익의 중요성이 강조된다.

SUMMARY STATEMENT OF INCOME

OPERATED DEPARTMENT	SCHEDULE	NET REVENUES	COST OF SALES	PAYROLL AND RELATED EXPENSES	OTHER EXPENSES	INCOME (LOSS)
Rooms	1					
Food	2					
Beverage	3					
Telecommunications	4					
Garage and Parking	5					
Golf Coure	6					
Golf Pro Shop	7					
Guest Laundry	8					
Health Center	9					
Swimming Pool	10					
Tennis	11					
Tennis Pro Shop	12					
Other Operated Departments	13					
Rentals and Other Income	14					
Total Operated Department						
UNDISTRIBUTED OPERATING EXPENSES						
Administrative and General	15					
Human Resources	16					
Information system	17					
Security	18					
Marketing	19					
Franchise Fees	20					
Transportation	21					
Property Operation and Maintenance	22					
Utility Costs						
Total Undistributed Operating Expenses						
TOTAL		$	$	$	$	$
INCOME AFTER UNDISTRIBUTED OPERATING EXPENSES						
Management Fees	23					
Rent, Property Taxes and Insurance	24					
INCOME BEFORE INTEREST, DEPRECIATION AND AMORTIZATION, AND INCOME TAXES						
Interest Expense	25					
INCOME BEFORE DEPRECIATION, AMORTIZATION, AND INCOME TAXES						
Depreciation and Amortization	26					
Gain or Loss on Sale of Property	27					
INCOME BEFORE INCOME TAXES						
Income taxes	28					
NET INCOME						$

부문별 손익계산서에서는 부문별로 수입, 비용, 순이익을 산출하고 특정 부문에 배분할 수 없는 공통비용들(undistributed operating expenses)을 차감하여 순이익을 구한다. 부문별로 손익을 계산하기 때문에 책임회계 개념이 도입된다.

부문별 손익계산서는 [표 10-7]과 같다. 이러한 부문별 손익계산서는 부문별 손익명세서(supporting schedules)를 근거로 작성하게 되는데 객실부문 손익명세서, 식료부문 손익명세서, 음료부문 손익명세서, 기타부문 손익명세서는 [부록 3]을 참고하기 바란다.

2. 부문별 손익계산방식의 활용

본서 제3장에서 최근 호텔경영에서 가장 중요한 관점은 '효율'과 '이익중심경영'이라고 설명하였다. 이러한 호텔기업의 경영환경변화에 따라 국내의 많은 호텔기업에서는 각 사업장이나 부문별로 부문별 손익계산을 일별, 주별, 월별로 실시하고 있다. 그리고 이를 바탕으로 일별, 주별, 월별 손익분기점을 파악하여 종사원들로 하여금 손익분기점 이상의 매출액을 달성하도록 유도하고 있다.

다음의 [표 10-8]은 서울 소재 개별경영형태의 특1급 호텔의 호텔 전체 영업이익과 손익분기점(BEP, Break-Even Point)을 기록·분석하는 장부이다. 이 표는 각 사업장이나 부문별로 작성·분석된 다음 호텔 전체로 집계되어 다시 활용된다.

[표 10-8] 호텔기업의 월별 영업이익과 BEP분석

호텔기업에 수익개념이 강조되면서 부서별로 월별 손익계산을 하고, 이들이 합쳐져 호텔 전체적으로 손익을 집계한다.

월별 영업이익 및 BEP(호텔종합)

(단위: 천원, %)

구 분	1월		2월		3월		4월		....	
	금액	구성비	금액	구성비	금액	구성비	금액	구성비	금액	구성비
I. 총매출액										
1. 호텔매출										
1) 객실수입										
2) 식료수입										
3) 음료수입										
4) 전화수입										
5) 세탁수입										
6) SAUNA수입										
7) HEALTH수입										
8) 기타수입										
9) 트래비수입										
10) 봉사료수입										
11) 기타매출액										
2. 부대매출										
1) 부대수입										
II. 매출원가										
1. 재료비										
1) 식재료비										
2) 음재료비										
3) 상품매출원가										
4) 기타비용										
2. 인건비										
1) 영업장										
*급 여										
(O / T)										
(야근수당)										
(휴일수당)										
*상 여 금										
*잡 급										
2) 조리										
......										
3) 퇴직금										

4) 배부										
* F/B공통+IS센터										
* 트래비										
* 연회꽃방										
3. 직접경비										
* 복리후생비										
* 여비교통비										
* 통신비										
……										
Ⅲ. 매출총이익										
Ⅳ. 판매관리비										
1. 인건비										
* 일반관리비										
* 구매부										
* 자재관리										
* 직원식당										
* 판촉, 영업전략										
……										
2. 경비										
* 일반관리비										
* 구매부										
* 자재관리										
* 직원식당										
* 판촉, 영업전략										
……										
Ⅴ. 운영이익										
Ⅵ. 운영외비용										
1. 감가상각비										
* 건물외										
* 집기비품										
* 식기류										
2. 제세공과금										
3. 보험료										
……										
Ⅶ. 영업이익										
고정비										
변동비										
연BEP										
월BEP										
일BEP										

아래의 [표 10-9]는 서울 소재 계약경영호텔인 R호텔의 한 사업장인 AAA레스토랑의 일별, 주별 판매현황과 손익차이를 비교하기 위한 장부이다. 이 표는 앞의 [표 10-8]보다 판매변화에 대하여 매우 정밀하게 기록하도록 되어 있다. 즉, 식사시간대별, 관리책임자별, 메뉴별로 입력하도록 되어 있다. 그리고 일별 이익과 개인별 판매액, 비용 대비 손익분기점에 필요한 매출액, 차이비교, 추가적으로 달성해야 할 매출액 등을 분석하도록 되어 있다.

[표 10-9] 주별 생산성 및 손익 차이 비교

판매변화를 보다 세밀히 기록하기 위하여 식사시간대별, 관리책임자별, 메뉴별로 기록하고 있다.

Weekly Manning Productivity and P&L Forecast Report(AAA Restaurant)

	05-Apr	06-Apr	....	11-Apr			Unit: 1,000
Rooms Occupancy(%)					Weekly Forecast	Actual Update	Variance
AAA Restaurant	*Monday*	*Tuesday*	....	*Sunday*	Total	Total	
Covers - Breakfast							
- Lunch							
- Dinner							
- Snack							
Total Covers							
Daily Duty Schedule							
Breakfast: Manager							
Hourly staff							
Kitchen staff							
Lunch: Manager							
Hourly staff							
Kitchen staff							
Dinner: Manager							
Hourly staff							
Kitchen staff							
Snack: Manager							
Hourly staff							
Kitchen staff							
Total daily duty manning							
M/productivity by cover							
Manning - Manager							
- Staff							
Total No. of Manning							
Day off - Manager							
Day off - Hourly							
AL&monthly leave - MGR							

AL&monthly leave - Hourly							
Holiday off							
Sick & Martiny leave							
Others							
Debit from other outlets							
Credit to other outlets(Hr.)							
Balance							
*Leave beginning balance							
*Leave entitlement							
*Leave ending balance							
Daily P&L Forecast	*Monday*	*Tuesday*	....	*Sunday*	Total	Total	Variance
Sales - Breakfast							
- Lunch							
- Dinner							
- Snack							
- F&B Sundry							
Total sales							
F&B cost - Breakfast							
- Lunch							
- Dinner							
- Snack							
Total cost							
Payroll - Breakfast							
- Lunch							
- Dinner							
- Snack							
Payroll credit - Leave							
Payroll credit - Other outlets							
Total payroll cost							
Controllable - Breakfast							
- Lunch							
- Dinner							
- Snack							
Total controllable							
Kitchen allocation							
Outlet profit - Breakfast							
- Lunch							
- Dinner							
- Snack							
Daily outlet profit							
Outlet profit margin%							
Sales per Manning							
Profit per Cover							

BEP Analysis :

- Variable cost %
- BEP Required Sales(B)
- Variance(B-A)
- Additional Required Covers
- F&B Average Check

10.3 야간감사

1. 감사의 종류

감사(auditing)의 의미는 목적과 대상에 따라 의미가 다르게 사용된다. 그러나 감사대상을 재무보고 중심으로 정의하면 "**감사란 자질을 갖춘 독립적인 제3자가 어떤 정보에 대하여 미리 설정된 일정 평가기준과의 일치 정도를 결정하고 보고할 목적으로 그 정보에 관한 증거를 수집하고 평가하는 절차**(Auditing is the accumulation and evaluation of evidence about information to determine and report on the degree of correspondence between the information and established criteria. Auditing should be done by a competent, independent person)"라고 말할 수 있다.[62)]

이러한 감사에는 감사목적에 따라 재무제표감사, 업무감사, 이행감사로 구분되고, 감사주체에 따라 외부감사와 내부감사로 나누어진다.[63)] 이에 대하여 간단히 살펴보도록 하자.

(1) 감사목적에 따른 분류

감사의 종류는 감사의 목적에 따라 재무제표감사, 업무감사, 이행감사로 나누어진다. **재무제표감사**(audit of financial statements)는 재무제표가 일정한 기준에 따라 적정하게 작성되었는가에 대한 의견을 표명할 목적으로 실시하는 감사를 말한다. 이때, 감사는 독립성을 갖춘 전문 감사인(주로 공인회계사)에 의하여 이루어지며 감사결과는 일반적인 회계정보이용자들이 이용하게 된다. **업무감사**(operational audit)는 기업이나 조직의 영업활동이나 업무절차가 능률적이고 효과적으로 수행되고 있는가를 확인하는 감사를 말한다. 주로 업무가 감사자의 주관에 의하여 이루어지며 지도적 기능을 가지게 된다. **이행감사**(compliance audit)는 특정의 법률이나 규정 등을 잘 준수 혹은 이행하고 있는가를 판단하기 위하여 실시하는 감사이다. 따라서 감시적 기능을 가지고 있으며 판단은 법규나 규정의 내용을 기준으로 한다.

이상 3가지 감사의 주요 차이는 [표 10-10]과 같다.

---

62) Alens, A. R. & Beasley, M.(2005). *Auditing and Assurance Services*, 9th ed., N.J.: Prentice-Hall, Inc. 11.

63) 이효익(2008). 앞의 책. 26~31.

[표 10-10] 감사목적에 따른 감사의 종류

감사는 감사목적에 따라 재무제표감사, 업무감사, 이행감사로 분류된다.

구 분	재무제표감사	업무감사	이행감사
감사목적	재무제표의 적정표시 여부	업무의 능률과 효과	법규 및 규정사항의 준수 여부
평가기준	일반적으로 인정된 회계원칙	주관적	법규, 규정, 절차의 내용
감 사 인	독립성을 갖춘 전문 감사인(주로 공인회계사)	외부나 내부감사인	외부나 내부감사인
이 용 자	일반 회계정보이용자	주로 내부이용자	주로 내부이용자 및 상급규제기관
주요기능	비판적 기능	지도적 기능	감시적 기능

자료: 이효익(2008). 앞의 책. 28. 저자 재구성.

(2) 감사의 주체에 의한 구분

감사는 감사인이 기업이나 조직의 외부인 혹은 내부인인가에 따라 외부감사와 내부감사로 구분한다. **외부감사**(external audit)는 외부의 독립된 감사인이 감사업무를 수행하는 경우를 말한다. 외부의 감사인은 주로 공인회계사와 같은 전문직업인이나 상급 감독기관이 된다. 감사인의 독립성 확보가 필수적이어야 되며, 주로 비판적 기능을 갖는다. **내부감사**(internal audit)는 조직 내부의 종업원이나 임원에 의하여 실시하는 감사를 뜻하며, 대부분 업무에 대한 감사를 할 때 이루어진다. 감사인의 독립성은 감사인이 대부분 조직 내의 전문 감사인으로 이루어지기 때문에 외부감사만큼 중요하지 않다. 주로 업무의 효율성과 경영성과를 평가하기 때문에 지도적 기능을 갖게 된다. 외부감사와 내부감사의 주요 차이는 [표 10-11]과 같다.

[표 10-11] 감사주체에 따른 감사의 종류

감사는 감사주체에 따라 외부감사와 내부업무감사로 나누어진다.

	외 부 감 사	내 부 감 사
감사목적	외부이해관계자의 이해조정	경영관리층의 업무보조
감 사 인	전문 감사인이나 감독기관	조직 내의 전문 감사인
독 립 성	필수적	필수적이지 않음
이 용 자	일반 회계정보이용자	주로 내부이용자
감사대상	재무제표 혹은 특정 항목	업무조직의 효율성 및 경영성과
주요기능	비판적 기능	지도적 기능
법적 강제성	법정 감사	임의감사

자료: 이효익(2008). 앞의 책. 31. 저자 재구성.

2. 야간감사란 무엇인가?

호텔기업은 야간감사제도라는 상당히 좋은 내부감사제도가 있다. **야간감사**(night audit)**란 야간감사자**(night auditor)**로 하여금 매일 모든 호텔고객들의 매출장부들을 확인하고 검증하도록 하는 제도**를 말한다.[64] 야간감사는 매일 업장별 매출내역의 정확성을 확인하고 오류의 원인을 찾아 수정하는 과정을 반복하기 때문에 일반적으로 영업마감 시점인 밤 12시 전후로 수행한다. 앞 절에서 설명한 감사 중에 야간감사는 업무감사로써 내부감사에 해당된다고 말할 수 있다.

야간감사의 목적은 호텔기업의 특성상 다음과 같은 3가지가 있다.[65]

첫째, 정기 감사의 효율성을 높이기 위함이다. 호텔기업은 영업 특성상 매일 많은 거래가

64) Moncarz, E. S. & Portocarrero, N. J.(2002). 앞의 책. 169.

65) 최해수(2002). 『호텔영업회계』, 서울: 학문사. 245.

소액으로 이루어지기 때문에 수많은 거래를 주별, 월별로 집계하는 것이 매우 어려울 수 있다. 그래서 일별로 그날의 거래들에 대하여 확인하는 절차가 필요하다.

둘째, 업무상 발생하기 쉬운 부정을 예방하기 위함이다. 호텔의 각 사업장들에서는 소액의 현금거래가 빈번하게 발생하게 된다. 이로 인하여 발생할 수 있는 부정을 사전에 예방하기 위한 방안으로 빠른 시간 안에 사후적인 확인과정을 갖게 하는 것이다.

셋째, 경영자의 의사결정에 유용한 정보를 제공하기 위한 각종 보고서를 빠른 시간 안에 정확하게 작성하기 위함이다. 근래에는 호텔기업에서도 수익의 중요성이 상당히 강조되고 있다. 이에 따라, 업장별로 일별, 주별, 월별 손익을 계산하고 수익을 올리기 위한 방안을 다각도로 검토하는 과정을 갖곤 한다. 이때, 가장 빠르고 정확하게 정당성을 확인한 결과가 바로 야간감사자가 작성한 보고서이다. 이러한 야간감사자의 확인보고서에 근거하여 일별, 주별, 월별 손익을 파악하고 새로운 매출목표를 수정해 나가게 된다.

3. 야간감사자의 업무

야간감사자는 주로 고객별 매출액을 검증하는 업무를 수행(to ensure the accuracy and balance of front office a accounting records and prefare summaries of financial data on a daily basis)하기 때문에 호텔기업 내의 재무부나 경리부에 소속된 직원이 맡게 된다. 이러한 회계 관련 부서에 소속된 직원의 경우 장부정리나 업무흐름, 산술적 기능에 대하여 익숙하기 때문에 바람직하다. 그러나 보다 중요한 요건은 감사자로서의 자질이다. 즉, **감사자는 업무에 대한 기술적인 자질과 더불어 감사자로서의 기본적 요건인 신의성실성**(reliable and careful)**과 엄격성**(self-discipline)**을 갖추고 있어야만 한다.**[66] 그래서 감사라는 용어가 주는 의미에도 불구하고 숙련된 회계담당자나 감사자가 야간감사를 담당하는 경우보다는 감사자로서의 요건을 잘 갖춘 사람이 맡는 경우가 많다.

야간감사자의 업무시간은 주로 오후 11시나 자정에서부터 다음 날 아침 7시나 8시까지이다(1일 3교대 근무 기준 시 graveyard shift에 해당). 야간감사업무가 끝나면 야간감사자는 프런트 매니저나 회계담당자에게 보고서를 제출한다. 야간감사자가 수행하는 주요 업무는 다음과

66) Vallen, G. K. & Vallen, J. J.(2000). *Check-In Check-Out*, 6th ed., N.J.: Prentice-Hall, Inc. 434.

같다.[67)]

- 객실에서 발생한 각종 요금과 세금을 고객원장에 전기(posting)한다.
- 프런트에서 아직 전기하지 않은 원장들을 확인하여 정리한다.
- 모든 부문에서 발생한 요금들을 감사하고 각 보고서들의 잔액을 확인한다.
- 객실 보고서의 총액과 고객원장의 총액이 일치하는가를 확인한다.
- 객실 수입, 점유율, 기타 프런트 관련 자료들을 확인한다.
- 현금, 수표, 신용거래 내역 등에 대하여 요약하고 정리한다.
- 야간감사 결과 보고서를 작성하여 프런트 부문, 기타 부문, 회계부에 제출한다.

---

67) Moncarz, E. S. & Portocarrero, N. J.(2002). 앞의 책. 169~170.
Vallen, G. K. & Vallen, J. J.(2000). 앞의 책. 434~448.
주성우(2003). 앞의 책. 198~199.
최해수(2002). 앞의 책. 246.

제3부

회계정보를 어떻게 활용할 수 있는가?

제11장 재무제표는 어떻게 분석할 수 있는가?
제12장 간단하면서도 풍부한 정보를 제공하는 도구(Ⅰ): 비율분석
제13장 왜 원가정보가 중요한가?
제14장 간단하면서도 풍부한 정보를 제공하는 도구(Ⅱ): CVP분석

제11장
재무제표는 어떻게 분석할 수 있는가?

11.1 재무제표분석이란 무엇인가?

1. 재무제표분석이란 무엇인가?
2. 왜 재무제표를 이용하는가?
3. 어떤 방법들이 있는가?

11.2 수직적 분석방법

11.3 수평적 분석방법

1. 수평적 분석방법이란 무엇인가?
2. 추세형 재무제표를 이용한 평가방법
3. 재무비율의 추세를 이용한 평가방법

11 Accounting for Hospitality Industry: A Basic Perspective

재무제표는 어떻게 분석할 수 있는가?

11.1 재무제표분석이란 무엇인가?

1. 재무제표분석이란 무엇인가?

기업이 경영활동을 지속적으로 영위하는 **두 가지 주된 목적은 기업의 수익성**(profitability)**을 최대한 높이고 지급능력**(solvency)**을 확보하는 것**이다.[68] 기업의 수익성은 이익을 창출할 수 있는 능력을 나타낸 것으로 주로 포괄손익계산서에 반영되어 있다. 그리고 기업의 지급능력은 채권자들에게 부채를 갚을 수 있는 능력을 말하는 것으로 주로 재무상태표에 나타난다. 따라서 재무상태표와 포괄손익계산서에 담긴 회계정보를 이용하면 기업경영에 대한 전반적인 모습을 파악해 낼 수 있을 것이다. 또한, 필요할 경우 경제적 의사결정에 필요한 다양하고 구체적인 정보들을 얻어낼 수도 있다. 이와 같이 재무제표에 담긴 여러 가지 회계자료들로부터 기업과 관련된 의사결정에 필요한 정보를 얻어내고 해석하는 일련의 과정을 **재무제표분석**(financial statement analysis)이라고 한다.

기업의 이해관계자들은 기업과 관련된 각종 자료를 분석하여 기업에 대한 평가를 내리고

---

68) Hermanson, R. H., Edwards, J. D. & Maher, M. W.(1998). 앞의 책. 625.

이에 따라 의사결정을 하게 된다. 이때, 기업의 이해관계자들이 이용하는 정보들 중에서 특히 재무제표에 담긴 회계정보들은 다른 어떤 정보들보다 기업의 재무상태나 경영성과 및 현금흐름 등에 대해서 매우 중요하고 종합적인 정보를 제공해 주고 있다. 그래서 재무제표분석은 재무제표를 이용하여 기업의 과거는 물론 현재의 경영상태를 파악하고 이를 바탕으로 미래를 예측하는 데 유용한 도구로 활용되고 있다.

그런데 기업의 경영성과와 재무상태를 평가하는 방법에는 재무제표분석 이외에도 재무분석, 경영분석, 경영진단 등과 같은 방법들이 있다. 이들의 차이점을 간략히 살펴보자.

재무제표분석은 위에서도 설명한 바와 같이 재무상태표나 포괄손익계산서 등과 같은 재무제표에 담긴 재무상태와 경영성과에 대한 회계자료들을 분석하여 기업의 재무적인 건전도와 경영성과에 관한 정보를 얻고자 하는 방법을 말한다. 그래서 재무제표분석은 주로 양적 자료(quantitative data)인 재무제표만을 분석 대상의 자료로 이용한다.

재무분석(finance analysis)은 재무제표 이외에 주식가격이나 주식거래량과 같은 주식시장과 관련된 정보까지 포함한 자료들을 대상으로 분석하는 방법이다. 양적 자료를 분석대상 자료로 이용한다는 점에서 재무제표분석과 동일하지만, 증권시장의 자료를 이용하기 때문에 분석대상의 폭이 더 넓다는 점에서 재무제표분석과 다르다.

경영분석(business analysis)**이나 경영진단**은 재무제표와 주식가격 등과 같은 양적 자료는 물론 기업의 효율성이나 창조성, 기술 수준, 인적 자원의 질, 경쟁관계 등과 같이 경영성과에 직·간접적으로 영향을 미치는 질적 자료(qualitative data)까지를 분석대상으로 하는 방법이다.[69] 따라서 재무제표분석이나 재무분석보다 더 포괄적이고 효율적인 분석방법이라고 할 수 있다.

그러나 근래에 이르러 재무제표분석은 재무제표정보 이외에 경제동향, 산업동향 등과 같은 기업 환경에 관한 정보는 물론 다양한 질적 정보에 대한 분석까지 포함하여 분석하기 있기 때문에 재무분석이나 경영분석과 혼용하여 사용하기도 한다.[70]

69) Myer, J. N.(1961). *Financial Statement Analysis*, N.Y.: Prentice-Hall. 4.

70) 장영광(1994). 『현대경영분석』, 서울: 무역경영사. 4~5.

2. 왜 재무제표를 이용하는가?

재무제표분석은 기업의 수익성과 지급능력은 물론 기업의 이해관계자들이 필요로 하는 많은 정보를 제공해 주기 때문에 회계정보이용자들에 의해 폭넓게 사용되고 있다. 그 이유는 다음과 같은 몇 가지 장점이 있기 때문이다.[71)]

첫째, 재무제표정보는 일반인들에게 공시되는 공적인 정보이기 때문에 정보이용자는 큰 비용을 들이지 않고 쉽게 정보를 얻을 수 있다. 근래에는 해당 기업은 물론 증권회사, 각 경제신문의 증권란을 통하여 정보를 쉽게 얻을 수 있기 때문에 자료의 전달과 획득에 소요되는 시간과 공간적 제약이 거의 없다.

둘째, 기업이 공시하는 재무보고서는 기업과 독립적인 관계에 있는 외부 감사인(공인회계사)에 의하여 적정성을 평가받은 것이다. 따라서 정보의 객관성과 신뢰성이 높아 일반인들이 이용하는 데 불편부당(不偏不黨, unbiased)하지 않다.

셋째, 재무제표는 다양한 이해관계자들의 공통적인 정보욕구를 최소한으로 충족시키려는 입장에서 작성된 것이다. 따라서 기업의 전체적인 경영상태를 파악할 수 있을 뿐만 아니라 다양한 이해관계자들의 정보욕구에 적합한 여러 가지 분석이 가능하다.

이러한 장점들 때문에 재무제표정보는 기업과 관련된 다른 많은 정보들보다 좋은 정보로 활용되고 있을뿐더러 그 이용 범위도 매우 넓다.

3. 어떤 방법들이 있는가?

재무제표에 담겨 있는 정보들은 그 자체로도 의미가 있다. 그러나 보다 중요한 것은 각 항목들의 변화나 구성은 물론 각 항목들 간의 관계를 비교함으로써 기업의 경영활동에 대한 종합적인 평가를 내리는 것이다.

재무제표를 분석하는 방법은 크게 수직적 분석방법(vertical analysis), 수평적 분석방법(horizontal analysis), 비율분석(ratio analysis)과 같이 포괄적으로 구분하기도 하며,[72)] 변동

71) 이정호 외 3 공역(1993). 『재무제표분석』, 서울: 무역경영사. 13~14.

72) Warren, C. S., Reeve, J. M. & Fess, P. E.(2002). 앞의 책. 642.
Hermanson, R. H., Edwards, J. D. & Maher, M. W.(1998). 앞의 책. 625~634.

액 및 변동률분석, 추세분석, 요소구성비율분석, 재무비율분석과 같이 구체적 방법에 따라 나누기도 한다.[73] 이러한 구분은 구체적인 내용면에서는 별다른 차이가 없다. 본서에서는 일반적으로 구분하는 수직적 분석방법, 수평적 분석방법, 비율분석으로 나누어 설명하고자 한다. 본 장에서는 수직적 분석방법과 수평적 분석방법에 대하여 살펴보고, 비율분석은 다음 장에서 자세히 다루기로 한다.

한편, **재무제표분석의 결과는 반드시 그 기업을 둘러싸고 있는 여러 가지 기업 환경을 고려하여 종합적으로 이해하여야 한다.**[74] 오늘날의 기업은 경제적, 정치적, 사회적, 기술적 변화와 같은 환경적 요인에 의해 많은 영향을 받는다. 따라서 재무제표에 나타난 각각의 수치는 환경요인의 중요성과 민감도에 따라 그 해석을 달리할 수가 있다.[75] 그래서 어느 한 가지 방법을 이용한 분석보다는 상호보완적인 관계에 있는 분석방법을 선택하여 비교·분석을 한 다음, 이러한 결과를 가지고 기업의 환경요인을 고려하여 종합적으로 판단하여야 한다.

다음의 [표 11-1], [표 11-2]는 P호텔의 20×1년부터 20×3년까지 비교재무상태표와 비교손익계산서를 간략히 요약한 것이다. 이 사례를 이용하여 수직적 분석방법과 수평적 분석방법에 대해 알아보자. 이후 본서에서는 재무제표분석에 대한 이해를 높이기 위하여 재무상태표와 손익계산서의 과목들을 『기업회계기준서 제1001호 재무제표 표시』(2012.9.28) 이전 기준으로 작성된 것으로 활용하고자 한다.

Weygandt, Jerry J., Donald E. Kieso & Walter G. Kell(1996). *Accounting Principles*, 4th ed., N.Y.: John Wiley & Sons, Inc. 791.

73) 이대선 외 3(2000). 『재무제표의 이해』, 서울: 율곡출판사. 385~414.
송인만·이효익·최관(1999). 『회계원론』, 서울: 신영사. 404.
김혁·백원선·백태영(2004). 『회계와 사회』, 서울: 신영사. 235.

74) 기업 환경으로는 인구분포, 인구증가율, 성별과 같은 사회적 환경, 정부정책, 경제정책, 산업정책, 독과점과 같은 정치적 환경, 각종 이해관계자의 이해관계, 종업원, 노동조합, 공급업자, 경쟁업자, 주주와 같은 경제적 환경, 상관습, 사고방식, 직업선호도, 규범 등의 문화적 환경, 지형, 기후, 천연자원, 강수량과 같은 자연적 환경, 상도의, 기업윤리, 기업의 사회적 책임과 같은 윤리 및 도덕적 환경이 있다.
Foster, G.(1986). *Financial Statement Analysis*, N.J.: Prentice-Hall. 25~39.

75) 김건우(1995). 『재무분석』 제2판, 서울: 신영사. 14~15.

[표 11-1] P호텔 비교재무상태표

비교재무상태표

20×1년, 20×2년, 20×3년 각 연도 12월 31일 현재

주식회사 P호텔 (단위: 백만원)

과 목	20×1	20×2	20×3
I. 유동자산	110,679	112,967	113,041
(1) 당좌자산	58,355	58,244	47,473
1. 현금및현금성자산	42,426	35,316	25,280
2. 매출채권	11,871	15,027	17,436
3. 기타당좌자산*	4,058	7,901	4,757
(2) 재고자산	52,324	54,722	65,567
II. 비유동자산**	578,482	598,361	607,722
(1) 투자자산	135,731	15,682	30,705
(2) 유형자산	442,693	466,731	452,882
(3) 무형자산	67	59	47
(4) 기타비유동자산***		115,887	124,086
자산총계	689,162	711,328	720,763
I. 유동부채	98,555	74,635	70,632
II. 비유동부채	126,308	166,257	161,393
III. 자본	464,298	470,435	488,737
1. 자본금	200,000	200,000	200,000
2. 자본잉여금	207,829	208,038	208,227
3. 자본조정	(11,101)	(5,616)	(5,471)
4. 기타포괄손익누계		(9,846)	(9,649)
5. 이익잉여금	67,638	77,663	86,966
부채와 자본총계	689,162	711,328	720,763

* 기타당좌자산은 재무상태표를 간략히 제시하기 위하여 단기대여금, 미수금, 미수수익, 선급금, 선급비용 등과 같은 당좌자산들의 합계액을 표시한 것임(이후 같음).

[표 11-2] P호텔 비교손익계산서

비교손익계산서

20×1년, 20×2년, 20×3년 각 연도 회계기간

주식회사 P호텔 (단위: 백만원)

과 목	20×1	20×2	20×3
Ⅰ. 매출액	441,280	448,718	494,988
Ⅱ. 재료비	220,033	229,903	249,851
Ⅲ. 인건비	78,257	78,151	93,454
Ⅳ. 경 비	112,493	116,457	128,168
Ⅴ. 영업이익	30,495	24,206	23,514
Ⅵ. 영업외수익	6,457	7,740	6,607
Ⅶ. 영업외비용	7,955	7,141	6,356
Ⅷ. 경상이익	28,997	24,806	23,765
Ⅸ. 특별이익	-	-	-
Ⅹ. 특별손실	-	-	-
XI. 법인세비용차감전순이익	28,997	24,806	23,764
XII. 법인세비용	7,972	6,987	6,660
XIII. 당기순이익	21,025	17,819	17,104

11.2 수직적 분석방법

수직적 분석방법(vertical analysis)은 재무제표를 구성하고 있는 각 항목을 기준금액(예를 들면, 총자산액이나 매출액)에 대한 구성비율로 나타내어 분석하는 방법이다. 그래서 구성비율 분석이라고도 한다. 이때, 재무상태표는 총자산을 100%로 하여 각 구성항목을 총자산에 대한 백분비로 표시하고, 손익계산서는 매출액을 100%로 하여 각 구성항목을 백분비로 표시한다. 이와 같이 재무제표 전체에 대한 각 항목의 구성관계를 백분율로 표시한 것을 공통형 재무상태표, 공통형 손익계산서라고 한다.

이러한 **공통형 재무제표**는 다음과 같은 장점이 있다.76)

첫째, 재무제표의 총액에서 각 항목이 차지하는 비중을 백분율로 표시하기 때문에 특정 항목이 차지하는 비중과 상대적 중요성을 쉽게 판단할 수 있다.

둘째, 각 항목을 모두 비율로 나타내기 때문에 다른 기업과 비교할 때 기업규모(firm size)의 차이로 인한 오류를 제거할 수 있다.

셋째, 단일 기업의 과거와 현재의 공통형 재무제표를 통하여 특정항목이 차지하는 비중의 변화를 쉽게 파악할 수 있다.

다음의 [표 11-3]과 [표 11-4]는 [표 11-1]의 비교재무상태표와 [표 11-2]의 비교손익계산서에서 20×2년과 20×3년 2년간의 자료만을 이용하여 작성한 공통형 재무상태표와 공통형 손익계산서이다. 일반적으로 공통형 재무제표는 3~5년간의 변화추이를 살펴봐야 비교가능성을 높여준다.

[표 11-3] P호텔 공통형 재무상태표

비교재무상태표

20×2년, 20×3년 각 연도 12월 31일 현재

주식회사 P호텔 (단위: 백만원, %)

과 목	비교재무상태표		공통형 재무상태표 (총자산에 대한 구성비)	
	20×2	20×3	20×2	20×3
I. 유동자산	112,967	113,041	15.88	15.68
(1) 당좌자산	58,244	47,473	8.18	6.58
1. 현금및현금성자산	35,316	25,280	4.96	3.50
2. 매출채권	15,027	17,436	2.11	2.41
3. 기타당좌자산	7,901	4,757	1.11	0.66
(2) 재고자산	54,722	65,567	7.69	9.09

76) Hermanson, Rogers H., J. D. Edwards & M. W. Maher(1998). 앞의 책. 629.
이대선 외 3(2000). 『재무제표의 이해』, 서울: 율곡출판사. 410.

II. 비유동자산	598,361	607,722	84.11	84.31
(1) 투자자산	15,682	30,705	2.20	4.26
(2) 유형자산	466,731	452,882	65.61	62.83
(3) 무형자산	59	47	0.01	0.01
(4) 기타비유동자산	115,887	124,086	16.29	17.22
자산총계	711,328	720,763	100	100
I. 유동부채	74,635	70,632	10.49	9.79
II. 비유동부채	166,257	161,393	23.37	22.39
III. 자본	470,435	488,737	66.13	67.80
1. 자본금	200,000	200,000	28.11	27.74
2. 자본잉여금	208,038	208,227	29.24	28.88
3. 자본조정	(5,616)	(5,471)	(0.78)	(0.75)
4. 기타포괄손익누계	(9,846)	(9,649)	(1.38)	(1.33)
5. 이익잉여금	77,663	86,966	10.91	12.06
부채와 자본총계	711,328	720,763	100	100

[표 11-3]의 공통형 재무상태표를 살펴보면, P호텔의 자산구조는 유동자산이 약간 감소하고 있는데 이것은 현금및현금성자산의 감소에서 기인하였음을 알 수 있다. 또한, 고정자산의 증가는 유형자산의 증가에서 기인되었다고 판단할 수 있다. 부채의 경우, 단기 상환을 필요로 하는 유동부채의 비중은 감소한 반면 비유동부채는 증가하였음을 알 수 있다.

[표 11-4] P호텔의 공통형 손익계산서

공통형 손익계산서

20×2년, 20×3년 각 연도 회계기간

주식회사 P호텔 (단위: 백만원, %)

과 목	비교손익계산서		공통형 손익계산서 (매출액에 대한 구성비)	
	20×2	20×3	20×2	20×3
Ⅰ. 매출액	448,718	494,988	100	100
Ⅱ. 재료비	229,903	249,851	51.23	50.47
Ⅲ. 인건비	78,151	93,454	17.41	18.88
Ⅳ. 경 비	116,457	128,168	25.95	25.89
Ⅴ. 영업이익	24,206	23,514	5.39	4.75
Ⅵ. 영업외수익	7,740	6,607	1.72	1.33
Ⅶ. 영업외비용	7,141	6,356	1.59	1.28
Ⅷ. 경상이익	24,806	23,765	5.52	4.80
Ⅸ. 특별이익	-	-	-	-
Ⅹ. 특별손실	-	-	-	-
Ⅺ. 법인세비용차감전순이익	24,806	23,764	5.52	4.80
Ⅻ. 법인세비용	6,987	6,660	1.55	1.34
XIII. 당기순이익	17,819	17,104	3.97	3.45

[표 11-4]의 공통형 손익계산서를 보면, P호텔은 인건비 비중의 증가로 인하여 영업이익이 감소하였으며, 이러한 결과는 결국 당기순이익의 감소로까지 영향을 미쳤음을 알 수 있다.

이상과 같이 공통형 재무제표는 특정 항목이 차지하는 비중은 물론 변화 정도를 쉽게 파악할 수가 있어 재무제표분석의 기초 단계에서 폭넓게 활용되고 있다.

11.3 수평적 분석방법

1. 수평적 분석방법이란 무엇인가?

재무제표분석 시 특정 연도에 해당되는 자료들만을 이용하였을 경우, 시간적 차원을 전혀 고려하지 못하였기 때문에 과거의 자료와 비교한다든지 또는 이를 바탕으로 미래를 예측하는 데는 한계가 있다. 기업 환경은 내·외적인 여건에 따라 계속 변화하게 된다. 그래서 기업 환경의 변화에 따른 각종 재무상태의 시간적 변화를 고려할 필요가 있다.

수평적 분석방법(horizontal analysis)이란 바로 시간적 변화를 고려하여 특정 기업의 일정 기간 동안의 재무제표 항목이나 재무비율의 증감과 변화를 파악하여 재무상태가 어떻게 변화하고 있는가를 분석하는 방법이다. 이러한 의미에서 수평적 분석은 기업내 분석(intra-firm analysis), 시계열 분석(time-series analysis) 또는 추세분석(trend analysis)이라고도 한다.

수평적 분석방법에는 추세형 재무제표를 이용하여 평가하는 방법과 재무비율의 추세를 이용하는 방법이 있다.

2. 추세형 재무제표를 이용한 평가방법

추세형 재무제표는 기준연도의 각 항목을 100%로 하여 비교연도의 같은 항목을 상대적 가치로 표시한 것이다. 각 연도 간에 추세를 비교하기 때문에 각 항목의 변화를 동태적으로 분석할 수가 있다. 이때, 다른 연도의 항목지수가 100% 이상이면 그 항목이 증가했음을 의미하고 100% 이하이면 감소했음을 의미한다.

기준연도로는 비교하고자 하는 기간의 초기연도를 사용할 수도 있고, 필요할 경우 비교기간의 중간연도나 말기연도를 사용할 수도 있다. 추세분석은 일반적으로 5년 이상의 변화를 살펴보았을 때 유용한 차이를 확인할 수 있다. 여기서는 편의상 3년간의 자료를 이용하여 분석해 본다.

다음의 [표 11-5]와 [표 11-6]은 [표 11-1]의 비교재무상태표와 [표 11-2]의 비교손익계산서를 이용하여 작성한 추세형 재무상태표와 추세형 손익계산서이다.

[표 11-5] P호텔 추세형 재무상태표

추세형 재무상태표

20×1년, 20×2 및 20×3년 각 연도 12월 31일 현재

주식회사 P호텔 (단위: 백만원, %)

과 목	비교재무상태표			추세형 재무상태표 (20×2년 기준, %)		
	20×1	20×2	20×3	20×1	20×2	20×3
Ⅰ. 유동자산	110,679	112,967	113,041	100	102.06	102.13
(1) 당좌자산	58,355	58,244	47,473	100	99.80	81.35
1. 현금및현금성자산	42,426	35,316	25,280	100	83.24	59.58
2. 매출채권	11,871	15,027	17,436	100	126.58	146.87
3. 기타당좌자산	4,058	7,901	4,757	100	194.70	117.22
(2) 재고자산	52,324	54,722	65,567	100	104.58	125.30
Ⅱ. 비유동자산	578,482	598,361	607,722	100	103.43	105.05
(1) 투자자산	135,731	15,682	30,705	100	11.55	22.62
(2) 유형자산	442,693	466,731	452,882	100	105.42	102.30
(3) 무형자산	67	59	47	100	88.05	70.14
(4) 기타비유동자산		115,887	124,086	-	-	-
자산총계	689,162	711,328	720,763	100	103.21	104.58
Ⅰ. 유동부채	98,555	74,635	70,632	100	75.72	71.66
Ⅱ. 비유동부채	126,308	166,257	161,393	100	131.62	127.77
Ⅲ. 자본	464,298	470,435	488,737	100	101.32	105.26
1. 자본금	200,000	200,000	200,000	100	100	100
2. 자본잉여금	207,829	208,038	208,227	100	100.10	100.19
3. 자본조정	(5,617)	(5,616)	(5,471)	100	99.98	97.40
4. 기타포괄손익누계	(5,484)	(9,846)	(9,649)	100	179.54	175.94
5. 이익잉여금	67,638	77,663	86,966	100	114.82	128.57
부채와 자본총계	689,162	711,328	720,763	100	103.21	104.58

[표 11-5]를 살펴보면, 유동자산이 증가하였는데 이는 매출채권과 기타 당좌자산의 증가에서 상당 부분 기인하였음을 알 수 있다. 부채에서는 단기성인 유동부채가 상당히 감소한 반면 장기성인 비유동부채가 10% 이상 증가하였다. 이익잉여금이 30% 가까이 증가하고 있어 기업의 재무적 안전도를 우선적으로 고려하고 있다는 것을 알 수 있다.

[표 11-6] P호텔 추세형 손익계산서

추세형 손익계산서

20×1년, 20×2년, 20×3년 각 연도 회계기간 동안

주식회사 P호텔 (단위: 백만원, %)

과 목	비교손익계산서			추세형 손익계산서 (20×2년 기준, %)		
	20×1	20×2	20×3	20×1	20×2	20×3
Ⅰ. 매출액	441,280	448,718	494,988	100	101.68	112.17
Ⅱ. 재료비	220,033	229,903	249,851	100	104.48	113.55
Ⅲ. 인건비	78,257	78,151	93,454	100	99.86	119.41
Ⅳ. 경 비	112,493	116,457	128,168	100	103.52	113.93
Ⅴ. 영업이익	30,495	24,206	23,514	100	79.37	77.10
Ⅵ. 영업외수익	6,457	7,740	6,607	100	119.86	102.32
Ⅶ. 영업외비용	7,955	7,141	6,356	100	89.76	79.89
Ⅷ. 경상이익	28,997	24,806	23,765	100	85.54	81.95
Ⅸ. 특별이익	-	-	-	-	-	-
Ⅹ. 특별손실	-	-	-	-	-	-
Ⅺ. 법인세비용차감전순이익	28,997	24,806	23,764	100	85.54	81.95
Ⅻ. 법인세비용	7,972	6,987	6,660	100	87.64	83.54
XIII. 당기순이익	21,025	17,819	17,104	100	84.75	81.35

[표 11-6]에서 P호텔의 추세형 손익계산서를 보면 3년간 영업이익이 23%가량 감소하고 있으며, 이로 인해 당기순이익도 비슷한 정도로 감소하였음을 알 수 있다. 이러한 원인은 재료비, 인건비, 경비와 같은 비용의 증가에서 기인하였음을 알 수 있다. 이때, 만일 각 비용들의 증가에 대한 구체적인 원인을 알기 위해서는 세부 항목의 변화에 대한 분석을 추가적으로 시행하여야 한다. 더 나아가 20×2년과 20×3년의 경제적 환경과 산업 환경도 검토해 보면 보다 구체적인 원인을 파악할 수 있을 것이다.

추세형 재무제표는 [표 11-2]와 [표 11-3]에서 살펴본 공통형 재무제표와 분석의 관점이 다름을 알 수 있다. 즉, 공통형 재무제표는 특정 연도의 재무상태표와 손익계산서의 각 항목이 차지하는 비중을 나타내고 있다. 따라서 해당 기업이나 비교 기업의 재무적 강·약점을 비교하는 데 유용하다. 반면에, 추세형 재무제표는 각 항목의 변동 규모에 대한 정보를 제공함으로써 특정 기업의 시간적 변화를 파악하는 데 유용하다. 따라서 두 가지 형태의 분석방법은 기업의 재무제표를 파악하는 데 상호 보완적인 기능을 갖고 있다고 말할 수 있다.

3. 재무비율의 추세를 이용한 평가방법

재무비율의 추세를 이용한 경영평가방법은 시간의 경과에 따른 각종 재무비율의 움직임을 동태적으로 파악하여 경영성과나 재무상태, 재무적 강·약점이 어떻게 변화하고 있는가를 평가하는 방법이다.

다음의 [표 11-7]은 P호텔의 20×0년부터 20×4년까지 5년 동안의 주요 재무비율의 변화를 나타낸 것이다.

[표 11-7] P호텔의 주요 재무비율 추세비교

재무비율의 추세분석은 경영성과, 재무상태, 재무적 강점과 약점이 어떻게 변화하는가를 판단케 한다.

주요 재무비율 추세비교

구분		20×0	20×1	20×2	20×3	20×4
안정성	유동비율	77.16%	166.07%	120.02%	112.30%	151.36%
	부채비율	40.65%	34.56%	53.39%	48.43%	51.21%
	차입금의존도	19.11%	14.25%	11.89%	9.98%	9.41%
	영업이익대비 이자보상배율	1.50배	2.70배	5.30배	8.12배	7.16배
수익성	매출액영업이익률	4.07%	5.57%	5.68%	6.91%	5.39%
	매출액순이익률	1.56%	2.62%	3.32%	4.76%	3.97%
	총자산순이익률	1.08%	1.71%	2.24%	3.08%	5.54%
	자기자본순이익률	1.55%	2.36%	3.23%	4.65%	3.81%
	총자산대비 영업현금흐름비율	9.08%	8.88%	3.42%	6.37%	7.63%
성장성 및 활동성	매출액증가율	-7.69%	-7.69%	10.38%	4.20%	1.69%
	영업이익증가율	26.20%	26.20%	27.93%	26.68%	-20.62%
	당기순이익증가율	56.89%	54.89%	39.78%	49.64%	-15.25%
	총자산증가율	-3.08%	-3.08%	16.41%	2.10%	3.22%
	자산회전율	0.65회	0.65회	0.68회	0.65회	0.64회

위의 [표 11-7]을 보면, 차입금의존도가 상당히 낮아졌고 영업이익대비 이자보상배율이 높아져 기업의 안정성이 매우 개선되었음을 알 수 있다. 수익성에서는 매출액영업이익률이 낮아졌음에도 불구하고 총자산순이익률과 자기자본순이익률이 높아져 수익의 질이 좋아졌음을 알 수 있다. 그리고 매출액증가율이 20×2년을 기점으로 꾸준히 증가하고 있어 지속적으로 성장하고 있음을 알 수 있다.

다음의 [표 11-8]은 P호텔의 20×0년부터 20×4년까지의 매출액과 인건비, 영업이익, 당기순이익의 변화를 요약한 표이다. 자세히 살펴보면, 매출액이 증가하는 비율 이상으로 인건비가 지속적으로 증가하고 있음을 알 수 있다. 이로 인해 당기순이익은 커다란 변화를 보이지 않고 있다. 따라서 당기순이익을 많이 올리기 위해서는 우선적으로 인건비에 대한 관리가 매우 중요함을 알 수 있다.

[표 11-8] P호텔의 인건비와 영업이익, 당기순이익 추세비교

재무제표에서 관련항목 간의 추세를 비교하면 항목의 변화원인을 발견할 수 있다.

인건비와 영업이익, 당기순이익 추세비교

(단위: 백만원)

	매출액	인건비	영업이익	당기순이익
20×0	415,664	19.38	4.07	1.56
20×1	383,695	18.64	5.56	2.61
20×2	423,509	19.16	5.68	3.31
20×3	441,280	17.73	6.91	4.76
20×4	448,718	17.41	5.39	3.97

우리는 이제까지 재무제표분석 중에서 수직적 분석방법과 수평적 분석방법에 대하여 살펴보았다. 다음의 [사례 11-1]은 재무제표분석에 필요한 재무제표를 획득할 수 있는 방법과 IR(investor relationship)에 대해 설명하고 있다. 이제 재무제표정보는 경제전문가는 물론 현대 사회를 살아가는 모든 경제인이면 누구나 활용할 줄 알아야 하는 상식적인 정보가 되었다.[77)]

77) 허익준(2005). 『재무제표는 경제상식이다』, 서울: 청림출판. 1~3.

[사례 11-1] 재무제표정보의 획득

IT산업의 발전으로 인하여 재무제표정보를 집에서도 손쉽게 얻어낼 수가 있다. 이제 재무제표정보는 전문가만의 몫이 아니고 경제인이면 누구나 활용할 줄 알아야 하는 상식적인 정보가 되었다.

재무제표정보의 획득

기업에서 정기적으로 공시하는 재무제표정보는 IT산업이 발전하면서 집에서도 손쉽게 얻을 수 있게 되었다. 예전에는 주로 증권거래소를 직접 방문하여 해당 기업이 공시한 자료를 열람하여 얻을 수 있었다. 그러나 인터넷이 일반화되고 저장용량이 확충되면서 요즈음에는 안방에서도 인터넷을 이용하여 무상으로 원하는 정보를 얻을 수 있다. 가장 많은 정보를 얻을 수 있는 곳은 금융감독원 전자공시시스템과 한국증권선물거래소이다.

- 금융감독원 전자공시시스템(http://dart.fss.or.kr)
- 한국증권선물거래소 전자공시시스템(http://kind.kse.or.kr)
- 기타 경제신문 홈페이지나 증권회사 홈페이지
- 관심이 있는 호텔기업의 홈페이지 'IR'코너나 '투자정보'코너

IR(Investor Relationships)

IR이란 기업이 자본시장에서 정당한 평가를 받기 위하여 기업의 경영목적이나 재무적 특성 등에 대하여 투자자들을 대상으로 실시하는 기업홍보활동으로 투자자관계, 기업설명회라고 한다.

우리는 흔히 기업을 홍보하는 방법으로 PR(public relation)을 생각하게 된다. 일반적으로 PR이란 일반 사람들을 대상으로 기업의 경영활동이나 제품에 대하여 홍보를 하는 활동이다. 이에 대하여, IR은 해당 기업에 관심이 있거나 이해관계가 있는 투자자들을 대상으로 기업 경영에 대한 전반적인 내용들을 설명하는 것이다.

IR에 대한 인식은 1990년대 중반 이후부터 IR시대라고 불릴 정도로 매우 폭넓게 확산되어 왔다. 최근에는 많은 기업에서 IR 전담부서를 설치하여 IR활동을 강화하고 있으며, 더 나아가 CEO가 직접 기업설명회나 주주총회에 나와 IR업무를 수행하는 경우도 있다. IR정보는 [그림 11-1]에서 보는 바와 같이 기업의 이해관계자들이 경영정보를 쉽게 이해할 수 있도록 그림으로 제시하기도 한다. 이와 같이 IR에 대한 인식이 높아지는 배경은 무엇일까? 기업가치와 기업의 이해관계자 입장에서 생각해 보자.

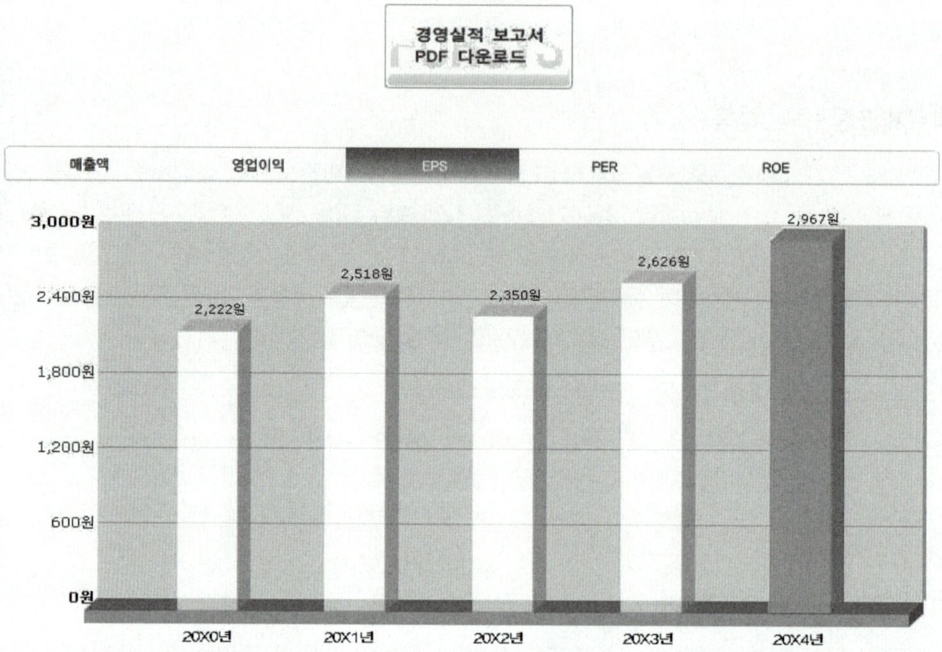

[그림 11-1] IR자료

기업의 경영실적을 기업의 이해관계자들에게 전달하기 위하여 EPS(주당 순이익)에 대한 정보를 효과적으로 제시하고 있다.

제12장

간단하면서도 풍부한 정보를 제공하는 도구(Ⅰ): 비율분석

12.1 창업 사례의 분석

12.2 비율분석이란 무엇인가?

1. 비율분석의 의의와 유용성
2. 재무비율의 종류

12.3 사례 기업 분석

1. 안정성비율
2. 수익성비율
3. 성장성비율
4. 활동성비율

12.4 비율분석을 이용한 경영평가방법

1. 상호비교법을 이용한 평가방법
2. 추세분석법을 이용한 평가방법
3. 비율분석을 이용한 경영평가방법의 한계

12 Accounting for Hospitality Industry: A Basic Perspective

간단하면서도 풍부한 정보를 제공하는 도구(Ⅰ): 비율분석

12.1 창업 사례의 분석

우리가 제1장에서 살펴본 다섯 가지 사례 중 '[사례 1-4] 창업 사례 비교'의 내용을 다시 정리해 보자. [사례 1-4]는 악취제거전문점, 잉크충전방, 세계맥주전문점, 인쇄편의점 등 4개의 창업아이템들의 창업과정과 창업 후의 영업실적들에 대하여 설명하고 있다. 만일 여러분들에게 위의 네 가지 아이템 중에서 하나를 선택하라고 한다면 어느 것을 선택할 것인가? 그리고 그때 어떠한 선택기준으로 판단할 것인가?

아마도 대부분의 학생들은 우선 순수익이 상대적으로 많은 아이템을 고려대상으로 삼을 것이다. 그리고 신선한 느낌을 주는 아이템, 즉 새로운 시장개척이 용이하여 투자액에 비하여 매출액의 규모가 점차 확대될 것으로 기대되는 아이템을 선호할 것이다.

이러한 선택과정을 구체적으로 분석하기 위하여 우선 순수익의 크기를 비교해 보자. 이때, 단순한 순이익의 크기보다는 투자액이나 매출액에 대하여 얼마나 순수익을 올리고 있는가, 즉 상대적 크기를 비교하는 것이 유용할 것이다. 그리고 투자액에 대하여 매출이 얼마나 이루어지고 있는가를 비교해야 할 것이다. 왜냐하면, 투자액에 대하여 매출액이 높다는 것은 그만큼 성장가능성이 높기 때문이다. 이러한 비교를 위해 [사례 1-4]의 내용을 [표 12-1]과 같이 정리해 보았다.

[표 12-1] 창업아이템별 창업비, 매출액, 순수익 비교

단순한 금액에 의한 비교는 규모의 차이를 반영하지 못하고 있다.

구 분	악취제거전문점	잉크충전방	세계맥주전문점	인쇄편의점
창 업 비	2,000만원	4,000만원	30,000만원	1,000만원
월평균 매출액	900만원	1,000만원	3,600만원	400만원
월평균 순수익	300만원	300만원	1,100만원	200만원

위의 [표 12-1]을 보면, 창업비가 가장 많이 소요되고, 월평균매출액이 가장 높은 아이템은 세계맥주전문점이다. 그리고 월평균순수익이 가장 높은 아이템 역시 세계맥주전문점이다. 그렇다면, 세계맥주전문점이 순수익과 성장가능성이 가장 높은 아이템이라고 할 수 있을까? 다음과 같이 다른 각도에서 생각해 보자.

위와 같은 비교방법은 창업비(투자액)의 규모가 서로 다르기 때문에 규모의 차이에서 나타날 수 있는 매출액과 순수익의 차이를 보다 정확하게 분석할 수가 없다. 그래서 비율이라는 수학적 도구를 활용하여 비교를 하면 이러한 오류를 제거할 수가 있다. 비율을 이용하여 [표 12-1]을 [표 12-2]와 같이 다시 정리해 보았다.

[표 12-2] 창업아이템별 창업비 대비 매출액, 순수익의 비율 비교

비율이라는 수학적 도구를 이용하여 재무정보를 분석하면 보다 간단하게 상대적 차이를 파악할 수 있다.

구 분	악취제거전문점	잉크충전방	세계맥주전문점	인쇄편의점
월평균 매출액/창업비	0.45	0.25	0.12	0.40
월평균 순수익/창업비	0.15	0.08	0.04	0.20
월평균 순수익/월평균 매출액	0.33	0.30	0.31	0.50

[표 12-2]를 보면, 성장가능성을 나타내는 창업비 대비 월평균매출액의 비율이 높은 아이템은 악취제거전문점, 인쇄편의점, 잉크충전방, 세계맥주전문점 순으로 나타난다. 그리고 수익성을 나타내는 창업비 대비 월평균순수익이나 월평균매출액 대비 월평균순수익의 비율이 높은 아이템은 인쇄편의점, 악취제거전문점 순이라고 할 수 있다. 이러한 분석결과에 따르면, 인쇄편의점이나 악취제거전문점이 투자비용과 매출액에 대한 순수익이 상당히 우수하다는 것을 알 수 있다.

이상과 같은 분석결과에 근거해서 여러분은 어떤 아이템을 선택하겠는가? 여기서 추가적으로 고려해야 할 점은 무엇인가? 해당 산업의 성장가능성이나 시장 환경 및 본인의 여러 가지 여건 등에 대하여 종합적인 분석을 하면 된다.

이제까지 살펴본 바와 같이, 수익성이나 성장가능성과 같은 지표들은 단순한 수치를 이용하여 비교하는 것보다는 비율을 이용하여 평가하면 보다 정확하고 분석적인 비교가 가능해짐을 알 수 있다.

물론 이러한 비교분석은 중·장기적인 관점에서 비교를 해야 하며, 창업아이템의 질적 측면(예를 들면, 해당 산업의 성장성, 경쟁의 정도, 시장규모, CEO 특성 등)에 대해서도 검토되어야 한다. 그러나 여기서는 이해를 돕기 위하여 사례에 담긴 단기적이고 양적인 자료만을 이용하였다.

12.2 비율분석이란 무엇인가?

1. 비율분석의 의의와 유용성

비율분석(ratio analysis)**이란 재무제표에서 경제적 의미가 있고 서로 관련성이 있는 두 개 이상의 항목들 간의 상대적 비율을 분석하는 기법**을 의미한다. 주로 기업의 재무정보를 이용하고 있기 때문에 재무비율분석(financial ratio analysis)이라고도 한다. 특히, 비율분석은 기업의 이해관계자들이 기업의 재무상태나 경영성과를 평가하는 데 간단히 이용할 수 있는 매우 유용한 분석도구이기 때문에 재무제표분석에서 가장 전통적으로 오랫동안 사용되어 왔으

며, 또한 가장 널리 이용되고 있는 분석방법이다.[78)]

재무제표에 나타난 값들은 그 자체만으로도 상당히 많은 의미를 가지고 있다. 그러나 그대로 이용하지 않고 비율을 이용하여 추가적인 분석을 하는 이유는 앞 절의 창업 사례에서 살펴본 바와 같이 실제값이 가지고 있는 **규모의 효과**(size effect)**를 제거**하려는 데 있다.[79)] 앞 절의 창업아이템에 대한 사례를 다시 정리해 보자.

네 가지 창업아이템의 수익성을 비교하고자 할 때, 단순히 순수익의 크기만을 비교하여 순수익이 큰 기업이 작은 기업보다 수익성이 높다고 평가할 수 있을까? 순수익이란 매출액 규모나 기업규모에 의하여 영향을 받을 수 있다. 따라서 매출액에서 순수익이 차지하는 비중이나 투자규모에서 순수익이 차지하는 비중을 구한 다음, 그 비율이 큰 기업이 수익성이 높다고 평가하는 것이 타당할 것이다. 즉, 공정하게 비교하기 위해서 규모의 효과를 제거하여야만 한다. 이외에도 재무자료를 비율 형식으로 표시하는 이유는 관심이 있는 변수들 간에 어떤 규칙성을 찾아내거나 동질적인 특성이 있는가를 검증하는 데 편리하기 때문이다.[80)]

이러한 비율분석은 기업의 경영성과나 재무적 건전도를 파악하려는 다양한 이해관계자들에 의해 폭넓게 오랫동안 이용되어 왔다. 여기에는 다음과 같은 몇 가지 이유가 있다.[81)]

첫째, 비교적 자료의 수집이 쉽고, 비율의 계산이 간단하다는 점이다. 즉, 재무제표와 관련된 자료들은 앞에서도 언급한 바와 같이 인터넷을 통하여 얼마든지 무상으로 이용할 수가 있으며, 비율의 계산 역시 매우 단순하다.

둘째, 이용하기가 간편하다는 점이다. 재무비율은 재무제표를 구성하는 수만큼이나 수없이 구성할 수 있다. 그러나 경제적 의미가 있어서 의사결정자들이 실제로 이용하는 것은 50여 가지를 넘지 않는다.

셋째, 계산된 비율의 경제적 의미가 비교적 선명하고, 분석도구로서 많은 유용성을 갖고 있기 때문이다. 만일, 어떤 기업의 재무비율을 산업평균과 같은 표준비율과 비교하면 그 기업의 경영상태를 보다 객관적으로 평가할 수 있게 된다. 또한, 과거 수년간의 추세를 분석해 보면

---

78) Chatfield, R. E. & Dalbor, M. C.(2004). *Hospitality Financial Management*, N.J.: Pearson Prentice Hall. 46.

79) Foster, G.(1986). *Financial Statement Analysis*, 2nd ed., N.J.: Prentice-Hall, Inc. 96.

80) 이정호 외 3 공역(1993). 앞의 책. 109.

81) Jones, K. H., Price, J. B., Werner, M. L. & Doran, M. S.(1996). 앞의 책. 468~469.

경영내용이 개선되고 있는지 아니면 악화되고 있는지를 평가할 수 있다.

이상과 같은 이유 때문에 비율분석은 오래 전부터 기업 내부의 경영관리는 물론 증권투자 의사결정, 은행의 대출의사결정과 신용분석, 부실예측 등과 같은 분야에서 경영분석의 대표적인 방법으로 이용되고 있다.

2. 재무비율의 종류

재무비율은 재무상태표나 손익계산서와 같은 재무제표에 있는 두 개 이상의 실제값 사이의 관계를 비율로 나타낸 것이다. 따라서 그 종류도 다양할 뿐만 아니라 어떠한 목적으로 사용하느냐에 따라 해석 역시 달라질 수가 있다. 즉, **재무제표분석에서 사용되는 재무비율은 분석의 목적과 이해관계자의 정보욕구(information need)에 따라 다양하다**. 예를 들어, 채권자나 은행은 단기대출금에 대한 회수가능성에 관심이 높기 때문에 기업이 얼마만큼의 현금동원능력, 즉 유동성을 갖고 있는가에 관심이 있다. 반면에, 주주들은 유동성보다는 기업이 얼마나 많은 이익을 낼 수 있는가? 즉, 수익성에 많은 관심을 갖는다. 또한, 기업의 경영자는 수익성이나 유동성뿐만 아니라 성장성, 효율성 등과 같은 광범위한 재무정보들에 관심을 갖고 있다.

이와 같이 재무비율은 다양한 의사결정자의 정보욕구나 분석자의 분석목적에 따라 수십 가지가 개발되어 사용되고 있다. 본서에서는 가장 일반적으로 이용되고 있는 재무비율들을 네 가지 범주로 분류하였다. 각 재무비율들의 특성과 종류를 요약하면 [표 12-3]과 같다. 각 비율의 특징과 의미는 다음 절의 사례기업에 대한 분석을 통하여 알아본다.

[표 12-3] 재무비율의 종류와 의미

재무비율은 정보욕구나 분석목적에 따라 사용되지만 일반적으로 안정성, 수익성, 성장성, 활동성의 네 가지로 범주로 나누어진다.

종　류	비율의 의미	관련 비율
안정성비율 (safety ratios)	기업의 채무 상환 능력을 측정	• 유동비율 • 당좌비율 • 부채비율 • 자기자본비율 • 차입금의존도
수익성비율 (profitability ratios)	기업의 종합적 경영성과를 측정	• 매출영업이익률 • 매출액순이익률 • 총자산순이익률 • 자기자본순이익률
성장성비율 (growth ratios)	기업의 경영규모나 경영성과의 증가와 같은 성장가능성을 측정	• 매출액증가율 • 영업이익증가율 • 당기순이익증가율 • 총자산증가율
활동성비율 (activity ratios)	기업이 소유하고 있는 자산들의 효율적 이용 정도를 측정	• 총자산회전율 • 재고자산회전율 • 매출채권회전율

12.3 사례 기업 분석

재무비율을 이용한 경영분석은 재무제표(재무상태표, 손익계산서, 현금흐름표, 자본변동표) 중에서 주로 재무상태표와 손익계산서를 이용한다. 그 이유는 재무상태표와 손익계산서에는 기업과 관련된 회계정보가 종합적이고 포괄적으로 담겨 있기 때문이다. 다음의 [표 12-4]와 [표 12-5]는 P호텔의 20×3년 감사보고서에서 비교재무상태표와 비교손익계산서를 요약한 것이다.

[표 12-4] P호텔 비교재무상태표

비교재무상태표

20×2년, 20×3년 각 연도 12월 31일 현재

주식회사 P호텔 (단위: 백만원)

과 목	20×2	20×3
Ⅰ. 유동자산	112,967	113,041
(1) 당좌자산	58,244	47,473
1. 현금및현금성자산	35,316	25,280
2. 매출채권	15,027	17,436
3. 기타당좌자산*	7,901	4,757
(2) 재고자산	54,722	65,567
Ⅱ. 비유동자산	598,361	607,722
(1) 투자자산	15,682	30,705
(2) 유형자산	466,731	452,882
(3) 무형자산	59	47
(4) 기타비유동자산	115,887	124,086
자산총계	711,328	720,763
Ⅰ. 유동부채	74,635	70,632
Ⅱ. 비유동부채	166,257	161,393
Ⅲ. 자본	470,435	488,737
1. 자본금	200,000	200,000
2. 자본잉여금	208,038	208,227
3. 자본조정	(5,616)	(5,471)
4. 기타포괄손익누계	(9,846)	(9,649)
5. 이익잉여금	77,663	86,966
부채와 자본총계	711,328	720,763

* 기타당좌자산은 재무상태표를 간략히 제시하기 위하여 단기대여금, 미수금, 미수수익, 선급금, 선급비용 등과 같은 당좌자산들의 합계액을 표시한 것임.

[표 12-5] P호텔 비교손익계산서

비교손익계산서

20×2년, 20×3년 각 연도 회계기간

주식회사 P호텔 (단위: 백만원)

과 목	20×2	20×3
Ⅰ. 매출액	448,718	494,988
Ⅱ. 재료비	229,903	249,851
Ⅲ. 인건비	78,151	93,454
Ⅳ. 경 비	116,457	128,168
Ⅴ. 영업이익	24,206	23,514
Ⅵ. 영업외수익	7,740	6,607
Ⅶ. 영업외비용	7,141	6,356
Ⅷ. 경상이익	24,806	23,765
Ⅸ. 특별이익	-	-
Ⅹ. 특별손실	-	-
Ⅺ. 법인세비용차감전순이익	24,806	23,764
Ⅻ. 법인세비용	6,987	6,660
XIII. 당기순이익	17,819	17,104

재무비율을 이용한 기업분석은 특정 기업의 재무적 건전도, 경영성과, 활동성 등에 대한 계산 수치를 제공하고 있다. 그러나 이러한 수치는 단순히 어느 한 기업에만 해당되는 것이기 때문에 계산 결과가 좋은 것인지, 아니면 나쁜 결과인지를 알 수가 없다. 그래서 일반적으로 특정 기업을 평가하기 위한 판단 기준으로 동종 산업의 산업평균이나 동종 산업에 속한 경쟁기업의 비율을 이용한다.

다음의 [표 12-6]은 P호텔이 속한 숙박업의 20×3년 기준 숙박산업 평균재무비율과 경쟁관계에 있는 L호텔의 재무비율을 정리한 것이다. 여기서 숙박산업이란 한국은행 『기업경영분석』에 따르면 호텔업, 여관업, 휴양콘도 운영업 등 관광 숙박시설 운영업, 기타 숙박시설 운영업 모두를 포함하고 있다. 따라서 특정 호텔기업의 재무비율과 호텔업이 아닌 숙박산업평균을 비교하는 데는 다소 무리가 따를 수 있다. 여기서는 사례분석을 통하여 일반적인 경향을 이해하기 위한 것이기 때문에 한국은행 『기업경영분석』의 숙박산업평균을 그대로 활용하였다. 이제부터 P호텔의 재무비율을 계산해 보고, [표 12-6]과 비교하여 평가해 보도록 하자.

[표 12-6] 숙박산업 평균재무비율과 경쟁업체의 재무비율(20×3년)

구 분	종 류	숙박산업평균*	L호텔
안정성비율(%)	유동비율	55.94	195.60
	당좌비율	36.87	120.16
	부채비율	66.77	13.74
	자기자본비율	59.61	87.92
	차입금의존도	18.43	6.24
수익성비율(%)	매출액영업이익률	4.22	3.83
	매출액순이익률	5.08	12.74
	총자산순이익률	1.55	5.88
	자기자본순이익률	2.60	6.67
성장성비율(%)	매출액증가율	4.16	3.02
	영업이익증가율	4.44	- 18.30
	당기순이익증가율	- 9.01	81.05
	총자산증가율	3.31	8.20
활동성비율(회)	총자산회전율	0.31	0.46
	재고자산회전율	9.87	0.62
	매출채권회전율	23.91	52.23

* 숙박산업에는 한국은행 『기업경영분석』에 따라 호텔업, 여관업, 휴양콘도 운영업 등과 같은 관광숙박시설 운영업과 기타 숙박시설 운영업을 포함하고 있음.

1. 안정성비율

안정성비율(safety ratios)은 기업의 부채를 상환할 수 있는 능력을 판단하기 위하여 사용되는 비율이다. 그래서 안정성비율은 기업의 채권자들이 가장 중요시하는 비율이다.

안정성비율은 단기부채(유동부채)의 상환능력을 평가하기 위한 유동비율과 당좌비율이 있고, 장기부채(비유동부채)의 상환능력을 평가하기 위한 부채비율과 자기자본비율이 있다.

단기부채의 상환능력을 평가하기 위한 유동비율과 당좌비율은 기업의 유동성, 즉 현금화 가능성이 높은 자산을 많이 보유함으로써 높일 수 있다. 유동비율과 당좌비율이 높으면 단기채권자들의 입장에서는 바람직한 것으로 평가할 수 있다. 그러나 경영자나 주주의 입장에서는 수익성을 낮출 수 있는 요인으로 작용할 수 있기 때문에 비판적으로 평가할 수도 있다.

장기부채의 상환능력을 평가하기 위한 부채비율과 자기자본비율은 기업의 타인자본 의존도를 평가하는 비율이다. 또한, 단기지급능력보다는 장기지급능력을 표시하기 때문에 부채성비율이라고도 한다.

일반적으로 경기가 호황일 때, 타인자본은 이로 인한 금융비용보다 수익규모가 크기 때문에 지렛대(leverage) 역할(수익확대효과)을 하여 기업소유주는 적은 자기자본으로 높은 순이익을 가질 수 있다. 반면에, 경기가 불황인 경우에는 금융비용의 부담이 커져서 채권자의 위험과 기업의 재무위험이 훨씬 더 커지게 된다. 그래서 안정성비율은 바로 기업의 재무적인 건전도를 나타내며, 장·단기 채권자의 재무위험(financial risk)을 측정하는 데 이용된다.

(1) 유동비율(current ratio)

유동비율은 재무상태표상에 있는 유동자산을 유동부채로 나누어 계산되는 비율이다. 유동자산은 만기가 다가오는 채무를 우선적으로 지급할 수 있는 재원이 되기 때문에 이 비율이 높을수록 단기부채를 상환할 수 있는 능력이 높다고 하겠다.

P호텔의 20×3년 유동비율은 다음과 같다.

유동비율 = 유동자산 / 유동부채 = 113,041 / 70,632 = 160.04(%)
(산업평균: 55.94%, L호텔: 195.60%)

[평가] 유동비율 160.04%는 유동부채 1원에 대하여 약 1.6원의 유동자산을 보유하고 있다는 의미이다. P호텔의 경우 산업평균보다 유동자산을 이용하여 당장 채무를 상환하는 데 상당히 용이한 것으로 평가할 수 있다.

유동비율을 이용하여 기업의 단기 지급능력을 평가할 때는 유동자산의 구성비를 고려하는 것이 바람직하다. 즉, 만일 유동자산 중 당좌자산이 적고 재고자산이 많다면 유동비율은 기업의 지급능력을 제대로 반영하지 못할 수 있다. 따라서 비록 유동비율이 높더라도 다음에 설명할 당좌비율이나 부채비율과 같은 다른 보완적인 비율들을 동시에 검토해야만 한다.

(2) **당좌비율**(quick ratio)

유동자산에는 현금및현금성자산, 매출채권, 단기대여금 등과 같은 당좌자산과 상품, 원재료, 저장품과 같은 재고자산이 포함되어 있다. 이 중에서 재고재산은 생산 및 판매과정을 거쳐야 현금화될 수 있으므로 다른 유동자산에 비하면 유동성이 낮다고 하겠다. 그래서 유동자산에서 재고자산을 뺀 나머지 당좌자산만을 유동부채로 나누면 유동비율보다 단기부채에 대한 상환능력을 더욱 엄격하고 민감하게 반영할 수 있다. 당좌비율은 바로 이러한 측면을 평가하기 위하여 당좌자산을 유동부채로 나눈 것이다.

P호텔의 20×3년 당좌비율을 구하면 다음과 같다.

당좌비율 = 당좌자산 / 유동부채 = 47,473 / 70,632 = 67.21(%)
(산업평균: 36.87%, L호텔: 120.16%)

[평가] 당좌비율 67.21%는 유동부채 1원당 0.67원의 당좌자산을 가지고 있음을 의미한다. 산업평균보다는 높으나 L호텔에 비하여 상당히 낮음을 알 수 있다. 일반적으로 당좌비율이 100% 이상인 경우 유동성이 좋은 것으로 평가한다.

(3) 부채비율(debt ratio)

부채비율은 부채총액을 자기자본으로 나누어 사용하거나, 부채총액을 총자본으로 나누어 사용하기도 한다. 어떤 방법으로 계산하든 비율 간의 상관관계가 높기 때문에 사용자의 편의에 따라 선택할 수 있다.

부채비율은 앞에서 설명한 바와 같이, 채권자들의 위험부담의 정도와 손익확대효과의 정도를 평가하는 기초 정보로서 중요한 의미가 있다. 즉, 부채비율이 높을수록 채권자들의 채권상환의 안전도는 떨어지는 것을 의미하며, 손익확대효과는 커지는 것을 의미한다.

P호텔의 20×3년 부채비율을 구하면 다음과 같다.

부채비율 = 총부채 / 자기자본 = 232,025 / 488,737 = 47.47(%)
(산업평균: 66.77%, L호텔: 13.74%)

[평가] 부채비율이 47.47%라는 것은 자기자본총액에 비해 부채총액이 약 0.4배임을 의미한다. P호텔의 경우 산업평균보다 낮기 때문에 채권자들이 느끼는 상대적 위험정도가 낮다고 할 수 있다. 그러나 L호텔과 비교하면 부채비율이 약간 높은 편이라고 말할 수 있다.

(4) 자기자본비율(net worth to total assets ratio)

자기자본비율은 총자본(부채와자본총계) 중에서 자기자본이 차지하는 비율로서 이 비율이 높을수록 타인자본(부채)에 대한 의존도가 낮기 때문에 기업의 재무적 안전성이 보장된다.

P호텔의 20×3년 자기자본비율은 아래와 같다.

자기자본비율 = 자기자본 / 총자본 = 488,737 / 720,763 = 67.81(%)
(산업평균: 59.61%, L호텔: 87.92%)

[평가] 자기자본비율 67.81%는 자산 1원당 0.67원이 주주에게 속한다는 의미이다. 이 비율은 장기적 재무안정성을 나타내기 때문에 은행대출 심사 기준으로 삼고 있다. 그래서 우리

나라에서는 이 비율을 은행지도비율 또는 자기자본지도비율이라고 하여 매년 업종별 자기자본지도비율을 발표하고 있다. 우리나라 대부분의 기업들은 재무구조가 취약하여 자기자본비율이 외국의 경쟁기업들에 비하여 매우 낮은 것이 문제로 지적되어 왔다.

(5) 차입금의존도

차입금의존도는 총자산에서 차입금(단기차입금, 장기차입금, 유동성장기부채, 사채)이 차지하는 비중을 나타낸 비율이다. 의존도가 낮을수록 기업의 재무가 안정적이라고 말할 수 있다.

P호텔의 20×3년 차입금의존도는 아래와 같다.

차입금의존도 = 차입금 / 총자산 = 64,292 / 720,763 = 8.92(%)
(산업평균: 18.43%, L호텔: 6.24%)

[평가] 차입금의존도 8.92%란 총자산 100원 중 차입금이 8원 정도라는 의미이다. P호텔의 경우 산업평균에 비하여 상당히 낮은 편이나 경쟁기업에 비해서는 다소 높은 편이다. 차입금의존도가 높으면 금융비용이 많이 발생하여 수익을 악화시키는 결과를 가져올 수 있다.

이상에서 살펴본 부채비율, 자기자본비율, 차입금의존도는 모두 기업의 재무적 안정성을 나타내는 비율들로 의사결정의 목적에 따라 달리 사용하거나 상호보완적으로 이용할 수 있다.

2. 수익성비율

수익성이란 기업의 모든 의사결정과 경영활동의 종합적 결과로 나타나는 경영성과를 의미한다. 따라서 수익성비율(profitability ratios)은 기업의 경영자, 주주, 종업원, 채권자 등과 같은 이해관계자들 모두에게 가장 관심이 높은 비율이다.

수익성을 측정하는 회계적인 이익으로는 손익계산서에 구분 표시되어 있는 매출총이익, 영업이익, 경상이익, 법인세비용차감전순이익, 당기순이익이 있다. 그런데 일반적으로 대부분의 이해관계자들은 수익성의 판단기준으로 다른 이익 개념보다는 주로 당기순이익을 가장 중요한 정보로 알고 있기 때문에 수익성비율은 당기순이익과 관련된 비율이 대부분이다. 그러나 의사결정의 목적에 따라 이익의 추세나 영업 본래의 수익성을 살펴보기 위해서 영업이익이나 경상이익을 이용하기도 한다.

(1) **매출액순이익률**(income to net sales)

매출액순이익률은 매출액 중에서 당기순이익이 차지하는 비중을 나타낸 것으로 기업 경영의 전반적인 수익성을 판단하기 위하여 사용된다.

매출액순이익률은 사용하는 이익의 종류에 따라 매출액순이익률, 매출액영업이익률, 매출액경상이익률 등으로 구분하여 사용되기도 하는데, 그 계산원리가 모두 같기 때문에 여기에서는 매출액순이익률의 계산만 제시하기로 한다.

P호텔의 20×3년 매출액순이익률을 구하면 다음과 같다.

매출액순이익률 = 당기순이익 / 매출액 = 17,104 / 494,988 = 3.46(%)

(산업평균: 5.08%, L호텔: 12.74%)

[평가] 매출액순이익률 3.46%란 매출액 100원에 대하여 순이익이 3.46원이라는 것을 의미한다. P호텔은 산업평균이나 경쟁업체인 L호텔보다 매우 낮기 때문에 해당산업이 처한 상황에 비하여 비교적 수익성이 저조한 편임을 알 수 있다. 그래서 그 원인을 찾아보기 위해 매출액영업이익률을 구해 보았다. P호텔의 매출액영업이익률은 −2.86%이고, 산업평균은 4.44%, L호텔은 −18.30%였다. P호텔의 매출액영업이익률은 산업평균이 L호텔보다 양호하였다. 그렇다면 P호텔의 경우, 영업외적인 요인이 당기순이익에 영향을 미쳤다는 것을 알 수 있다. 이러한 분석결과를 가지고 재무제표를 확인하면서 구체적인 원인을 찾아내면 된다. 매출액순이익률이나 매출액영업이익률은 높을수록 좋다.

(2) 총자산순이익률(ROA, return on assets)

총자산순이익률은 기업에 투자된 총자본이 얼마나 효율적으로 운용되었는가를 측정하는 비율로서 총자본순이익률 혹은 투자수익률(ROI, return on investment)이라고도 한다.

여기서 총자산액은 전기의 총자산액(전기말의 잔액이나 당기초의 잔액)과 당기총자산액(당기 말의 잔액)의 평균을 이용한다. 그 이유는 당기순이익은 당기의 전 기간(12월 법인의 경우 1월 1일부터 12월 31일까지)에 걸쳐서 산출된 수치이다. 그러나 당기총자산액은 기말 현재(12월 31일 현재)의 잔액이기 때문에 측정 기간의 차이로 인한 오류가 발생할 수 있다. 이러한 오류를 최소화하기 위하여 총자산액을 기초총자산액(혹은 전기말총자산액)과 당기말총자산액의 평균으로 사용하는 것이다.

P호텔의 20×3년 총자산순이익률은 다음과 같다. 이에 대한 결과는 (3) 자기자본순이익률과 함께 평가한다.

총자산순이익률 = 당기순이익 / (기초총자산액 + 기말총자산액) ÷ 2
= 17,104 / (711,328 + 720,763) ÷ 2 = 2.39(%)
(산업평균: 1.55%, L호텔: 5.88%)

(3) 자기자본순이익률(ROE, return on equity)

자기자본순이익률은 당기순이익을 기준으로 자기자본의 효율적 이용도를 나타내는 척도이다. 자기자본순이익률은 기업이나 주주의 입장에서 수익성비율 중 가장 중요시하는 비율이다. 왜냐하면, 이 비율을 같은 기간의 정기예금 금리와 비교함으로써 투자된 자본의 효율성을 평가할 수 있기 때문이다. 여기서도 측정 기간의 차이로 인한 오류를 최소화하기 위하여 자기자본액은 기초자기자본액(혹은 전기말의 자기자본액)과 기말자기자본액의 평균을 이용한다.

P호텔의 20×3년 자기자본순이익률은 다음과 같다.

자기자본순이익률 = 당기순이익 / (기초자기자본 + 기말자기자본) ÷ 2
= 17,104 / (470,435 + 488,737) ÷ 2 = 3.57(%)
(산업평균: 2.60%, L호텔: 6.67%)

[평가] 총자산순이익률 2.39%란 총자본 100원에 대하여 당기순이익이 2.39원 발생하였다는 의미이다. 그리고 자기자본순이익률 3.57%는 자기자본 100원에 대하여 당기순이익이 3.57원 발생하였다는 것이다.

P호텔의 경우 산업평균보다 높으나 L호텔보다 낮게 나타났고, 자기자본순이익률도 20×3년 기준 정기예금 금리보다 낮은 것으로 산출되었다. 이러한 결과는 P호텔의 경우 산업 전체보다 자본의 효율적 이용이 떨어지고 있음을 나타낸다. 또한, 총자본순이익률이 자기자본순이익률보다 상대적으로 더 낮은 것은 부채비율이 상대적으로 높기 때문인 것으로 추측할 수 있다.

3. 성장성비율

성장성비율(growth ratio)은 일정기간 중 기업의 경영규모와 경영성과가 얼마나 증가하였는가를 나타내는 비율이다. 성장성비율은 매출액증가율, 당기순이익증가율, 주당이익증가율, 총자산증가율, 자기자본증가율 등 여러 가지가 있다. 이 중에서 매출액증가율과 당기순이익증가율은 기업의 성장률을 나타내는 대표적인 비율이다. 특히, 당기순이익증가율이 높을 경우 투자자들은 높은 주가상승을 기대할 수 있다.

P호텔의 20×3년 매출액증가율, 영업이익증가율, 당기순이익증가율, 총자산증가율을 계산하면 다음과 같다.

매출액증가율 = 당기매출액 / 전기매출액 × 100 − 100
= 494,988 / 448,718 × 100 − 100 = 10.31(%)
(산업평균: 4.16%, L호텔: 3.02%)

영업이익증가율 = 당기영업이익 / 전기영업이익 × 100 − 100
= 23,515 / 24,206 × 100 − 100 = −2.86(%)
(산업평균: 4.44%, L호텔: −18.30%)

당기순이익증가율 = 당기순이익 / 전기순이익 × 100 − 100
= 17,104 / 17,819 × 100 − 100 = −4.01(%)
(산업평균: −9.01%, L호텔: 81.05%)

총자산증가율 = 당기말총자산 / 전기말총자산 × 100 − 100
= 720,763 / 711,328 × 100 − 100 = 1.33(%)
(산업평균: 3.31%, L호텔: 8.20%)

[평가] 위에서 계산된 성장성비율을 보면 20×2년에서 20×3년 사이에 P호텔의 경우 상당한 어려움을 겪었던 것으로 추측된다. 매출액은 증가하였지만 영업이익증가율은 경쟁업체인 L호텔은 물론 산업평균보다 낮은 것으로 나타났다. 특히, 당기순이익증가에서는 산업 전반적으로 상당한 어려움이 있는 것으로 나타났다. 그러나 경쟁업체인 L호텔은 상당한 신장을 가져왔다.

성장성비율을 해석할 때는 다음과 같은 점에 유의하여야 한다.

첫째, 성장률이 높으면 수익발생능력이나 시장에서의 상대적 지위가 높아지지만 반면에 해당 기업은 그만큼 투자할 대상이 많아지기 때문에 유동성이나 자금사정에 부정적인 영향을 미칠 수 있다.

둘째, 높은 성장률이 계속 유지될 수 없다는 점이다. 제품의 특성이나 기술의 발달 및 경쟁구조 등의 영향에 의하여 성장률은 점차 둔화되는 경향이 있다. 그래서 일반적으로 성장률 분석에는 성장률에 영향을 주는 질적 요인, 즉 산업의 구조, 제품수명주기 등과 같은 특성을 고려한 분석이 수반되어야 한다.

4. 활동성비율

활동성비율(activity ratios)이란 기업이 경영활동을 수행하기 위하여 소유하고 있는 자산들이 어느 정도 효율적으로 활용되었는가를 나타내는 비율이다. 기업의 자산이 효율적으로 활용되는가를 표현한다는 의미에서 효율성비율(efficiency ratios)이라고도 한다.

기업의 영업활동을 가장 적절하게 측정할 수 있는 것은 매출액 정보이다. 그래서 활동성비율은 매출액을 총자산, 재고자산, 매출채권과 같은 각종 주요 자산의 금액으로 나눈 회전율(turnover ratios)로 표시한다.

이러한 활동성비율, 즉 회전율 정보는 다음과 같은 측면에서 유용하다.

첫째, 회전율은 특정의 자산이 정상적인 영업순환과정(재고자산 → 외상매출 → 현금) 중 어느 단계에서 얼마의 자금이 묶여 있는가를 판단하는 정보를 담고 있다. 그래서 정보이용자는 회전율을 분석하여 각 단계별로 얼마의 소요자금이 필요하고, 이에 따라 자본배분을 어떻게 할 것인가를 결정할 수 있다.

둘째, 회전율은 특정 자산에 투하된 자본 한 단위당 얼마의 매출이 실현되었는가를 나타내기 때문에 특정 자산에 대한 투자의 적정성 여부를 평가하는 방법으로 이용될 수 있다.

(1) **총자산(총자본)회전율**(assets turnover ratio)

총자산회전율은 매출액과 총자산의 관계를 통해서 기업이 보유하고 있는 총자산이 매출수익의 창출에 얼마나 효율적으로 이용되고 있는가를 나타낸다. 이 비율이 높을수록 자산의 회전속도가 높아 자산을 효율적으로 이용하고 있다는 것으로 판단할 수 있다.

P호텔의 20×3년 총자산회전율은 다음과 같다. 여기서 매출액이 전체 기간(1년)의 금액을 나타내기 때문에 총자산액 역시 측정 기간의 차이로 인한 오류를 최소화하기 위하여 기초잔액과 기말잔액의 평균을 이용한다.

총자산회전율 = 매출액 / (기초총자산 + 기말총자산) ÷ 2
= 494,9888 / (711,32 + 720,763) ÷ 2 = 0.69(회)
(산업평균: 0.31회, L호텔: 0.46회)

일반적으로 회전율은 자산운용에 따른 수익성과 관련이 있다. 즉, 회전율이 높은 제품(생활용품이나 경공업제품 등)은 대체로 수익성이 낮고, 회전율이 낮은 제품(각종 기계장치류)은 수익성이 큰 편이다.

(2) **재고자산회전율**(inventory turnover ratio)

재고자산회전율은 매출액을 재고자산으로 나눈 것으로서 재고자산이 일정기간 동안에 몇 번이나 현금 및 매출채권으로 전환하였는가를 측정하는 것이다.

재고자산회전율이 평균보다 낮을 경우 기업이 비수익성 자산인 재고자산을 과다하게 보유함으로써 기업의 수익성 저하를 초래할 수 있다. 반면에, 평균보다 과도하게 높은 회전율은 판매활동이 매우 효율적으로 이루어지고 있다고 판단할 수 있다. 그러나 자칫 기업의 정상적 영업활동을 저해할 만큼 적은 재고자산을 유지하게 되기 때문에 재고자산 관리에 보다 세심한 주의를 기울여야 된다는 점도 의미하게 된다.

재고자산의 금액 또한, 기초잔액과 기말잔액의 평균을 이용하여 시간적 차이로 인한 오류를 최소화한다. P호텔의 20×3년 재고자산회전율은 다음과 같다.

재고자산회전율 = 매출액 / (기초재고자산 + 기말재고자산) ÷ 2
= 494,988 / (54,722 + 65,567) ÷ 2 = 8.23(회)
(산업평균: 9.87회, L호텔: 0.62회)

[평가] 재고자산회전율 8.23회라는 것은 P호텔이 20×3년 재고자산을 8.23회 정도 팔고 회전시켰다는 것을 의미한다. P호텔의 재고자산회전율은 산업평균과 비슷하나 경쟁업체인 L호텔보다는 훨씬 높다. 이것은 P호텔이 재고자산을 적게 보유하고 있거나, 혹은 영업활동이 평균 이상으로 효율적이었다는 것을 의미한다.

(3) 매출채권회전율(receivables turnover ratio)

매출채권회전율은 매출액을 매출채권(외상매출금, 받을 어음 등)으로 나눈 비율로 매출채권이 현금화되는 속도, 또는 매출채권에 대한 자산 투자의 효율성을 측정하는 데 이용된다. 따라서 이 비율이 높을수록 매출채권 관리가 효율적이라고 판단한다.

P호텔의 20×3년 재고자산회전율은 다음과 같다.

매출채권회전율 = 매출액 / (기초매출채권 + 기말매출채권) ÷ 2
= 494,988 / (15,027 + 17,436) ÷ 2 = 30.49(회)
(산업평균: 23.91회, L호텔: 52.23회)

[평가] 매출채권회전율이 30.49회라는 것은 P호텔이 20×3년에 매출채권을 30.49회 정도 회전시켰다는 것을 의미한다. P호텔의 매출채권회전율은 산업평균보다 높아 해당 산업의 신용정책이나 판매 관행보다 P호텔이 더 효율적이었다는 것을 의미한다. 산업평균 매출채권회전율이 23.91회라는 것은 매우 높은 수치이다. 같은 20×3년 기준 제조업(대기업)의 경우 8.85회, 건설업 4.78회, 도매 및 소매업 8.37회, 음식료업 8.57회로 나타났다. 이와 같이 숙박업이 다른 산업에 비해 매출채권회전율이 높은 이유는 숙박업이 신용거래보다는 현금거래 중심으로 이루어지고 있다는 산업 특성 때문으로 간주된다.

여기서 매출채권회전율을 이용하여 한 가지 더 재미있는 분석을 해 보자. 매출채권회전율은 매출채권이 발생하여 1년에 몇 번이나 현금으로 들어오는가를 나타낸다고 하였다. 그래서 1년 365일을 매출채권회전율로 나누면 매출채권이 평균 며칠 만에 현금화되는가(혹은 매출채권으로 묶여 있는가)를 계산해 낼 수 있을 것이다. 이것을 매출채권의 평균회수기간(receivables average collection period)이라고 하는데, 매출채권이 발생하여 현금화되지 않고 매출채권이라는 채권액으로 며칠 동안이나 묶여 있는가를 나타낸다. 매출채권으로 묶여 있는 기간이 길수록 기업에서는 신용판매정책을 재고해야만 한다.

20×3년 P호텔과 L호텔, 제조업(대기업)의 매출채권평균회수기간을 구하면 다음과 같다. 여기서는 숙박산업의 특징을 이해하기 위하여 제조업(대기업)과 비교하였다.

P 호텔: 매출채권평균회수기간 = 365/매출채권회전율 = 365/30.49 = 11.97일

L 호텔: 매출채권평균회수기간 = 365/매출채권회전율 = 365/52.23 = 6.99일

제조업: 매출채권평균회수기간 = 365/매출채권회전율 = 365/8.85 = 41.24일

위의 계산을 통해서도 알 수 있듯이, P호텔보다 경쟁업체인 L호텔의 매출채권 평균회수기간이 더 짧다는 것을 분명히 알 수 있다. 더욱이, 이러한 차이는 제조업에 비하여 매우 짧은 것임을 알 수 있다. 매출채권회전율에 대한 보다 정확한 평가를 위해서 해당 산업이나 해당 기업의 신용정책이나 판매조건, 목표회수기간 등을 동시에 고려해야 한다.

일반적으로 회전율은 자산운용에 따른 수익성과 관련이 있다. 즉, 회전율이 높은 제품(생활용품이나 경공업제품 등)은 대체로 수익성이 낮고, 회전율이 낮은 제품(각종 기계장치류)은 수익성이 크다.

12.4 비율분석을 이용한 경영평가방법

이제까지 주요 재무비율을 계산하고 각 비율에 담긴 의미를 해석하는 방법을 살펴보았다. 그리고 계산된 재무비율을 이용하여 특정 기업의 경영성과나 재무상태, 성장성에 대하여 평가해 보았다.

그러면 이렇게 계산된 재무비율을 이용하여 기업의 재무상태나 경영성과를 어떻게 평가할 것인가? 본 절에서는 재무비율을 이용하여 기업의 경영상태를 평가하는 방법에 대하여 살펴보도록 한다.

재무비율을 이용하여 기업의 재무상태나 경영성과를 판단하는 방법에는 일반적으로 두 가지 방법이 있다. 하나는 특정 기업의 재무비율을 절대적 기준값과 비교하거나, 산업 평균비율과 비교하여 분석하는 **상호비교법**(comparative analysis)이다. 그리고 또 다른 하나는 재무비율이 과거부터 현재까지 어떻게 움직여 왔는가를 살펴보는 **추세분석법**(trend analysis)이다.

1. 상호비교법을 이용한 평가방법

(1) 상호비교법의 의의

상호비교법(comparative analysis)이란 특정 기업의 재무상태와 경영성과를 비교할 때 해당 비율의 절대적 기준값이나 산업 전체의 평균 재무비율과 비교하여 상대적인 경영상태를 평가하는 방법이다.

우리가 앞 절에서 P호텔에 대한 분석을 하였을 때, P호텔에 대한 비율을 산출하고 산업평균이나 경쟁업체인 L호텔과 비교를 하여 그 결과를 해석하였다. 이러한 방법이 곧 상호비교법의 하나이다. 이러한 의미에서 상호비교법을 **기업 간 분석**(inter-firm analysis)이라고도 한다.

상호비교법에는 표준비율을 이용하여 비교하는 방법과 제11장에서 배운 공통형 재무제표를 작성하여 비교하는 방법이 있다.

(2) 표준비율을 이용한 평가방법

표준비율(standard analysis)이란 재무비율을 비교·평가할 기준(bench marks)이 되는 비율을 뜻한다. 표준비율에는 이상적인 표준비율, 산업표준비율, 경쟁업체의 재무비율 등이 있다.

① 이상적 표준비율

이상적 표준비율이란 각 기업이 속한 산업이나 업종, 기업의 규모 등과 관계없이 주관적으로 인식되는 절대적 기준이다. 예를 들면, "자기자본비율은 50% 이상이 좋으며, 이상적인 부채비율은 200% 정도"라는 표현처럼 경험적으로 이미 기준이 설정되어 있는 경우이다. 이러한 표준비율은 평가 기준으로 유용하지만 해당 기업이 속한 산업의 특성이나 기업의 규모 등을 고려하지 않고 있다는 한계가 있다.

② 산업표준비율

특정 기업이 소속된 산업의 전체 평균을 기준으로 하는 방법이다. 우리나라의 경우 산업표준비율에 대한 자료는 한국은행의 『기업경영분석』과 한국산업은행의 『재무분석』에서 얻을 수 있다. 어느 기업의 특정비율을 이러한 동일 업종의 평균비율과 비교하기 위해서는 회계처리방법 등에 있어서 동일하거나 유사한 기업들의 평균비율을 이용하는 것이 중요하다.

③ 경쟁기업의 재무비율

경쟁기업의 재무비율을 이용한 평가방법은 경쟁기업과의 차이를 대조적으로 파악할 수 있기 때문에 매우 의미있는 비교가 될 수 있다. 특히, 경쟁업체 간에는 경영규모나 특성 등이 유사하기 때문에 상대적인 강점 또는 약점에 대한 분석이 가능하다는 이점이 있다.

우리가 앞 절에서 분석한 P호텔에 대한 재무비율과 산업평균 및 경쟁업체인 L호텔의 재무비율을 비교해 보면 [표 12-7]과 같다.

[표 12-7] 산업평균 및 경쟁업체와의 재무비율 비교(20×3년)

경쟁업체 간에는 경영규모나 특성 등이 유사하기 때문에 상대적인 강점 또는 약점에 대한 분석이 가능하다는 이점이 있다.

구 분	종 류	숙박산업평균	L호텔	P호텔
안정성비율(%)	유동비율	55.94	195.60	160.04
	당좌비율	36.87	120.16	67.21
	부채비율	66.77	13.74	47.47
	자기자본비율	59.61	87.92	67.81
	차입금의존도	18.43	6.24	8.92
수익성비율(%)	매출영업이익률	4.22	3.83	4.75
	매출액순이익률	5.08	12.74	3.46
	총자산순이익률	1.55	5.88	2.39
	자기자본순이익률	2.60	6.67	3.57
성장성비율(%)	매출액증가율	4.16	3.02	10.31
	영업이익증가율	4.44	-18.30	-2.86
	당기순이익증가율	-9.01	81.05	-4.01
	총자산증가율	3.31	8.20	1.33
활동성비율(회)	총자산회전율	0.31	0.46	0.69
	재고자산회전율	9.87	0.62	8.23
	매출채권회전율	23.91	52.23	30.49

[평가] P호텔의 비율분석 결과를 [표 12-7]과 같이 종합적으로 산업평균과 경쟁업체인 L호텔의 결과와 비교해 볼 때 몇 가지 특징을 발견할 수 있다.

첫째, P호텔은 산업 전체나 L호텔에 비해 안정성과 수익성에서 다소 부진한 것으로 나타났다. 둘째, 성장성면에서도 특히 영업이익과 당기순이익이 (−)성장을 하여 수익 개선을 위한 새로운 전략의 모색이 필요함을 암시하고 있다. 그러나 활동성비율이 높아 수익 개선 및 기업 성장에 상당한 긍정적인 효과를 가져올 것으로 판단할 수 있다.

2. 추세분석법을 이용한 평가방법

추세분석법(trend analysis)은 시간적 경과에 따라 특정 기업의 재무상태가 어떻게 변화하고 있는가를 분석하는 방법이다.

[표 12-8]은 숙박산업의 성장성, 수익성, 안정성, 활동성을 나타내는 비율들이 20×1년부터 20×4년까지 어떻게 변화하고 있는가를 보여주고 있다. 이와 같이 수년간에 걸친 추세를 비교할 경우 과거부터 현재까지 어떻게 움직여 왔는가를 파악할 수 있다.

[표 12-8] 숙박산업 재무비율 추세비교

재무비율을 추세분석으로 비교할 경우 비율이 과거부터 현재까지 어떻게 변화해 왔는가를 알 수 있다.

	20×0년	20×1년	20×2년	20×3년	20×4년
총자산증가율	0.62	5.28	4.18	4.10	3.31
매출액증가율	-5.97	8.98	3.51	4.08	4.16
총자산순이익률	0.06	1.09	1.49	3.75	1.55
매출액순이익률	0.21	3.33	5.04	12.51	5.08
유동비율	46.07	54.72	44.27	60.81	55.94
부채비율	72.32	79.98	137.21	76.28	67.77
재고자산회전율	10.31	12.91	7.06	9.52	9.87
매출채권회전율	31.78	29.36	29.99	25.22	23.91

3. 비율분석을 이용한 경영평가방법의 한계

재무비율을 이용한 경영평가방법은 자료의 획득이 용이하고, 계산방법이 간단하며, 산출된 비율에 대한 평가가 비교적 쉽기 때문에 경영분석이나 기업경영진단 시 널리 사용되고 있다. 그러나 **비율분석의 결과를 보다 유용하게 이용하려면 재무비율이 갖고 있는 유용성과 한계점을 동시에 인식하여 결과에 대한 해석을 신중히 하고 객관적으로 평가해야만 된다.**[82]

특히, 재무비율을 이용한 경영평가는 기업의 재무적 건강상태를 진단하는 것에 불과하다. 즉, 재무비율은 기업의 재무적 건전도를 나타내는 하나의 신호(signal)나 징후로서 의미가 있다는 것이다.[83] 예를 들면, 비율분석의 결과 유동성이 나쁜 것으로 나타났다면 이것은 기업의 재무적 건강상태가 나빠지고 있다는 부분적 정보에 불과하다는 것이지 근본적 원인은 아니라는 것이다. 따라서 기업이 양호한 재무상태를 계속 유지하고 개선해 나가기 위해서는 그 진단결과에 따라 추가적인 원인분석을 수행하여 적절한 처방과 대책을 강구해야만 한다.

재무비율을 이용한 경영평가방법이 안고 있는 **중요한 한계점**들은 다음과 같다.[84] 재무비율분석의 결과는 여기서 지적된 문제점들을 종합적으로 고려하여 해석 및 평가해야 한다.

첫째, 기업의 경영성과에 영향을 미치는 비계량적(질적)인 요인들을 반영하지 못하고 있다. 예를 들면, 경영자의 특성이나 경영능력, 기술 및 제품의 우수성, 기술개발능력 등과 같은 정보들은 기업 경영에 상당한 영향을 미치지만 이들에 대한 정보가 전혀 반영되지 않고 있다.

둘째, 비율분석은 과거 일정기간의 재무상태가 미래에도 계속될 것이라는 가정에서 과거의 회계정보에 근거하고 있다는 점이다. 경영평가의 근본목적은 과거의 실적을 평가하기보다는 미래의 성장성이나 수익성 등을 예측하기 위한 기초 정보를 획득하는 것이다. 그런데 각종 기술개발이나 소비자 시장의 변화와 같은 환경적 변화를 간과한 채 과거의 자료로 미래를 예측한다는 것은 다소 그 자체로써 한계가 있다고 할 수 있다.

셋째, 오늘날 기업들은 상당히 다각화되어 있기 때문에 산업평균비율과 같은 표준비율을 사용하는 데 한계가 있다. 예를 들면, 어떤 기업의 주요 생산제품이 화학제품 62%, 섬유 38%라면 이 기업은 화학제품업으로 분류되어 화학제품업의 산업평균과 비교해야 한다. 이런 경우, 산업평균비율은 표준비율이 될 수 없다. 비율분석은 같은 산업 내 유사한 규모와 같은 객관적 기준에 의하여 비교될 때 비로소 그 유용성을 높일 수 있는 것이다.

넷째, 같은 업종에 속한 기업 사이에도 회계처리방법이 달라 비율이 갖는 의미가 달라질 수도 있다. 따라서 기업 간의 회계처리방법이나 자금조달방법이 다를 경우 그로 인한 차이를

---

82) Warren, C. S., Reeve, J. M. & Fess, P. E.(2002). *Accounting*, 12th ed., Aust.: South-Western. 658.

83) 이석규(1997). 앞의 책. 449~450.

84) Weygandt, J. J., Kieso, D. E. & Kell, W. G.(1996). *Accounting Principles*, 4th ed., N.Y.: John Wiley & Sons, Inc. 811~812.
김건우(1995). 앞의 책. 86~87.

고려해야만 한다. 예를 들면, 기계설비와 같은 고정 자산을 임차하는 경우와 그렇지 않은 기업과는 이와 관련된 비율이 상당히 다를 것이다. 또한, 어떤 감가상각법을 택하느냐에 따라 수익에 미치는 영향이 다르기 때문에 관련 비율 역시 매우 큰 차이를 보일 것이다.

다섯째, 비율분석은 주로 일정기간 동안의 경영성과를 나타내는 손익계산서와 특정시점의 재무상태를 표시하는 재무상태표를 이용한다. 따라서 기간적 차이로 인한 왜곡현상을 반영하지 못하고 있다. 예를 들면, 취득원가에 의하여 자산을 평가함으로써 적절하게 자산 가액을 반영하지 못한다든지, 물가변동의 효과를 반영하지 못하여 회계자료의 비교가능성을 훼손시킬 수 있다는 점이 한계가 될 수 있다.

여섯째, 재무비율에 담긴 정보내용은 이용자의 입장에 따라 상대적일 수 있다. 예를 들어, 현금화가 가능한 유동성이 높다는 정보는 채권자 입장에서는 긍정적으로 평가되지만 주주 입장에서는 수익성을 저하시키는 요인으로 평가할 수도 있다는 것이다.

제13장

왜 원가정보가 중요한가?

13.1 원가를 알면 경제가 보인다

13.2 원가란 무엇인가?

1. 원가란 무엇인가?
2. 재무회계와 어떤 차이가 있는가?
3. 왜 원가정보가 중요한가?

13.3 원가에는 어떤 종류가 있는가?

1. 추적가능성에 따른 분류
2. 제조활동과의 관련성에 의한 구분
3. 원가행태에 의한 분류
4. 통제가능 여부에 따른 분류
5. 의사결정과의 관련성에 따른 분류

13.4 제품의 제조원가는 어떻게 산출되는가?

13.5 원가의 개념을 어떻게 활용할 수 있는가?

1. Off season에도 영업을 계속할 것인가?
2. 어느 레스토랑을 구입하는 것이 유리한가?

13 Accounting for Hospitality Industry: A Basic Perspective

왜 원가정보가 중요한가?

13.1 원가를 알면 경제가 보인다

다음의 [사례 13-1]은 한 일간지에 게재된 기사이다.[85] 이 기사에서는 외국계 브랜드 커피가 비싼 이유를 간단한 원가분석을 통하여 밝혀주고 있다. 이 사례에서 분석한 원가의 종류들을 살펴보면서 브랜드 커피가 비싼 이유를 확인해 보자. 이와 같이 어떤 제품의 원가에 대한 관심은 우리가 보다 합리적인 경제생활을 하는 데 도움을 준다.

[사례 13-1] 자장면보다 비싼 커피값 왜?

우리들이 흔히 즐기는 커피 한 잔의 원가에 대해 알아보면 자장면보다 비싼 이유를 알 수 있다.

> "당신이 낸 커피값은 원두의 향(香)을 즐긴 대가인가?
> 아니면 과도한 커피점 임대료 때문인가?"

---

85) 조선일보(2006). 02. 17.

커피 한 잔의 가격은 특급 호텔 커피숍에서 한 잔당 1만원이 넘는 수준에서 자동판매기의 500원짜리 커피까지 다양하다. 최근 몇 년간 스타벅스나 커피빈 같은 외국계 커피전문점이 크게 늘면서 이곳을 찾는 사람도 폭발적으로 늘고 있다. 대표적인 외국계 커피전문점의 커피값은 한 잔에 3,000~5,000원 수준. 여기에 단맛을 내는 시럽(500원) 등을 첨가하면 가격은 더 올라간다.

[그림 13-1] 브랜드별 카페라떼 가격 비교

그렇다면 과연 커피 한 잔의 원가는 얼마나 될까? 외국계 커피전문점을 운영 중인 이 모씨는 "커피의 원재료인 커피 원두는 한 잔에 약 7g이 들어간다."면서 "업계에서는 원두 가격을 커피 재료의 품질이나 브랜드에 따라 잔당 140원에서 최고급의 경우에도 300원 수준"이라고 밝혔다. 여기에 끓인 물을 더하고, 우유와 설탕, 얼음을 더한다고 해도 잔당 '직접제조원가'는 200~400원 선이다.

문제는 커피가 어디서 어떻게 제공되느냐에 따라 달라지는 '간접원가'다. 판매되는 장소의 임대료와 관리비, 인테리어의 감가상각비, 인건비가 커피 한 잔의 원가를 좌우한다. 즉, 커피 한 잔의 원가에서 직접원가의 비중은 10% 정도에 불과하고, 임대료, 인테리어 등 간접원가의 비중이 90%를 차지하고 있다.

서울 역삼동에 위치한 외국계 A커피전문점의 경우 모든 비용을 몽땅 포함해서 잔당 원가는 약 2,556원인 것으로 분석됐다. 하루에 평균 300잔씩 한 달 동안 9,000잔 정도가 팔렸을 경우를 계산한 것이다. 외국계 커피전문점이 잔당 평균 4,000원 정도를 받고 있다고 했을 때, 마진은 잔당 1,500원으로 추정된다.

[표 13-1] 서울 강남에 위치한 A커피전문점의 커피 원가분석

구 분	월 금액	잔당 금액	비중(%)
원재료(원두)		200원	7.7
인건비	500만원	556원	21.8
임대료·관리비	1,200만원	1,333원	52.2
인테리어 등 감가상각비	420만원	467원	18.3
합 계		2,556원	100%

(기준: 월평균 9,000잔 판매/1잔 기준)

매일 커피전문점 커피를 2잔 정도 마시는 애호가의 경우, 한 달에 커피값만 20만원가량 든다. 이영숙(40) 씨는 “커피 한 잔 값이 설렁탕 한 그릇 값보다 비싸서 ‘배보다 배꼽이 더 크다’는 생각을 한다.”고 말했다.

스타벅스의 사례를 보면 커피값을 내릴 여지는 있다. 스타벅스는 2004년의 경우, 투자한 자본 대비 수익성을 나타내는 자기자본순이익률이 17.8%에 달했다. 이는 음식료업 산업평균 자기자본순이익률 6.5%의 거의 3배에 가까운 놀라운 수익성이다. 바꿔 말하면, 마진이 터무니없이 높다는 뜻으로 가격을 낮출 여지는 충분히 있다는 뜻이다. 또 임대료·관리비가 높지 않은 지역에서는 당연히 가격을 낮춰야 한다는 지적도 있다.

한 업계 관계자는 “커피잔에 원두에 대한 품질을 제대로 표기하지 않아 어떤 질의 커피를 사용하는지 소비자가 잘 알 수 없다.”면서 “질이 낮은 원두를 쓰면서 커피값은 많이 받는다는 의심을 받고 있다.”고 밝혔다.

이에 대해 커피전문점 업계의 한 관계자는 “원두커피의 역사가 길고 대중화된 나라는 상대적으로 물가와 비교해 커피 한 잔의 가격이 낮지만 아시아 국가처럼 커피문화가 새롭게 자리 잡는 나라들은 물가에 비해 커피값이 비쌀 수밖에 없다.”고 주장했다.

[그림 13-2] 스타벅스 카페라떼 국제가격 비교

13.2 원가란 무엇인가?

1. 원가란 무엇인가?

우리는 원가의 정의나 개념에 대해 분명히 알지 못하면서도 위의 [사례 13-1]의 원가분석 내용을 이해할 수 있었다. 왜 그럴까? 그것은 우리가 원가나 비용이라는 단어를 생활 속에서 흔히 사용해 왔기 때문일 것이다. 원두커피 한 잔을 만드는데 얼마나 들까? 자장면 한 그릇을 사려면 얼마를 내야 하는가?라는 질문이 바로 그 제품의 원가가 얼마인가를 묻는 것과 같은 의미인 것이다. 이러한 원가는 물건이나 제품을 만들 때는 제조원가, 제품을 구입했을 때는 매입원가라는 의미로 사용된다.

일반적으로 원가(cost)란 '**특정의 재화나 서비스를 얻기 위해 치르는 경제적 희생을 화폐액으로 평가한 것**(a measure of economic sacrifice to achieve a specific objective)'이라고 정의할 수 있다.[86] 여기서 희생은 현금이나 서비스 및 이행해야 할 의무의 발생 등과 같이 다양한 형태로 이루어진다. [사례 13-1]에서 보는 바와 같이, 원가는 경제적으로 활용하기 쉽기 때문에 의사결정의 목적에 따라 다양하게 이용되고 있다.

경영자는 의사결정 목적에 따라 원가에 대한 다양한 정보를 알고자 한다. 이때, 원가를 계산하고자 하는 대상이나 활동을 **원가대상**(cost objective)이라고 한다. 원가대상에는 구체적으로 제품(product)은 물론 호텔 고객이나 병원의 환자, 은행 고객, 대학의 학생들에게 기여한 서비스 및 각종 사회복지활동 등이 있다. 한편, 제품원가의 원재료와 관련해서는 재료비원가, 인건비와 관련해서는 노무비원가 등과 같이 똑같은 제품에 대해서도 구성요인에 따라 또는 의사결정 목적에 따라 원가대상이 달라질 수도 있다. 이와 같이 원가의 개념은 의사결정의 목적에 따라 차이가 있을 수 있다. 그래서 '**다른 목적에 따른 다른 원가**(different costs for different purposes)'[87]라고도 한다.

---

86) Morse, W. J. & Roth, H. P.(1986). *Cost Accounting*, 3rd ed., Mass.: Addison-Wesley Publishing Co. 3.

87) Horngren, C. T.(1987), *Cost Accounting: A Managerial Emphasis*, 6th ed., N.J.: Prentice-Hall, Inc. 20.

2. 재무회계와 어떤 차이가 있는가?

기업경영과 관련하여 경제적인 의사결정을 하는 사람들은 아래의 [표 13-2]와 같이 외부의 의사결정자와 내부의 의사결정자로 나눌 수 있다.88) 외부의 의사결정자들(external decision makers)은 기업에 대하여 의사결정을 한다. 그렇기 때문에 기업을 포함하여 기업이 직면한 경영환경과 같은 광범위한 정보를 필요로 한다. 그러나 내부의 의사결정자들(internal decision makers)은 기업을 위한 의사결정을 한다. 그렇기 때문에 그들이 사용하는 정보도 주로 경영활동에서 사용하는 정보에 국한하고 있다.

[표 13-2] 경제적 의사결정의 형태

경제적 의사결정이 내부적 의사결정인가 아니면 외부적 의사결정인가에 따라 그 의사결정과 정보의 내용이 다르게 된다.

구 분	외부의 의사결정자	내부의 의사결정자
의사결정의 내용	• 기업에 대한 의사결정(Makes decisions about company)	• 기업을 위한 의사결정(Makes decisions for company)
정보의 사용	• 정보이용자들의 경제적 의사결정에 유용한 정보 • 광범위하게 사용됨	• 기업 내의 경영의사결정에 유용한 정보 • 사용에 제한적임

외부 의사결정자나 내부 의사결정자들이 사용하는 정보들은 모두 기업과 관련된 경제적 사건들과 관련되어 있기 때문에 서로 중복되는 것도 있다. 예를 들어, 총제조원가는 원가관리를 위하여서도 필요하다. 또 한편으로는 제품의 제조원가나 판매가격을 결정할 때도 이용된다. 그러나 대부분의 정보들은 의사결정의 목적이 다르기 때문에 정보의 내용도 상당히 다르다.

이와 같이 의사결정자들의 정보욕구에 따라 정보의 내용이 상당히 다르기 때문에 회계학도

88) Jones, K. H., Price, J. B., Werner, M. L. & Doran, M. S.(1996). 앞의 책. 66~68.

두 개의 범주로 발전해 왔다. **하나는 외부의 의사결정자들에게 적합한 재무회계이고, 다른 하나는 내부의 의사결정자들의 의사결정에 유용한 관리회계이다.** 즉, 주로 외부적 의사결정을 위한 회계정보를 산출하는 분야가 재무회계이고, 내부적 의사결정을 위하여 회계정보를 제공하는 분야가 관리회계이다. 관리회계는 원가회계에 다양한 다른 학문의 기법들을 가미하여 원가회계의 영역이 확장된 것이라고 할 수 있다.[89)]

재무회계와 관리회계의 주요 차이점은 [표 13-3]과 같다.[90)]

[표 13-3] 재무회계와 관리회계의 차이

재무회계와 관리회계의 차이는 결국 경제적 의사결정의 목적에 따라 달라진다.

재무회계	차 이 점	관리회계
• 외부이용자(주주, 채권자, 금융기관 등)	보고서의 주된 이용자	• 내부이용자(최고경영자, 관리직 경영자, 종업원 등)
• 일정한 형태의 재무제표	보고서의 형태	• 보고목적에 따라 다양한 보고서
• 1년, 반기	보고주기	• 필요 시 임의적
• 모든 이용자들을 위한 일반적 목적의 정보 제공	보고의 목적	• 특정 이용자를 위한 특별한 목적의 정보 제공
• 일반적으로 인정된 회계원칙	회계처리원칙	• 특별한 원칙이 없음
• 신뢰성, 객관성을 강조	정보의 질적 속성	• 목적적합성을 강조
• 공인회계사에 의한 연도별 독립감사	검증과정	• 기업내부의 일반감사

89) Belkaoui, K.(1980). *Conceptual Foundations of Management Accounting*, Mass.: Addison-Wesley Publishing Co. 8~11.

90) Weygandt, J. J., Kieso, D. E. & Kell, W. G.(1996). 앞의 책. 841.

3. 왜 원가정보가 중요한가?

원가정보는 호텔기업을 비롯하여 모든 기업에서 업적 평가는 물론 미래 의사결정을 하는 데 매우 유용하게 이용되고 있다. 구체적으로 기업경영에서 중요한 이유는 다음과 같다.[91]

첫째, **기업의 경영성과나 재무상태를 나타내는 재무제표를 작성하는 데 필요한 정보를 제공해 준다**. 기업은 자본을 생산활동에 투자하여 제품이나 서비스를 생산한다. 그리고 이를 판매하여 이익을 창출하게 된다. 이러한 일련의 과정들에 대하여 원가계산이 이루어지게 되는데, 원가계산의 결과가 손익계산서에 기록되어 일반 정보이용자들에게 제공된다. 따라서 원가정보에 대한 이해는 곧 경제적 의사결정을 하는 데 매우 유용한 것이다.

둘째, **경영계획의 수립과 통제에 필요한 정보를 제공해 준다**. 경영계획이란 조직이 목표를 설정하고 이를 달성하기 위하여 자원을 어떻게 활용할 것인가를 결정하는 과정이다. 그리고 경영통제란 경영계획이 원활하게 수행될 수 있도록 관리해 나가는 과정이다. 원가는 바로 경영계획의 근거는 물론 경영통제의 기준을 설정하는 데 유용한 정보를 담고 있다.

셋째, **경영의사결정에 필요한 정보를 제공하고 있다**. 기업이 기업의 목적을 달성하기 위해서는 합리적인 자원 배분과 효율적인 자원 활용에 대한 다양한 의사결정을 하게 된다. 예를 들면, 제품의 선택이나 생산 방법의 결정, 가격결정 등과 같은 의사결정의 경우이다. 이러한 경영의사결정들이 합리적이고 원활하게 이루어지기 위해서는 원가정보가 필요하다.

넷째, **가격결정에 대한 정보를 제공해 준다**. 기업이 생산하는 제품이나 서비스의 가격은 곧 해당 기업의 경쟁력이라고 할 수 있다. 따라서 합리적인 가격결정은 바로 기업의 생존과 직결된다고 말할 수 있다. 이러한 가격결정에 가장 기초적인 동시에 필요한 정보가 원가정보인 것이다.

---

91) 심재설 · 김원기 · 박주현(1997). 『원가관리회계』, 서울: 두남. 7~10.

13.3 원가에는 어떤 종류가 있는가?

원가의 개념은[92] 영리를 목적으로 하는 기업은 물론 학교와 같은 비영리조직에도 모두 적용된다. 그러나 원가계산이 주로 제조업을 중심으로 발전되어 왔기 때문에 여기서는 제조업의 원가를 중심으로 살펴보기로 한다. 특히, 제조업은 생산은 물론 판매 및 관리활동까지 포함하고 있다. 그래서 제조업과 관련된 원가에 대하여 이해하면 호텔이나 레스토랑 및 상업기업은 물론 학교, 병원과 같은 비영리조직의 원가에 대해서도 쉽게 적용할 수 있게 된다. 호텔기업은 객실 및 식음료를 위시하여 카지노, 컨벤션 등과 같은 다양한 서비스를 생산하고 있기 때문에[93] 원가 개념을 각 부문이나 업무별로 다양하게 적용할 수 있다.

원가는 요구되는 정보의 특성이나 사용목적에 따라 달라질 수 있는데, 일반적으로 추적가능성, 제조활동과의 관련성, 통제가능 여부, 원가행태 및 의사결정과의 관련성에 따라 분류할 수 있다.[94]

1. 추적가능성에 따른 분류

앞에서도 설명한 바와 같이 원가를 계산하고자 하는 대상이나 활동을 원가대상(cost objective)이라고 한다. 추적가능성에 따른 구분은 원가계산을 하고자 하는 원가대상과 관련하여 직접적으로 원가를 추적 가능한가의 여부에 따라 나눈 것이다. 여기서는 직접원가와 간접원가로 분류할 수 있다.

---

92) 원가는 '특정의 재화나 서비스를 얻기 위해 치르는 경제적 희생'을 말하고, 비용은 '수익 창출을 위해 소비된 재화나 서비스의 가치'를 의미한다. 따라서 원가 개념이 더 포괄적이다. 본서에서는 두 용어에 대하여 일반적으로 사용되는 관례에 따라 혼용하여 사용한다. 예를 들어, 재료원가나 노무원가를 재료비, 노무비로도 사용한다.

93) 차길수·윤세목(2006). 『호텔경영학원론』, 서울: 현학사. 365.

94) Jagels, M. G. & Coltman, M. M.(2004), *Hospitality Management Accounting*, 8th ed., N.J.: John Wiley & Sons, Inc. 294~297.
Horngren, Charles T.(1987). 앞의 책. 25~31.
신준용·이석영·유상열(2003). 『최신원가관리회계』, 서울: 학현사. 21~25.
최웅용(2000). 『원가관리회계』, 서울: 명경사. 17~35.

(1) 직접원가

직접원가(direct cost)란 특정 원가대상에 직접 투입되어 추적이 가능한 원가를 말한다. 예를 들어, 만일 제품별로 원가계산을 한다면 각 제품에 투입된 원재료나 생산직 근로자의 임금은 추적이 가능하다. 직접원가에는 직접재료비, 직접노무비, 직접경비가 있다. 이러한 직접원가들은 원가계산 시 원가대상에 직접 부과한다. 호텔기업에서 원가대상은 각 부문이나 업장이라고 할 수 있는데, 각 부문이나 업장별로 추적이 가능한 원가들이 직접원가에 해당된다.

(2) 간접원가

간접원가(indirect cost 또는 overhead cost)는 특정 원가대상에 직접 투입되었는지의 여부를 추적할 수 없는 원가이다. 간접원가는 제품이나 서비스의 생산에는 투입되었으나 어느 제품에서 발생하였는가를 직접 파악할 수 없는 원가이기 때문에 일정한 배부기준에 따라 원가대상에 배부된다.

2. 제조활동과의 관련성에 의한 구분

기업의 경영활동을 기능별로 나누어 보면 제조활동과 판매활동, 그리고 일반관리활동으로 구분할 수 있다. 여기서 제조활동과 관련되어 발생하는 원가를 제조원가라고 한다. 그리고 판매활동이나 일반관리활동과 관련된 원가들은 제품의 제조활동과 관계없이 발생하기 때문에 비제조원가라고 한다.

(1) 제조원가

제조원가(manufacturing cost)는 제품이나 서비스를 생산하는 과정에서 직접적으로 투입된 원가를 말한다. 제조원가는 모두 해당 제품에 부과되기 때문에 제품원가(product costs)라고도 한다.

제품이나 서비스를 생산하기 위해서는 원재료, 노동력은 물론 원활한 생산활동을 위한 시설이나 용역의 지원이 필요하다. 이와 같이 제품이나 서비스의 생산에 소비되는 경제적 자원들을 **원가요소**(cost elements)라고 한다. 제조원가는 이러한 원가요소에 따라 직접재료비(혹은 직접재료원가), 직접노무비(혹은 직접노무원가), 제조간접비(혹은 제조간접원가)로 구성된다.

직접재료비(direct material costs)는 특정 제품이나 서비스를 생산하기 위하여 투입된 재료비 가운데 직접 추적이 가능한 재료비를 말한다. 각종 식음료의 재료소비액이 직접재료비에 해당된다. **직접노무비**(direct labor costs)는 특정 제품이나 서비스를 생산하기 위하여 투입된 노무비 가운데 직접 추적이 가능한 원가를 뜻한다. 제조활동에 투입된 종업원의 급료, 임금, 제수당이나 상여금 등이 여기에 해당된다. **제조간접비**(manufacturing overhead costs 혹은 indirect manufacturing costs)는 제조활동에서 발생한 원가 가운데 직접재료비나 직접노무비에 포함되지 않는 모든 원가를 말한다. 이상과 같은 직접재료비, 직접노무비, 제조간접비(혹은 경비)는 제품의 제조원가를 구성하는 기본적인 원가들이기 때문에 이것을 원가의 3요소라고 한다.

이제까지 설명한 원가의 종류들을 이용하여 제품의 제조원가와 총원가가 산출되는 과정을 살펴보면 [그림 13-3]과 같다.

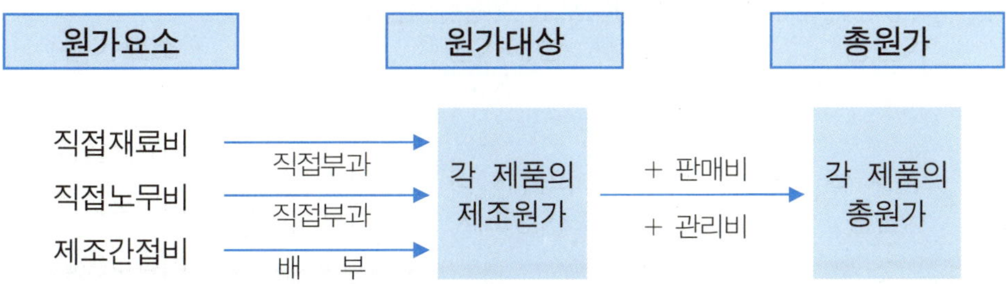

[그림 13-3] 제품의 제조원가와 총원가

제조원가는 각 제품에 직접 부과한 직접재료비와 직접노무비, 그리고 제조간접비 배부액으로 이루어진다. 여기에 판매비와 관리비를 더하면 총원가가 된다.

(2) 비제조원가

비제조원가(non-manufacturing cost)는 기업의 경영활동 중 제조활동 이외의 판매활동이나 일반관리활동에서 발생한 원가를 말한다. 비제조원가는 발생하는 즉시 비용으로 회계처리한다. 이러한 의미에서 비제조원가를 기간비용(period expenses)이라고도 한다.

비제조원가 중 판매활동에서 발생한 원가를 판매비라 하고, 일반관리활동에서 발생한 원가를 관리비라 한다. 판매비에는 광고선전비, 판매촉진비, 시장조사비 등이 있으며, 관리비에는 사무부서에 근무하는 근로자의 노무비나 경비, 건물의 감가상각비, 수선유지비 등이 있다. 판매비와 관리비를 하나로 합하여 판매비와일반관리비라고도 한다.

우리가 이제까지 배운 원가의 종류들을 참고하여 우리나라의 산업별 원가구조를 살펴보자. [표 13-4]는 매년 한국은행에서 발표하는 『기업경영분석』에서 발췌하여 정리한 내용들이다.[95)]

[표 13-4]에서 구성비가 높은 산업은 1위에서 3위까지 색칠을 하였고, 가장 낮은 산업은 굵은 글자로 표시하였다. **숙박업의 경우 재료비와 매출원가의 구성비가 가장 낮으나 노무비와 판매비와 일반관리비의 구성이 가장 높은 것으로 나타났다.** 한편, 통신업의 경우에는 매출원가가 가장 낮은 대신 판매비와관리비가 가장 높은 비중을 차지하는 것으로 나타났다. 이와 같이 원가의 구성비만 보아도 해당 산업의 특징을 파악할 수가 있다. 건설업과 오락, 문화 및 운동관련산업에 대해서도 살펴보고 특징을 논의해 보자.

95) http://bok.or.kr > 한은DB > 발간자료 > 연간자료 > 기업경영분석.

[표 13-4] 산업별 원가구조

(단위: 백억원(구성비, %))

	매출원가[A]	판매비와 관리비[A]	당기 순이익[A]	재료비[B]	노무비[B]	경비[B]
전 산업	129,165 (80.20)	22,463 (13.95)	7,861 (4.88)	55,610 (57.68)	9,000 (9.34)	31,802 (32.99)
음식료품	3,371 (72.25)	1,018 (21.60)	222 (4.76)	2,171 (74.25)	**237 (8.09)**	**517 (17.66)**
섬유제품	2,400 (88.66)	**294 (10.88)**	**-15 (-0.57)**	1,179 (59.14)	173 (8.67)	641 (32.18)
조립금속	1,781 (85.55)	**200 (9.59)**	**69 (3.32)**	1,054 (63.08)	156 (9.32)	461 (27.60)
컴퓨터 및 사무용기기	567 (82.66)	126 (18.42)	**-32 (-4.63)**	342 (77.29)	**34 (7.61)**	**67 (15.10)**
전자부품, 영상음향 및 통신장비	13,098 (78.23)	2,386 (14.25)	1,143 (6.83)	8,301 (66.34)	**831 (6.64)**	**3,380 (27.02)**
건설업	16,492 (86.96)	**1,249 (6.58)**	899 (4.74)	**4,998 (26.53)**	2,507 (13.31)	11,332 (60.16)
서비스업	37,775 (73.97)	10,742 (21.04)	2,027 (3.97)	3,305 (32.88)	1,489 (14.81)	5,257 (52.30)
숙박업	**297 (64.35)**	148 (32.13)	23 (5.04)	**30 (15.68)**	69 (35.74)	94 (48.58)
운수업	5,817 (81.54)	984 (13.80)	311 (4.36)	1,481 (29.37)	526 (10.42)	3,037 (60.21)
통신업	**417 (10.59)**	2,937 (74.56)	355 (9.00)	61 (29.45)	21 (10.14)	125 (60.42)
오락, 문화 및 운동관련산업	**772 (59.97)**	329 (25.54)	126 (9.80)	**105 (18.83)**	111 (19.93)	342 (61.23)

A: 괄호의 구성비는 매출액을 100으로 하였을 경우 차지하는 비중.

B: 괄호의 구성비는 당기총제조비용을 100으로 하였을 경우 차지하는 비중.

3. 원가행태에 의한 분류

원가행태(cost behavior)란 작업시간이나 생산량과 같은 조업도(操業度, activity level)의 변화에 따라 원가가 변화하는 양상을 말한다. 여기서 조업도란 상품매매업인 경우 판매액, 운송회사는 차량운행시간, 호텔의 경우 객실판매량이나 고객 수와 같이 다양한 용어로 표현되고 있다.

원가를 원가행태에 따라 나누는 이유는 기업이 예측한 생산량에 따라 추정한 원가와 실제발생액이 적절한가를 판단하여 원가통제나 경영계획을 위한 여러 대안들을 평가하는 데 활용할 수 있기 때문이다.[96] 그래서 기업 전체는 물론 각 부문이나 영업장에서 폭넓게 활용되고 있다.

원가행태에 따른 원가분류에서는 일정한 조업도 범위, 즉 관련범위(relevant range) 안에서는 원가행태가 변화하지 않는다는 것을 전제로 하고 있다. **관련범위**란 일정기간 동안 현실적으로 달성 가능한 최대조업도와 최저조업도의 사이를 말한다.

원가행태에 따라 원가는 크게 변동원가와 고정원가로 나눌 수 있으며, 추가적으로 혼합원가, 계단원가가 있다.[97] 여기서는 변동원가와 고정원가를 중심으로 설명한다.

(1) 변동원가

변동원가(variable cost)는 생산량이나 판매액과 같은 조업도의 증감에 따라 원가총액이 변화하는 원가를 말한다. 예를 들면, 식료나 음료의 재료비는 판매량에 따라 변화하게 된다. 즉, 판매가 전혀 이루어지지 못하였을 경우에는 식음료 원가는 ₩0이 된다. 만일 100단위를 판매하였다면 100단위만큼의 재료비가 발생하게 된다.

변동원가의 함수 형태는 선형과 비선형 모두 가능하다. 그러나 원가회계에서는 선형관계를 가정하고 있다.

(2) 고정원가

고정원가(fixed cost)는 일정기간이나 일정 조업도 수준에서 조업도에 관계없이 총원가가 항상 일정하게 발생하는 원가이다. 고정원가에는 종업원 임금이나 보험료, 임차료 등이 있다.

---

96) Weygandt, J. J., Kieso, D. E. & Kell, W. G.(1996). 앞의 책. 962~963.

97) Morse, W. J. & Roth, H. P.(1986). 앞의 책. 19.
최응용(2000). 앞의 책. 26.

여기서 잠깐 변동원가와 고정원가의 총원가나 단위당 원가가 어떻게 변화하는가 살펴보자. [그림 13-4]에서 보는 바와 같이, 변동원가의 총원가는 조업도에 비례하여 꾸준히 증가를 하지만 단위당 원가는 변함이 없다. 그러나 고정원가의 경우는 정반대이다. 즉, 총원가는 변함이 없지만 단위당고정원가는 조업도가 증가할수록 감소하고 있다. 이와 같은 변동원가와 고정원가의 특성은 원가관리를 할 때 어느 부분에 우선적으로 관심을 기울여야 하는가를 알려준다.

특히, 호텔기업이 안고 있는 문제점들 중에 고정비의 비중 그 중에서도 [표 13-4]에서 보는 바와 같이 제조원가 중에서 노무비가 차지하는 비중이 높게 나타났다. 만일, 호텔기업에서 원가를 줄이고 경영성과를 높이려면 이러한 비교를 통하여 최우선적으로 무엇을 해야 하는가를 알게 된다. 이처럼 원가에 대한 이해는 경영의사결정 전반에 걸쳐서 매우 중요하다.

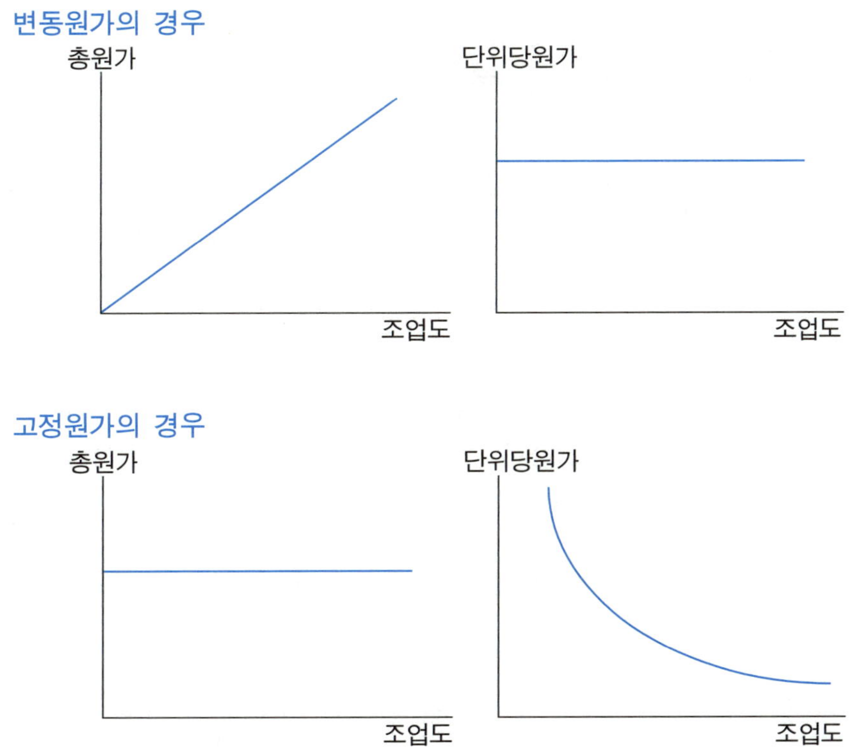

[그림 13-4] 원가행태별 총원가와 단위당원가 비교

원가행태에 따른 총원가와 단위당 원가의 변화는 원가관리를 할 때 어느 부분에 우선적으로 관심을 기울여야 하는가를 알려주고 있다.

4. 통제가능 여부에 따른 분류

통제가능 여부에 따른 분류는 원가를 특정 부문의 관리자가 자신의 권한과 책임에 의하여 관리할 수 있는지의 여부에 따라 나누는 방식이다. 경영관리자의 의지나 관리방법에 따라 관리가능한 원가들을 통제가능원가(controllable cost), 관리가 불가능한 원가를 통제불능원가(uncontrollable cost)라고 한다.

이러한 관리가능성을 평가하는 데는 ① 특정의 관리자(책임중심점), ② 일정기간(성과측정기간), ③ 원가에 대한 영향력의 범위 등이 고려된다. 이러한 요소들 때문에 통제가능 여부는 경영관리자에 따라 범위가 달리지게 된다. 그래서 여기서는 책임중심점에 대한 의미가 매우 중요하게 간주된다.

5. 의사결정과의 관련성에 따른 분류

원가를 말할 때 '다른 목적에 따른 다른 원가(different costs for different purposes)'라고 하였다. 이 말은 의사결정의 목적에 따라 특정 원가의 유용성 여부가 결정된다는 것을 의미한다.

의사결정은 당면한 문제를 해결할 수 있는 여러 대체안들을 평가하여 그 중에서 가장 적합한 방안을 선택하는 과정이다. 따라서 의사결정의 종류에 따라 의사결정에 적합한 원가의 개념을 적용해야 한다. 의사결정과의 관련성에 따라 원가는 관련원가와 비관련원가, 매몰원가, 기회원가로 나누어진다.

(1) 관련원가와 비관련원가

특정한 의사결정과 관련하여 발생하는 원가를 관련원가(relevant cost)라 하고, 의사결정과 관련 없이 발생하는 원가를 비관련원가(irrelevant cost)라고 한다. 관련원가는 대체안들 간에 차이가 있는 미래의 원가인 반면에 비관련원가는 대체안들 간에 차이가 없는 원가이거나 과거의 원가인 경우이다.

(2) 매몰원가

매몰원가(sunk cost)는 과거의 의사결정에 의하여 이미 발생한 원가를 말한다. 이미 발생한 원가이기 때문에 통제할 수 없을뿐더러 대체안 간에 차이도 없다. 따라서 매몰원가는 현재나 미래에 대한 의사결정을 할 때 고려하지 않는다.

예를 들어, 호텔정보시스템을 교체하기 위하여 호텔정보시스템을 평가하기 위한 종업원 교육비로 ₩3,000,000을 지불하였다고 하자. 이 경우 종업원 교육비는 이미 발생하였고 호텔정보시스템 교체를 위한 의사결정에 어떤 차이도 제공하지 못한다. 따라서 교육비는 미래 의사결정에 고려할 필요가 없는 매몰원가인 것이다.

(3) 기회원가

기회원가(opportunity cost)는 현재의 대안을 선택하고 다른 대안을 포기하였을 때 포기한 대안으로부터 얻을 수 있는 최대 금액을 말한다. 즉, 어떤 자원을 현재의 용도가 아닌 차선의 다른 용도로 사용하였을 경우에 얻을 수 있는 최대의 효익(benefit)을 말한다. 따라서 기회원가는 원가 개념보다는 효익의 개념으로 이해하는 것이 좋다.

예를 들어, 여유자금으로 연리 10%인 채권에 투자하려고 한다. 이 자금을 은행에 그냥 놔두면 연리 6%의 이자를 받는다. 만일 채권에 투자를 한다면, 이때의 기회원가는 6%가 되는 것이다. 그리고 순수익은 채권투자로부터 얻은 10%에서 기회원가 6%를 차감한 4%가 된다. 이와 같이 기회원가는 차선의 대안을 포기함으로써 얻을 수 있는 효익의 크기를 판단하는 데 도움이 된다.

13.4 제품의 제조원가는 어떻게 산출되는가?

제품이나 서비스가 완성되어 고객에게 판매될 때까지는 여러 단계의 제조공정을 거치게 된다. 제품의 원가가 산출되기까지의 과정을 살펴보면 [그림 13-5]와 같다.[98]

---

98) Hermanson, R. H., Edwards, J. D. & Maher, M. W.(1998). 앞의 책. 687.

제조과정에 제일 먼저 투입되는 것은 원재료나 생산직 근로자의 노동력과 같은 직접재료비와 직접노무비이다. 그리고 직접적으로 특정 제품에 투입되었다고 추적할 수 없는 각종 경비들인 제조간접비가 배부된다. 이러한 원가요소들이 투입되어 완성품이 되기까지 여러 단계의 제조공정을 거치게 된다. 이와 같이 완성품이 되기 전까지 여러 단계의 제조과정 중에 있는 재고자산들을 재공품(work in process)이라고 한다. 재공품들은 모든 제조공정을 거치면서 완성품(goods completed)이 되어 고객에게 판매되기 위한 제품(finished goods) 재고로 남아 있게 된다.

이때, 재공품 재고가 집계되면서 총제조원가(cost of manufacture)가 산출되고, 재공품 중에서 완성품이 만들어지면서 제품의 제조원가(cost of goods manufacture)를 파악할 수 있게 된다. 그리고 완성품이 고객에게 판매되기 위해 제품재고 단계(완성품과 제품은 똑같은 의미이다. 다만, 어느 곳에 있는가에 따라 다르게 표현될 뿐이다. 즉, 제조공정 중에 있을 때는 완성품이 되고, 판매를 위해 공장에서 출고된 경우는 제품이 되는 것이다)에 이르면 매출원가(cost of goods sold)를 계산할 수 있게 된다.

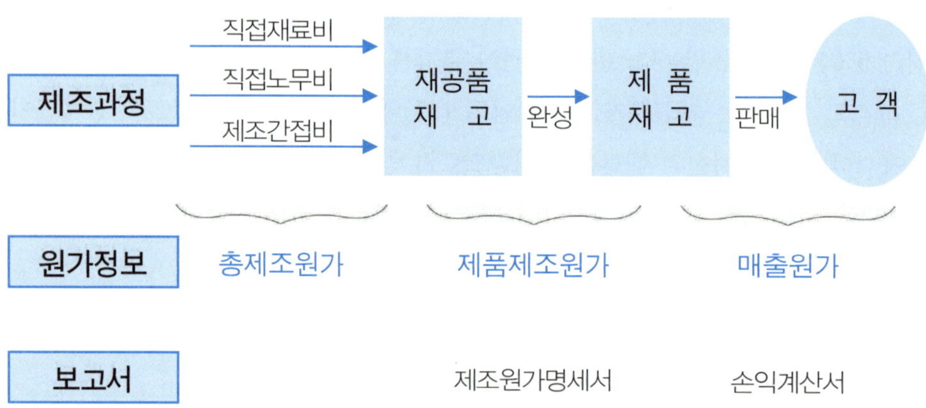

자료: Hermanson, Rogers H., Edwards J. D. and Maher M. W.(1998). 687(일부 저자 수정).

[그림 13-5] 제품제조원가의 산출과정

제품의 원가가 산출되는 과정을 알면 원가정보의 흐름을 쉽게 이해할 수가 있다.

각종 원가요소가 제조공정에 투입되어 제품제조원가가 산출될 때까지의 내역을 집계한 표가 **제조원가명세서**이다. 그리고 이러한 제조원가명세서를 근거로 하여 제품 판매로 인한 손익을 계산한 보고서가 손익계산서이다.

아래의 [그림 13-6]에서 제조원가명세서를 살펴보면 위에서 설명한 내용들을 쉽게 이해할 수 있다. 이렇게 제조원가명세서에서 산출된 당기제품제조원가는 손익계산서에서 매출원가를 계산하는 데 이용된다.

제조원가명세서
Ⅰ. 재료비(1+2-3)
1. 기초재료재고액
2. 당기재료매입액
3. 기말재료재고액
Ⅱ. 노무비
Ⅲ. 제조간접비
Ⅳ. 당기총제조비용
Ⅴ. 기초재공품원가
Ⅵ. 합계
Ⅶ. 기말재공품원가
Ⅷ. 당기제품제조원가(Ⅳ+Ⅴ-Ⅶ)

손익계산서(제조기업)
Ⅰ. 매출액
Ⅱ. 매출원가(1+2-3)
1. 기초제품재고액
2. 당기제품제조원가
3. 기말제품재고액
Ⅲ. 매출총이익(Ⅰ-Ⅱ)

[그림 13-6] 원가정보의 흐름

최근의 호텔기업에서는 '효율'과 '이익중심경영'을 강조하고 있다. 이는 곧 모든 의사결정이 철저히 원가개념에 근거하고 있다는 의미이다. 유용한 원가자료를 얻기 위해서는 원가의 흐름을 정확하게 알고 있어야만 한다.

위의 [그림 13-6]과 같이 원가정보가 산출되는 과정을 이해해야 하는 이유는 원가의 흐름을 정확하게 알고 있어야 원가요인을 분석하거나 미래 의사결정을 위한 원가통제를 할 때 유용한 자료를 얻어낼 수 있기 때문이다. 최근의 호텔기업에서는 '**효율**'과 '**이익중심경영**'을 강조하고 있다.[99] 여기서 효율이나 이익중심이란 곧 모든 의사결정이 철저히 원가개념에 근거하고 있다는 의미이다. 호텔기업의 생산(production)이란 객실 및 식음료를 위시하여 카지노, 컨벤션 등과 같은 다양한 서비스를 만들어 내는 과정을 의미한다. 이러한 호텔기업의 서비스 생산활동도 이제는 원가 관점에서 파악 및 분석되어야 함은 물론 미래 의사결정에 유용한 원가정보에 의하여 표현되어야만 한다.

13.5 원가의 개념을 어떻게 활용할 수 있는가?

1. Off season에도 영업을 계속할 것인가?

K는 자그마한 모텔을 운영하고 있다. 그런데 1년에 약 2개월 정도는 고객이 거의 없는 비수기이다. K는 이러한 비수기에도 영업을 계속해야 하는가에 대해 망설이고 있다. 어떻게 해야 하는가?

먼저 연간 손익계산서를 살펴보니 다음과 같았다.

총매출액	₩390,000,000
비 용	(330,000,000)
순 이 익	₩60,000,000

이 자료를 가지고 어떤 의사결정을 내리기는 매우 막연하다. 그래서 우선 비수기인 2개월간의 자료를 별도로 고려하기로 하였다. 그리고 비용을 고정비와 변동비로 나누어 보았다. 변동비는 매출액의 20%에 해당되었다. 이에 따라 총고정원가는 총비용에서 변동비를 차감한 ₩252,000,000(₩330,000,000 − ₩390,000,000×0.2)이 된다. 그리고 총고정원가를 월별로 나누어 보니 ₩21,000,000/월이 된다. 요약 손익계산서를 다음과 같이 1년을 10개월과 비수기로 분리하고, 비용도 변동비와 고정비로 나누어 [표 13-5]와 같이 다시 작성하였다.

99) 본서 제3장 pp. 60~64 참고.

[표 13-5] 기간별, 원가별로 구분한 손익계산서

손익계산서를 원가별로 구분하여 살펴보면 수익과 비용의 성격을 쉽게 파악할 수 있다.

	10개월	2개월(비수기)	합 계
총매출액	₩375,000,000	₩15,000,000	₩390,000,000
변 동 비	75,000,000	3,000,000	78,000,000
고 정 비	210,000,000	42,000,000	252,000,000
총 비 용	₩285,000,000	₩45,000,000	₩330,000,000
순 이 익	₩90,000,000	(₩30,000,000)	₩60,000,000

[표 13-5]를 보면, 비수기 동안에 ₩30,000,000 적자가 발생하는 것으로 나타났다. 어떻게 할 것인가?

만일 비수기 동안 적자가 발생하여 비수기 동안만 폐업을 한다면, 이때 발생하는 고정비 ₩42,000,000은 10개월 동안에 발생하는 것으로 처리를 해야 한다. 따라서 10개월간의 순이익 ₩90,000,000에서 ₩42,000,000을 추가로 차감해야 한다. 그래서 연간 순이익은 ₩48,000,000이 된다. 결국 순이익이 ₩60,000,000에서 ₩12,000,000 줄어든 결과를 가져왔다. 당연히 비수기 동안 폐업을 하지 않아야 한다. 물론 비수기 동안 폐업을 한다면 원가 이외에 경영상 다른 요인들도 정상적인 경영에 영향을 미칠 수도 있다. 예를 들면, 근로자나 고객 및 설비 관리와 같은 문제들이 발생할 수가 있다. 따라서 이러한 상황에 대한 의사결정은 최종적인 의사결정을 하기 이전에 원가를 포함하여 추가적으로 발생할 수 있는 여러 문제점들에 대하여 면밀하게 검토하여야 한다.

2. 어느 레스토랑을 구입하는 것이 유리한가?

M은 체인 레스토랑을 구입하여 경영하려고 한다. 마침 서로 다른 위치에 있는 레스토랑 A와 B가 매물로 나와 있었다. 그래서 M은 두 레스토랑의 손익계산서를 살펴보았다. [표 13-6]과 같이 두 곳 모두 매출액이 같았고, 순이익 역시 매출액에서 똑같이 10%를 차지하고 있었다. 어느 레스토랑을 구입해야 하는가?

[표 13-6] 손익계산서 비교

레스토랑 A와 B의 매출액과 순이익이 똑같다면 어느 레스토랑을 구입해야 하는가?

(단위: 천원)

	Restaurant A		Restaurant B	
매출액	₩1,000,000	100.0%	₩1,000,000	100.0%
변동비	₩500,000	50.0%	₩300,000	30.0%
고정비	400,000	40.0%	600,000	60.0%
총비용	₩900,000	90.0%	₩900,000	90.0%
순이익	₩100,000	10.0%	₩100,000	10.0%

[표 13-6]을 살펴보면, 매출액과 순이익은 똑같다. 그러나 원가구조가 다름을 알 수 있다. 레스토랑 A는 매출액 중에서 차지하는 원가의 비중이 변동비는 50%, 고정비는 40%이다. 이에 비해 레스토랑 B의 변동비는 레스토랑 A보다 작은 30%, 고정비는 레스토랑 A보다 많은 60%였다.

이와 같이 대체안들 사이에 차이가 없는 자료를 가지고는 어떠한 의사결정도 할 수가 없다. 어떻게 하면 차이를 비교할 수 있을까? M은 매출액이 10% 증가하는 경우와 반대로 10% 감소하는 상황을 가정하여 손익계산서를 비교해 보기로 하였다. 이때, 매출액에서 변동비가 차지하는 비중이나 고정비는 변함이 없기 때문에 매출액이 10% 증가하는 경우와 감소할 때의 손익계산서는 각각 [표 13-7], [표 13-8]과 같다.

[표 13-7] 매출액 10% 증가 시 손익계산서 비교

매출액이 10% 증가하면서 레스토랑 B의 순이익이 A보다 더 많이 증가하였다.

(단위: 천원)

	Restaurant A		Restaurant B	
매출액	₩1,100,000	100.0%	₩1,100,000	100.0%
변동비	₩550,000	50.0%	₩33,000	30.0%
고정비	400,000	36.4%	600,000	54.5%
총비용	₩950,000	86.4%	₩930,000	84.5%
순이익	₩150,000	13.6%	₩170,000	15.5%

[표 13-8] 매출액 10% 감소 시 손익계산서 비교

매출액이 10% 감소하는 경우, 레스토랑 B의 순이익은 레스토랑 A보다 더 크게 감소하였다.

(단위: 천원)

	Restaurant A		Restaurant B	
매출액	₩900,000	100.0%	₩900,000	100.0%
변동비	₩450,000	50.0%	₩270,000	30.0%
고정비	400,000	44.4%	600,000	66.7%
총비용	₩850,000	94.4%	₩870,000	96.7%
순이익	₩50,000	5.6%	₩30,000	3.3%

[표 13-7]과 [표 13-8]을 통하여 알 수 있듯이, 매출액의 변화에 따라 레스토랑 B의 순이익이 레스토랑 A보다 크게 움직인다. 즉, 매출액이 증가할 때 레스토랑 B는 레스토랑 A보다 순이익이 더 많이 증가하고, 반면에 매출액이 감소할 때는 더 많이 감소한다. 레스토랑 A는 안정적이고 보수적인 반면에 레스토랑 B와 같은 현상은 다소 공격적이다. 즉, 경기가 좋으면 이익을 많이 내고, 경기가 나빠지면 더 많은 손해를 가져올 수도 있게 된다. 이러한 현상은 고정비 때문인데, 고정비가 차지하는 비중이 클수록 순이익에 미치는 영향이 그만큼 크게 된다. 이러한 현상을 **영업레버리지 효과**(operating leverage effect)라고 한다. 영업레버리지에 대하여는 다음 장에서 다시 설명한다.

그렇다면 어느 레스토랑을 선택하여야 하는가? 선택은 바로 여러분에게 달려 있다. 즉, 경영에 대한 자신감, 자금능력, 시장상황, 위험에 대한 대처능력 등을 고려하여 여러분들의 조건에 적합한 대안을 선택하면 된다. 다만, 여기서 중요한 관건은 고정비가 순이익에 미치는 영향이 매우 크다는 것이다. 특히 비관적인 상황에서는 고정비가 경영에 치명적인 요인으로 작용할 수도 있다는 것이다.

제14장 간단하면서도 풍부한 정보를 제공하는 도구(Ⅱ): CVP분석

14.1 CVP분석이란 무엇인가?

1. 간단하지만 매우 중요한 문제들
2. CVP분석이란 무엇인가?
3. CVP분석을 위한 몇 가지 가정

14.2 CVP분석을 위한 기본 개념의 이해

1. 손익분기점은 어떻게 찾는가?
2. 공헌이익이란 무엇인가?
3. 공헌이익률이란 무엇인가?

14.3 CVP분석 활용해 보기

1. 목표이익을 고려하면 어떻게 되는가?
2. 영업레버리지는 어떤 경우에 사용하는가?
3. 복수제품일 때는 어떻게 하는가?

14 Accounting for Hospitality Industry: A Basic Perspective

간단하면서도 풍부한 정보를 제공하는 도구(Ⅱ): CVP분석

14.1 CVP(Cost-Volume-Profit)분석이란 무엇인가?

1. 간단하지만 매우 중요한 문제들(CVP approach to decisions)

제품제조를 담당하는 경영자나 호텔, 레스토랑의 식음료 부서 경영자들은 항상 다음과 같은 의문점을 갖게 된다.

- 현장에서 발생한 모든 원가를 충당하기 위해서 몇 개(unit)나 팔아야 하는가?
- 그리고 일정 수준의 이익을 올리기 위해서는 얼마나 팔아야 하는가?
- 판매가격이나 판매수량이 변화하면 이익에 얼마나 영향을 미치는가?
- 변동원가의 변화는 이익에 얼마나 영향을 미치는가?
- 임금이나 임차료와 같은 고정원가의 인상을 만회하기 위해서는 매출액을 얼마나 더 올려야 하는가?

이러한 의문점들은 일상적으로 직면하는 많은 문제들 중의 일부이기 때문에 자칫 소홀히 다루기 쉽다. 그러나 원가나 매출액 및 이익에 대해 정확하지 못한 자료를 가지고 의사결정이나 예측을 하였을 경우에는 매우 불행한 결과를 가져올 수 있다. 그렇다고 우리가 잘 알고 있는 전통적인 손익계산서로부터 해답을 구할 수도 없다. CVP분석은 이러한 문제들에 대해 비교적 간단하게 해답을 제공해 준다.

2. CVP분석이란 무엇인가?

CVP분석이란 주어진 가격과 원가(cost) 구조에서 판매량(혹은 생산량, volume), 원가[100]의 변화가 이익(profits)에 미치는 영향을 알아내는 기법이다.[101] 이 방법은 수익과 비용이 같아지는 판매량은 얼마인가? 만일, 판매량이 10% 정도 증가하면 이익은 얼마나 증가하는가? 또는, 일정 수준의 목표이익을 올리기 위해서는 얼마나 판매하여야 하는가?와 같은 질문에 대해 간단하게 해답을 제공해 주고 있다.

경영자가 하는 모든 행동은 결국 원가, 판매량, 이익에 반영되기 때문에 이 방법은 실무에서 가장 널리 활용되고 있다.[102] CVP분석은 원래 제조기업을 중심으로 발전해 왔는데, 최근에는 호텔의 각종 outlet이나 레스토랑과 같은 곳에서도 폭넓게 사용되고 있다(제10장 10.2 참고). CVP분석을 이해하는 것은 제품의 원가계산과 목표이익을 달성하는 데 필요한 판매량을 결정하거나, 추가적인 주문을 받아들일 것인가, 제품의 가격을 얼마로 결정할 것인가와 같은 **관리적 의사결정**(managerial decisions)을 할 때 매우 유용하게 적용할 수 있다.

---

100) 여기서 '원가'란 이익을 계산하기 위하여 수익에서 차감하는 비용을 말한다. 즉, CVP분석에서 사용되는 원가는 당기총제조원가와 판매비와 일반관리비를 포함하여 사용한다. 그래서 이익도 당기순이익이 아닌 영업이익(operating income)을 의미하게 된다.

101) Morse, W. J. & Roth, H. P.(1986). 앞의 책. 288.

102) Jagels, M. G. & Coltman, M. M.(2004). 앞의 책. 327.
최응용(2000), 『원가관리회계』, 서울: 명경사. 252.

3. CVP분석을 위한 몇 가지 가정

CVP분석은 원가나 판매량의 변화에 따라 이익이 어떻게 변화하는가를 알아내고자 할 때 간단히 사용할 수 있는 매우 유용한 도구이다. 그러나 원가나 판매량은 끊임없이 변화되기 때문에 분석을 단순화시키기 위하여 다음과 같은 몇 가지 가정을 전제로 하고 있다.[103)]

첫째, 원가에 대한 가정이다. CVP분석에서 모든 원가는 고정원가(fixed cost)와 변동원가(variable cost)로 구분한다. 이러한 가정에 의하여 총원가는 (식 14.1)과 같이 판매량(혹은 생산량)의 변화에 의해서만 일정하게 변화하기 때문에 이익의 변화를 쉽게 파악할 수 있게 된다.

식 14.1 총원가 = 고정원가(F) + 변동원가(V)
　　　　　　= 고정원가(F) + 단위당 변동원가(v) × 판매량(q)

둘째, 선형성(linearity)에 대한 가정이다. CVP분석에서 ① 수익은 판매량에 비례하여 발생한다, ② 총변동원가는 판매량(혹은 생산량)에 비례하여 변화한다, ③ 고정원가는 생산량과 관계없이 일정하다는 가정을 전제로 한다.[104)] 이러한 가정에 따라 수익이나 원가는 선형을 띠게 된다. 그래서 원가와 판매량 및 가격이 영업이익에 미치는 영향을 쉽게 파악할 수 있게 된다. 선형성에 대한 가정에 의하면, 총수익은 (식 14.2)와 같이 간단히 표현할 수 있다.

식 14.2 총수익 = 단위당 판매가(p) × 판매량(q)

이와 같은 두 가지 가정에 따라 총원가는 다음의 [그림 14-1]에서 ③과 같이 나타낼 수 있다.

---

103) Morse, W. J. & Roth, H. P.(1986). 앞의 책. 300~301.
Horngren, C. T.(1982). *Cost Accounting: A Managerial Emphasis*, 5th ed., N.J.: Prentice-Hall, Inc. 48~51.

104) 이창우·고종권(2000). 『원가관리회계』, 서울: 박영사. 99~100.

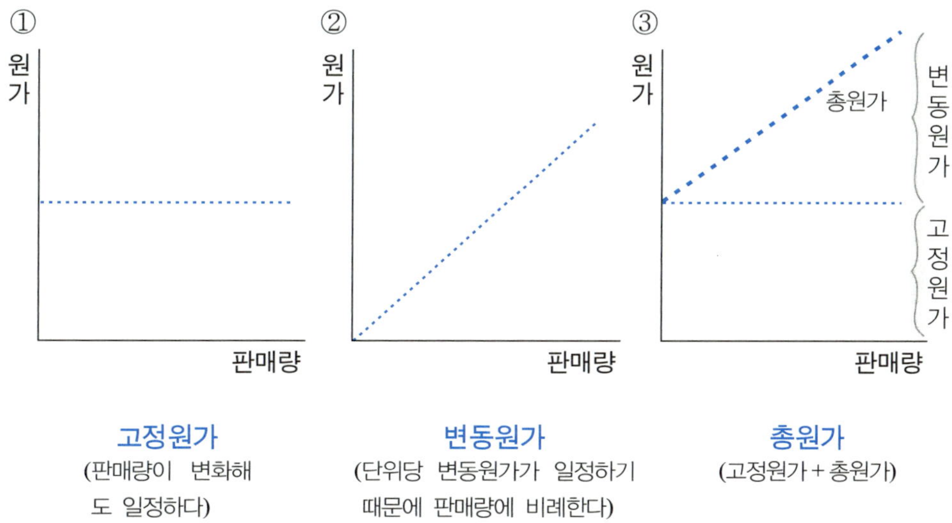

[그림 14-1] 총원가

CVP분석에서 총원가는 단순히 고정원가와 변동원가의 합으로 계산한다.

총원가와 총수익 사이의 관계는 다음의 [그림 14-2]처럼 나타낼 수 있다. 여기서 총원가(F + vq)의 기울기 v는 총수익(pq)의 기울기 p보다 작기 때문에(p > v) 총수익의 기울기가 총원가의 기울기보다 가파르게 된다. 그래서 총원가와 총수익이 특정의 점에서 만나게 되고, 이후 총수익이 총원가를 상회하게 된다.

첫 번째 가정과 두 번째 가정은 가격이나 원가 및 판매량이 영업이익에 미치는 영향을 단순하게 파악할 수 있게 하지만 실제 현장에서는 다르다. 즉, 어떤 원가는 고정원가와 변동원가로 간단히 구분되지 않을뿐더러 선형의 형태를 나타내지도 않는다. 그리고 대부분의 고정원가는 단기간에 고정되어 있고 시간이 지남에 따라 변화하게 된다. 변동원가 역시 판매량(혹은 생산량)이 증가함에 따라 비선형의 성격을 갖게 된다. 이러한 이유 때문에 CVP분석은 장기간에 걸친 경우보다는 단기간에 필요한 의사결정에 더욱 유용하다. 그리고 다음의 세 번째, 네 번째 가정을 필요로 하게 된다.

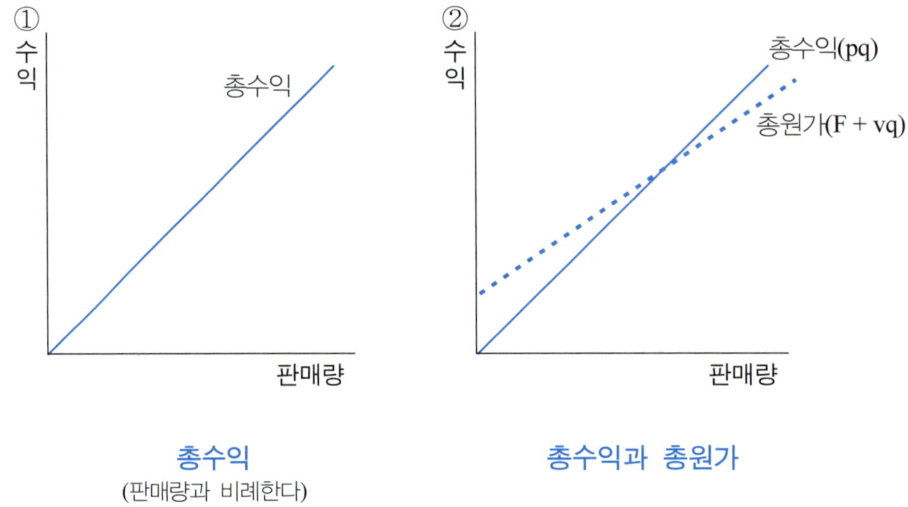

[그림 14-2] 총수익과 총원가의 관계

총수익과 총원가를 선형으로 나타내기 때문에 이익의 변화를 쉽게 파악할 수 있게 된다.

셋째, 관련범위(relevant range)**가 존재한다는 가정이다.** 실제 현장에서 단위당 변동원가는 학습효과나 판매량의 증가에 따라 증가 또는 감소하기도 한다. 그러나 위에서 설명한 바와 같이 CVP분석은 주로 단기적인 의사결정에 이용된다. 따라서 원가와 수익 사이의 선형관계가 유지되는 관련범위를 결정하는 것이 중요하다. 이러한 관련범위에서 원가와 수익은 대체로 선형관계를 보이기 때문에 선형의 CVP등식을 이용할 수 있게 되는 것이다. [그림 14-3]은 관련범위에서의 CVP관계를 나타내고 있다.

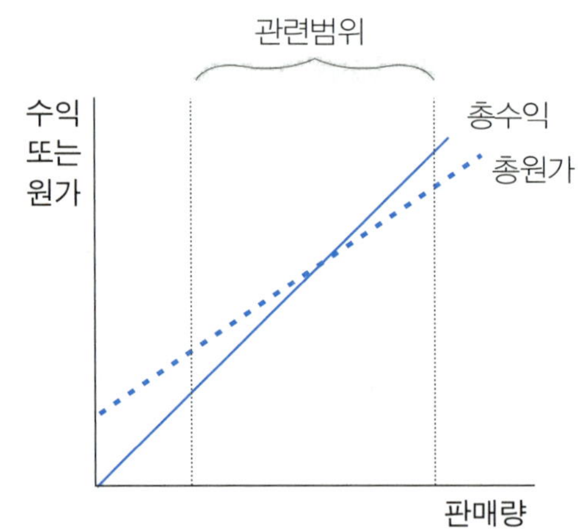

[그림 14-3] 관련범위를 설정한 CVP도표

CVP분석 시 관련범위를 설정함으로써 선형의 CVP도표를 이용할 수 있게 된다.

넷째, 재고자산에 대한 가정이다. 재고자산에는 기초재고자산과 기말재고자산이 있는데, CVP분석에서는 이 두 가지 재고자산이 동일하거나 없다고 가정을 한다. 즉, 생산량이 모두 판매되는 것으로 간주하여 생산량과 판매량이 항상 일치하는 것으로 여긴다. 현실적으로 재고자산의 수준은 원가에 영향을 미치게 된다. 그러나 CVP분석이 단기간의 의사결정 도구이기 때문에 재고자산의 영향을 분석 대상에서 제외한 것이다.

다섯째, 제품배합에 대한 가정이다. 여러 제품을 생산·판매하는 경우 제품별로 단위당 변동원가가 서로 달라서 영업이익에 이르는 매출배합 역시 무수하게 되어 CVP분석이 불가능하게 된다. 그래서 단일 제품만 생산·판매하거나 여러 제품을 생산·판매하는 경우에도 제품들 사이에 일정한 판매비율을 유지하는 것으로 가정을 한다.

이상과 같은 가정들은 CVP분석을 간단하게 하여 원가나 판매량 및 이익에 대한 단기적 의사결정에 많이 활용된다. 그러나 이러한 가정들 때문에 회계정보의 유용성을 감소시키기도 한다. 회계정보의 유용성을 높이기 위하여 위의 가정 중에서 일부를 수정하게 되면 분석이 매우 복잡하게 된다. 본서에서는 주로 위의 가정에 근거한 기본적 분석을 중심으로 설명한다.

14.2 CVP분석을 위한 기본 개념의 이해

1. 손익분기점은 어떻게 찾는가?

손익분기점(BEP, Break-Even Point)이란 총수익과 총원가가 일치하는 매출액 또는 판매량을 의미한다. 즉, 어떠한 이익이나 손실도 발생하지 않는 매출액 또는 판매량을 말한다. 어떠한 이익이나 손실도 발생하지 않는 지점을 말하기 때문에 원가, 판매량 및 이익 사이의 관계를 설명할 때 간혹 CVP분석의 좁은 의미로 사용되기도 한다.[105] 손익분기점을 찾아내는 방법에는 총원가 함수(식 14.1)와 총수익 함수(식 14.2)를 이용하는 **등식법**(equation method), 도표 위에 총원가와 총수익 함수를 그려서 찾아내는 **도표법**(graphic approach), 단위당 공헌이익과 공헌이익률을 구하여 알아내는 **공헌이익법**(contribution margin method)이 있다. 주요 개념들을 설명하면서 각 방법들을 이용하여 손익분기점을 구해 본다.

---

105) Horngren, Charles T.(1982), 앞의 책. 44.

다음의 [예제 14-1]을 생각해 보자.

[예제 14-1] 손익분기점 분석

H호텔의 양식당에서는 에스카르고라는 프랑스 요리를 메뉴에 추가하고자 한다. 이때, 추가적으로 고정원가는 월 ₩4,500,000 더 발생한다. 그리고 단위당 변동원가는 ₩20,000으로 산정되었다. 판매가격을 ₩50,000으로 결정할 경우 손익분기점에 이르기 위해서는 매월 몇 단위를 팔아야 하는가? (각종 세금은 무시한다)

앞에서 설명한 총원가 함수인 (식 14.1)과 총수익 함수인 (식 14.2)는 손익분기점을 찾아내는 데 매우 유용하다. 먼저 손익분기점을 나타내면 다음과 같다.

식 14.3 총수익 − 총원가 = 0(이익)
혹은, 총수익 = 총원가 + 0

위의 (식 14.3)을 (식 14.1)과 (식 14.2)로 바꾸어 나타내면 다음과 같다.

단위당 판매가(p) × 판매량(q) = 고정원가(F) + 변동원가(V) + 0
= 고정원가(F) + 단위당 변동원가(v) × 판매량(q) + 0

[예제 14-1]에서 이익이 0이 되는 **손익분기점에서의 판매량**을 Q라고 하면

$$₩50{,}000Q = ₩4{,}500{,}000 + ₩20{,}000Q + 0$$

$$₩(50{,}000 - 20{,}000)Q = ₩4{,}500{,}000 + 0$$

따라서 손익분기점에 이르기 위한 판매량은 다음과 같다.

식 14.4

$$Q_{BEP} = \frac{F + 0}{p - v} = \frac{₩4{,}500{,}000 + 0}{₩30{,}000} = 150\text{단위}$$

(혹은 판매액_{BEP} = ₩7,500,000)

이러한 등식을 가지고 손익분기점 판매량을 구하는 방법을 3가지 상황에 따라 다시 살펴볼 수 있다.

예상판매량	총수익	총원가(고정원가 + 변동원가)	순손익
A상황(100단위 판매)	₩50 × 100 = ₩5,000	₩4,500 + ₩20 × 100 = ₩6,500	-₩1,500
BEP(150단위 판매)	₩50 × 150 = ₩7,500	₩4,500 + ₩20 × 150 = ₩7,500	₩0
C상황(300단위 판매)	₩50 × 300 = ₩15,000	₩4,500 + ₩20 × 300 = ₩10,500	₩4,500

(단위: 천원)

위의 3가지 상황을 그림으로 나타내면 [그림 14-4]와 같다. 그림에서 알 수 있듯이, 손익분기점 판매량인 150단위를 넘어서면서 총수익이 총원가보다 커지기 때문에 이익이 발생하게 된다. 반대로 손익분기점 판매량 이하에서는 총수익이 총원가보다 작아 결국 손실이 발생하게 된다.

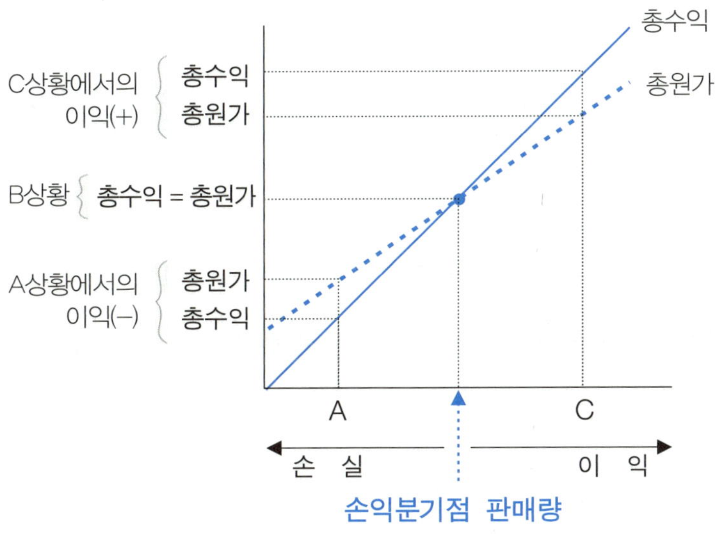

[그림 14-4] 손익분기점

총수익 함수와 총원가 함수가 만나는 점, 즉 총수익 = 총원가인 곳이 바로 손익분기점이다.

이제까지 손익분기점을 구하는 두 가지 방법을 설명하였다. 두 방법 중에서 첫 번째 방법을 등식법(equation method)이라 하고, 두 번째 방법을 도표법(graphic approach)이라고 한다.

2. 공헌이익이란 무엇인가?

공헌이익(contribution margin)이란 총매출액에서 총변동원가를 차감한 금액을 말한다.[106] 그리고 단위당 공헌이익이란 단위당 판매액에서 단위당 변동원가를 뺀 금액이다. 공헌이익이라는 표현은 ① 판매액이 고정원가를 회수하고, ② 고정원가가 모두 회수된 이후 순이익의 창출에 기여한다는 의미에서 붙여진 이름이다.[107] 따라서 판매량이 손익분기점을 넘어서게 되면 단위당 공헌이익은 그만큼씩 순이익에 공헌하게 된다. 공헌이익과 단위당 공헌이익은 다음과 같다.

식 14.5 공헌이익 = 총매출액(혹은 총수익) − 총변동원가

(식 14.5)의 양변을 판매수량으로 나누면 단위당 공헌이익을 구할 수 있다.

식 14.6 단위당 공헌이익 = 단위당 판매액 − 단위당 변동원가 = p − v

단위당 공헌이익의 개념을 이용하여 손익분기점 판매량을 찾아보자. 판매량이 손익분기점을 넘어서기 위해서는 판매량이 최소한 고정원가를 회수할 수 있을 만큼은 이루어져야 한다. 따라서 고정원가를 단위당 공헌이익으로 나누면 손익분기점에서의 판매량을 구할 수 있게 된다.

즉, $\text{손익분기점 판매량} = \dfrac{\text{고정원가} + 0}{\text{단위당 공헌이익}}$ 이 된다.

---

106) 위의 책. 45.

107) 최웅용(2000). 앞의 책. 256.

[예제 14-1]에서 **단위당 공헌이익** = p − v = ₩50,000 − ₩20,000 = ₩30,000

이익이 0이 되는 **손익분기점에서의 판매량**은

식 14.7

$$Q_{BEP} = \frac{F+0}{p-v} = \frac{₩4,500,000 + 0}{₩30,000} = 150\text{단위}$$

여기서 (식 14.7)을 살펴보면 (식 14.4)와 같음을 알 수 있다. 즉, 공헌이익을 이용한 방법은 단지 등식법을 다른 방법으로 접근한 것에 불과하다는 것을 알 수 있다. 다만 공헌이익 개념을 이용할 경우 등식법보다 손익분기점을 찾아내기가 편리하다. 그리고 손익분기점 이후의 판매량이 이익에 기여하는 크기를 쉽게 파악할 수가 있다.

3. 공헌이익률이란 무엇인가?

공헌이익률(contribution margin ratio)이란 매출액에서 공헌이익(또는 단위당 판매가격에서 단위당 공헌이익)이 차지하는 비율을 의미한다. 즉

$$\text{공헌이익률} = \frac{\text{총공헌이익}}{\text{매출액}} \text{ 혹은 } \frac{\text{단위당 공헌이익}}{\text{단위당 판매가격}} = \frac{p-v}{p}$$

이는, 매출액 중에서 몇 %가 공헌이익으로 나타나는가를 뜻하는 것이기 때문에 손익분기점에서의 매출액을 구할 때나 매출액의 변화가 순이익에 미치는 영향을 알고자 할 때 유용하다. 공헌이익률을 이용한 손익분기점에서의 매출액은 다음과 같다.

$$\text{손익분기점 매출액} = \frac{\text{고정원가}+0}{\text{공헌이익률}} = \frac{F+0}{(p-v)/p}$$이 된다.

[예제 14-1]에서

$$\text{공헌이익률} = \frac{\text{단위당 공헌이익}}{\text{단위당 판매가격}} = \frac{₩50,000 - ₩20,000}{₩50,000} = 0.6$$

이때, 손익분기점 매출액은

식 14.8

$$S_{BEP} = \frac{F+0}{(p-v)/p} = \frac{₩4,500,000}{0.6} = ₩75,000,000$$

위와 같이 단위당 공헌이익과 공헌이익률을 이용하여 손익분기점을 찾아내는 방법을 공헌이익법(contribution margin method)이라고 한다.

[예제 14-2] 영업이익, 손익분기점

다음의 서로 다른 3가지 사례를 보고 빈 칸을 채우시오.

	사례 1	사례 2	사례 3
판 매 량	5,000단위	2,000단위	①
판매단가	@₩1,000	①	@₩40,000
매 출 액	①	₩7,500,000	₩48,000,000
변동원가	2,000,000	②	25,200,000
공헌이익	②	4,500,000	②
고정원가	2,400,000	③	18,050,000
영업손익	③	−450,000	③
단위당 공헌이익	④	④	④
공헌이익률	⑤	⑤	⑤
손익분기점판매량	⑥	⑥	⑥
손익분기점매출액	⑦	⑦	⑦

[사례 1] ① ₩5,000,000 ② ₩3,000,000 ③ ₩600,000 ④ ₩600 ⑤ 0.6(60%) ⑥ 4,000단위 ⑦ ₩4,000,000

[사례 2] ① @₩3,750 ② ₩3,000,000 ③ ₩4,950,000 ④ ₩2,250 ⑤ 0.6(60%) ⑥ 2,200단위 ⑦ ₩8,250,000

[사례 3] ① 1,200단위 ② ₩22,800,000 ③ ₩4,750,000 ④ ₩19,000 ⑤ 0.475(47.5%) ⑥ 950단위 ⑦ ₩38,000,000

14.3 CVP분석 활용해 보기

1. 목표이익을 고려하면 어떻게 되는가?

기업은 이익의 극대화를 추구하기 때문에 경영자는 손익분기점은 물론 일정 수준 이상의 목표이익(TI, target income)을 달성할 수 있는 판매량과 매출액에 대해 알고자 한다. 목표이익을 달성하는 데 필요한 판매량과 매출액은 앞에서 손익분기점을 구하기 위해 사용한 (식 14.7)과 (식 14.8)을 이용하면 된다. 즉, 손익분기점은 이익이 '0'이기 때문에 고정원가에 '0'을 더했다. 이곳에 목표이익을 더해주면 된다. 목표이익을 달성하는 데 필요한 판매량과 매출액은 각각 (식 14.9)와 (식 14.10)과 같다.

식 14.9

$$Q_{BEP} = \frac{F + 0}{p - v} \xrightarrow{\text{목표이익}} Q_{TI} = \frac{F + \text{목표이익}}{p - v}$$

식 14.10

$$S_{BEP} = \frac{F + 0}{(p - v) / p} \xrightarrow{\text{목표이익}} S_{TI} = \frac{F + \text{목표이익}}{(p - v) / p}$$

앞의 [예제 14-1]에서 목표이익을 ₩1,500,000으로 얻게 되는 판매량과 매출액은 다음과 같이 구할 수 있다.

$$Q_{TI} = \frac{F + \text{목표이익}}{p - v} = \frac{₩4,500,000 + ₩1,500,000}{30,000} = 200\text{단위}$$

$$S_{TI} = \frac{F + \text{목표이익}}{(p - v) / p} = \frac{₩4,500,000 + ₩1,500,000}{0.6} = ₩10,000,000$$

[예제 14-3] 목표이익을 고려한 CVP분석

다음은 RC호텔의 객실부문에서 작성한 지난 5월의 요약 공헌손익계산서이다. 평균객실요금은 ₩150,000/1일이다.

공헌손익계산서

매출액	₩1,080,000,000
변동원가	378,000,000
공헌이익	₩702,000,000
고정원가	526,500,000
영업이익	₩175,500,000

1. 지난 5월에 판매한 객실 수는 몇 단위인가? 7,200단위
2. 단위당 공헌이익은 얼마인가? ₩97,500
3. 공헌이익률은 얼마인가? 0.65(65%)
4. 손익분기점 판매량은 얼마인가? 5,400단위
5. 손익분기점 매출액은 얼마인가? ₩810,000,000
6. 6월에도 원가발생이 5월과 같다고 할 경우, 목표이익을 ₩243,750,000으로 설정하였다면 6월 중 객실판매 수는 얼마가 되어야 하는가? 7,900단위

2. 영업레버리지는 어떤 경우에 사용하는가?

경영자는 여러 제품들을 비교할 때 각 제품별로 매출액 증감에 따라 이익이 얼마나 민감하게 증감하는가를 알고자 한다. 이때, 매출액 변화에 대한 이익의 민감도를 설명해 주는 것이 영업레버리지이다.

영업레버리지(operating leverage)란 고정원가가 활용되는 정도를 나타내는 척도로 매출액의 변화가 이익에 미치는 영향을 파악하게 해준다.[108] 영업레버리지를 나타내는 영업레버리지도는 다음과 같이 구한다.

108) 최웅용(2000). 앞의 책. 257~258.

식 14.11

$$\text{영업레버리지도} = \frac{\text{공헌이익}}{\text{영업이익}} = \frac{(\text{매출액} - \text{변동원가})}{(\text{매출액} - \text{변동원가} - \text{고정원가})}$$

그리고 매출액 변화에 따른 영업이익변화율은 다음과 같다.

식 14.12 영업이익변화율(%) = 매출액 변화율(%) × 영업레버리지도

위의 (식 14.11)에서 영업레버리지도가 크게 되는 경우를 생각해 보자. 영업레버리지도는 공헌이익에 비해 영업이익이 작을수록 값이 크게 되는데, 영업이익이 작은 경우는 결국 고정원가가 큰 경우이다. 따라서, **영업레버리지도는 고정원가가 큰 원가구조를 갖고 있는 경우에 크게 나타난다는 것**을 알 수 있다. 예를 들어, 공장자동화를 시행한다면 고정원가가 증가하면서 직접노무원가(변동원가)는 감소한다. 그래서 공헌이익은 커지면서 영업이익이 감소하여 영업레버리지도가 크게 된다.

[예제 14-4] 영업레버리지도

다음은 H레스토랑에서 만들고 있는 두 제품에 대한 요약 공헌손익계산서이다.

공헌손익계산서

	Mac A	Mac B
매 출 액	₩3,000,000	₩3,000,000
변동원가	500,000	2,000,000
공헌이익	₩2,500,000	₩1,000,000
고정원가	2,000,000	500,000
영업이익	₩500,000	₩500,000

1. 두 제품의 영업레버리지도는 각각 얼마인가?
2. 두 제품의 매출액이 20% 증가할 경우 영업이익은 각각 몇 % 증가하는가?
3. 만일 한 제품만 생산하기로 결정해야 할 경우 호황기라면 어느 제품을 선택해야 하는가?

각 제품의 영업레버리지도는 다음과 같이 구할 수 있다.

$$\text{제품 Mac A의 영업레버리지도} = \frac{₩2,500,000}{₩500,000} = 5$$

$$\text{제품 Mac B의 영업레버리지도} = \frac{₩1,000,000}{₩500,000} = 2$$

두 제품 매출액이 20%씩 증가하였다면 영업이익의 변화는 다음과 같다.

제품 Mac A의 영업이익 증가율 = 20% × 5 = 100%

제품 Mac B의 영업이익 증가율 = 20% × 2 = 40%

따라서 두 제품 중에서 한 제품만 생산하고자 할 경우 **영업이익이 크게 증가하는** Mac A **제품을 선택**하게 된다.

영업레버리지는 고정원가가 높고 단위당 변동원가가 낮은 원가구조를 지니고 있는 호텔이나 병원, 학교 또는 고도의 장치산업에서 높게 나타난다.[109] 이러한 산업에서는 고정원가가 높기 때문에 매출액이 조금만 오르더라도 이익의 변화가 매우 크게 나타난다. 따라서 영업레버리지가 큰 경우 호황기에는 이익을 큰 폭으로 증가시킬 수 있으나, 불황기에는 이익이 큰 폭으로 감소하는 위험이 따르게 된다.

3. 복수제품일 때는 어떻게 하는가?

우리는 이제까지 단일 제품만을 판매하는 경우의 CVP분석을 설명하였다. 그러나 대부분 제조기업이나 사업장에서는 동일한 제품계열군의 복수 제품을 판매한다. 이와 같이 여러 종류의 제품을 생산·판매하는 경우 각 제품별로 단위당 공헌이익이 서로 다르기 때문에 동일한 이익을 달성할 수 있는 판매량의 조합이 무수히 많게 된다. 따라서 CVP분석을 위하여 일정한 매출배합이 유지되어야 한다는 가정이 필요하다.

---

109) 이창우·고종권(2000). 앞의 책. 115.

매출배합(sales mix)이란 여러 종류의 제품들이 하나의 꾸러미(package)를 이룰 경우 각 제품들의 판매량에 대한 일정한 비율을 말한다. 예를 들면, 제품 A와 B의 판매량이 각각 300개, 200개라면 매출배합은 3 : 2가 된다. 복수제품의 CVP분석은 이러한 매출배합을 가정으로 한 꾸러미의 손익분기점을 구하는 것이다.

복수제품의 손익분기점은 먼저 꾸러미를 이룬 각 제품들의 단위당 공헌이익을 모두 합하여 꾸러미 전체의 단위당 공헌이익을 구한다. 그리고 전체 고정원가와 꾸러미 단위당 공헌이익을 가지고 꾸러미의 손익분기점 판매량과 매출액을 구하면 된다.

[예제 14-5] 복수제품의 손익분기점

KT버거에서는 햄버거, 너겟, 후라이드를 판매하고 있다. 10월의 공헌손익계산서는 다음과 같다. 10월의 매출배합이 그대로 유지된다면 KT버거의 손익분기점은 어떻게 되는가?

공헌손익계산서

	햄버거(300개)	너겟(600개)	후라이드(200개)	합 계
매 출 액	₩600,000	₩600,000	₩300,000	₩1,500,000
변동원가	210,000	240,000	80,000	530,000
공헌이익	₩390,000	₩360,000	₩220,000	₩980,000
고정원가				582,000
영업이익				₩398,000

복수제품의 손익분기점을 찾기 위하여 각 제품별 단위당 공헌이익을 구하면 다음과 같다.

햄버거의 단위당 공헌이익 = ₩390,000 ÷ 300개 = ₩1,300

너겟의 단위당 공헌이익 = ₩360,000 ÷ 600개 = ₩600

후라이드의 단위당 공헌이익 = ₩220,000 ÷ 200개 = ₩1,100

현재의 매출배합이 300 : 600 : 200 = 3 : 6 : 2이므로

$$꾸러미의\ 공헌이익 = ₩1,300 \times 3 + ₩600 \times 6 + ₩1,100 \times 2 = ₩9,700$$

$$꾸러미의\ 손익분기점 = \frac{고정원가}{꾸러미\ 단위당\ 공헌이익} = \frac{₩582,000}{₩9,700} = 60(꾸러미)$$

그런데 이 꾸러미는 햄버거 : 너겟 : 후라이드 = 3 : 6 : 2로 이루어져 있다. 따라서 손익분기점 판매량(매출액)은 햄버거 180개(₩360,000), 너겟 360개(₩360,000), 후라이드 120개(₩1,800)가 된다.

우리는 이제까지 몇 가지 가정을 전제로 하여 CVP분석과 관련된 간단한 문제들을 해결해 보았다. CVP분석은 이상과 같은 기본 개념들을 바탕으로 하여 법인세를 고려할 경우, 안전한계의 분석, 판매단가나 원가가 변화할 경우, 재고자산이 존재할 때와 같은 문제들을 다루고 있다.

다음의 [사례 14-1]은 타겟코스팅이라는 새로운 원가계산 방법의 개념과 필요성에 대하여 간략히 설명하고 있다.[110] 타겟코스팅은 이제까지 우리가 알고 있는 원가계산 방법들과 접근 방식부터 다르다. 타겟코스팅에 대한 기본적인 개념을 이해하고 원가에 대하여 보다 폭넓게 생각할 수 있는 기회를 가져보자.

[사례 14-1] 타겟코스팅

타겟코스팅은 고객의 니즈(needs)와 경쟁 위협에 대처하기 위하여 외부 환경과 상호작용하면서 원가를 산출해 내는 방법이다.

타겟코스트(target cost, 목표원가)란 제품에 대해 기업이 최대로 허용할 수 있는 원가이면서 동시에 기업이 필요로 하는 필수 이익을 얻게 해 주는 원가를 말한다. 타겟코스팅은 시장 상황으로부터 원가를 도출하는 방식이라고 말할 수 있는데, 그 이유는 고객의 니즈(needs)와 경쟁 상품들의 장점을 두루 분석한 후에 목표원가를 산출하기 때문이다.

타겟코스팅에서는 시장 상황으로부터 목표원가를 도출한 다음, 모든 아이디어를 짜내서 목표원가를 달성할 수 있게 해 주는 제품 설계 및 공정 설계를 찾아내기 위해 철저한 연구와 검토를 반복한다. 물론 생산 착수 후에도 지속적 개선 노력을 기울이면서 계속해서 원가 절감 방안을 모색해 나간다.

110) 안사리(Ansari) 등(신홍철·이택수 공역). 『타겟코스팅』, 서울: 명경사. 3~8.

- 중 략 -

오늘날 타겟코스팅을 그렇게 중요한 전략으로 만들고 있는 것은 무엇인가? 그 답은 근원적으로 요즘의 경쟁 상황 속에서 찾을 수 있다. 매우 급격히 바뀌고 있는 동시에 또한, 자기 자신의 룰에 의해서 변화하고 있는 글로벌한 경쟁 상황이 바로 오늘날의 기업들로 하여금 타겟코스팅을 중요한 전략으로 채택하게 만들고 있는 가장 중요한 이유이다.

기술우위를 통한 품질 향상 전략은 전통적으로는 그야말로 우수한 경쟁 전략이었다. 그러나 품질만으로는 더 이상 경쟁우위를 유지할 수 없게 된 것이 오늘의 현실이다.

- 중 략 -

더욱이 요즘에는 경쟁 상품 간에 품질 격차가 계속 줄어들고 있고, 격차가 있더라도 고객이 쉽게 알아채지 못하는 상황이 되었다. 이제 품질을 유지하면서 동시에 원가를 절감하지 않으면 안 되는 극히 어려운 상황이 된 것이다. 도요타 경영진들은 이 점을 실감나게 표현하고 있다.

현재의 위기를 가장 잘 극복해 낼 수 있는 기업은 곧 최고 품질의 제품을 가장 낮은 원가로 생산할 수 있는 기업이다. 그런 기업은 다시 성장을 시작할 것이고 이익을 올릴 수 있을 것이다. 일부 기업들은 어떤 상황에서도 결코 멈추지 않고 성장해 왔다. … 이런 기업들에게 있어 원가는 가장 결정적인 요인이었다. 대부분의 자동차 회사들이 현재 품질 하나로 경쟁하고 있지만, 최고 기업과 그렇지 않은 기업 간에 존재하는 가장 큰 차이는 품질에 있지 않고 바로 원가에 있다. … 1970년대와 1980년대는 품질관리가 중요한 과제였었다. 그러나 1990년대는 원가관리가 사활을 좌우하는 중심 과제로 부상하고 있다(S. Toyota & T. Toyota, "Toyota Annual Report", 1993년 10월, p. 1).

품질과 원가에 덧붙여 오늘날에는 타이밍(timing)이 전략 삼각형의 중요한 세 번째 축을 형성하고 있다. 예컨대 인텔은 개인용 컴퓨터에 고속의 고품질 CPU를 공급함으로써 경쟁우위를 유지하고 있다. 또한, 인텔은 새 팁을 옛날의 구형 칩보다 더 낮은 원가로 개발하여 출시한 최초의 회사이기도 하다. 이런 이유로 인해 인텔은 오늘날 품질·원가·타이밍 면에서 시장 선도자적 지위를 굳건히 고수하고 있다.

[부록]

[부록 1] 기업회계기준서 제1001호 재무제표 표시

[부록 2] 호텔신라 감사보고서(20×2)

[부록 3] USAL SAMPLE CHART

[부록 4] USAL 대차대조표, 손익계산서, 각종 명세서

[부록 1] 기업회계기준서 제1001호 재무제표 표시

(한국회계기준원 회계기준위원회의결 2012. 09. 28.)

이 기준서의 주요 특징

1. 적용범위

이 기준서는 한국채택국제회계기준에 따라 작성하고 표시하는 일반목적 재무제표에 적용한다.

2. 용어의 정의

일반목적 재무제표: 특정 필요에 따른 특수보고서의 작성을 기업에 요구할 수 있는 위치에 있지 아니한 재무제표이용자의 정보요구를 충족시키기 위해 작성되는 재무제표

실무적으로 적용할 수 없는: 기업이 모든 합리적인 노력을 했어도 요구사항을 적용할 수 없는 경우에 그 요구사항은 실무적으로 적용할 수 없다.

한국채택국제회계기준: 한국회계기준원 회계기준위원회가 국제회계기준을 근거로 제정한 회계기준으로 다음과 같이 구성된다.

(1) 기업회계기준서

(2) 기업회계기준해석서

중요한: 어떠한 항목의 누락이나 왜곡표시가 개별적으로 또는 집합적으로 재무제표에 기초한 재무제표이용자의 경제적 의사결정에 영향을 미치는 경우 그 항목의 누락이나 왜곡표시는 중요하다. 중요성은 관련 상황을 고려하여 누락이나 왜곡표시의 크기와 성격에 따라 결정된다. 그 항목의 크기나 성격 또는 두 요소의 결합이 결정요소가 될 수 있다.

주석: 재무상태표, 포괄손익계산서, 별개의 손익계산서(표시하는 경우), 자본변동표 및 현금흐름표에 표시하는 정보에 추가하여 제공된 정보. 주석은 상기 재무제표에 표시된 항목을 구체적으로 설명하거나 세분화하고, 상기 재무제표 인식요건을 충족하지 못하는 항목에 대한 정보를 제공한다.

기타포괄손익: 다른 한국채택국제회계기준서에서 요구하거나 허용하여 당기손익으로 인식하지 않은 수익과 비용항목(재분류조정 포함)을 포함한다.

소유주: 자본으로 분류되는 금융상품의 보유자

당기순손익: 수익에서 비용을 차감한 금액(기타포괄손익의 구성요소 제외)

재분류조정: 당기나 과거 기간에 기타포괄손익으로 인식되었으나 당기손익으로 재분류된 금액

총포괄손익: 거래나 그 밖의 사건으로 인한 기간 중 자본의 변동(소유주로서의 자격을 행사하는 소유주와의 거래로 인한 자본의 변동 제외)

3. 전체 재무제표

(1) 전체 재무제표는 다음을 모두 포함하여야 한다.

(가) 기말 재무상태표

(나) 기간 포괄손익계산서

(다) 기간 자본변동표

(라) 기간 현금흐름표

(마) 주석(유의적인 회계정책의 요약 및 그 밖의 설명으로 구성)

(바) 회계정책을 소급하여 적용하거나, 재무제표의 항목을 소급하여 재작성 또는 재분류하는 경우 가장 이른 비교기간의 기초 재무상태표

(2) 각각의 재무제표는 전체 재무제표에서 동등한 비중으로 표시한다.

4. 공정한 표시와 한국채택국제회계기준의 준수

(1) 재무제표는 기업의 재무상태, 재무성과 및 현금흐름을 공정하게 표시해야 한다. 공정한 표시를 위해서는 '개념체계'에서 정한 자산, 부채, 수익 및 비용에 대한 정의와 인식요건에 따라 거래, 그 밖의 사건과 상황의 효과를 충실하게 표현해야 한다. 한국채택국제회계기준에 따라 작성된 재무제표(필요에 따라 추가공시한 경우 포함)는 공정하게 표시된 재무제표로 본다.

(2) 한국채택국제회계기준을 준수하여 재무제표를 작성하는 기업은 그러한 준수 사실을 주석에 명시적이고 제한없이 기재한다. 재무제표가 한국채택국제회계기준의 요구사항을 모두 충족한 경우가 아니라면 한국채택국제회계기준을 준수하여 작성되었다고 기재하여서는 아니 된다.

(3) 한국채택국제회계기준을 준수하여 작성된 재무제표는 국제회계기준을 준수하여 작성된 재무제표임을 주석으로 공시할 수 있다.

5. 계속기업

경영진은 재무제표를 작성할 때 계속기업으로서의 존속가능성을 평가해야 한다. 경영진이 기업을 청산하거나 경영활동을 중단할 의도를 가지고 있지 않거나, 청산 또는 경영활동의 중단 외에 다른 현실적 대안이 없는 경우가 아니면 계속기업을 전제로 재무제표를 작성한다. 계속기업으로서의 존속능력에 유의적인 의문이 제기될 수 있는 사건이나 상황과 관련된 중요한 불확실성을 알게 된 경우, 경영진은 그러한 불확실성을 공시하여야 한다. 재무제표가 계속기업의 기준하에 작성되지 않는 경우에는 그 사실과 함께 재무제표가 작성된 기준 및 그 기업을 계속기업으로 보지 않는 이유를 공시하여야 한다.

6. 발생기준 회계

기업은 현금흐름 정보를 제외하고는 발생기준 회계를 사용하여 재무제표를 작성한다.

7. 중요성과 통합표시

유사한 항목은 중요성 분류에 따라 재무제표에 구분하여 표시한다. 상이한 성격이나 기능을 가진 항목은 구분하여 표시한다. 다만 중요하지 않은 항목은 성격이나 기능이 유사한 항목과 통합하여 표시할 수 있다.

8. 상계

한국채택국제회계기준에서 요구하거나 허용하지 않는 한 자산과 부채 그리고 수익과 비용은 상계하지 아니한다.

9. 보고빈도

전체 재무제표(비교정보를 포함)는 적어도 1년마다 작성한다. 보고기간종료일을 변경하여 재무제표의 보고기간이 1년을 초과하거나 미달하는 경우 재무제표 해당 기간뿐만 아니라 다음 사항을 추가로 공시한다.

(1) 보고기간이 1년을 초과하거나 미달하게 된 이유

(2) 재무제표에 표시된 금액이 완전하게 비교가능하지는 않다는 사실

10. 비교정보

한국채택국제회계기준이 달리 허용하거나 요구하는 경우를 제외하고는 당기 재무제표에 보고되는 모든 금액에 대해 전기 비교정보를 공시한다. 당기 재무제표를 이해하는 데 목적적합하다면 서술형 정보의 경우에도 비교정보를 포함한다.

11. 표시의 계속성

재무제표 항목의 표시와 분류는 다음의 경우를 제외하고는 매기 동일하여야 한다.

(1) 사업내용의 유의적인 변화나 재무제표를 검토한 결과 다른 표시나 분류방법이 더 적절한 것이 명백한 경우. 이 경우 기업회계기준서 제1008호에서 정하는 회계정책의 선택 및 적용요건을 고려한다.

(2) 한국채택국제회계기준에서 표시방법의 변경을 요구하는 경우

12. 재무제표의 식별

(1) 재무제표는 동일한 문서에 포함되어 함께 공표되는 그 밖의 정보와 명확하게 구분되고 식별되어야 한다.

(2) 각 재무제표와 주석은 명확하게 식별되어야 한다. 또한, 다음 정보가 분명하게 드러나야 하며, 정보의 이해를 위해서 필요할 때에는 반복 표시하여야 한다.

(가) 보고기업의 명칭 또는 그 밖의 식별 수단과 전기 보고기간말 이후 그러한 정보의 변경 내용

(나) 재무제표가 개별 기업에 대한 것인지 연결실체에 대한 것인지의 여부
(다) 재무제표나 주석의 작성대상이 되는 보고기간종료일 또는 보고기간
(라) 기업회계기준서 제1021호에 정의된 표시통화
(마) 재무제표의 금액 표시를 위하여 사용한 금액 단위

13. 재무상태표에 표시되는 정보

재무상태표에는 적어도 다음에 해당하는 금액을 나타내는 항목을 표시한다.

(1) 유형자산
(2) 투자부동산
(3) 무형자산
(4) 금융자산(단, (5), (8) 및 (9)를 제외)
(5) 지분법에 따라 회계처리하는 투자자산
(6) 생물자산
(7) 재고자산
(8) 매출채권 및 기타 채권
(9) 현금및현금성자산
(10) 기업회계기준서 제1105호 '매각예정비유동자산과 중단영업'에 따라 매각예정으로 분류된 자산과 매각예정으로 분류된 처분자산집단에 포함된 자산의 총계
(11) 매입채무 및 기타 채무
(12) 충당부채
(13) 금융부채(단, (11)과 (12) 제외)
(14) 기업회계기준서 제1012호 '법인세'에서 정의된 당기 법인세와 관련한 부채와 자산
(15) 기업회계기준서 제1012호에서 정의된 이연법인세부채 및 이연법인세자산
(16) 기업회계기준서 제1105호에 따라 매각예정으로 분류된 처분자산집단에 포함된 부채
(17) 자본에 표시된 비지배지분
(18) 지배기업의 소유주에게 귀속되는 납입자본과 적립금

14. 유동과 비유동의 구분

유동성 순서에 따른 표시방법이 신뢰성 있고 더욱 목적적합한 정보를 제공하는 경우를 제외하고는 문단 66~76에 따라 유동자산과 비유동자산, 유동부채와 비유동부채로 재무상태표에 구분하여 표시한다. 유동성 순서에 따른 표시방법을 적용할 경우 모든 자산과 부채는 유동성의 순서에 따라 표시한다.

15. 수익과 비용 항목의 표시

해당 기간에 인식한 모든 수익과 비용 항목은 다음 중 한 가지 방법으로 표시한다.

(1) 단일 포괄손익계산서
(2) 두 개의 보고서: 당기손익 부분을 표시하는 별개의 손익계산서와 포괄손익을 표시하는 보고서(이 보고서는 당기순손익으로부터 시작)

16. 포괄손익계산서에 표시되는 정보

(1) 당기손익 부분
(2) 기타포괄손익 부분
(3) 당기순손익
(4) 총기타포괄손익
(5) 당기손익과 기타포괄손익을 합한 당기포괄손익

17. 포괄손익계산서의 당기손익부분이나 별개의 손익계산서에 표시되는 정보

포괄손익계산서의 당기손익부분이나 손익계산서에는 다른 K-IFRS가 요구하는 항목에 추가하여 당해 기간의 다음 금액을 표시하는 항목을 포함한다.
(1) 수익
(2) 영업이익
(3) 금융원가
(4) 지분법 적용대상인 관계기업과 조인트벤처의 당기순손익에 대한 지분
(5) 법인세비용
(6) 중단영업의 합계를 표시하는 단일 금액

18. 당기순손익

한 기간에 인식되는 모든 수익과 비용 항목은 한국채택국제회계기준이 달리 정하지 않는 한 당기손익으로 인식한다.

19. 기타포괄손익

(1) 당해 기간의 기타포괄손익금액을 성격별로 분류하고, 다른 한국채택국제회계기준서에 따라 후속적으로 당기손익으로 재분류되지 않는 항목과 재분류되는 항목을 각각 집단으로 묶어 표시한다.
(2) 기타포괄손익의 항목은 관련 법인세비용을 차감한 순액으로 표시하거나, 법인세비용차감전 금액으로 표시할 수 있다.
(3) 기타포괄손익의 항목과 관련된 재분류조정을 공시한다.

20. 자본변동표

자본변동표에 다음 항목을 표시한다.

(1) 지배기업의 소유주와 비지배지분에 각각 귀속되는 금액으로 구분하여 표시한 해당 기간의 총포괄손익

(2) 자본의 각 구성요소별로, 기업회계기준서 제1008호에 따라 인식된 소급적용이나 소급재작성의 영향

(3) 자본의 각 구성요소별로 다음의 각 항목에 따른 변동액을 구분하여 표시한, 기초시점과 기말시점의 장부금액 조정내역

(가) 당기순손익

(나) 기타포괄손익

(다) 소유주로서의 자격을 행사하는 소유주와의 거래(소유주에 의한 출자와 소유주에 대한 배분, 그리고 지배력을 상실하지 않는 종속기업에 대한 소유지분의 변동을 구분하여 표시)

21. 현금흐름표

현금흐름정보는 기업의 현금및현금성자산 창출능력과 기업의 현금흐름 사용 필요성에 대한 평가의 기초를 재무제표이용자에게 제공한다. 기업회계기준서 제1007호는 현금흐름 정보의 표시와 공시에 대해 규정하고 있다.

22. 주석

주석은 다음의 정보를 제공한다.

(1) 재무제표 작성 근거와 구체적인 회계정책에 대한 정보

(2) 한국채택국제회계기준에서 요구하는 정보이지만 재무제표 어느 곳에도 표시되지 않는 정보

(3) 재무제표 어느 곳에도 표시되지 않지만 재무제표를 이해하는 데 목적적합한 정보

국제회계기준과의 관계

기업회계기준서 제1001호와 국제회계기준 제1호(IAS 1)

기업회계기준서 제1001호는 국제회계기준위원회가 제정한 국제회계기준 제1호(IAS 1) '재무제표 표시(Presentation of Financial Statements)'에 대응하는 기준이다.

한국의 법률체계와 일관성을 유지하기 위하여 형식적인 부분이 제한적으로 수정되었다. 즉, 한국채택국제회계기준의 의무적용대상기업과 적용시기를 명시하기 위하여 문단 한2.1, 한139.1, 한139.2가 추가되었으며, 한국의 법률체계와 일관성을 유지하기 위하여 한138.1이 추가되었다. 한국채택국제회계기준을 준수하여 작성된 재무제표는 국제회계기준을 준수하여 작성된 재무제표임을 공시할 수 있도록 문단 한16.1이 추가되었다. 적용시기 이후 최초채택기업으로서 이 기준서를 적용하게 됨에 따라 시행일과 경과규정, 기준서 등의 대체와 관련된 문단 139, 139B, 139C, 140이 삭제되었다.

이러한 수정을 명시적으로 표시하기 위하여 동 국제회계기준에 추가한 문단은 관련된 국제회계기준 문단번호에 '한'이라는 접두어를 붙여 구분 표시하였다. 그리고 동 국제회계기준의 문단을 삭제한 경우는 관련된 국제회계기준 문단번호 옆에 '[한국회계기준원 회계기준위원회가 삭제함]'이라고 표시하였다.

국제회계기준 제1호(IAS 1)의 준수

형식과 관련하여 수정된 위의 문단들을 제외하고는 기업회계기준서 제1001호가 IAS 1의 내용에 근거하여 제정되었기 때문에 기업회계기준서 제1001호를 준수하면 동시에 IAS 1을 준수하는 것이 된다.

기업회계기준서 제1001호 재무제표 표시

목적

1. 이 기준서는 과거기간의 재무제표나 다른 기업의 재무제표와 비교가능하도록 일반목적 재무제표의 표시에 관한 기준을 정한다. 이 기준서는 재무제표의 표시에 관한 전반적인 요구사항, 재무제표의 구조에 대한 지침과 재무제표의 내용에 대한 최소한의 요구사항을 규정한다.

적용

한2.1 이 기준서는 '주식회사의 외부감사에 관한 법률'에서 정하는 한국채택국제회계기준 의무적용대상 주식회사의 회계처리에 적용한다. 또한, 이 기준서는 재무제표의 작성과 표시를 위해 한국채택국제회계기준의 적용을 선택하거나 다른 법령 등에서 적용을 요구하는 기업의 회계처리에도 적용한다.

적용범위

2. 이 기준서는 한국채택국제회계기준에 따라 작성하고 표시하는 일반목적 재무제표에 적용한다.
3. 구체적인 거래나 그 밖의 사건에 대한 인식, 측정 및 공시에 대한 요구사항은 다른 한국채택국제회계기준서에서 정한다.
4. 이 기준서는 기업회계기준서 제1034호 '중간재무보고'에 따라 작성되는 요약중간재무제표의 구조와 내용에는 적용하지 아니한다. 다만, 문단 15~35는 요약중간재무제표에도 적용한다. 이 기준서는 기업회계기준서 제1110호 '연결재무제표'에 따라 연결재무제표를 보고하는 기업과 기업회계기준서 제1027호 '별도재무제표'에 따라 별도재무제표를 보고하는 기업을 포함하여 모든 기업에 동일하게 적용한다.
5. 이 기준서는 공기업을 포함한 영리기업에 적합한 용어를 사용한다. 민간부문 또는 공공부문의 비영리활동을 영위하는 조직이 이 기준서를 적용하고자 하는 경우에는 재무제표의 특정 항목의 명칭과 재무제표 명칭의 수정이 필요할 수 있다.

6. 아울러 기업회계기준서 제1032호 '금융상품: 표시'에서 정의하는 자본이 없는 기업(예: 일부 뮤추얼펀드)과 납입자본이 자본의 정의를 충족하지 못하는 기업(예: 일부 조합)은 조합원이나 지분보유자의 지분을 재무제표에 적절히 수정하여 표시하는 것이 필요할 수 있다.

용어의 정의

7. 이 기준서에서 사용하는 용어의 정의는 다음과 같다.

일반목적 재무제표(이하 '재무제표'라 한다): 특정 필요에 따른 특수보고서의 작성을 기업에 요구할 수 있는 위치에 있지 아니한 재무제표이용자의 정보요구를 충족시키기 위해 작성되는 재무제표

실무적으로 적용할 수 없는: 기업이 모든 합리적인 노력을 했어도 요구사항을 적용할 수 없는 경우에 그 요구사항은 실무적으로 적용할 수 없다.

한국채택국제회계기준: 한국회계기준원 회계기준위원회가 국제회계기준을 근거로 제정한 회계기준으로 다음과 같이 구성된다.

(1) 기업회계기준서

(2) 기업회계기준해석서

중요한: 어떠한 항목의 누락이나 왜곡표시가 개별적으로 또는 집합적으로 재무제표에 기초한 재무제표이용자의 경제적 의사결정에 영향을 미치는 경우 그 항목의 누락이나 왜곡표시는 중요하다. 중요성은 관련 상황을 고려하여 누락이나 왜곡표시의 크기와 성격에 따라 결정된다. 그 항목의 크기나 성격 또는 두 요소의 결합이 결정요소가 될 수 있다.

누락이나 왜곡표시가 재무제표이용자의 경제적 의사결정에 미치는 영향이 중요한지 여부를 평가할 때에는 재무제표이용자의 특성을 고려해야 한다. 재무제표의 작성과 표시를 위한 개념체계(이하 '개념체계'라 한다)의 문단 25에서는 '이용자는 경영 및 경제활동과 회계에 대한 합리적인 지식을 가지고 있으며 관련 정보를 분석하기 위하여 합리적인 노력을 기울일 의지가 있는 것으로 가정한다'라고 규정하고 있다. 따라서 위와 같은 재무제표이용자가 경제적 의사결정을 할 때 받을 영향을 합리적으로 예상하여 중요성 평가에 고려하여야 한다.

주석: 재무상태표, 포괄손익계산서, 별개의 손익계산서(표시하는 경우), 자본변동표 및 현금흐름표에 표시하는 정보에 추가하여 제공된 정보. 주석은 상기 재무제표에 표시된 항목을 구체적으로 설명하거나 세분화하며, 상기 재무제표 인식요건을 충족하지 못하는 항목에 대한 정보를 제공한다.

기타포괄손익: 다른 한국채택국제회계기준서에서 요구하거나 허용하여 당기손익으로 인식하지 않은 수익과 비용항목(재분류조정 포함)을 포함한다.

기타포괄손익은 다음의 항목을 포함한다.

(1) 재평가잉여금의 변동(기업회계기준서 제1016호 '유형자산'과 기업회계기준서 제1038호 '무형자산' 참조)

(2) 확정급여제도의 재측정요소(기업회계기준서 제1019호 '종업원급여' 참조)

(3) 해외사업장의 재무제표 환산으로 인한 손익(기업회계기준서 제1021호 '환율변동효과' 참조)

(4) 매도가능금융자산의 재측정 손익(기업회계기준서 제1039호 '금융상품: 인식과 측정' 참조)

(5) 현금흐름위험회피의 위험회피수단의 평가손익 중 효과적인 부분(기업회계기준서 제1039호 참조)

소유주: 자본으로 분류되는 금융상품의 보유자

당기순손익: 수익에서 비용을 차감한 금액(기타포괄손익의 구성요소 제외)

재분류조정: 당기나 과거 기간에 기타포괄손익으로 인식되었으나 당기손익으로 재분류된 금액

총포괄손익: 거래나 그 밖의 사건으로 인한 기간 중 자본의 변동(소유주로서의 자격을 행사하는 소유주와의 거래로 인한 자본의 변동 제외)

총포괄손익은 '당기순손익'과 '기타포괄손익'의 모든 구성요소를 포함한다.

8. 이 기준서에서는 '기타포괄손익', '당기순손익', '총포괄손익'이라는 용어를 사용하고 있지만 의미가 명확하다면 그러한 합계를 표현하기 위하여 다른 용어를 사용할 수 있다. 예를 들어, 당기순손익을 표현하기 위하여 '순이익'이라는 용어를 사용할 수 있다.

8A. 다음의 용어는 기업회계기준서 제1032호 '금융상품: 표시'에 기술하고 있으며 이 기준서에서는 기업회계기준서 제1032호에서 정하고 있는 의미로 사용된다.

(1) 지분상품으로 분류되는 풋가능 금융상품(기업회계기준서 제1032호 문단 16A와 16B에 기술됨)

(2) 발행자가 청산되는 경우에만 거래상대방에게 지분비율에 따라 발행자 순자산을 인도해야 하는 의무를 발행자에게 부과한 금융상품으로서 지분상품으로 분류되는 금융상품(기업회계기준서 제1032호 문단 16C와 16D에 기술됨)

재무제표

재무제표의 목적

9. 재무제표는 기업의 재무상태와 재무성과를 체계적으로 표현한 것이다. 재무제표의 목적은 광범위한 정보이용자의 경제적 의사결정에 유용한 기업의 재무상태, 재무성과와 재무상태변동에 관한 정보를 제공하는 것이다. 또한, 재무제표는 위탁받은 자원에 대한 경영진의 수탁책임 결과도 보여준다. 이러한 목적을 충족하기 위하여 재무제표는 다음과 같은 기업 정보를 제공한다.

(1) 자산

(2) 부채

(3) 자본

(4) 차익과 차손을 포함한 광의의 수익과 비용

(5) 소유주로서의 자격을 행사하는 소유주에 의한 출자와 소유주에 대한 배분

(6) 현금흐름

이러한 정보는 주석에서 제공되는 정보와 함께 재무제표이용자가 기업의 미래현금흐름, 특히 그 시기와 확실성을 예측하는 데 도움을 준다.

전체 재무제표

10. 전체 재무제표는 다음을 모두 포함하여야 한다.

(1) 기말 재무상태표

(2) 기간 손익과기타포괄손익계산서

(3) 기간 자본변동표

(4) 기간 현금흐름표

(5) 주석(유의적인 회계정책의 요약 및 그 밖의 설명으로 구성)

(5-1) 문단 38과 38A에 명시된 바와 같이 전기에 관한 비교정보

(6) 문단 40A~40D에 따라 회계정책을 소급하여 적용하거나, 재무제표의 항목을 소급하여 재작성 또는 재분류하는 경우 전기 기초 재무상태표

이 기준서에서 사용하는 재무제표의 명칭이 아닌 다른 명칭을 사용할 수 있다. 예를 들어, '손익과기타포괄손익계산서'라는 명칭 대신에 '포괄손익계산서'라는 명칭을 사용할 수 있다.

한10.1 문단 10에도 불구하고 재무제표의 명칭은 '주식회사의 외부감사에 관한 법률' 제1조의2에 따른다. 따라서, 이 기준서의 문단 10 이외의 다른 문단과 기업회계기준서 제1034호 '중간재무보고'의 문단 5 이외의 다른 문단 및 다른 기준서에서 '손익과기타포괄손익계산서'라는 명칭은 사용하지 않고 '포괄손익계산서'라는 명칭만을 사용한다.

10A. 당기손익과 기타포괄손익은 단일의 포괄손익계산서에 두 부분으로 나누어 표시할 수 있다. 이 두 부분은 당기손익 부분을 먼저 표시하고 바로 이어서 기타포괄손익 부분을 표시함으로써 함께 표시한다. 당기손익 부분을 별개의 손익계산서에 표시할 수 있다. 그러한 경우, 별개의 손익계산서는 포괄손익을 표시하는 보고서(이 보고서는 당기순손익으로부터 시작한다) 바로 앞에 위치한다.

11. 각각의 재무제표는 전체 재무제표에서 동등한 비중으로 표시한다.

12. [국제회계기준위원회에 의하여 삭제됨]

13. 많은 기업은 재무제표 이외에도 그 기업의 경영성과와 재무성과의 주요특성 및 기업이 직면한 주요 불확실성을 설명하는 경영진의 재무검토보고서를 제공한다. 이러한 보고서는 다음 항목에 대한 검토를 포함할 수 있다.

(1) 재무성과의 주요 결정 요인과 영향. 이에는 기업이 처한 영업환경의 변화, 그 변화와 영향에 대한 기업의 대응계획 및 재무성과를 유지하고 향상시키기 위한 기업의 투자정책 및 배당정책을 포함한다.

(2) 기업의 자금 조달원천과 자본 대 부채의 목표비율

(3) 한국채택국제회계기준에 따라 재무상태표에 인식되지 아니한 기업의 자원

14. 또한, 많은 기업은 특히 환경 요인이 유의적인 산업에 속해 있는 경우나 종업원이 주요 재무제표이용자인 경우에 재무제표 이외에도 환경보고서나 부가가치보고서와 같은 보고서를 제공한다. 재무제표 이외의 보고서는 한국채택국제회계기준의 적용범위에 해당하지 않는다.

일반사항

공정한 표시와 한국채택국제회계기준의 준수

15. 재무제표는 기업의 재무상태, 재무성과 및 현금흐름을 공정하게 표시해야 한다. 공정한 표시를 위해서는 '개념체계'에서 정한 자산, 부채, 수익 및 비용에 대한 정의와 인식요건에 따라 거래, 그 밖의 사건과 상황의 효과를 충실하게 표현해야 한다. 한국채택국제회계기준에 따라 작성된 재무제표(필요에 따라 추가공시한 경우 포함)는 공정하게 표시된 재무제표로 본다.

16. 한국채택국제회계기준을 준수하여 재무제표를 작성하는 기업은 그러한 준수 사실을 주석에 명시적이고 제한없이 기재한다. 재무제표가 한국채택국제회계기준의 요구사항을 모두 충족한 경우가 아니라면 한국채택국제회계기준을 준수하여 작성되었다고 기재하여서는 아니 된다.

한16.1 한국채택국제회계기준을 준수하여 작성된 재무제표는 국제회계기준을 준수하여 작성된 재무제표임을 주석으로 공시할 수 있다.

17. 거의 모든 상황에서 공정한 표시는 관련 한국채택국제회계기준을 준수함으로써 달성된다. 또한, 공정한 표시를 위해 다음과 같은 사항이 준수되어야 한다.
   (1) 기업회계기준서 제1008호 '회계정책, 회계추정의 변경 및 오류'를 준수하여 회계정책을 선택하고 적용한다. 기업회계기준서 제1008호는 구체적으로 적용할 한국채택국제회계기준이 없는 경우 경영진이 고려할 관련 기준의 우선순위를 규정하고 있다.
   (2) 회계정책을 포함하여 목적적합하고, 신뢰할 수 있고, 비교가능하며 이해가능한 정보를 표시한다.
   (3) 한국채택국제회계기준의 구체적인 요구사항을 준수하더라도 특정거래, 그 밖의 사건 및 상황이 기업의 재무상태와 재무성과에 미치는 영향을 재무제표이용자가 이해하기에 충분하지 않은 경우 추가공시를 제공한다.

18. 부적절한 회계정책은 이에 대하여 공시나 주석 또는 보충 자료를 통해 설명하더라도 정당화될 수 없다.

19. 극히 드문 상황으로서 한국채택국제회계기준의 요구사항을 준수하는 것이 오히려 '개념체계'에서 정하고 있는 재무제표의 목적과 상충되어 재무제표이용자의 오해를 유발할 수 있다고 경영진이 결론을 내리는 경우에는, 관련 감독체계가 이러한 요구사항으로부터의 일탈을 의무화하거나 금지하지 않는다면, 문단 20에서 정하는 방법으로 요구사항을 달리 적용한다.

20. 기업이 문단 19에 따라 한국채택국제회계기준의 요구사항을 달리 적용하는 경우, 다음 모든 항목을 공시한다.
   (1) 재무제표가 기업의 재무상태, 재무성과 및 현금흐름을 공정하게 표시하고 있다고 경영진이 결론을 내렸다는 사실
   (2) 공정한 표시를 위해 특정 요구사항을 달리 적용하는 것을 제외하고는 한국채택국제회계기준을 준수했다는 사실

(3) 기업이 달리 적용하는 해당 한국채택국제회계기준의 제목, 그 한국채택국제회계기준에서 요구하는 회계처리의 방법과 이에 대한 일탈의 내용, 그러한 회계처리가 해당 상황에서 재무제표이용자의 오해를 유발할 수 있어 '개념체계'에서 정한 재무제표의 목적과 상충되는 이유, 그리고 실제로 적용한 회계처리방법

(4) 표시된 각 회계기간에 대해, 한국채택국제회계기준 요구사항으로부터의 일탈이 이를 준수하였다면 보고되었을 재무제표의 각 항목에 미치는 재무적 영향

21. 과거기간에 한국채택국제회계기준의 요구사항을 달리 적용한 결과 그러한 일탈이 당기 재무제표의 인식 금액에 영향을 미친 경우, 문단 20(3)과 (4)의 항목을 공시한다.

22. 예를 들어, 과거기간에 자산이나 부채의 측정에 대해 한국채택국제회계기준의 요구사항을 달리 적용하여 그러한 일탈이 당기 재무제표에 인식된 자산과 부채의 변동금액 측정에 영향을 미치는 경우에는 문단 21을 적용한다.

23. 극히 드문 상황으로서 한국채택국제회계기준의 요구사항을 준수하는 것이 재무제표이용자의 오해를 유발할 수 있어 '개념체계'에서 정한 재무제표의 목적[참조: 개념체계 문단 12]과 상충될 수 있다고 경영진이 결론을 내렸지만, 관련 감독체계가 요구사항으로부터의 일탈을 금지하는 경우에는, 기업은 다음 사항을 공시하여 오해를 유발할 수 있는 가능성을 최대한으로 줄여야 한다.

(1) 의문의 여지가 있는 한국채택국제회계기준의 제목, 요구사항의 성격, 요구사항을 준수하는 것이 해당 상황에서 재무제표이용자의 오해를 유발하여 '개념체계'에서 정한 재무제표의 목적과 상충된다고 경영진이 결론을 내린 이유

(2) 표시된 각 회계기간에 대해, 공정한 표시를 위해 필요하다고 경영진이 결론을 내린 재무제표의 각 항목에 대한 조정내용

24. 문단 19~23과 관련하여, 제공된 정보가 표시하려고 의도하거나 표시할 것이라고 합리적으로 기대되는 거래, 그 밖의 사건 및 상황을 충실히 표현하지 못하여, 결과적으로 재무제표이용자의 경제적 의사결정에 영향을 미칠 가능성이 높은 경우, 그러한 정보는 재무제표의 목적과 상충될 것이다. 한국채택국제회계기준의 특정 요구사항을 준수하면, 재무제표이용자의 오해를 유발할 수 있어 '개념체계'에서 정한 재무제표의 목적[참조: 개념체계 문단 12]과 상충되는지를 평가할 때에는 경영진은 다음 사항을 모두 고려한다.

(1) 특정상황에서 재무제표의 목적이 달성되지 못하는 이유

(2) 당해 기업의 상황이 요구사항을 준수하고 있는 다른 기업의 상황과 다를 경우 그 내용. 비슷한 상황에 있는 다른 기업이 요구사항을 준수하고 있다면, 당해 기업이 요구사항을 준수하는 것이 '개념체계'에서 정하고 있는 재무제표의 목적과 상충될 정도로 재무제표이용자의 오해를 유발하는 것이 아닐 수도 있다는 반증가능한 가정이 된다.

계속기업

25. 경영진은 재무제표를 작성할 때 계속기업으로서의 존속가능성을 평가해야 한다. 경영진이 기업

을 청산하거나 경영활동을 중단할 의도를 가지고 있지 않거나, 청산 또는 경영활동의 중단 외에 다른 현실적 대안이 없는 경우가 아니면 계속기업을 전제로 재무제표를 작성한다. 계속기업으로서의 존속능력에 유의적인 의문이 제기될 수 있는 사건이나 상황과 관련된 중요한 불확실성을 알게 된 경우, 경영진은 그러한 불확실성을 공시하여야 한다. 재무제표가 계속기업의 기준하에 작성되지 않는 경우에는 그 사실과 함께 재무제표가 작성된 기준 및 그 기업을 계속기업으로 보지 않는 이유를 공시하여야 한다.

26. 계속기업의 가정이 적절한지의 여부를 평가할 때 경영진은 적어도 보고기간말로부터 향후 12개월 기간에 대하여 이용가능한 모든 정보를 고려한다. 각 상황의 사실내용에 따라 고려의 정도를 결정한다. 기업이 상당 기간 계속 사업이익을 보고하였고, 보고기간말 현재 경영에 필요한 재무자원을 확보하고 있는 경우에는 자세한 분석이 없이도 계속기업을 전제로 한 회계처리가 적절하다는 결론을 내릴 수 있다. 그렇지 않은 경우 경영진은 계속기업의 전제가 적절하다고 판단하기 전에, 현재와 미래의 기대 수익성, 부채상환계획 및 대체적 자본조달의 잠재적 원천과 관련된 다양한 요소를 고려할 필요가 있다.

발생기준 회계

27. 기업은 현금흐름 정보를 제외하고는 발생기준 회계를 사용하여 재무제표를 작성한다.
28. 발생기준 회계를 사용하는 경우, 각 항목이 '개념체계'의 정의와 인식요건을 충족할 때 자산, 부채, 자본, 광의의 수익 및 비용(재무제표의 요소)으로 인식한다.

중요성과 통합표시

29. 유사한 항목은 중요성 분류에 따라 재무제표에 구분하여 표시한다. 상이한 성격이나 기능을 가진 항목은 구분하여 표시한다. 다만 중요하지 않은 항목은 성격이나 기능이 유사한 항목과 통합하여 표시할 수 있다.
30. 수많은 거래와 그 밖의 사건은 성격이나 기능에 따라 범주별로 통합되어 재무제표에 표시된다. 통합 및 분류의 마지막 단계는 재무제표에 각 개별 항목으로 나타내기 위하여 관련 자료를 요약하고 분류하여 표시하는 것이다. 개별적으로 중요하지 않은 항목은 상기 재무제표나 주석의 다른 항목과 통합한다. 상기 재무제표에는 중요하지 않아 구분하여 표시하지 않은 항목이라도 주석에서는 구분 표시해야 할 만큼 충분히 중요할 수 있다.
31. 중요하지 않은 정보일 경우 한국채택국제회계기준에서 요구하는 특정 공시를 제공할 필요는 없다.

상계

32. 한국채택국제회계기준에서 요구하거나 허용하지 않는 한 자산과 부채 그리고 수익과 비용은 상계하지 아니한다.
33. 자산과 부채, 그리고 수익과 비용은 구분하여 표시한다. 상계표시로 거래나 그 밖의 사건의 실

질이 반영되는 경우를 제외하고는, 포괄손익계산서, 재무상태표, 별개의 손익계산서(표시하는 경우)에서의 상계표시는 발생한 거래, 그 밖의 사건과 상황을 이해하고 기업의 미래현금흐름을 분석할 수 있는 재무제표이용자의 능력을 저해한다. 재고자산에 대한 재고자산평가충당금과 매출채권에 대한 대손충당금과 같은 평가충당금을 차감하여 관련 자산을 순액으로 측정하는 것은 상계표시에 해당하지 아니한다.

34. 기업회계기준서 제1018호 '수익'에서는 수익을 정의하고 있으며, 기업이 제공하는 매매할인이나 수량할증을 고려하여 받거나 받을 대가의 공정가치로 수익을 측정한다고 규정하고 있다. 기업은 정상적인 영업활동 과정에서 수익을 창출하지는 않지만 주요 수익 창출 활동에 부수적인 그 밖의 거래를 할 수 있다. 동일 거래에서 발생하는 수익과 관련비용의 상계표시가 거래나 그 밖의 사건의 실질을 반영한다면 그러한 거래의 결과는 상계하여 표시한다. 예를 들면 다음과 같다.
   (1) 투자자산 및 영업용자산을 포함한 비유동자산의 처분손익은 처분대금에서 그 자산의 장부금액과 관련처분비용을 차감하여 표시한다.
   (2) 기업회계기준서 제1037호 '충당부채, 우발부채 및 우발자산'에 따라 인식한 충당부채와 관련된 지출을 제3자와의 계약관계(예: 공급자의 보증약정)에 따라 보전 받는 경우, 당해 지출과 보전받는 금액은 상계하여 표시할 수 있다.

35. 또한, 예를 들어, 외환손익 또는 단기매매 금융상품에서 발생하는 손익과 같이 유사한 거래의 집합에서 발생하는 차익과 차손은 순액으로 표시한다. 그러나 그러한 차익과 차손이 중요한 경우에는 구분하여 표시한다.

보고빈도

36. 전체 재무제표(비교정보를 포함)는 적어도 1년마다 작성한다. 보고기간종료일을 변경하여 재무제표의 보고기간이 1년을 초과하거나 미달하는 경우 재무제표 해당 기간뿐만 아니라 다음 사항을 추가로 공시한다.
   (1) 보고기간이 1년을 초과하거나 미달하게 된 이유
   (2) 재무제표에 표시된 금액이 완전하게 비교가능하지는 않다는 사실

37. 일반적으로 재무제표는 일관성 있게 1년 단위로 작성한다. 그러나 실무적인 이유로 어떤 기업은 예를 들어 52주의 보고기간을 선호한다. 이 기준서는 이러한 보고관행을 금지하지 않는다.

비교정보

최소한의 비교정보

38. 한국채택국제회계기준이 달리 허용하거나 요구하는 경우를 제외하고는 당기 재무제표에 보고되는 모든 금액에 대해 전기 비교정보를 표시한다. 당기 재무제표를 이해하는 데 목적적합하다면 서술형 정보의 경우에도 비교정보를 포함한다.

38A. 최소한, 두 개의 재무상태표와 두 개의 포괄손익계산서, 두 개의 별개 손익계산서(표시하는 경우), 두 개의 현금흐름표, 두 개의 자본변동표 그리고 관련 주석을 표시해야 한다.

38B. 어떤 경우에는 전기(또는 이전의 여러 기)의 재무제표에서 제공된 서술형 정보가 당기에 계속 관련될 수 있다. 예를 들어, 기업은 그 결과가 전기 말에 불확실하였고 지금까지도 결정되지 않은 법률 분쟁의 세부사항들을 당기에 공시한다. 전기말에 불확실성이 존재하였다는 정보의 공시와 당기에 그 불확실성을 해결하기 위하여 수행된 절차에 관한 정보의 공시로부터 이용자들은 효익을 얻을 수 있다.

추가 비교정보

38C. 한국채택국제회계기준에서 요구하는 최소한의 비교 재무제표에 추가하여 비교정보를 표시할 수 있는데, 그 정보는 한국채택국제회계기준에 따라 작성되어야 한다. 이러한 비교정보는 문단 10에서 언급된 하나 이상의 재무제표로 구성될 수 있지만, 전체 재무제표로 구성될 필요는 없다. 이러한 경우에 해당 추가 재무제표에 관련된 주석정보를 표시한다.

38D. 예를 들어, 세 번째 포괄손익계산서(따라서 당기, 전기 그리고 추가 비교기간을 표시함)를 표시할 수 있다. 그러나 세 번째 재무상태표, 세 번째 현금흐름표 또는 세 번째 자본변동표(즉, 추가 비교 재무제표)를 표시하여야 하는 것은 아니다. 해당 추가 포괄손익계산서에 관련된 비교정보는 재무제표 주석에 표시하여야 한다.

39. [국제회계기준위원회에 의하여 삭제됨]

40. [국제회계기준위원회에 의하여 삭제됨]

회계정책 변경, 소급재작성 또는 소급재분류

40A. 다음 모두에 해당된다면, 문단 38A에서 요구하는 최소한의 비교 재무제표에 추가하여 전기 기초를 기준으로 세 번째 재무상태표를 표시한다.

(1) 회계정책을 소급하여 적용하거나, 재무제표 항목을 소급하여 재작성 또는 재분류한다. 그리고,

(2) 이러한 소급적용, 소급재작성 또는 소급재분류가 전기 기초 재무상태표의 정보에 중요한 영향을 미친다.

40B. 문단 40A에 기술된 경우에 해당된다면, 다음의 각 시점에 세 개의 재무상태표를 표시한다.

(1) 당기말

(2) 전기말

(3) 전기초

40C. 문단 40A에 따라 추가 재무상태표를 표시하여야 하는 경우, 문단 41~44와 기업회계기준서 제1008호 '회계정책, 회계추정의 변경 및 오류'가 요구하는 정보를 공시하여야 한다. 그러나 전기 기초의 개시 재무상태표에 관련된 주석을 표시할 필요는 없다.

40D. 재무제표가 더 이른 기간에 대한 비교정보를 표시(문단 38C에서 허용한 바와 같음)하는지에 관계없이 당해 개시 재무상태표일은 전기 기초로 한다.

41. 재무제표 항목의 표시나 분류를 변경하는 경우 실무적으로 적용할 수 없는 것이 아니라면 비교금액도 재분류해야 한다. 비교금액을 재분류할 때 다음 사항을 공시한다(전기 기초 포함).

(1) 재분류의 성격

(2) 재분류된 개별 항목이나 항목군의 금액

(3) 재분류의 이유

42. 비교금액을 실무적으로 재분류할 수 없는 경우 다음 사항을 공시한다.

(1) 해당 금액을 재분류하지 아니한 이유

(2) 해당 금액을 재분류한다면 이루어질 수정의 성격

43. 정보의 기간별 비교가능성이 제고되면 특히 예측을 위한 재무정보 추세분석이 가능하여 재무제표이용자의 경제적 의사결정에 도움을 준다. 그러나 당기와의 비교가능성을 제고하기 위해 특정 과거기간 비교정보를 실무적으로 재분류할 수 없는 경우가 있다. 예를 들어, 재분류가 가능한 방법으로 과거기간의 정보를 수집하지 못했거나, 실무적으로 정보를 재생시킬 수 없는 경우이다.

44. 기업회계기준서 제1008호는 회계정책 변경이나 오류의 수정에 필요한 비교정보의 수정을 규정하고 있다.

표시의 계속성

45. 재무제표 항목의 표시와 분류는 다음의 경우를 제외하고는 매기 동일하여야 한다.

(1) 사업내용의 유의적인 변화나 재무제표를 검토한 결과 다른 표시나 분류방법이 더 적절한 것이 명백한 경우. 이 경우 기업회계기준서 제1008호에서 정하는 회계정책의 선택 및 적용 요건을 고려한다.

(2) 한국채택국제회계기준에서 표시방법의 변경을 요구하는 경우

46. 예를 들어, 유의적인 인수나 매각, 또는 재무제표의 표시에 대해 검토한 결과 재무제표를 다른 방법으로 표시할 필요가 있을 수 있다. 기업은 변경된 표시방법이 재무제표이용자에게 신뢰성 있고 더욱 목적적합한 정보를 제공하며, 변경된 구조가 지속적으로 유지될 가능성이 높아 비교가능성을 저해하지 않을 것으로 판단할 때에만 재무제표의 표시방법을 변경한다. 표시방법을 변경할 때에는 문단 41과 42에 따라 비교정보(문단 38~41 참조)를 재분류한다.

구조와 내용

개요

47. 이 기준서는 재무상태표, 포괄손익계산서, 별개의 손익계산서(표시하는 경우) 또는 자본변동표에 표시되는 특정한 공시사항을 규정하고 있고, 그리고 상기 재무제표나 또는 주석에 그 밖의 개별 항목의 공시사항을 규정하고 있다. 기업회계기준서 제1007호 '현금흐름표'는 현금흐름 정보의 표시에 대한 요구사항을 규정하고 있다.

48. 이 기준서에서는 '공시'라는 용어를 넓은 의미에서 종종 사용하고 있는데, 이러한 공시는 재무제표에 표시되는 항목을 포괄한다. 또한, 다른 한국채택국제회계기준서에서도 공시사항을 규정하고 있다. 이 기준서나 다른 한국채택국제회계기준서에서 달리 규정하지 않는다면, 그러한 공시사항은 각 재무제표에 표시할 수 있다.

재무제표의 식별

49. 재무제표는 동일한 문서에 포함되어 함께 공표되는 그 밖의 정보와 명확하게 구분되고 식별되어야 한다.

50. 한국채택국제회계기준은 오직 재무제표에만 적용하며 연차보고서, 감독기구 제출서류 또는 다른 문서에 표시되는 그 밖의 정보에 반드시 적용하여야 하는 것은 아니다. 따라서 한국채택국제회계기준을 준수하여 작성된 정보와 한국채택국제회계기준에서 요구하지 않지만 유용한 그 밖의 정보를 재무제표이용자가 구분할 수 있는 것이 중요하다.

51. 각 재무제표와 주석은 명확하게 식별되어야 한다. 또한, 다음 정보가 분명하게 드러나야 하며, 정보의 이해를 위해서 필요할 때에는 반복 표시하여야 한다.
    (1) 보고기업의 명칭 또는 그 밖의 식별 수단과 전기 보고기간말 이후 그러한 정보의 변경내용
    (2) 재무제표가 개별 기업에 대한 것인지 연결실체에 대한 것인지의 여부
    (3) 재무제표나 주석의 작성대상이 되는 보고기간종료일 또는 보고기간
    (4) 기업회계기준서 제1021호에 정의된 표시통화
    (5) 재무제표의 금액 표시를 위하여 사용한 금액 단위

52. 문단 51의 요구사항에 따라 페이지, 재무제표, 주석, 항목 등의 적절한 제목을 표시한다. 어떤 방법이 그러한 정보를 표시하는 가장 좋은 방법인지를 결정하는 데는 판단이 요구된다. 예를 들어, 재무제표가 전자문서로 제공될 때, 페이지가 분리되는 것이 항상 유용하지는 않다. 이러한 경우 재무제표에 포함되는 정보를 이해할 수 있도록 위 항목을 표시한다.

53. 흔히 재무제표의 표시통화를 천 단위나 백만 단위로 표시할 때 더욱 이해가능성이 제고될 수 있다. 이러한 표시는 금액 단위를 공시하고 중요한 정보가 누락되지 않는 경우에 허용될 수 있다.

재무상태표

재무상태표에 표시되는 정보

54. 재무상태표에는 적어도 다음에 해당하는 금액을 나타내는 항목을 표시한다.
    (1) 유형자산
    (2) 투자부동산
    (3) 무형자산
    (4) 금융자산(단, (5), (8) 및 (9)는 제외)
    (5) 지분법에 따라 회계처리하는 투자자산
    (6) 생물자산
    (7) 재고자산
    (8) 매출채권 및 기타 채권
    (9) 현금및현금성자산

(10) 기업회계기준서 제1105호 '매각예정비유동자산과 중단영업'에 따라 매각예정으로 분류된 자산과 매각예정으로 분류된 처분자산집단에 포함된 자산의 총계

(11) 매입채무 및 기타 채무

(12) 충당부채

(13) 금융부채(단, (11)과 (12)는 제외)

(14) 기업회계기준서 제1012호 '법인세'에서 정의된 당기 법인세와 관련한 부채와 자산

(15) 기업회계기준서 제1012호에서 정의된 이연법인세부채 및 이연법인세자산

(16) 기업회계기준서 제1105호에 따라 매각예정으로 분류된 처분자산집단에 포함된 부채

(17) 자본에 표시된 비지배지분

(18) 지배기업의 소유주에게 귀속되는 납입자본과 적립금

55. 기업의 재무상태를 이해하는 데 목적적합한 경우 재무상태표에 항목, 제목 및 중간합계를 추가하여 표시한다.

56. 기업이 재무상태표에 유동자산과 비유동자산, 그리고 유동부채와 비유동부채로 구분하여 표시하는 경우, 이연법인세자산(부채)은 유동자산(부채)으로 분류하지 아니한다.

57. 이 기준서는 표시되어야 할 항목의 순서나 형식을 규정하지 아니한다. 문단 54는 단순히 재무상태표에 구분 표시하기 위해 성격이나 기능면에서 명확하게 상이한 항목명을 제시하고 있다. 또한,

(1) 한 항목 또는 통합된 유사 항목의 크기, 성격 또는 기능상 기업의 재무상태를 이해하기 위해 구분표시가 필요한 경우 그러한 항목을 추가로 재무상태표에 포함한다.

(2) 기업의 재무상태를 이해하는 데 목적적합한 정보를 제공하기 위해 기업과 거래의 성격에 따라 사용된 용어와 항목의 순서, 또는 유사 항목의 통합방법을 변경할 수 있다. 예를 들어, 금융회사는 금융회사의 영업목적에 적합한 정보를 제공하기 위해 상기 용어를 변경할 수 있다.

58. 추가 항목으로 구분하여 표시할지 여부는 다음 요소를 고려하여 판단한다.

(1) 자산의 성격 및 유동성

(2) 기업 내에서의 자산 기능

(3) 부채의 금액, 성격 및 시기

59. 상이하게 분류된 자산에 대해 상이한 측정기준을 사용하는 것은 그 자산의 성격이나 기능이 상이하여 별도 항목으로 구분하여 표시해야 함을 의미한다. 예를 들어, 상이하게 분류된 유형자산에 대해서는 기업회계기준서 제1016호에 따라 원가 또는 재평가금액을 장부금액으로 할 수 있다.

유동과 비유동의 구분

60. 유동성 순서에 따른 표시방법이 신뢰성 있고 더욱 목적적합한 정보를 제공하는 경우를 제외하

고는 문단 66~76에 따라 유동자산과 비유동자산, 유동부채와 비유동부채로 재무상태표에 구분하여 표시한다. 유동성 순서에 따른 표시방법을 적용할 경우 모든 자산과 부채는 유동성의 순서에 따라 표시한다.

61. 어느 표시방법을 채택하더라도 자산과 부채의 각 개별 항목이 다음의 기간에 회수되거나 결제될 것으로 기대되는 금액이 합산하여 표시되는 경우, 12개월 후에 회수되거나 결제될 것으로 기대되는 금액을 공시한다.
    (1) 보고기간 후 12개월 이내와
    (2) 보고기간 후 12개월 후
62. 기업이 명확히 식별 가능한 영업주기 내에서 재화나 용역을 제공하는 경우, 재무상태표에 유동자산과 비유동자산 및 유동부채와 비유동부채를 구분하여 표시한다. 이는 운전자본으로서 계속 순환되는 순자산과 장기 영업활동에서 사용하는 순자산을 구분함으로써 유용한 정보를 제공하기 때문이다. 이는 또한, 정상영업주기 내에 실현될 것으로 예상되는 자산과 동 기간 내에 결제기일이 도래하는 부채를 구분하여 보여준다.
63. 금융회사와 같은 일부 기업의 경우에는 오름차순이나 내림차순의 유동성 순서에 따른 표시방법으로 자산과 부채를 표시하는 것이 유동/비유동 구분법보다 신뢰성 있고 더욱 목적적합한 정보를 제공한다. 이러한 기업은 재화나 서비스를 명확히 식별 가능한 영업주기 내에 제공하지 않기 때문이다.
64. 문단 60을 적용할 때, 신뢰성 있고 더욱 목적적합한 정보를 제공한다면 자산과 부채의 일부는 유동/비유동 구분법으로, 나머지는 유동성 순서에 따른 표시방법으로 표시하는 것이 허용된다. 이러한 혼합표시방법은 기업이 다양한 사업을 영위하는 경우에 필요할 수 있다.
65. 자산과 부채의 실현 예정일에 대한 정보는 기업의 유동성과 부채상환능력을 평가하는 데 유용하다. 기업회계기준서 제1107호 '금융상품: 공시'는 금융자산과 금융부채의 만기에 대한 공시를 요구하고 있다. 금융자산은 매출채권 및 기타 채권을 포함하고, 금융부채는 매입채무 및 기타 채무를 포함한다. 자산과 부채가 유동 또는 비유동으로 구분되는지의 여부와 관계없이, 재고자산과 같은 비화폐성 자산의 회수 예정일과 충당부채와 같은 부채의 결제 예정일에 대한 정보도 역시 유용하다. 예를 들어, 기업은 보고기간 후 12개월 후에 회수될 것으로 기대되는 재고자산 금액을 공시한다.

유동자산

66. 자산은 다음의 경우에 유동자산으로 분류한다.
    (1) 기업의 정상영업주기 내에 실현될 것으로 예상하거나, 정상영업주기 내에 판매하거나 소비할 의도가 있다.
    (2) 주로 단기매매 목적으로 보유하고 있다.
    (3) 보고기간 후 12개월 이내에 실현될 것으로 예상한다.

(4) 현금이나 현금성자산(기업회계기준서 제1007호의 정의 참조)으로서, 교환이나 부채 상환 목적으로의 사용에 대한 제한 기간이 보고기간 후 12개월 이상이 아니다.

그 밖의 모든 자산은 비유동자산으로 분류한다.

67. 이 기준서에서는 유형자산, 무형자산 및 장기의 성격을 가진 금융자산을 포함하여 '비유동'이라는 용어를 사용하고 있다. 만약 의미가 명확하다면 대체적인 용어를 사용하는 것을 금지하지는 않는다.

68. 영업주기는 영업활동을 위한 자산의 취득시점부터 그 자산이 현금이나 현금성자산으로 실현되는 시점까지 소요되는 기간이다. 정상영업주기를 명확히 식별할 수 없는 경우에는 그 기간이 12개월인 것으로 가정한다. 유동자산은 보고기간 후 12개월 이내에 실현될 것으로 예상되지 않는 경우에도 재고자산 및 매출채권과 같이 정상영업주기의 일부로서 판매, 소비 또는 실현되는 자산을 포함한다. 또한, 유동자산은 주로 단기매매목적으로 보유하고 있는 자산(예: 기업회계기준서 제1039호에 따라 단기매매항목으로 분류되는 일부 금융자산 포함)과 비유동금융자산의 유동성 대체 부분을 포함한다.

유동부채

69. 부채는 다음의 경우에 유동부채로 분류한다.

(1) 정상영업주기 내에 결제될 것으로 예상하고 있다.

(2) 주로 단기매매 목적으로 보유하고 있다.

(3) 보고기간 후 12개월 이내에 결제하기로 되어 있다.

(4) 보고기간 후 12개월 이상 부채의 결제를 연기할 수 있는 무조건의 권리를 가지고 있지 않다(문단 73 참조). 계약 상대방의 선택에 따라, 지분상품의 발행으로 결제할 수 있는 부채의 조건은 그 분류에 영향을 미치지 아니한다.

그 밖의 모든 부채는 비유동부채로 분류한다.

70. 매입채무 그리고 종업원 및 그 밖의 영업원가에 대한 미지급비용과 같은 유동부채는 기업의 정상영업주기 내에 사용되는 운전자본의 일부이다. 이러한 항목은 보고기간 후 12개월 후에 결제일이 도래한다 하더라도 유동부채로 분류한다. 동일한 정상영업주기가 기업의 자산과 부채의 분류에 적용된다. 기업의 정상영업주기가 명확하게 식별되지 않는 경우 그 주기는 12개월인 것으로 가정한다.

71. 기타 유동부채는 정상영업주기 이내에 결제되지는 않지만 보고기간 후 12개월 이내에 결제일이 도래하거나 주로 단기매매목적으로 보유한다. 이에 대한 예로는 기업회계기준서 제1039호에 따라 단기매매항목으로 분류된 일부 금융부채, 당좌차월, 비유동금융부채의 유동성 대체 부분, 미지급배당금, 법인세 및 기타 지급채무 등이 있다. 장기적으로 자금을 조달하며(즉, 기업의 정상영업주기내에 사용되는 운전자본의 일부가 아닌 경우) 보고기간 후 12개월 이내에 만기가 도래하지 아니하는 금융부채는 비유동부채이다. 이 경우 문단 74와 75의 규정을 충족하

여야 한다.

72. 다음 모두에 해당하는 경우라 하더라도 금융부채가 보고기간 후 12개월 이내에 결제일이 도래하면 이를 유동부채로 분류한다.
   (1) 원래의 결제기간이 12개월을 초과하는 경우
   (2) 보고기간 후 재무제표 발행승인일 전에 장기로 차환하는 약정 또는 지급기일을 장기로 재조정하는 약정이 체결된 경우
73. 기업이 기존의 대출계약조건에 따라 보고기간 후 적어도 12개월 이상 부채를 차환하거나 연장할 것으로 기대하고 있고, 그런 재량권이 있다면, 보고기간 후 12개월 이내에 만기가 도래한다 하더라도 비유동부채로 분류한다. 그러나 기업에게 부채의 차환이나 연장에 대한 재량권이 없다면(예를 들어, 차환약정이 없는 경우), 차환가능성을 고려하지 않고 유동부채로 분류한다.
74. 보고기간말 이전에 장기차입약정을 위반했을 때 대여자가 즉시 상환을 요구할 수 있는 채무는 보고기간 후 재무제표 발행승인일 전에 채권자가 약정위반을 이유로 상환을 요구하지 않기로 합의하더라도 유동부채로 분류한다. 그 이유는 기업이 보고기간말 현재 그 시점으로부터 적어도 12개월 이상 결제를 연기할 수 있는 무조건적 권리를 가지고 있지 않기 때문이다.
75. 그러나 대여자가 보고기간말 이전에 보고기간 후 적어도 12개월 이상의 유예기간을 주는 데 합의하여 그 유예기간 내에 기업이 위반사항을 해소할 수 있고, 또 그 유예기간 동안에는 대여자가 즉시 상환을 요구할 수 없다면 그 부채는 비유동부채로 분류한다.
76. 유동부채로 분류된 차입금의 경우 다음과 같은 사건이 보고기간말과 재무제표 발행승인일 사이에 발생하면 그러한 사건은 기업회계기준서 제1010호 '보고기간후사건'에 따라 수정을 요하지 않는 사건으로 주석에 공시한다.
   (1) 장기로 차환
   (2) 장기차입약정 위반사항의 해소
   (3) 보고기간 후 적어도 12개월 이상 장기차입약정 위반사항을 해소할 수 있는 유예기간을 대여자로부터 부여받음

재무상태표 또는 주석에 표시되는 정보

77. 기업은 재무제표에 표시된 개별항목을 기업의 영업활동을 나타내기에 적절한 방법으로 세분류하고, 그 추가적인 분류 내용을 재무상태표 또는 주석에 공시한다.
78. 세분류상의 세부내용은 한국채택국제회계기준의 요구사항, 당해 금액의 크기, 성격 및 기능에 따라 달라진다. 문단 58에서 정하는 요소도 세분류 기준을 결정할 때 이용한다. 공시의 범위는 각 항목별로 다르며, 예를 들면 다음과 같다.
   (1) 유형자산 항목은 기업회계기준서 제1016호에 따른 분류로 세분화한다.
   (2) 채권은 일반상거래 채권, 특수관계자 채권, 선급금과 기타 금액으로 세분화한다.
   (3) 재고자산은 기업회계기준서 제1002호 '재고자산'에 따라 상품, 소모품, 원재료, 재공품 및

제품 등으로 세분화한다.

(4) 충당부채는 종업원급여 충당부채와 기타 항목 충당부채로 세분화한다.

(5) 납입자본과 적립금은 자본금, 주식발행초과금, 적립금 등과 같이 다양한 분류로 세분화한다.

79. 재무상태표, 자본변동표 또는 주석에 다음 항목을 공시한다.

(1) 주식의 종류별로 다음의 사항

(가) 수권주식수

(나) 발행되어 납입 완료된 주식수와 발행되었으나 부분 납입된 주식수

(다) 주당 액면가액 또는 무액면주식이라는 사실

(라) 유통주식수의 기초 수량으로부터 기말 수량으로의 조정내역

(마) 배당의 지급 및 자본의 환급에 대한 제한을 포함하여 각 종류별 주식에 부여된 권리, 우선권 및 제한사항

(바) 발행주식 중 당해 기업, 종속기업 또는 관계기업이 소유하고 있는 주식

(사) 옵션과 주식 매도 계약에 따라 발행 예정된 주식(조건과 금액 포함)

(2) 자본을 구성하는 각 적립금의 성격과 목적에 대한 설명

80. 파트너십이나 신탁과 같이 자본금이 없는 경우는 문단 79(1)의 규정에 상응하는 정보를 공시한다. 따라서 지분의 각 범주별로 해당 기간 중 변동내용과 그 지분에 부여된 권리, 우선권과 제한사항을 공시한다.

80A. 기업이 다음의 금융상품을 금융부채와 자본 간에 재분류하는 경우에는, 각 범주(금융부채나 자본)간에 재분류된 금액, 재분류의 시기와 이유를 공시한다.

(1) 지분상품으로 분류되는 풋가능 금융상품

(2) 발행자가 청산되는 경우에만 거래상대방에게 지분비율에 따라 발행자 순자산을 인도해야 하는 의무를 발행자에게 부과한 금융상품으로서 지분상품으로 분류되는 금융상품

포괄손익계산서

81. [국제회계기준위원회에 의하여 삭제됨]

81A. 포괄손익계산서에는 당기손익 부분과 기타포괄손익 부분에 추가하여 다음을 표시한다.

(1) 당기순손익

(2) 총기타포괄손익

(3) 당기손익과 기타포괄손익을 합한 당기포괄손익

별개의 손익계산서를 표시하는 경우, 포괄손익을 표시하는 보고서에는 당기손익 부분을 표시하지 않는다.

81B. 당기손익 부분과 기타포괄손익 부분에 추가하여 다음을 당기손익과 당기기타포괄손익의 배분 항목으로서 표시한다.

(1) 다음에 귀속되는 당기순손익

(가) 비지배지분

(나) 지배기업의 소유주

(2) 다음에 귀속되는 당기포괄손익

(가) 비지배지분

(나) 지배기업의 소유주

당기순손익을 별개의 보고서에 표시하는 경우, 위 (1)을 그 보고서에 표시한다.

당기손익 부분 또는 손익계산서에 표시되는 정보

82. 당기손익 부분이나 손익계산서에는 다른 한국채택국제회계기준서가 요구하는 항목에 추가하여 당해 기간의 다음 금액을 표시하는 항목을 포함한다.

(1) 수익

(2) 금융원가

(3) 지분법 적용대상인 관계기업과 조인트벤처의 당기순손익에 대한 지분

(4) 법인세비용

(5) [국제회계기준위원회에 의하여 삭제됨]

(5-1) 중단영업의 합계를 표시하는 단일금액(기업회계기준서 제1105호 참조)

(6)~(9) [국제회계기준위원회에 의하여 삭제됨]

기타포괄손익 부분에 표시되는 정보

82A. 기타포괄손익 부분에는 당해 기간의 기타포괄손익의 금액을 표시하는 항목을 성격별로 분류(지분법 적용대상 관계기업과 조인트벤처의 기타포괄손익에 대한 지분 포함)하고, 다른 한국채택국제회계기준서에 따라 다음의 집단으로 묶어 표시한다.

(1) 후속적으로 당기손익으로 재분류되지 않는 항목

(2) 특정 조건을 충족하는 때에 후속적으로 당기손익으로 재분류되는 항목

83. [국제회계기준위원회에 의하여 삭제됨]

84. [국제회계기준위원회에 의하여 삭제됨]

85. 기업의 재무성과를 이해하는 데 목적적합한 경우에는 당기손익과 기타포괄손익을 표시하는 보고서에 항목, 제목 및 중간합계를 추가하여 표시한다.

86. 기업의 다양한 활동, 거래 및 그 밖의 사건의 영향은 빈도, 손익의 가능성 및 예측가능성의 측면에서 상이하기 때문에, 재무성과의 구성요소에 대한 공시는 재무제표이용자가 달성된 재무성과를 이해하고 미래 재무성과를 예측하는데 도움을 준다. 재무성과의 구성요소를 설명하는데 필요하다면 추가 항목을 당기손익과 기타포괄손익을 표시하는 보고서에 포함하고 사용된 용어와 항목의 배열을 수정한다. 이 때 중요성, 수익과 비용 항목의 성격 및 기능 등의 요소를 고려한다. 예를 들어, 금융회사는 금융회사의 사업목적에 적합한 정보를 제공하기 위해 용어를 수정할 수 있다. 문단 32의 요건을 충족하지 않는다면 수익과 비용은 상계하지 아니한다.

87. 수익과 비용의 어느 항목도 당기손익과 기타포괄손익을 표시하는 보고서 또는 주석에 특별손익 항목으로 표시할 수 없다.

당기순손익

88. 한 기간에 인식되는 모든 수익과 비용 항목은 한국채택국제회계기준이 달리 정하지 않는 한 당기손익으로 인식한다.
89. 일부 한국채택국제회계기준서는 특정항목을 당기손익 이외의 항목으로 인식하는 상황을 규정하고 있다. 기업회계기준서 제1008호는 그러한 두 가지 상황으로서 오류의 수정과 회계정책의 변경 효과를 규정하고 있다. 다른 한국채택국제회계기준서에서는 '개념체계'의 수익 또는 비용에 대한 정의를 충족하는 기타포괄손익의 구성요소를 당기손익에서 제외할 것을 요구하거나 허용한다(문단 7 참조).

기타포괄손익

90. 기타포괄손익의 항목(재분류조정 포함)과 관련한 법인세비용 금액은 포괄손익계산서나 주석에 공시한다.
91. 기타포괄손익의 항목은 다음 중 한 가지 방법으로 표시할 수 있다.
    (1) 관련 법인세 효과를 차감한 순액으로 표시
    (2) 기타포괄손익의 항목과 관련된 법인세 효과 반영 전 금액으로 표시하고, 각 항목들에 관련된 법인세 효과는 단일 금액으로 합산하여 표시

    대안 (2)를 선택하는 경우, 법인세는 후속적으로 당기손익 부분으로 재분류되는 항목과 재분류되지 않는 항목간에 배분한다.
92. 기타포괄손익의 구성요소와 관련된 재분류조정을 공시한다.
93. 다른 한국채택국제회계기준서는 과거기간에 기타포괄손익으로 인식한 금액을 당기손익으로 재분류할지 여부와 그 시기에 대하여 규정하고 있다. 그러한 재분류를 이 기준서에서는 재분류조정으로 규정하고 있다. 재분류조정은 그 조정액이 당기손익으로 재분류되는 기간의 기타포괄손익의 관련 구성요소에 포함된다. 예를 들어, 매도가능금융자산의 처분으로 실현된 이익은 당기손익에 포함된다. 이러한 금액은 당기나 과거기간에 미실현이익으로 기타포괄손익에 인식되었을 수도 있다. 이러한 미실현이익은 총포괄손익에 이중으로 포함되지 않도록 미실현이익이 실현되어 당기손익으로 재분류되는 기간의 기타포괄손익에서 차감되어야 한다.
94. 재분류조정은 포괄손익계산서나 주석에 표시할 수 있다. 재분류조정을 주석에 표시하는 경우에는 관련 재분류조정을 반영한 후에 기타포괄손익의 항목을 표시한다.
95. 예를 들어, 재분류조정은 해외사업장을 매각할 때(기업회계기준서 제1021호 참조), 매도가능금융자산을 제거할 때(기업회계기준서 제1039호 참조), 위험회피예상거래가 당기손익에 영향을 미칠 때(현금흐름위험회피와 관련하여 기업회계기준서 제1039호 문단 100 참조) 발생한다.
96. 재분류조정은 기업회계기준서 제1016호나 제1038호에 따라 인식한 재평가잉여금의 변동이나

기업회계기준서 제1019호에 따라 인식한 확정급여제도의 재측정요소에 의해서는 발생하지 않는다. 이러한 구성요소는 기타포괄손익으로 인식하고 후속 기간에 당기손익으로 재분류하지 않는다. 재평가잉여금의 변동은 자산이 사용되는 후속 기간 또는 자산이 제거될 때 이익잉여금으로 대체될 수 있다(기업회계기준서 제1016호와 제1038호 참조).

포괄손익계산서 또는 주석에 표시되는 정보

97. 수익과 비용 항목이 중요한 경우, 그 성격과 금액을 별도로 공시한다.

98. 수익과 비용 항목의 별도 공시가 필요할 수 있는 상황은 다음을 포함한다.
    (1) 재고자산을 순실현가능가치로 감액하거나 유형자산을 회수가능액으로 감액하는 경우의 그 금액과 그러한 감액의 환입
    (2) 기업 활동에 대한 구조조정과 구조조정 충당부채의 환입
    (3) 유형자산의 처분
    (4) 투자자산의 처분
    (5) 중단영업
    (6) 소송사건의 해결
    (7) 기타 충당부채의 환입

99. 기업은 비용의 성격별 또는 기능별 분류방법 중에서 신뢰성 있고 더욱 목적적합한 정보를 제공할 수 있는 방법을 적용하여 당기손익으로 인식한 비용의 분석내용을 표시한다.

100. 문단 99의 분석내용은 당기손익과 기타포괄손익을 표시하는 보고서에 표시할 것을 권장한다.

101. 비용은 빈도, 손익의 발생가능성 및 예측가능성의 측면에서 서로 다를 수 있는 재무성과의 구성요소를 강조하기 위해 세분류로 표시한다. 분석내용은 두 가지 형태 중 하나로 제공된다.

102. 분석의 첫 번째 형태는 성격별 분류이다. 당기손익에 포함된 비용은 그 성격(예: 감가상각비, 원재료의 구입, 운송비, 종업원급여와 광고비)별로 통합하며, 기능별로 재배분하지 않는다. 비용을 기능별 분류로 배분할 필요가 없기 때문에 적용이 간단할 수 있다. 비용의 성격별 분류의 예는 다음과 같다.

수익		X
기타 수익		X
제품과 재공품의 변동	X	
원재료와 소모품의 사용액	X	
종업원급여비용	X	
감가상각비와 기타 상각비	X	
기타 비용	X	
총 비용		(X)
법인세비용차감전순이익		X

103. 분석의 두 번째 형태는 기능별 분류법 또는 '매출원가'법으로서, 비용을 매출원가, 그리고 물류원가와 관리활동원가 등과 같이 기능별로 분류한다. 이 방법에서는 적어도 매출원가를 다른 비용과 분리하여 공시한다. 이 방법은 성격별 분류보다 재무제표이용자에게 더욱 목적적합한 정보를 제공할 수 있지만 비용을 기능별로 배분하는데 자의적인 배분과 상당한 정도의 판단이 개입될 수 있다. 비용의 기능별 분류의 예는 다음과 같다.

수익	X
매출원가	(X)
매출총이익	X
기타 수익	X
물류원가	(X)
관리비	(X)
기타 비용	(X)
법인세비용차감전순이익	X

104. 비용을 기능별로 분류하는 기업은 감가상각비, 기타 상각비와 종업원급여비용을 포함하여 비용의 성격에 대한 추가 정보를 공시한다.

105. 비용의 기능별 분류 또는 성격별 분류에 대한 선택은 역사적, 산업적 요인과 기업의 성격에 따라 다르다. 두 방법 모두 기업의 매출 또는 생산 수준에 따라 직접으로 또는 간접으로 연계하여 변동함을 시사한다. 각 방법이 상이한 유형의 기업별로 장점이 있기 때문에 이 기준서는 신뢰성 있고 보다 목적적합한 표시방법을 경영진이 선택하도록 하고 있다. 그러나 비용의 성격에 대한 정보가 미래현금흐름을 예측하는 데 유용하기 때문에, 비용을 기능별로 분류하는 경우에는 추가 공시가 필요하다. 문단 104에서의 '종업원급여'는 기업회계기준서 제1019호에서의 의미와 동일하다.

자본변동표

자본변동표에 표시되어야 하는 정보

106. 문단 10에서 요구하는 바에 따라 자본변동표를 작성한다. 자본변동표에는 다음의 정보를 포함한다.

(1) 지배기업의 소유주와 비지배지분에게 각각 귀속되는 금액으로 구분하여 표시한 해당 기간의 총포괄손익

(2) 자본의 각 구성요소별로, 기업회계기준서 제1008호에 따라 인식된 소급적용이나 소급재작성의 영향

(3) [국제회계기준위원회에 의하여 삭제됨]

(4) 자본의 각 구성요소별로 다음의 각 항목에 따른 변동액을 구분하여 표시한, 기초시점과 기말시점의 장부금액 조정내역

(가) 당기순손익

(나) 기타포괄손익

(다) 소유주로서의 자격을 행사하는 소유주와의 거래(소유주에 의한 출자와 소유주에 대한 배분, 그리고 지배력을 상실하지 않는 종속기업에 대한 소유지분의 변동을 구분하여 표시)

자본변동표나 주석에 표시되어야 하는 정보

106A. 자본의 각 구성요소에 대하여 자본변동표나 주석에 기타포괄손익의 항목별 분석 내용을 표시한다(문단 106(4)(나) 참조).

107. 자본변동표나 주석에 당해 기간 동안에 소유주에 대한 배분으로 인식된 배당금액과 주당배당금을 표시한다.

108. 문단 106에서 자본의 구성요소는 각 분류별 납입자본, 각 분류별 기타포괄손익의 누계액과 이익잉여금의 누계액 등을 포함한다.

109. 보고기간시작일과 종료일 사이의 자본의 변동은 당해 기간의 순자산 증가 또는 감소를 반영한다. 소유주로서의 자격을 행사하는 소유주와의 거래(예: 출자, 기업자신의 지분상품의 재취득 및 배당) 및 그러한 거래와 직접 관련이 있는 거래원가에서 발생하는 변동을 제외하고는, 한 기간 동안의 자본의 총 변동은 그 기간 동안 기업 활동에 의해 발생된 차익과 차손을 포함한 수익과 비용의 총 금액을 나타낸다.

110. 기업회계기준서 제1008호는 다른 한국채택국제회계기준서의 경과규정에서 달리 규정하는 경우를 제외하고, 실무적으로 적용할 수 있는 범위까지 회계정책의 변경효과에 대해 소급법의 적용을 요구하고 있다. 기업회계기준서 제1008호는 또한, 오류수정에 대해서도 실무적으로 적용할 수 있는 범위까지 소급법을 적용하여 재작성할 것을 요구하고 있다. 한국채택국제회계기준이 자본의 다른 구성요소의 소급 수정을 요구하는 경우를 제외하고는 소급법을 적용한 수정과 재작성은 자본의 변동은 아니지만 이익잉여금 기초잔액의 수정을 초래한다. 문단 106(2)는 회계정책변경에 따른 각 자본항목의 수정사항 총액과 오류수정으로 인한 수정사항 총액을 각각 구분하여 자본변동표에 공시하도록 요구하고 있다. 이러한 수정사항은 과거의 각 기간과 당해 기간의 기초에 대하여 공시한다.

현금흐름표

111. 현금흐름정보는 기업의 현금및현금성자산 창출능력과 기업의 현금흐름 사용 필요성에 대한 평가의 기초를 재무제표이용자에게 제공한다. 기업회계기준서 제1007호는 현금흐름 정보의 표시와 공시에 대한 요구사항을 규정하고 있다.

주석

구조

112. 주석은 다음의 정보를 제공한다.

(1) 재무제표 작성 근거와 문단 117~124에 따라 사용한 구체적인 회계정책에 대한 정보
(2) 한국채택국제회계기준에서 요구하는 정보이지만 재무제표 어느 곳에도 표시되지 않는 정보
(3) 재무제표 어느 곳에도 표시되지 않지만 재무제표를 이해하는 데 목적적합한 정보

113. 주석은 실무적으로 적용 가능한 한 체계적인 방법으로 표시한다. 재무상태표, 포괄손익계산서, 별개의 손익계산서(표시하는 경우), 자본변동표 및 현금흐름표에 표시된 개별 항목은 주석의 관련 정보와 상호 연결시켜 표시한다.

114. 주석은 재무제표이용자가 재무제표를 이해하고 다른 기업의 재무제표와 비교하는 데 도움을 줄 수 있도록 일반적으로 다음 순서로 표시한다.
(1) 한국채택국제회계기준을 준수하였다는 사실(문단 16 참조)
(2) 적용한 유의적인 회계정책의 요약(문단 117 참조)
(3) 재무상태표, 포괄손익계산서, 별개의 손익계산서(표시하는 경우), 자본변동표 및 현금흐름표에 표시된 항목에 대한 보충정보. 재무제표의 배열 및 각 재무제표에 표시된 개별 항목의 순서에 따라 표시한다.
(4) 다음을 포함한 기타 공시
(가) 우발부채(기업회계기준서 제1037호 참조)와 재무제표에서 인식하지 아니한 계약상 약정사항
(나) 비재무적 공시항목, 예를 들어 기업의 재무위험관리목적과 정책(기업회계기준서 제1107호 참조)

115. 경우에 따라 주석 내 개별 항목 배열순서의 변경이 필요하거나 바람직할 수 있다. 예를 들어, 금융상품의 공정가치 변동에 대한 정보는 당기손익과 기타포괄손익을 표시하는 보고서와 관련되어 있고, 금융상품의 만기에 대한 정보는 재무상태표와 관련되어 있다 하더라도, 이 두 정보를 금융상품의 만기정보에 통합하여 표시할 수 있다. 그럼에도 불구하고 주석의 체계적인 구조는 실무적으로 적용가능한 한 유지하여야 한다.

116. 재무제표의 작성 기준과 구체적 회계정책에 대한 정보를 제공하는 주석은 재무제표의 별도 부분으로 표시할 수 있다.

회계정책의 공시

117. 유의적인 회계정책의 요약으로 다음 항목을 공시한다.
(1) 재무제표를 작성하는 데 사용한 측정기준
(2) 재무제표를 이해하는 데 목적적합한 기타의 회계정책

118. 재무제표이용자에게 재무제표 작성의 기초가 된 측정기준(예: 역사적 원가, 현행원가, 순실현가능가치, 공정가치 또는 회수가능액)에 관한 정보를 제공하는 것은 중요하다. 왜냐하면 재무제표의 작성기준은 재무제표이용자의 분석에 유의적인 영향을 미치기 때문이다. 재무제표에 하나 이상의 측정기준을 사용한 경우, 예를 들어 특정 자산 집단을 재평가하는 경우, 각 측정

기준이 적용된 자산과 부채의 범주를 표시한다.

119. 경영진은 특정 회계정책의 공시 여부를 결정할 때 공시가 거래, 그 밖의 사건 및 상황이 보고된 재무성과와 재무상태에 어떻게 반영되었는지를 재무제표이용자가 이해하는 데 도움이 되는지를 고려한다. 특정 회계정책이 한국채택국제회계기준에서 허용되는 여러 대안 중에서 선택된 경우에 그러한 회계정책의 공시는 특히 재무제표이용자에게 유용하다. 기업이 자신의 투자부동산에 공정가치모형을 적용하는지 또는 원가모형을 적용하는지에 대한 공시를 한 예로 들 수 있다(기업회계기준서 제1040호 '투자부동산' 참조). 일부 한국채택국제회계기준서는 동 기준서가 허용하는 상이한 회계정책에 대한 경영진의 선택을 포함하여, 구체적으로 특정 회계정책의 공시를 요구한다. 예를 들어, 기업회계기준서 제1016호는 유형자산의 분류별로 사용된 측정기준의 공시를 요구한다.

120. 재무제표이용자가 당해 기업의 유형에서 공시할 것이라고 기대하는 사업내용과 정책을 고려하여 공시한다. 예를 들어, 재무제표이용자는 법인세 납부대상 기업이 이연법인세 부채 및 자산을 포함한 법인세에 대한 회계정책을 공시할 것으로 기대한다. 기업이 유의적인 해외사업을 수행하거나 외화거래를 하는 경우에는 외환손익의 인식에 대한 회계정책의 공시를 기대할 것이다.

121. 회계정책은 당기 및 과거기간의 금액이 중요하지 않은 경우에도 사업의 성격 때문에 유의적일 수 있다. 또 한국채택국제회계기준에서는 구체적으로 요구하지 않더라도 기업회계기준서 제1008호에 따라 선택하여 적용하는 유의적인 회계정책은 공시하는 것이 적절하다.

122. 회계정책을 적용하는 과정에서 추정에 관련된 공시와는 별도로(문단 125 참조), 재무제표에 인식되는 금액에 유의적인 영향을 미친 경영진이 내린 판단은 유의적인 회계정책의 요약 또는 기타 주석 사항으로 공시한다.

123. 경영진은 추정과는 별도로 기업의 회계정책을 적용하는 과정에서 재무제표에 인식되는 금액에 유의적인 영향을 미칠 수 있는 다양한 판단을 한다. 예를 들어, 경영진은 다음 사항의 결정을 위해 판단과정을 거친다.
    (1) 금융자산이 만기보유 투자자산인지의 여부
    (2) 금융자산과 리스자산의 소유권에 대한 대부분의 유의적인 위험과 효익이 실질적으로 다른 기업에 이전되었는지의 여부
    (3) 특정 매출이 실질적으로 차입거래이며 수익을 창출하지 않는 거래인지의 여부
    (4) [국제회계기준위원회에 의하여 삭제됨]

124. 문단 122에 따라 작성되는 공시사항의 일부는 다른 한국채택국제회계기준서에서도 요구한다. 예를 들어, 기업회계기준서 제1112호 '타 기업에 대한 지분의 공시'에서 타 기업을 지배하는지 결정할 때 고려한 판단을 공시하도록 요구한다. 기업회계기준서 제1040호 '투자부동산'은 부동산의 분류가 어려운 경우, 자가사용부동산이나 정상영업활동에서 판매하기 위한 부동산과 구별하기 위하여 사용한 분류기준을 공시하도록 요구하고 있다.

추정 불확실성의 원천

125. 미래에 대한 가정과 보고기간말의 추정 불확실성에 대한 기타 주요 원천에 대한 정보를 공시한다. 이러한 가정과 추정 불확실성에 대한 기타 주요 원천은 다음 회계연도에 자산과 부채의 장부금액에 대한 중요한 조정을 유발할 수 있는 유의적인 위험을 내포하고 있다. 따라서 이로부터 영향을 받을 자산과 부채에 대하여 다음 사항 등을 주석으로 기재한다.
  (1) 자산과 부채의 성격
  (2) 보고기간말의 장부금액
126. 일부 자산과 부채의 장부금액은 불확실한 미래 사건이 보고기간말의 자산과 부채에 미치는 영향을 추정하여 결정해야 한다. 예를 들어, 유형자산의 분류별 회수가능액, 재고자산에 대한 기술적 진부화의 영향, 진행 중인 소송사건의 미래 결과에 따라 변동되는 충당부채, 그리고 퇴직연금채무와 같은 장기 종업원급여부채를 측정할 때 최근에 관측된 시장가격이 존재하지 않는 경우에는 미래지향적인 추정에 의존하게 된다. 이러한 추정을 할 때 현금흐름 또는 할인율에 대한 위험조정, 급여의 미래변동 및 그 밖의 원가에 영향을 미치는 가격의 미래변동과 같은 항목에 대한 가정이 필요하다.
127. 문단 125에 따라 공시한 가정과 추정 불확실성에 대한 기타 원천은 경영진에게 가장 어렵고 주관적이고 복잡한 판단을 요구하는 추정과 관련이 있다. 불확실성에 대한 미래 해소가능성에 영향을 주는 변수와 가정이 증가할수록 그러한 판단은 더욱 주관적이고 복잡해진다. 그에 따라 결과적으로 자산과 부채 장부금액의 중요한 조정 가능성은 일반적으로 증가하게 된다.
128. 다음 회계연도에 장부금액이 중요하게 변동될 수 있는 유의적인 위험이 있는 자산과 부채라 할지라도 동일한 자산이나 부채에 대한 활성시장의 공시가격에 기초하여 보고기간말의 공정가치를 측정한 경우에는 문단 125에서 요구하는 공시를 하지 아니한다. 그러한 공정가치가 다음 회계연도에 중요하게 변동될 수도 있지만 그러한 변동은 보고기간말의 가정 또는 추정 불확실성에 대한 기타 원천에서 발생한 것은 아니다.
129. 문단 125의 공시사항은 미래와 추정 불확실성에 대한 기타 원천에 대해 경영진이 내린 판단을 재무제표이용자가 이해하는 데 도움을 줄 수 있도록 표시한다. 제공하는 정보의 성격과 범위는 가정 및 그 밖의 상황의 성격에 따라 다르다. 그러한 공시사항의 예는 다음과 같다.
  (1) 가정 또는 기타 추정 불확실성의 성격
  (2) 계산에 사용된 방법, 가정 및 추정에 따른 장부금액의 민감도와 그 이유
  (3) 불확실성의 영향을 받는 자산 및 부채의 장부금액과 관련하여 다음 회계연도 내에 예상되는 불확실성의 해소방안과 합리적으로 발생가능한 결과의 범위
  (4) 불확실성이 계속 미해소 상태인 경우, 해당 자산 및 부채에 대하여 과거에 사용한 가정과의 차이에 대한 설명
130. 이 기준서는 문단 125의 공시사항으로 예산정보 또는 미래예측을 공시하도록 요구하지 않는다.
131. 보고기간말의 가정 또는 추정 불확실성의 기타 원천에 대한 잠재적 영향의 정도를 실무적으로

공시할 수 없는 경우가 있다. 이 경우 현재 알려진 정보에 의하면 다음 회계연도 중에 가정과 다른 결과가 발생하여 그 영향을 받는 자산과 부채의 장부금액이 중요하게 수정될 수도 있다는 사실을 공시해야 한다. 어떠한 경우라도 기업은 가정에 의해 영향을 받는 개별 자산이나 부채(또는 자산이나 부채의 집단)의 성격과 장부금액을 공시해야 한다.

132. 회계정책을 적용하는 과정에서 경영진이 내린 특정 판단에 대한 문단 122의 공시는 문단 125의 추정 불확실성의 원천에 대한 공시와는 관련이 없다.

133. 문단 125에서 요구하였을 가정 중 일부에 대한 공시를 다른 한국채택국제회계기준서에서 다루고 있다. 예를 들어, 기업회계기준서 제1037호는 특정 상황에서 유형별 충당부채에 영향을 미치는 미래 사건에 대한 주요 가정의 공시를 요구하고 있다. 기업회계기준서 제1113호 '공정가치측정'은 공정가치를 장부금액으로 하는 금융자산 및 금융부채의 공정가치를 측정할 때 사용한 유의적인 가정(가치평가기법과 투입변수 포함)에 대해 공시를 요구하고 있다.

자본

134. 재무제표이용자가 자본관리를 위한 기업의 목적, 정책 및 절차를 평가할 수 있도록 관련 정보를 공시한다.

135. 문단 134를 준수하기 위해 다음 항목을 공시한다.

(1) 자본관리를 위한 기업의 목적, 정책 및 절차에 대한 비계량적 정보(다음 사항을 포함한다)

(가) 자본으로 관리하고 있는 항목에 대한 설명

(나) 외부적으로 부과된 자본유지요건이 있는 경우, 그러한 요건의 내용과 그 요건이 자본관리에 어떻게 반영되고 있는지에 대한 내용

(다) 자본관리의 목적을 어떻게 달성하고 있는지에 대한 내용

(2) 자본으로 관리하고 있는 항목에 대한 계량적 자료의 요약. 일부 기업은 특정 금융부채(예: 일부의 후순위채무)를 자본의 일부로 간주한다. 또 다른 기업은 어떤 지분의 구성요소(예: 현금흐름위험회피에서 발생하는 구성요소)를 자본의 개념에서 제외하기도 한다.

(3) 전기 이후 (1)과 (2)의 변경사항

(4) 외부적으로 부과된 자본유지요건을 회계기간 동안 준수하였는지의 여부

(5) 외부적으로 부과된 자본유지요건을 준수하지 아니한 경우, 그 미준수의 결과

이러한 공시는 기업의 주요 경영진에게 내부적으로 제공된 정보에 기초한다.

136. 기업은 다양한 방법으로 자본을 관리할 수 있으며 여러 가지 상이한 자본유지요건이 있을 수 있다. 예를 들어, 어떤 대기업 집단은 보험업과 은행업을 영위하는 기업을 포함할 수 있으며, 그러한 기업은 여러 국가에서 운영될 수도 있다. 자본유지요건과 자본이 어떻게 관리되는지에 대한 통합 공시가 유용한 정보를 제공하지 못하거나 기업의 자본 원천에 대한 재무제표이용자의 이해를 왜곡시키는 경우, 기업은 각각의 자본유지요건별로 분리하여 정보를 공시한다.

자본으로 분류되는 풋가능 금융상품

136A. 지분상품으로 분류되는 풋가능 금융상품에 대하여 다음 사항을 공시한다(단, 다른 곳에서 공시되지 않은 사항).

(1) 자본으로 분류되는 금액에 대한 양적요약자료

(2) 금융상품 보유자가 재매입 또는 상환을 요구할 때, 그 의무를 관리하기 위한 목적, 정책 및 절차(전기 이후의 변경사항 포함)

(3) 이러한 종류의 금융상품의 상환이나 재매입시 기대되는 현금유출액

(4) 상환이나 재매입시 기대되는 현금유출액의 결정 방법에 관한 정보

기타 공시

137. 주석에는 다음 사항을 공시한다.

(1) 재무제표 발행승인일 전에 제안 또는 선언되었으나 당해 기간 동안에 소유주에 대한 분배금으로 인식되지 아니한 배당금액과 주당배당금

(2) 미인식 누적우선주배당금

138. 다음 항목이 재무제표와 함께 공표된 기타 정보에 공시되지 않았다면 주석으로 공시한다.

(1) 기업의 소재지와 법적 형태, 설립지 국가 및 등록된 본점사무소(또는 등록된 본점사무소와 상이하다면, 주요 사업 소재지)의 주소

(2) 기업의 영업과 주요 활동의 내용에 대한 설명

(3) 지배기업과 연결실체 최상위 지배기업의 명칭

(4) 존속기간이 정해진 기업의 경우 그 존속기간에 관한 정보

한138.1 상법 등 관련 법규에서 이익잉여금처분계산서(또는 결손금처리계산서)의 작성을 요구하는 경우에는 재무상태표의 이익잉여금(또는 결손금)에 대한 보충정보로서 이익잉여금처분계산서(또는 결손금처리계산서)를 주석으로 공시한다.

한138.2 기업은 수익에서 매출원가 및 판매비와관리비(물류원가 등을 포함)를 차감한 영업이익(또는 영업손실)을 포괄손익계산서에 구분하여 표시한다. 다만 영업의 특수성을 고려할 필요가 있는 경우(예: 매출원가를 구분하기 어려운 경우)나 비용을 성격별로 분류하는 경우 영업수익에서 영업비용을 차감한 영업이익(또는 영업손실)을 포괄손익계산서에 구분하여 표시할 수 있다.

한138.3 영업이익(또는 영업손실) 산출에 포함된 주요항목과 그 금액을 포괄손익계산서 본문에 표시하거나 주석으로 공시한다.

한138.4 문단 한138.2에 따른 영업이익(또는 영업손실)에 포함되지 않은 항목 중 기업의 영업성과를 반영하는 그 밖의 수익 또는 비용 항목이 있다면 이러한 항목을 추가하여 조정영업이익(또는 조정영업손실) 등의 명칭을 사용하여 주석으로 공시할 수 있으며, 이 경우 다음 내용을 포함한다.

(1) 추가한 주요항목과 그 금액

(2) 이러한 조정영업이익(또는 조정영업손실) 등은 해당 기업이 자체 분류한 영업이익(또는 영업손실)이라는 사실

시행일과 경과규정

-이하 생략-

[부록 2] 호텔신라 감사보고서(20×2)

주식회사 호텔신라
재 무 제 표 에 대 한

감 사 보 고 서

제40기

20×2년 01월 01일부터
20×2년 12월 31일까지

제39기

20×1년 01월 01일부터
20×1년 12월 31일까지

○○회계법인

외부감사인의 감사보고서

주식회사 호텔신라

주주 및 이사회 귀중 20×3년 2월 22일

본 감사인은 첨부된 주식회사 호텔신라의 20×2년 12월 31일과 20×1년 12월 31일 현재의 재무상태표와 동일로 종료되는 양 회계연도의 손익계산서, 포괄손익계산서, 자본변동표 및 현금흐름표를 감사하였습니다. 이 재무제표를 작성할 책임은 회사 경영자에게 있으며 본 감사인의 책임은 동 재무제표에 대하여 감사를 실시하고 이를 근거로 이 재무제표에 대하여 의견을 표명하는 것입니다.

본 감사인은 한국회계감사기준에 따라 감사를 실시하였습니다. 이 기준은 재무제표가 중요하게 왜곡표시되지 아니하였다는 것을 합리적으로 확신하도록 감사를 계획하고 실시할 것을 본 감사인에게 요구하고 있습니다. 감사는 재무제표의 금액과 공시내용을 뒷받침하는 감사 증거에 대하여 시사의 방법을 적용하여 검증하는 것을 포함하고 있습니다. 또한, 감사는 재무제표의 전반적인 표시내용에 대한 평가뿐만 아니라 재무제표 작성을 위해 경영자가 적용한 회계원칙과 유의적 회계추정에 대한 평가를 포함하고 있습니다. 본 감사인이 실시한 감사가 감사의견 표명을 위한 합리적인 근거를 제공하고 있다고 본 감사인은 믿습니다.

본 감사인의 의견으로는 상기 재무제표는 주식회사 호텔신라의 20×2년 12월 31일과 20×1년 12월 31일 현재의 재무상태와 동일로 종료되는 양 회계연도의 재무성과 및 현금흐름의 내용을 한국채택국제회계기준에 따라 중요성의 관점에서 적정하게 표시하고 있습니다.

서울특별시 영등포구 여의도동 △△△
○ ○ 회 계 법 인
대표이사 ○ ○ ○

> 이 감사보고서는 감사보고서일 현재로 유효한 것입니다. 따라서 감사보고서일 이후 이 보고서를 열람하는 시점까지의 기간 사이에 첨부된 회사의 재무제표에 중요한 영향을 미칠 수 있는 사건이나 상황이 발생할 수도 있으며 이로 인하여 이 감사보고서가 수정될 수도 있습니다.

재 무 제 표

대 차 대 조 표

제40기말 20×2년 12월 31일 현재
제39기말 20×1년 12월 31일 현재

주식회사 호텔신라 (단위: 원)

과 목	주 석	제40기말	제39기말
자산			
Ⅰ. 유 동 자 산			
현금 및 현금성 자산	4,27,28	265,898,592,966	124,048,397,442
기타금융자산	5,27,28	672,977,874	366,305,573
매출 채권 및 기타 채권	6,25,27,28	94,345,230,796	76,759,059,033
단기대여금	7,27,28	958,811,060	495,565,980
선급금		7,812,216,646	10,540,009,304
선급비용		14,489,787,282	23,549,251,467
재고자산	8	353,673,955,865	334,853,587,104
유동자산 합계		737,852,572,489	570,612,175,903
Ⅱ. 비유동 자산			
관계 기업 투자	9	985,180,000	3,634,430,819
종속 기업 투자	9	9,648,463,309	20,888,324,773
매도가능금융자산	10,28	45,282,159,532	45,282,159,532
장기대여금	7,27,28	2,104,052,390	5,016,419,840
유형자산	11	478,764,019,305	474,736,663,435
무형자산	12	26,112,214,393	26,924,995,414
기타금융자산	5,20,27,28	241,467,049,612	228,515,529,221
비유동자산 합계		804,363,138,541	804,998,523,034
자산 총계		1,542,215,711,030	1,375,610,698,937
부채 및 자본			
부채			
Ⅰ. 유동부채			
매입 채무 및 기타채무	13,25,27,28	191,267,874,456	183,200,964,613
선수금		24,138,946,632	17,295,018,769
기타금융부채	5,27,28	2,082,584,918	2,194,869,317
미지급법인세		23,155,924,29	10,917,783,356
유동성장기차입금	14,27,28	80,000,000,000	51,792,500,000
선수수익		15,424,765,204	18,590,877,522
총당 부채	16	10,152,043,188	8,135,913,528
파생 금융 부채	17,18,27,28	541,182,056	237,985,531
유동부채 합계		346,763,320,743	292,365,912,636
Ⅱ. 비유동 부채			
장기기타 채무	13,27,28	6,702,608,028	4,957,621,033

과 목	주 석	제40기말	제39기말
장기 차입금	14,27,28	388,808,963,708	368,848,992,297
기타 금융 부채	5,20,27,28	95,686,356,675	88,020,859,715
확정 급여 부채	15	10,983,973,566	14,820,071,620
이연법인세부채	23	6,633,926,353	6,618,271,893
파생금융부채	17,18,27,28	-	1,948,936,539
비유동 부채 합계		508,815,828,330	485,214,753,097
부채 총계		855,579,149,073	777,580,665,733
자본			
Ⅰ. 납입자본과 적립금			
자본금	18	200,000,000,000	200,000,000,000
자본잉여금	18	196,553,967,982	196,303,575,169
기타자본	11,18,19	(3,945,308,524)	(4,016,901,598)
기타 포괄 손익 누계액	10,17,18	6,000,334,325	4,752,863,394
적립금	18	188,787,649,401	153,504,588,751
이익 잉여금	18	99,239,919,773	47,485,907,488
자본 총계		686,636,561,957	598,030,033,204
부채 및 자본의 총계		1,542,215,711,030	1,375,610,698,937

별첨 주석은 본 재무제표의 일부입니다.

손 익 계 산 서

제40기 20×2년 1월 1일부터 20×2년 12월 31일까지
제39기 20×1년 1월 1일부터 20×1년 12월 31일까지

주식회사 호텔신라 (단위: 원)

과 목	주 석	제40기	제39기
Ⅰ. 매출액	25	2,189,737,806,303	1,764,353,261,639
Ⅱ. 재료비	21	(1,247,346,131,897)	(974,716,743,024)
Ⅲ. 인건비	15,24	(132,963,968,166)	(113,007,851,274)
Ⅳ. 기타영업비용	24,25	(680,173,064,225)	(580,595,711,788)
Ⅴ. 영업이익		129,254,642,015	96,032,955,553
Ⅵ. 영업외손익			
금융수익	22	15,863,368,607	12,786,367,545
금융비용	22	(25,318,059,861)	(25,846,556,272)
투자손익	22	15,364,988,405	2,346,920,400
기타영업외수익	22	18,226,238,568	18,441,090,049
기타영업외비용	22	(20,007,658,368)	(30,256,613,456)
영업외손익 합계		4,128,877,351	(22,528,791,734)
Ⅶ. 법인세비용차감전순이익		133,383,519,366	73,504,163,819
법인세비용	23	32,001,124,641	17,479,512,986
Ⅷ. 당기순이익		101,382,394,725	56,024,650,833
Ⅸ. 주당순이익			
기본주당이익	24	2,576	1,425
희석주당이익	24	2,576	1,423

별첨 주석은 본 재무제표의 일부입니다.

포괄손익계산서

제40기 20×2년 1월 1일부터 20×2년 12월 31일까지
제39기 20×1년 1월 1일부터 20×1년 12월 31일까지

주식회사 호텔신라 (단위: 원)

과 목	주 석	제40기	제39기
Ⅰ. 당기순이익		101,382,394,725	56,024,650,833
Ⅱ. 기타포괄손익			
매도가능금융자산평가손익	10	-	(10,048,795,021)
파생금융부채평가손익	17	1,247,470,931	2,135,592,851
보험수리적손실	18	(2,514,715,290)	(4,273,435,259)
Ⅲ. 총포괄이익		100,115,150,366	43,838,013,404

자 본 변 동 표

제40기 20×2년 1월 1일부터 20×2년 12월 31일까지
제39기 20×1년 1월 1일부터 20×1년 12월 31일까지

주식회사 호텔신라 (단위: 원)

과 목	자본금	자본잉여금	기타자본	기타포괄손익 누계액	적립금	이익잉여금	총 계
2011.1.1	200.000.000.000	197.340.667.013	(4.207.228.250)	12.666.065.564	115.623.272.091	45.429.175.174	566.951.951.592
당기순이익	–	–	–	–	–	26,024,650,833	56,024,650,833
기타포괄손익:							
매도가능금융 자산평가손실	–	–	–	(10,048,795,021)	–	–	(10,048,795,021)
파생금융 부채평가이익	–	–	–	2.135.592.851	–	–	2,135,592,851
보험수리적손실	–	–	–	–	–	(4,273,435,259)	(4,273,435,259)
총포괄손익	–	–	–	(7,913,202,170)	–	51,751,215,574	43,838,013,404
연차배당	–	–	–	–	–	(11,813,166,600)	(11,813,166,600)
적립금의 적립	–	–	–	–	37,881,316,660	(37,881,316,660)	–
자기주식의 처분	–	136,359,156	355,708,926	–	–	–	492,068,082
주식선택권의 행사	–	–	(165,382,274)	–	–	–	(165,382,274)
자본잉여금의 변동	–	(1,173,451,000)	–	–	–	–	(1,173,451,000)
2011.12.31	200,000,000,000	196,303,575,169	(4,016,901,598)	4,752,863,394	153,504,588,751	47,485,907,488	598,030,033,204
2012.1.1	200,000,000,000	196,303,575,169	(4,016,901,598)	4,752,863,394	153,504,588,751	47,485,907,488	598,030,033,204
당기순이익	–	–	–	–	–	101,382,394,725	101,382,394,725
기타포괄손익:							
파생금융부채 평가이익	–	–	–	1,247,470,931	–	–	1,247,470,931
보험수리적손실	–	–	–	–	–	(2,514,715,290)	(2,514,715,290)
총포괄손익	–	–	–	1,247,470,391	–	98,867,679,435	100,115,150,366
연차배당	–	–	–	–	–	(11,830,606,500)	(11,830,606,500)
적립금의 적립	–	–	–	–	35,283,060,650	(35,283,060,650)	–
자기주식의 처분	–	250,392,813	242,240,390	–	–	–	492,633,203
주식선택권의 행사	–	–	(170,648,316)	–	–	–	(170,648,316)
2012.12.31	200,000,000,000	196,553,967,982	(3,945,309,524)	6,000,334,325	188,787,649,401	99,239,919,773	686,636,561,957

별첨 주석은 본 재무제표의 일부입니다.

현 금 흐 름 표

제40기 20×2년 1월 1일부터 20×2년 12월 31일까지
제39기 20×1년 1월 1일부터 20×1년 12월 31일까지

주식회사 호텔신라 (단위: 원)

과 목	제40기	제39기
Ⅰ. 영업활동현금흐름		
1. 당기순이익	101,382,394,725	56,024,650,833
2. 비현금 조정		
재고자산평가손실(환입)	3,071,123,106	(1,309,689,905)
재고자산폐기손실	199,234,465	89,821,940
대손상각비	–	1,443,143
퇴직급여	7,999,609,301	6,477,430,925
감가상각비	36,717,279,810	32,893,378,485
무형자산상각비	6,313,870,897	1,404,745,297
외화환산손실	124,137,093	226,120,251
유형자산처분손실	1,558,531,986	3,384,796,154
투자자산처분손실	1,023,659,869	–
외화환산이익	(282,828,163)	(260,986,097)
유형자산처분이익	(29,359,992)	(17,863,411)
투자자산처분이익	(15,899,802,438)	–
무형자산처분이익	(98,544,916)	–
김융수익 (이자수익)	(15,863,368,607)	(12,786,367,545)
금융원가 (이자비용)	25,317,059,861	25,846,556,272
배당금수익	(488,845,836)	(2,346,920,400)
법인세비용	32,001,124,641	17,479,512,986
소 계	81,663,881,077	71,081,978,095
3. 영업활동으로 인한 자산부채의 변동		
기타금융자산	68,450,000	2,771,450
매출채권	(15,661,152,403)	(13,067,964,291)
기타채권	(1,979,404,426)	(13,812,777,493)
선급금	2,727,792,658	(2,928,375,052)
선급비용	9,223,659,151	7,076,854,380
재고자산	(24,761,868,749)	(117,588,891,695)
매입채무	9,275,582,277	32,448,191,781
기타채무	1,580,609,379	20,564,686,212
선수금	6,843,927,863	(150,022,098)
기타금융부채	(487,947,689)	(199,438,214)
선수수익	(3,360,830,352)	(2,011,905,241)
충당부채	(212,253,756)	2,395,813,361
장기기타채무	1,744,986,995	827,796,032
장기기타금융부채	4,104,812,710	2,925,030,801

과 목	제40기	제39기
확정급여부채 기여금 납입	(14,396,452,246)	(6,542,894,982)
관계사 전입 · 전출	538,298,834	(1,318,303,412)
퇴직금의 지급	(1,895,120,288)	(2,833,311,037)
소 계	(26,046,910,042)	(94,212,739,498)
이자수취	5,621,077,627	3,699,532,855
법인세납부	(19,422,687,990)	(19,688,464,305)
영업활동으로 인한 순현금흐름	143,197,755,397	16,904,957,980
II. 투자활동현금흐름		
기타금융자산의 감소	3,606,005,624	26,445,540,774
기타금융자산의 증가	(6,859,471,926)	(30,574,551,813)
단기대여금의 회수	2,087,372,412	478,784,850
단기대여금의 증가	(2,111,115,132)	-
종속기업투자 및 관계기업투자의 처분	31,796,602,983	-
종속기업투자의 취득	(3,012,868,131)	(524,488,529)
장기대여금의 회수	3,239,079,218	10,829,000
장기대여금의 증가	(758,741,928)	(1,566,731,830)
유형자산의 처분	798,129,183	446,096,013
유형자산의 취득	(40,843,553,441)	(66,226,740,983)
무형자산의 처분	1,458,480,000	-
무형자산의 취득	(6,861,024,960)	(1,475,788,017)
배당금의 수취	488,845,836	2,346,920,400
투자활동으로 인한 순현금흐름	(16,972,260,262)	(70,640,130,135)
III. 재무활동현금흐름		
단기차입금의 차입	-	112,923,628,308
단기차입금의 상환	-	(162,949,474,948)
유동성장기차입금의 상환	(51,792,500,000)	(124,535,000,000)
사채의 발행	99,569,500,000	288,731,596,971
자기주식의 처분	777,588,891	370,083,800
배당금의 지급	(11,830,083,820)	(11,813,166,600)
이자의 지급	(21,099,804,682)	(20,980,4224,374)
재무활동으로 인한 순현금흐름	15,624,700,389	81,747,243,157
IV. 현금및현금성자산의 증가	141,850,195,524	28,012,071,002
V. 기초 현금및현금성자산	124,048,397,442	96,036,326,440
VI. 기말 현금및현금성자산	265,898,592,966	124,048,397,442

별첨 주석은 재무제표의 일부입니다.

재무제표에 대한 주석

제40기 20×2년 1월 1일부터 20×2년 12월 31일까지
제39기 20×1년 1월 1일부터 20×1년 12월 31일까지

* 주식회사 호텔신라

1. 회사의 개요

주식회사 호텔신라(이하 "당사")는 1973년 5월에 설립되어 서울과 인천, 제주도, 대구, 청주 및 김포에서 관광호텔업과 면세백화점업 등을 영위하고 있으며, 1991년 3월에 한국거래소에 주식을 상장한 공개법인입니다.

당사의 보고기간종료일 현재의 수권주식수는 80백만주(1주당 액면금액: 5,000원)이며, 2012년 12월 31일 현재 당사의 보통주 발행주식총수와 보통주 납입자본금은 설립 이후 수 차의 증자를 거쳐 각각 39,248,121주 및 196,240,605천원입니다.

2. 중요한 회계정책

2-1 재무제표 작성기준

재무제표는 금융상품 등 아래 회계정책에서 별도로 언급하고 있는 사항을 제외하고는 역사적 원가를 기준으로 작성되었습니다. 본 재무제표는 원화로 표시되어 있으며 다른 언급이 있는 경우를 제외하고는 천원 단위로 표시되어 있습니다.

2-2 준수사실의 기재

당사의 재무제표는 주식회사의 외부감사에 관한 법률에 따라 제정된 한국채택국제회계기준에 따라 작성되었습니다.

2-3 별도재무제표에서의 종속기업 및 관계기업 투자

당사의 재무제표는 기업회계기준서 제1027호에 따른 별도재무제표로서 종속기업 및 관계기업의 투자자산을 피투자자의 보고된 성과와 순자산에 근거하지 않고 직접적인 지분투자에 근거한 회계처리로 표시한 재무제표입니다. 당사는 종속기업 및 관계기업에 대한 투자자산에 대해서 기업회계기준서 제1027호에 따른 원가법을 선택하여 회계처리하였습니다. 한편, 종속기업 및 관계기업으로부터 수취하는 배당금은 배당을 받을 권리가 확정되는 시점에 당기손익으로 인식하고 있습니다.

2-4 외화환산

당사는 재무제표를 기능통화이면서 보고통화인 원화로 표시하고 있습니다. 화폐성 외화자산 및 부채는 보고기간종료일 현재의 기능통화 환율로 환산하고 있습니다. 이에 따라 발생하는 환산차이는 당기손익에 반영하고 있습니다. 한편, 역사적 원가로 측정하는 외화표시 비화폐성 항목은 최초 거래발생일의 환율을, 공정가치로 측정하는 외화표시 비

화폐성 항목은 보고기간 종료일의 환율을 적용하여 인식하고 있습니다.

2-5 수익인식

당사는 경제적 효익의 유입이 확실하고 신뢰성 있게 측정될 수 있는 경우에 수익을 인식하고 있으며, 수취한 대가의 공정가치에서 할인, 리베이트, 기타 판매관련 제세금 등을 차감하여 수익을 측정하고 있습니다. 당사는 본인 또는 대리인 중 어느 역할을 수행하고 있는지를 판단하기 위하여 해당 기준에 따라 매출계약을 평가하였으며, 그 결과 당사의 모든 매출계약에 대하여 당사가 본인으로서 역할을 하고 있다고 판단하고 있습니다. 또한, 당사는 다음의 인식 기준을 충족하는 경우에만 수익을 인식하고 있습니다.

2-5-1 재화의 판매

재화의 판매로 인한 수익은 재화의 소유에 따른 중요한 위험과 보상이 구매자에게 이전되는 시점 즉, 보통 재화의 인도시점에 인식하고 있습니다. 또한, 당사는 고객들의 사용실적에 따라 마일리지를 부여하고 있으며 본 마일리지로 인한 금액은 마일리지가 사용될 때까지 이연하여 수익으로 인식하고 있습니다.

2-5-2 용역의 제공

당사는 객실료, 식음료 및 봉사료 수입을 용역의 제공이 완료되는 시점에 수익으로 인식하고 있습니다.

2-6~2-11 생략

2-12 유형자산

당사는 유형자산을 감가상각누계액과 손상차손누계액을 직접 차감한 취득원가로 표시하고 있으며, 이러한 원가에는 발생시점에 자산의 인식요건을 충족한 대체원가를 포함하고 있습니다. 즉, 종합검사원가와 같이 자산의 인식요건을 충족하는 경우에는 유형자산의 장부금액에 포함되어 있으며, 모든 수선 및 유지비용은 발생시점에 당기손익에 반영하고 있습니다.

당사는 유형자산에 대하여 아래의 추정내용연수에 따라 정액법으로 감가상각하고 있습니다.

구 분	추정내용연수	구 분	추정내용연수
건 물	40년	차량운반구	3~8년
건물부속설비	8~30년	가구 · 집기 · 비품	2~8년
구 축 물	10~30년	직 물	2~8년
기 계 장 치	8년		

유형자산은 처분하거나 사용 또는 처분을 통하여 미래경제적 효익이 기대되지 않을 경우 제거하고 있으며 이로 인하여 발생하는 순처분가액과 장부금액의 차이는 제거시점의 당기손익에 반영하고 있습니다.

당사는 매 회계연도말에 유형자산의 잔존가치, 내용연수 및 감가상각방법의 적정성을 검토하고 변경이 필요한 경우 전진적으로 적용하고 있습니다.

2-13 무형자산

당사는 개별적으로 취득한 무형자산은 취득원가로 계상하고 사업결합으로 취득하는 무형자산은 매수시점의 공정가치로 계상하며 최초취득 이후 상각누계액과 손상차손누계액을 직접 차감하여 표시하고 있습니다. 한편, 개발비를 제외한 내부적으로 창출된 무형자산은 발생시점에 비용항목으로 하여 당기손익에 반영하고 있습니다.

무형자산은 유한한 내용연수를 가진 무형자산과 비한정 내용연수를 가진 무형자산으로 구분되는 바, 유한한 내용연수를 가진 무형자산은 해당 내용연수에 걸쳐 상각하고 손상징후가 파악되는 경우 손상여부를 검토하고 있습니다. 또한, 내용연수와 상각방법은 매 회계연도말에 그 적정성을 검토하고 있으며, 예상 사용기간의 변경이나 경제적 효익의 소비형태 변화 등으로 인하여 변경이 필요한 경우에는 추정의 변경으로 회계처리하고 있습니다. 무형자산상각비는 해당 무형자산의 기능과 일관된 비용항목으로 하여 당기손익에 반영하고 있습니다.

한편, 비한정 내용연수를 가진 무형자산은 상각하지 아니하되, 매년 개별적으로 또는 현금창출단위에 포함하여 손상검사를 수행하고 있습니다. 또한, 매년 해당 무형자산에 대하여 비한정 내용연수를 적용하는 것이 적절한지를 검토하고 적절하지 않은 경우 전진적인 방법으로 유한한 내용연수로 변경하고 있습니다.

당사는 무형자산 제거시 순매각금액과 장부금액의 차이로 인한 손익은 제거시점의 당기손익에 반영하고 있습니다.

산업재산권, 소프트웨어 및 회원권 산업재산권 및 소프트웨어는 10년과 3년의 기간 동안 사용이 가능합니다. 한편, 회원권에 대해서는 반영구적인 사용을 목적으로 취득하였으며 장기간 보유할 것으로 예상되므로 비한정 내용연수를 적용하고 있습니다.

당사의 무형자산 관련 회계정책을 요약하면 다음과 같습니다.

구 분	상각방법	추정내용연수
산업재산권	권리 부여기간 동안 정액법으로 상각	10년
소프트웨어	미래경제적 효익이 발생할 것으로 예상되는 기간 동안 정액법으로 상각	3년
회 원 권	상각대상 아님	비한정

2-14 재고자산

당사는 재고자산을 취득원가와 순실현가능가치 중 낮은 금액으로 평가하고 있습니다. 재고자산의 취득원가는 이동평균법에 의해 산정된 단가와 연중 계속기록법에 의한 수량을 이용하여 계산되며 매 회계연도의 결산기에 실지재고조사를 실시하여 그 기록을 조정하고 있습니다. 한편, 순실현가능가치는 정상적인 영업과정의 예상 판매가격에서 예상되는 추가 완성원가와 판매비용을 차감한 가액으로 산정하고 있습니다.

2-15 ~ 2-19 생략, 3 생략

4. 현금및현금성자산

보고기간종료일 현재 현금및현금성자산의 내역은 다음과 같습니다.

(단위: 천원)

구 분	당기	전기
보유현금	2,209,052	4,164,544
특정금전신탁	131,795,000	87,553,000
단기예금	131,894,541	32,330,886
합 계	265,898,593	124,048,397

5. 기타금융자산 및 부채

5-1 보고기간종료일 현재 기타금융자산 및 부채의 내역은 다음과 같습니다.

〈당기〉 (단위: 천원)

구 분	당기손익인식 금융자산/부채	대여금 및 수취채권	상각후원가로 측정하는 금융부채	합 계
기타금융자산:				
유동자산				
미수수익	–	655,663	–	655,663
예치보증금	–	17,315	–	17,315
소 계	–	672,978	–	672,978
비유동자산				
장기금융상품	–	14,000	–	14,000
임차보증금	–	241,453,050	–	241,453,050
소 계	–	241,467,050	–	241,467,050
합 계	–	242,140,028	–	242,140,028
기타금융부채:				
유동부채				
예수금	–	–	2,082,585	2,082,585
비유동부채				
장기성예수보증금	–	–	95,686,357	95,686,357
합 계	–	–	97,768,942	97,768,942

〈전기〉

구 분	당기손익인식 금융자산/부채	대여금 및 수취채권	상각후원가로 측정하는 금융부채	합 계
기타금융자산:				
유동자산				
미수수익	–	279,299	–	279,299
예치보증금	–	87,007	–	87,007
소 계	–	366,306	–	366,306
비유동자산				
장기금융상품	–	14,000	–	14,000
임차보증금	–	228,501,529	–	228,501,529
소 계	–	228,515,529	–	228,515,529
합 계	–	228,881,835	–	228,881,835
기타금융부채:				
유동부채				
예수금	–	–	2,194,869	2,194,869
비유동부채				
장기성예수보증금	–	–	88,020,860	88,020,860
합 계	–	–	90,215,729	90,215,729

5-2 보고기간종료일 현재 사용제한예금의 내역은 각각 다음과 같습니다.

(단위: 천원)

계정과목	금융기관	당기	전기	제한내용
장기금융상품	우리은행 외 4	14,000	14,000	당좌개설보증금

5-3 보고기간종료일 현재 유효이자율법을 사용하여 상각후원가로 측정한 기타금융자산의 내역은 다음과 같습니다.

(단위: 천원)

구 분	당기		전기	
	유효이자율(%)	장부금액	유효이자율(%)	장부금액
임차보증금:				
취득원가	3.57~6.57	253,119,459	3.88~6.49	249,866,811
(현재가치할인차금)		(11,666,409)		(21,365,281)
소 계		241,453,050		228,501,529
예수보증금:				
취득원가	4.44~7.06	101,450,693	4.44~7.06	97,345,880
(현재가치할인차금)		(5,764,336)		(9,325,020)
소 계		95,686,357		88,020,860

6. 매출채권 및 기타채권

6-1 보고기간종료일 현재 매출채권 및 기타채권의 내역은 다음과 같습니다.

(단위: 천원)

구 분	당기	전기
매출채권	57,382,050	41,716,139
대손충당금	–	–
미수금	36,963,181	35,042,920
대손충당금	–	–
합 계	94,345,231	76,759,059

6-2 당사의 매출채권 및 기타채권은 다수의 거래처로 분산되어 있으며, 중요한 신용위험의 집중은 없습니다.

6-3 당사의 보고기간종료일 현재 매출채권은 모두 만기 미도래이며, 연체된 매출채권은 없습니다.

7. 장・단기대여금

보고기간종료일 현재 장 · 단기대여금의 내역은 다음과 같습니다.

(단위: 천원)

구 분	당기			전기		
	취득원가	평가손실 충당금	장부금액	취득원가	평가손실 충당금	장부금액
상 품	354,336,059	(7,005,341)	347,330,718	328,738,220	(3,934,218)	324,804,002
원재료	3,031,130	–	3,031,130	3,965,313	–	3,965,313
저장품	371,814	–	371,814	472,836	–	472,836
미착품	2,940,294	–	2,940,294	5,611,436	–	5,611,436
합 계	360,679,297	(7,005,341)	353,673,956	338,787,805	(3,934,218)	334,853,587

당사는 당기와 전기에 순실현가능가치에 기초한 재고자산 평가와 관련하여 각각 재고자산평가손실충당금전입액 3,071,123천원(전기: 재고자산평가손실충당금환입액 1,309,689천원)을 인식하였습니다. 한편, 당사의 재고자산은 주로 면세품목과 식음료재료로 구성되어 있으며, 보고기간종료일 현재 당사의 재고자산은 보험금 751,338,115천원(전기: 568,083,874천원)의 화재보험 등에 부보되어 있습니다.

8 ~ 12 생략

13. 매입채무 및 기타채무

보고기간종료일 현재 매입채무 및 기타채무의 내역은 다음과 같습니다.

(단위: 천원)

구 분	당기		전기	
	유동	비유동(*)	유동	비유동(*)
매입채무	108,610,392	–	102,192,830	–
미지급금	29,818,515	–	38,176,993	–
미지급비용	52,830,491	6,702,608	42,823,189	4,957,621
미지급배당금	8,476	–	7,953	–
합 계	191,267,874	6,702,608	183,200,965	4,957,621

(*) 당사는 임원들에게 취임후 3년간의 경영실적에 따라 성과급을 지급하는 장기성과 인센티브를 부여하였는 바, 제공한 근무용역과 관련하여 향후 지급이 예상되는 금액을 미지급비용으로 계상하고 있습니다.

14. 차입금 및 사채

14-1 보고기간종료일 현재 장기차입금의 내역은 다음과 같습니다.

(단위: 천원)

차 입 처	내역	당기말 현재 연이자율(%)	당기	전기
산업은행	관광진흥자금	–	–	1,792,500
우리은행(주1)	인천면세차입금	5.84	80,000,000	130,000,000
사채(주2)	제63회, 64회, 65회	4.18～4.54	388,808,964	288,848,992
소 계			468,808,964	420,641,492
1년이내 만기도래분(유동성장기차입금, 유동성사채)			(80,000,000)	(51,792,500)
차 감 계			388,808,964	368,848,992

(주1) 우리은행과 기타어음할인 약정에 따른 차입금으로 차입을 위하여 어음 1매를 우리은행에 제공하였습니다.

(주2) 보고기간종료일 현재 사채의 내역은 다음과 같습니다.

(단위: 천원)

구 분	발행일	상환일	연이자율(%)	당기	전기	보증처
第63회	2011.05.12	2014.05.12	4.54	70,000,000	70,000,000	무보증
第64(1)회	2011.10.21	2014.10.21	4.33	70,000,000	70,000,000	무보증
第64(2)회	2011.10.21	2016.10.21	4.46	150,000,000	150,000,000	무보증
第65회	2012.02.06	2017.02.06	4.18	100,000,000	–	무보증
사채할인발행차금				(1,191,036)	(1,151,008)	
소 계				388,808,964	288,848,992	
1년 이내 만기도래분				–	–	
합 계				388,808,964	288,848,992	

당사는 제63회, 제64회, 제65회 무보증사채를 할인발행하였는 바, 상기의 사채는 발행일로부터 3년 후 또는 5년 후 일시상환하도록 되어 있고, 이자지급조건은 3개월 후급조건입니다. 해당 사채할인발행차금은 동 사채의 상환기간에 걸쳐 유효이자율법으로 상각하고 이를 금융 원가에 가산하여 처리하고 있습니다.

15 ~ 17 생략

18. 자본금과 잉여금

18-1 자본금 등

보고기간종료일 현재 당사의 자본금에 관한 사항은 다음과 같습니다.

구 분	당기	전기
발행할 주식의 총수	80,000,000주	80,000,000주
1주의 금액	5천원	5천원
발행한 주식수(보통주)	39,248,121주	39,248,121주
발행한 주식수(우선주)	751,879주	751,879주
자본금(보통주자본금)	196,240,605천원	196,240,605천원
자본금(우선주자본금)	3,759,395천원	3,759,395천원
자본금 합계	200,000,000천원	200,000,000천원

당사의 정관에서는 우선주식을 20백만주(1주당 액면금액: 5,000원)의 범위 내에서 발행할 수 있도록 규정하고 있으며, 1997년 2월 28일 이전에 발행된 우선주식은 보통주식의 배당보다 액면금액을 기준으로 연 1%의 추가 금전 배당을 받을 수 있는 바, 2012년 12월 31일 현재 이러한 조건으로 발행된 비누적적 무의결권 우선주식의 발행주식총수 및 우선주 납입자본금은 751,879주 및 3,759,395천원입니다. 또한, 당사는 개정된 정관에 따라 발행 시 이사회 또는 이사회로부터 위임받은 위원회의 결의로 액면 금액을 기준으로 연 1% 이상의 우선배당률을 정하며, 보통주식의 배당률이 우선주식의 배당률을 초과하는 경우에 연 1% 이상의 배당률에 추가하여 보통주식의 배당률과 동일하게 참가시켜 배당하거나 또는 그 초과분에 대하여 보통주식과 동일한 비율로 참가시켜 배당할 수 있는 참가적 누적적 무의결권 우선주식을 발행할 수 있는 바, 2012년 12월 31일 현재 이러

한 조건으로 발행된 우선주식은 없습니다.

당사의 정관에서는 보통주식 또는 무의결권 우선주식으로 전환할 수 있는 전환사채와 보통 주식 또는 무의결권 우선주식의 신주인수권을 부여하는 신주인수권부사채를 각각 액면가액 2,000억원을 초과하지 않는 범위 내에서 주주 이외의 자에게 발행할 수 있도록 하고 있는 바, 전환권 및 신주인수권의 행사에 의하여 발행하는 주식은 각각 사채의 액면총액 중 1,500억원은 보통주식으로, 500억원은 우선주식으로 하도록 하고 있습니다. 2012년 12월 31일 현재 이러한 조건으로 발행된 사채는 없습니다. 한편, 당사는 배당할 이익의 범위 내에서 관계법령이 정하는 바에 따라 이사회의 결의로 주식을 소각할 수 있도록 하고 있습니다.

또한, 당사의 정관에서는 자본시장과금융투자업에관한법률 등에서 허용하는 한도 내에서 주주총회의 특별결의 또는 이사회결의에 의하여 당사의 임 · 직원에게 주식매수선택권을 부여할 수 있도록 하고 있습니다. 부여받은 주식매수선택권은 1차와 2차의 경우 이를 부여하는 주주총회 결의일로부터 3년이 경과한 날로부터 7년 이내에, 3차, 4차 및 5차의 경우 2년이 경과한 날로부터 8년 이내에 행사할 수 있습니다. 2012년 12월 31일 현재 당사의 임 · 직원에게 부여된 보통주 주식매수선택권의 미행사수량은 2,061주입니다.

18-2 자본잉여금

보고기간종료일 현재 당사의 자본잉여금의 내역은 다음과 같습니다.

(단위: 천원)

구 분	당기	전기
주식발행초과금	103,329,172	103,329,172
재평가적립금	91,592,182	91,592,182
기타자본잉여금	1,632,614	1,382,221
합 계	196,553,968	196,303,575

18-3 기타자본

보고기간종료일 현재 당사의 기타자본의 내역은 다음과 같습니다.

(단위: 천원)

구 분	당기	전기
자기주식	(3,948,849)	(4,191,090)
주식매수선택권	3,539	174,188
합 계	(3,945,310)	(4,016,902)

보고기간종료일 현재 당사는 주가안정과 주식선택권행사시 교부를 위하여 자기주식(보통주식 637,061주, 우선주식 11,407주)을 보유하고 있으며, 동 주식은 향후 주가상황에 따라 처분되거나, 당사가 부여한 주식선택권의 행사를 위하여 지급될 예정입니다. 한편, 당기 중 자기주식 242,240천원을 처분하여 처분이익 330,334천원(법인세효과 79,940천원 차감전)이 발생하였으며 이를 자본잉여금으로 계상하였습니다.

18-4 기타포괄손익누계액

보고기간종료일 현재 당사의 기타포괄손익누계액의 내역은 다음과 같습니다.

(단위: 천원)

구 분	당기	전기
매도가능금융자산평가이익	6,410,550	6,410,550
파생금융상품평가손실	(410,216)	(1,657,687)
합 계	6,000,334	4,752,863

18-5 적립금

보고기간종료일 현재 당사의 법정적립금과 임의적립금의 내역은 다음과 같습니다.

(단위: 천원)

구 분		당기	전기
법정적립금	이익준비금(*)	12,533,100	11,350,040
임의적립금	기업합리화적립금	5,226,549	5,226,549
	시설적립금	171,028,000	136,928,000
합 계		188,787,649	153,504,589

(*) 당사는 상법의 규정에 따라 자본금의 50%에 달할 때까지 매 결산기에 금전에 의한 이익배당액의 10% 이상을 이익준비금으로 적립하도록 되어 있으며, 동 이익준비금은 현금으로 배당할 수 없으나 자본전입 또는 결손보전을 위해서는 사용될 수 있습니다.

18-6 이익잉여금 처분계산서

(단위: 천원)

구 분	당기(예정)		전기	
Ⅰ. 미처분이익잉여금		99,239,919		47,485,907
전기이월미처분이익잉여금	372,239		388,729	
회계변경의 누적효과(주1)	–		(4,654,038)	
보험수리적손익	(2,514,715)		(4,273,435)	
당기순이익	101,382,395		56,024,651	
Ⅱ. 이익잉여금처분액		98,939,919		47,113,668
이익준비금	1,184,248		1,183,061	
임의적립금	85,913,188		34,100,000	
배당금	11,842,483		11,830,607	
Ⅲ. 차기이월미처분이익잉여금		300,000		372,239

(주1) 한국채택국제회계기준으로의 전환으로 인한 영향

상기 이익잉여금처분의 당기 처분예정일은 2013년 3월 15일이며 전기 처분 확정일은 2012년 3월 16일이었습니다.

18-7 배당금

18-7-1 당사의 주주에 대한 배당금 산정내역은 다음과 같습니다.

(단위: 천원)

구 분		당기(예정)	전기
배당받을 주식	보통주	38,611,060주	38,571,471주
	우선주	740,472주	740,472주
1주당 배당금 (배당률)	보통주	300원(6%)	300원(6%)
	우선주	350원(7%)	350원(7%)
배당금총계	보통주	11,583,318	11,571,442
	우선주	259,165	259,165
합 계		11,842,483	11,830,607

18-7-2 당사의 배당성향은 다음과 같습니다.

(단위: 천원)

구 분	당기	전기
배당액	11,842,483	11,830,607
당기순이익	101,382,395	56,024,651
배당성향	11.68%	21.12%

18-7-3 당사의 배당수익률은 다음과 같습니다.

구 분	당기	전기
주당배당액		
보통주	300원	300원
우선주	350원	350원
결산일종가		
보통주	43,950원	38,500원
우선주	12,800원	12,850원
배당수익률		
보통주	0.68%	0.78%
우선주	2.73%	2.72%

19 ~ 20 생략

21. 영업이익

21-1 영업비용

당기와 전기 중 발생한 비용을 성격별로 분류한 내역은 다음과 같습니다.

(단위: 천원)

구 분	당기	전기
재고자산의 변동	1,204,069,245	934,195,130
구 분	당기	전기
원재료와 소모품의 사용액	43,276,886	40,521,613
종업원급여	132,963,968	113,007,851
감가상각비 및 무형자산상각비	43,031,151	34,298,124
기타의 경비	637,141,914	546,297,588
영업비용 합계	2,060,483,164	1,668,320,306

21-2 종업원급여

당기와 전기 중 종업원급여의 내역은 다음과 같습니다.

(단위: 천원)

구 분	당기	전기
급여	102,808,060	88,407,784
퇴직급여	7,999,609	6,477,431
복리후생비	22,156,299	18,122,636
합 계	132,963,968	113,007,851

21-3 기타영업비용

당기와 전기 중 기타영업비용의 내역은 다음과 같습니다.

(단위: 천원)

구 분	당기	전기
소모품비	12,790,751	11,940,167
세탁비	1,673,739	1,586,538
외주용역비	72,723,368	60,851,230
여비교통비	4,115,737	2,870,100
통신비	3,449,315	3,437,240
인쇄비	1,960,182	3,079,234
세금과공과	3,990,852	2,850,304
알선수수료	77,581,151	52,991,595
크레디트수수료	33,970,758	26,945,175
지급수수료	23,954,679	14,020,630
임차료	291,869,683	266,845,220
접대비	1,701,828	1,533,810
회의비	3,439,644	2,818,351
관고선전비	10,060,418	5,656,658
판촉비	63,593,837	59,935,514
수선비	5,754,304	7,666,503
전기료	6,124,015	5,470,305
연료비	3,470,491	3,108,306
수도료	2,994,570	2,662,431
감가상각비	36,717,280	32,893,378
무형자산상각비	6,313,871	1,404,745
대손상각비	–	1,443
기타의 경비	11,832,591	10,026,835
합 계	680,173,064	580,595,712

22. 영업외손익 생략

23. 생략

24. 주당이익

주당이익은 보통주 1주 또는 보통주 및 희석성잠재적보통주 1주에 대한 순이익을 계산한 것으로, 당사의 1주당 순이익의 산출내역은 다음과 같습니다.

24-1 기본주당이익

(단위: 원)

구 분	당기	전기
당기순이익	101,382,394,725	56,024,650,833
차감: 우선주배당금	(37,023,600)	(37,023,600)
차감: 추가배당가능이익 중 우선주귀속분	(1,907,240,127)	(1,054,910,180)
보통주소유주 귀속 당기순이익	99,438,130,998	54,932,717,053
가중평균유통보통주식수(*)	38,606,126	38,558,865
보통주당이익	2,576	1,425

(*) 가중평균유통보통주식수

구 분	당기	전기
기초유통보통주식수	39,248,121주	39,248,121주
자기주식수	(641,995)주	(689,256)주
가중평균유통보통주식수	38,606,126주	38,558,865주

24-2 희석주당이익

(단위: 원)

구 분	당기	전기
보통주소유주 귀속 당기순이익	99,438,130,998	54,932,717,053
조정후 가중평균유통보통주식수(*)	38,607,956주	38,612,933주
구 분	당기	전기
희석주당이익	2,576	1,423

(*)가중평균유통보통주식수

구 분	당기	전기
가중평균유통보통주식수	38,606,126주	38,558,865주
희석효과주식수	1,830주	54,068주
조정후 가중평균유통보통주식수	38,607,956주	38,612,993주

24-3, 25 생략

26. 현금흐름표

26-1 현금흐름표상 현금은 재무상태표상의 현금 및 현금성자산과 동일합니다.

26-2 당사의 현금흐름표는 간접법에 의하여 작성되었으며, 당기와 전기 중 현금의 유입과 유출이 없는 중요한 거래내역은 다음과 같습니다.

(단위: 천원)

구 분	당기	전기
장기대여금의 유동성 대체	440,502	445,570
건설중인 자산의 본계정 대체	25,751,775	29,507,356
건설중인 자산의 무형자산 대체	–	16,732,154
장기차입금의 유동성 대체	80,000,000	51,792,500
매도가능금융자산평가이익의 감소	–	(12,644,535)
파생금융상품평가손실의 감소	1,645,740	2,680,400

27 ~ 30 생략

참고자료

주요 경영지표

첨부된 주요 경영지표는 회사가 대한민국의 일반적으로 인정된 회계처리기준에 따라 작성한 재무제표로부터 산정된 비율이며 주식회사의 외부감사에 관한 법률 제8조에 따라 참고자료로 첨부하는 것입니다.

1. 안정성지표

구 분	산 식	비 율	
		당 기	전 기
유동비율	$\frac{\text{유동자산}}{\text{유동부채}} \times 100$	112.30%	120.02%
부채비율	$\frac{\text{부채총계}}{\text{자기자본}} \times 100$	48.43%	53.39%
차입금의존도	$\frac{\text{차입금}}{\text{총자산}} \times 100$	9.98%	11.89%
영업이익대비 이자보상배율	$\frac{\text{영업이익}}{\text{이자비용}}$	8.12배	5.30배

(주) 위 산식 중 자산, 부채 및 자본의 금액은 기말잔액이며 자본은 당기순손익이 가감된 것입니다. 또한, 차입금은 장·단기차입금, 사채 등을 포함하는 이자부 부채를 말합니다.

2. 수익성지표

구 분	산 식	비 율	
		당 기	전 기
매출액영업이익률	$\frac{\text{영업이익}}{\text{매출액}} \times 100$	6.91%	5.68%
매출액순이익률	$\frac{\text{당기순이익}}{\text{매출액}} \times 100$	4.76%	3.32%
총자산순이익률	$\frac{\text{당기순이익}}{\text{총자산}} \times 100$	3.08%	2.24%
자기자본순이익률	$\frac{\text{당기순이익}}{\text{자기자본}} \times 100$	4.65%	3.23%
총자산대비 영업현금흐름비율	$\frac{\text{영업활동으로 인한 현금흐름}}{\text{총자산}} \times 100$	6.37%	3.42%

(주) 자산 및 자본의 금액은 기초와 기말잔액의 평균치이며 자본은 당기순손익이 가감된 것입니다.

3. 성장성 및 활동성지표

구 분	산 식	비 율	
		당 기	전 기
매출액증가율	$\frac{\text{당기매출액}}{\text{전기매출액}} \times 100 - 100$	4.20%	10.38%
영업이익증가율	$\frac{\text{당기영업이익}}{\text{전기영업이익}} \times 100 - 100$	26.68%	27.93%
당기순이익증가율	$\frac{\text{당기순이익}}{\text{전기순이익}} \times 100 - 100$	49.64%	39.78%
총자산증가율	$\frac{\text{당기말총자산}}{\text{전기말총자산}} \times 100 - 100$	2.10%	16.41%
자산회전율	$\frac{\text{매출액}}{(\text{기초총자산} + \text{기말총자산})/2}$	0.65회	0.68회

[부록 3] USAL SAMPLE CHART

Sample Chart of Accounts

INSTRUCTIONS

Account numbers are assigned based on the chart of accounts presented below by combining a two-digit department prefix with a three-digit asset, liability, equity, revenue, or expense account number. Thus every account has a five-digit number.

In the case of accounts applicable to the hotel as a whole, the first two digits are zeros. For example, the account number for rent expense would be 00-581, and the account for food sales would be 15-400.

Department Prefixes (00–99)

00 Hotel as a whole (no specific department)
10 Rooms department
15 Food department
20 Beverage department
25 Food and beverage department (combined)
30 Casino department
35 Telephone department
40 Garage-parking lot department
45 Golf department
50 Laundry department
55 Swimming pool-cabanas department
60 Tennis department
65 Other revenue-producing department
70 Administrative and general department
75 Marketing department
80 Guest entertainment department
85 Property operation, maintenance, and energy department

Assets(100–149)

Current Assets(100-149)

100 Cash

101 House funds

103 Checking account

109 Petty cash

110 Short-term investments

121 Account receivable-guest ledger

122 Account receivable-credit card acounts

123 Account receivable-direct bill

124 Notes receivable(current)

125 Due from employees

127 Other accounts receivable

129 Allowance for doubtful accounts

131 Food inventory

132 Liquor inventory

133 Operating supplies inventory

137 Cleaning supplies inventory

138 China, glassware, silver, linen and uniforms (unopened stock)

139 Other inventory

141 Prepaid insurance

142 Prepaid supplies

146 Deferred tax assets (current)

149 Other prepaids

Investments(150-159)

150 Non-current receivables

155 Investment (long-term)

Property and Equipment (160-189)

161 Land

162 Buildings

163 Accumulated depreciation-buildings

164 Leasehold and leasehold improvements

165 Accumulated depreciation-leasehold and leasehold improvements

166 Furniture and fixtures

167 Accumulated depreciation-furniture and fixtures

168 Machinery and equipment

169 Accumulated depreciation-machinery and equipment

170 Information systems equipment

171 Accumulated depreciation-information systems equipment

172 Automobiles and trucks

173 Accumulated depreciation-automobiles and trucks

174 Construction-in-progress

175 China

176 Glassware

177 Silver

178 Linen

179 Uniforms

180 Accumulated depreciation-china, glassware, silver, linen and uniforms

Other Assets (190-199)

191 Security deposits

192 Deferred charges

193 Long-term deferred tax asset

197 Goodwill

199 Miscellaneous

Liabilities(200-299)

Current Liabilities(200-249)

201 Accounts payable

207 Notes payable

210 Employee with holdings

215 Employer payroll taxes

225 Advance deposits (Unearned revenue)

230 Accrued expenses

235 Current portion-long term debt

240 Other current liability

245 Current deferred tax liabilities

Long-Term Debt (250-299)

255 Long term debt

270 Capital leases

275 Long term deferred tax liability

280 Other non-current liability

Equity (300-399)

For Proprietorships and Partnerships

300-349 Owner's or partners' capital accounts

350-398 Owner's or partners' withdrawal accounts

399 Income summary

For Corporations

300 Preferred stock

301 Additional paid-in capital-preferred

310 Common stock

311 Additional paid-in capital-common

350 Retained earnings

355 Treasury stock

360 Unrealized gain (loss) on marketable equity securities

370 Cumulative foreign currency translation adjustments

399 Income summery

Revenue(400-499)

400 Sales

450 Space rentals

460 Other income

470 Allowances

480 Cash discounts

Expenses(500-599)

Cost of Sales (500-529)

500 Cost of Sales

505 Purchases

510 Trade discounts

515 Transportation charges

520 Other cost of sales

523 Cost of employee meals

527 Bottle deposit refunds

529 Grease and bone sales revenue

Payroll (530-539)

530 Salaries and wages
533 Payroll taxes
537 Employee benefits

Other Expenses (540-579)

540 Operating supplies
542 China, glassware, silver, linen and uniforms
544 Contract cleaning expenses
546 Laundry and dry cleaning
548 Laundry supplies
550 Licenses
552 Kitchen fuel
555 Music and entertainment expenses
557 Reservations expenses
560 Information systems expenses
565 Human resources expenses
569 Credit card commissions
570 Marketing expenses
572 Franchise fees
575 Utility costs
577 Guest transportation
579 Other expenses

Fixed Charges (580-589)

580 Management fees
581 Rent or lease expenses
582 Tax expense
583 Building and content insurance
584 Interest expense
585 Depreciation and amortization

Other Revenue and Expense Accounts (590-599)

591 Gain or loss on sale of property
595 Income taxes

[부록 4] USAL 대차대조표, 손익계산서, 각종 명세서

1. USAL 대차대조표

BALANCE SHEET		
ASSETS		
CURRENT ASSETS	Current Year	Prior Year
Cash		
House Banking	$	$
Demand Deposits		
Temporary Cash Investments		
Total Cash		
Short-Term Investments		
Receivable		
Accounts Receivable		
Notes Receivable		
Current Maturities of Noncurrent Receivables		
Other		
Total Cash		
Less Allowance for Doubtful Accounts		
Net Receivables		
Inventories		
Prepaid Expenses		
Deferred Income Taxes, Current		
Other		
Total Current assets		
NONCURRENT RECEIVABLES		
INVESTMENTS		
PROPERTY AND EQUIPMENT		
Land		
Leaseholds and Leasehold Improvements		
Furishins and Equipment		
Buildings		
Construction in progress		
China, glassware, Silver, Linen and Uniforms		
Total Property and Equipment		
Less Accumulated Depreciation Amortization		
Net Preperty and Equipment		
OTHER ASSETS		
Goodwill		
Cash Surrender Value of Life Insurace		
Deferred Income Taxes-Noncurrent		
Other		
Total Other Assets		
TOTAL ASSETS	$	$

LIABILITIES AND OWNERS' EQUITY

CURRENT LIABILTIES	Current Year	Prior Year
Banks	$	$
Other		
Total Notes Payable		
Accounts Payable		
Accrued Expenses		
Income Taxes Payable		
Deferred Income Taxes-Current		
Current Maturities of Long-Term Debt		
Other		
Total Current Liabilities		
LONG-TERM DEBT		
Notes and other similar liabilities		
Obligations Under Capital Leases		
Total Current Liabilities		
OTHER LONG-TERM LIABILITIES		
DEFERRED INCOME TAXES-Noncurrent		
COMMITMENTS AND CONTINGENCIES		
OWNERS' EQUITY		
Preferred Stock		
Common Stock		
Additional Paid-in Capital		
Retained Earnings		
Total Owners' Equity	$	$

2. USAL 총괄식 손익계산서

STATEMENT OF INCOME		
	Current Year	Prior Year
REVENUE		
Rooms	$	$
Food		
Beverage		
Telecommunications		
Garage and Parking		
Other Operated Department		
Rental and Other Income		
Total Revenue		
COSTS AND EXPENSES		
Rooms		
Food		
Beverage		
Telecommunications		
Garage and Parking		
Other Operated Department		
Administrative and General		
Human Resources		
Information Systems		
Security		
Marketing		
Franchise Fees		
Transportation		
Property Operation and Maintenance		
Rent, Property Taxes and Insurance		
Interest Expense		
Depreciation and Amortization		
Total Costs and Expenses		
INCOME BEFORE INCOME TAXES		
INCOME TAXES		
Current		
Deferred		
Total income taxes		
NEX INCOME	$	$

3. USAL 구분식 손익계산서

SUMMARY STATEMENT OF INCOME						
OPERATED DEPARTMENT	SCHE-DULE	NET REVENUES	COST OF SALES	PAYROLL AND RELATED EXPENSES	OTHER EXPEN-SES	INCOME (LOSS)
Rooms	1					
Food	2					
Beverage	3					
Telecommunications	4					
Garage and Parking	5					
Golf Coure	6					
Golf Pro Shop	7					
Guest Laundry	8					
Health Center	9					
Swimming Pool	10					
Tennis	11					
Tennis Pro Shop	12					
Other Operated Departments	13					
Rentals and Other Income	14					
Total Operated Department						
UNDISTRIBUTED OPERATING EXPENSES						
Administrative and General	15					
Human Resources	16					
Information system	17					
Security	18					
Marketing	19					
Franchise Fees	20					
Transportation	21					
Property Operation and Maintenance	22					
Utility Costs						
Total Undistributed Operating Expenses						
TOTAL		$	$	$	$	$
INCOME AFTER UNDISTRIBUTED OPERATING EXPENSES						
Management Fees	23					
Rent, Property Taxes and Insurance	24					
INCOME BEFORE INTEREST, DEPRECIATION AND AMORTIZATION, AND INCOME TAXES						
Interest Expense	25					
INCOME BEFORE DEPRECIATION, AMORTIZATION, AND INCOME TAXES						
Depreciation and Amortization	26					
Gain or Loss on Sale of Property	27					
INCOME BEFORE INCOME TAXES						
Income taxes	28					
NET INCOME						$

4. 객실부문 손익명세서

ROOMS - Schedule 1

	Current Period
REVENUE	$
ALLOWANCES	
NET REVENUE	
EXPENSES	
Salaries and Wages	
Employee Benefits	
Total Payroll and Related Expenses	
Other Expenses	
Cable/Satellite Television	
Commissions	
Complimentary Guest Services	
Guest Transportation	
Laundry and Dry Cleaning	
Linen	
Operation Supplies	
Reservations	
Telecommunications	
Training	
Uniforms	
Other	
Total Other Expenses	
DEPARTMENTAL INCOME(LOSS)	$

5. 식료부문 손익명세서

FOOD - Schedule 2	
	Current Period
TOTAL REVENUE	$
REVENUE	
ALLOWANCES	
NET REVENVES	
Cost of food	
Less cost of Employee Meals	
Less Food Transfers to Beverage	
Plus Beverage Transfers to Food	
Net Cost of Food	
Other Cost Of Sales	
Total Cost Of Sales	
GROSS PROFIT(LOSS) ON FOOD SALES	
OTHER INCOME	
Meeting Room Rentals	
Miscellaneous Banquet Income	
Service Charges	
Total Other Income	
GROSS PROFIT(LOSS) AND OTHER INCOME EXPENSES	
Salaries and Wages	
Employee Benefits	
Total other Income	
Other Expenses	
China, Glassware, Silver, and Linen	
Contact Services	
Laundry and Dry Cleaning	
Licenses	
Miscellaneous Banquet Expenses	
Music and Entertainment	
Operating Supplies	
Telecommunications	
Training	
Uniforms	
Other	
Total Other Expenses	
Total Expenses	
DEPARTMENTAL INCOME(LOSS)	$

6. 음료부문 손익명세서

BEVERAGE - Schedule 3

	Current Period
TOTAL REVENUE	$
REVENUE	
ALLOWANCES	
NET REVENUE	
COST OF SALES	
Cost of Beverage	
Less Beverage Transfers to Food	
Plus Food Tranfers to Beverage	
Net Cost Of Beverage	
Other Cost Of Sales	
Total Cost of Sales	
GROSS PROFIT(LOSS) ON BEVERAGE SALES	
OTHER INCOME	
Cover Charges	
Service Other Charges	
Total Other Income	
GROSS PROFIT(LOSS) AND OTHER INCOME	
EXPENSES	
Salaries and Wages	
Employee Benefits	
Total other Income	
Other Expenses	
China, Glassware, Silver, and Linen	
Contact Services	
Gratis Food	
Laundry and Dry Cleaning	
Licenses	
Music and Entertainment	
Operating Supplies	
Telecommunications	
Training	
Uniforms	
Other	
Total Other Expenses	
Total Expenses	
DEPARTMENTAL INCOME(LOSS)	$

7. 기타부문 손익명세서

OTHER OPERATED DEPARTMENTS - Schedule ##

		Current Period
REVENUE	$	
Services		
Sales of Merchandise		
Total Revenue		
ALLOWANCES		
NET REVENUE		
COST OF MERCHANDISE SOLE		
GROSS PROFIT(LOSS)		
EXPENSES		
Salaries and Wages		
Employee Benefits		
Total payroll and Related Expenses		
Other Expenses		
China, Glassware, Silver, and Linen		
Contact Services		
Laundry		
Linen		
Operating Supplies		
Uniforms		
Other		
Total Expenses		
DEPARTMENTAL INCOME(LOSS)		$

참고문헌

강혜구(2005). 『블루오션 전략』, 서울: 교보문고.

고석면 · 고정식 · 남태석(2003). 『호텔회계』 제2판, 서울: 대왕사.

고승의 외 4인(2003). 『기업회계기준서해설(1)』, 서울: 신영사.

김순기 · 이남주 · 황국재(1999). 『관리회계』 제2판, 서울: 홍문사.

김영규(1993). 『경영학원론』 제2판, 서울: 박영사.

김영청(1994). 『회계이론』, 서울: 형설출판사.

김혁 · 백원선 · 백태영(2004). 『회계와 사회』 제3판, 서울: 신영사.

나영(2004). 『기업경영과 회계』, 서울: 신영사.

남상오(1984). 『회계이론』, 서울: 일신사.

동아일보(2006). 07. 10.

류철 외 4인(2001). 『현대 회계원리』, 대전: 대경.

매일경제신문(2008). 12. 08.

송인만 역(2004). 『재무제표를 이용한 경영분석과 가치평가』 제3판, 서울: 신영사.

송인만 · 이효익 · 최관(1999). 『회계원론』, 서울: 신영사.

신재정 · 조선구 · 이재범(2003). 『e-Biz 시대의 포커스 경영』, 서울: 현학사.

신준용 · 이석영 · 유상열(2003). 『최신원가관리회계』, 서울: 학현사.

신홍철 외 3인(2003). 『신회계학원론』 제3판, 서울: 명경사.

심재설 · 김원기 · 박주현(1997). 『원가관리회계』, 서울: 두남.

안사리(Ansari) 등(신홍철 · 이택수 공역)(1998). 『타겟코스팅』, 서울: 명경사.

오정환(2003). 『국제호텔경영전략』, 서울: 현학사.

유희경 · 원철식 · 김수정(2004). 『관광산업회계학원론』 개정판, 서울: 백산출판사.

이기현 · 김영태(1997). 『회계원리 테크』, 서울: 명경사.

이대선 외 3인(2000). 『재무제표의 이해』, 서울: 율곡출판사.

이석규(1997). 『신 재무관리론』, 서울: 석정.

이정호(1984). 『회계이론』, 서울: 일신사.

이정호 외 3인(1993). 『재무제표분석』, 서울: 무역경영사.

이종민(2004). 『세상에서 가장 재미있는 재무제표이야기』, 서울: 원앤원북스.

이창우 · 고종권(2000). 『원가관리회계』, 서울: 박영사.

이효익(2008). 『회계감사론』 제10판, 서울: 신영사.

장영광(1994). 『현대경영분석』, 서울: 무역경영사.

조선일보(2002). 12. 13.

_______(2006). 03. 27.

조성하(1996). 『회계원리』, 서울: 법경사.

조소윤(2002). 『호텔회계학』, 서울: 학문사.

조안 마그레타(권영설 · 김홍열 옮김)(2002). 『경영이란 무엇인가』, 서울: 김영사.

주상우(2008). 『호텔회계의 이해』, 서울: 현학사.

차길수 · 윤세목(2006). 『호텔경영학원론』, 서울: 현학사.

최웅용(2000). 『원가관리회계』, 서울: 명경사.

최정길(2005). 『호텔회계학 입문』, 서울: 21세기사.

_____(2005). 『호텔경영학』, 서울: 21세기사.

최해수(2002). 『호텔영업회계』, 서울: 학문사.

하동현 외 3인(2006). 『관광학원론』, 서울: 한올출판사.

한국은행(2008). 『2007 기업경영분석』, 서울: 한국은행.

허익준(2005). 『재무제표는 경제상식이다』, 서울: 청림출판.

허향진 · 유희경(2004). 『호텔관리회계』, 서울: 대왕사.

AAA, Committee to Prepare a Statement of Basic Accounting Theory(1966). “A Statement of Basic Accounting Theory”, AAA.

AICPA(1970). “Basic Concepts and Accounting Principles Underlying Financial Statements of Business Enterprises”, *Accounting Principles Board Statement*, No. 4, AICPA.

AICPA, Committee on Terminology(1961). *Review and Resume(Accounting Terminology Bulletin*, No. 1). AICPA.

Alens, A. R. & Beasley, M.(2005). *Auditing and Assurance Services*, 9th ed., N.J.: Prentice-Hall, Inc.

Arbel, A. & Grier, P.(1987). “The Risk Structure of the Hotel Industry,” *The Cornell Hotel and Restaurant Administration Quarterly*, 28(Nov.).

Arens, A. A. & Loebbecke, J. R.(1984). *Auditing*, N.J.: Prentice-Hall, Inc.

Belkaoui, K.(1980). *Conceptual Foundations of Management Accounting*, Mass: Addison-Wesley Publishing Co.

Chatfield, R. E. & Michael, D.(2004). *Hospitality Financial Management*, N.J.: Prentice-Hall, Inc.

DeCoster, D. & Schafer, E. L.(1979). *Management Accounting: A Decision Emphasis*, N.Y.: John Wiley & Sons, Inc.

Drucker, P.(1974). *Management, Tasks, Responsibilities*, N.Y.: Harper & Row.

DuBrin, A. J.(2003). *Essentials of Management*, 6th ed., Ohio: South-Western.

FASB Discussion Memorandum(1978). *Conceptual Framework for Accounting and Reporting*, FASB.

FASB(1980). "Qualitative Characteristics of Accounting Information", *Statement of Financial Accounting Concepts*, No.2, FASB.

Foster, G.(1986). *Financial Statement Analysis*, 2nd ed., N.J.: Prentice-Hall, Inc.

Francis, I. C.(1987). *Investment Analysis and Management*, 4th ed., N.J.: McGraw-Hill Co., Inc.

Gray, W. S. & Liguori, S. C.(2003). *Hotel and Motel Management and Operations*, N.J.: Pearson Education, Inc.

Griffin, R. W.(2003). *Fundamental of Management*, 3rd ed., N.Y.: Houghton Mifflin Company.

Hayes, D. K. & Ninemeier, J. D.(2004). *Hotel Operations Management*, N.J.: Pearson Education, Inc.

Hermanson, R. H., Edwards, J. D. & Maher, M. W.(1998). *Accounting : A Business Perspective*, N.Y.: The McGraw-Hill Co., Inc.

Horngren, C. T.(1982). *Introduction to Management Accounting*, 5th ed., N.J.: Prentice-Hall, Inc.

_____________(1987). *Cost Accounting: A Managerial Emphasis*, 6th ed., N.J.: Prentice-Hall, Inc.

Horngren, C. T., Sunden, G. I. & Elliot, J. A.(1996). *Introduction to Financial Accounting*, 6th ed., N.J.: Prentice-Hall, Inc.

Jagels, M. G. & Coltman, M. M.(2004). *Hospitality Management Accounting*, 8th ed., N.J.: John Wiley & Sons, Inc.

Jones, K. H., Price, J. B., Werner, M. L. & Doran, M. S.(1996). *Introduction Financial Accounting: A User Perspective*, N.J.: Prentice-Hall, Inc.

Magee, R. P.(1986). *Advanced Management Accounting,* N.Y.: Harper & Row, Pub.

Meigs, R. F., Meigs, M. A., Bettner M. & Whittington R.(1996). *Accounting: The Basis for Business Decisions*, 10th ed., N.Y.: The McGraw-Hill Co., Inc.

Moncarz, E. S. & Portocarrero, N. J.(2002). *Accounting for the Hospitality Industry*, N.J.: Prentice Hall.

Morse, W. J. & Roth, H. P.(1986). *Cost Accounting*, 3rd ed., Mass.: Addison-Wesley Publishing Co.

Myer, J. N.(1961). *Financial Statement Analysis*, N.Y.: Prentice-Hall, Inc.

Nykiel, R. A.(2005). *Hospitality Management Strategies*, N.J.: Prentice-Hall, Inc.

Parry, C.(2003). *Bar and Beverage Operation*, Florida: Atlantic Publishing Group, Inc.

Robbins, S. P. & Coulter, M.(2002). *Management*, 7th. ed., N.J.: Prentice-Hall, Inc.

Rutherford, D. G.(2002). *Hotel Management and Operations*, 3rd ed., N.J.: John Wiley & Sons, Inc.

Sanders, H. A. & Renaghan, L. M.(1992). "Southeast Asia: A New Model for Hotel Development," *The Cornell Hotel and Restaurant Administration Quarterly*, 33, 5(Oct.): 16~23.

Vallen, G. K. & Vallen, J. J.(2000). *Check-In Check-Out*, 6th ed., N.J.: Prentice-Hall, Inc.

Walker, J. R.(2004). *Introduction to Hospitality Management*, N.J.: Prentice-Hall, Inc.

Warren, C. S., Reeve, J. M. & Fess, P. E.(2002). *Accounting*, 12th ed., Aust., South-Western.

Weygandt, J. J., Kieso, D. E. & Kell, W. G.(1996). *Accounting Principles*, 4th ed., N.Y.: John Wiley & Sons, Inc.

국가통계포털 //www.kosis.kr

국세청 //www.nts.go.kr

금융감독원 전자공시시스템 //dart.fss.or.kr

삼성경제연구소 //www.seri.org

한국은행 //www.bok.or.kr

한국회계연구원 //www.kasb.or.kr

호텔신라 //www.shilla.net

찾아보기

10위식 130
1년 기준 102
CVP분석 272, 273
DART 177
IR(Investor Relationships) 217
PR(public relation) 217

가

가격결정 254
간접원가 256
감사 194
감사의견 176
감사자 197
개발비 152
개별경영호텔 53, 54
개인기업(proprietorship) 36
객관성 80
거래의 이중성 104
거래 확인 101
건물 152
검증가능성 79, 80
결산(closing) 124, 125
결산 본 절차 132
결산 수정 분개 128
결산 예비 절차 125
경상이익 138, 232
경영 39
경영계약방식 55
경영계약호텔 53, 54
경영기능 41
경영분석 203, 243
경영성과 92, 137, 223, 254
경영순환과정 42
경영의사결정 254
경영자 95, 96
경영진단 203
경영평가방법 214, 243
경영형태 53
경영활동 43, 44, 87
경쟁의 정도 25
경제동향 203
경제적 거래 91
경제적 사건 103
경제적 의사결정 71, 91, 94
계량적 정보 71, 94
계속사업손익 159
계속사업손익법인세비용 159
계정(account) 111
계정 111
계정과목표(chart of accounts) 111
계정식(account form) 146
계정식 159
계정잔액 114
계획 40, 42
계획 및 의사결정기능 40
고속도로호텔 53
고정원가 52, 260, 274, 275, 280
고정자산 52
공기업 35
공동기업 35
공동소유호텔 53
공시 175
공시제도 175
공인회계사 176
공통형 손익계산서 207
공통형 재무상태표 207
공통형 재무제표 208
공항호텔 53
공헌손익계산서 284
공헌이익 280
공헌이익률 281
공헌이익법 277
관광산업 49, 61
관광숙박업 49
관광진흥법 49
관련범위 260, 276
관련성 78
관련원가 262
관리적 의사결정 273
관리회계 253
광업권 152

구성항목 ········ 207
구축물 ········ 152
규모의 효과 ········ 223
기간비용 ········ 258
기계장치 ········ 152
기술(art) ········ 70
기업(corporation) ········ 32
기업가(entrepreneur) ········ 32
기업 간 분석 ········ 240
기업경영분석 ········ 228, 258
기업경영진단 ········ 243
기업규모 ········ 208
기업내 분석 ········ 211
기업실체의 가정 ········ 76
기업의 언어(the language of business) ········ 46
기업의 언어 ········ 45
기업의 특성 ········ 34
기업회계기준 ········ 141, 180, 181
기업회계기준서 ········ 82, 113, 141, 181
기업회계기준해석서 ········ 181
기초적 회계이론에 관한 보고서(ASOBAT) ········ 72
기타비유동자산 ········ 152
기타포괄손익누계액 ········ 155
기회원가 ········ 263

나

내부감사 ········ 194
노동력(labor) ········ 32

다

다수공동기업 ········ 35, 37
단기대여금 ········ 151
단기부채 ········ 229
단기적인 의사결정 ········ 276
단기차입금 ········ 153
단기체재형 호텔 ········ 53
단위당 공헌이익 ········ 280
단위당원가 ········ 261
단위당 판매가 ········ 274
당기순손실 ········ 93
당기순손익 ········ 159
당기순이익 ········ 93, 161, 232, 233
당기순이익증가율 ········ 235
당기제품제조원가 ········ 265
당좌비율 ········ 230
당좌자산 ········ 151, 230
대변(credit) ········ 113
대응의 원칙 ········ 81
대차대조표(balance sheet) ········ 21
대차대조표 등식 ········ 105
대화식 메뉴시스템 ········ 60
대화식 예약시스템 ········ 60
데이터마이닝기술 ········ 60
도심지호텔 ········ 53
도표법 ········ 277
동기유발 ········ 40, 42
동기유발기능 ········ 41
등식법 ········ 277

라

라인-스태프형 조직 ········ 55
레드오션 ········ 19
리더십(leadership) ········ 39
리조트호텔 ········ 53
리퍼럴조직호텔 ········ 53

마

매몰원가 ········ 263
매입채무 ········ 153
매출배합 ········ 287
매출액 ········ 23, 139, 157, 159
매출액순이익률 ········ 233
매출액증가율 ········ 215, 235
매출원가 ········ 23, 108, 158, 159, 264, 265
매출채권 ········ 151
매출채권평균회수기간 ········ 239
매출채권회전율 ········ 238, 239
매출총이익 ········ 159, 161, 232
목적적합성 ········ 79
목표원가 ········ 288
목표이익 ········ 283
목표회수기간 ········ 239
무형자산 ········ 152
미국공인회계사회(AICPA) ········ 70, 71
미국회계학회(AAA) ········ 70, 71
미래의사결정 ········ 266
미수금 ········ 151
미지급금 ········ 153
미지급비용 ········ 153

바

바(bar) 20
반기 102
반기보고서 137, 175
발생기준(accrual basis) 128
발생 분개 128
발생주의회계 81
백분비 207
법인세비용 158
법인세비용차감전계속사업손익 159
법인세비용차감전순이익 161, 232
법인형태 38
변동액 및 변동률분석 204
변동원가 260, 272, 274, 275
보고서(report form) 146
보고식 159
보고통화 146
보수주의 82
보통주자본금 155
보험료 129
복수제품 286
복식부기의 원리 91, 105, 125
복합형 기업(hybrid companies) 35
부문별 손익계산서 186
부속명세서 183
부적정의견 176
부채 88, 91, 103, 148, 153
부채비율 231
분개 115
분개장(journal) 101, 118, 119
분기 102
분기보고서 175
블루오션(blue ocean) 18, 19
비계량적 정보 94
비관련원가 262
비교가능성 78, 79, 158
비교대차대조표 208
비교손익계산서 208
비용 158
비용부문 56
비유동부채 153
비유동자산 151
비율분석 204, 222
비제조원가 258
비즈니스 라이프 19
비품 152

사

사기업 35
사업계획서 20
사채 154
사후봉사 97
산업동향 203
산업별 관행 83
산업별 원가구조 258
산업재산권 152
산업평균 223
산업표준비율 241
상업 기업(merchandising companies) 35
상품 151
상호비교법(comparative analysis) 240
생산단위(production unit) 34
생산요소(factors of production) 32, 39
서비스 공급자 97
서비스 기업(service companies) 35
서비스산업 51
서비스품질 52
서비스 활동 71
선급금 151
선급보험료 109, 129
선박 152
선형성 274
성과측정기간 262
성장가능성 220, 222
성장성비율 225, 228, 235
세계맥주전문점 27
세분화 60
소비자 95
소수공동기업 35, 36
소유주 지분 88, 89, 91, 93, 103
손익계산서 137, 156, 264, 265
손익계산서 등식 157
손익분기점 52, 189, 277, 279, 280
손익분기점 분석 21
손익확대효과 231
수익 157
수익부문 56
수익성 58, 202, 222
수익성비율 225, 228, 232
수익인식의 원칙 80
수직적 분석방법 204, 207
수평적 분석방법 204, 211
숙박산업 48

숙박산업평균 ··· 228
숙박업통일회계제도 ··· 113
순수익 ··· 220
스타벅스 ··· 250
시계열 분석 ··· 211
시산표(trial balance) ··· 101, 125
시장점유율 ··· 60
시장 환경 ··· 25
신라호텔 ··· 62
신뢰성 ··· 78, 79
신용정책 ··· 239
신의성실성 ··· 197
쑤저우 신라 ··· 62

아

아파트먼트 호텔 ··· 53
악취제거제품 전문점 ··· 26
안정성비율 ··· 225, 228, 229
야간감사 ··· 194, 196
야간감사자 ··· 197
어업권 ··· 152
엄격성 ··· 197
업무감사 ··· 194
업무지원부문 ··· 55
여행산업 ··· 48
역사적 원가의 원칙 ··· 80
영업권 ··· 152
영업레버리지 ··· 284
영업레버리지도 ··· 285
영업레버리지 효과 ··· 269
영업부문 ··· 55
영업성과 ··· 46
영업손익 ··· 159
영업외비용 ··· 158, 159
영업외수익 ··· 157, 159
영업이익(operating income) ··· 23, 24, 25, 138, 161, 189, 232
영업이익변화율 ··· 285
영업이익증가율 ··· 235
영업활동(operating activities) ··· 43, 44
예측가치 ··· 79
온라인 인쇄 편의점 ··· 27
완성품 ··· 264
외부감사 ··· 194
외부감사보고서 ··· 175
외부감사제도 ··· 176
외식산업 ··· 48
요소구성비율분석 ··· 205
용역잠재력(service potential) ··· 149
우선주자본금 ··· 155
원가 ··· 248, 251
원가대상(cost objective) ··· 251, 255, 257
원가분석 ··· 249
원가요소(cost elements) ··· 257
원가정보 ··· 248, 254
원가행태 ··· 260
원시기입장(book of original entry) ··· 118
원장(ledger) ··· 101, 121
원재료 ··· 151
원전공시의 원칙 ··· 81
월평균순수익 ··· 221
유동부채 ··· 153
유동비율 ··· 229
유동성 ··· 229
유동자산 ··· 148, 151
유용성(usefulness) ··· 78
유한책임 ··· 37
유한회사 ··· 36, 38
유형자산 ··· 152
의견거절 ··· 176
의사결정 ··· 40, 42
의사결정자들 ··· 252
의사소통 ··· 42
의사소통기능 ··· 41
이론적 체계 ··· 100
이연 분개 ··· 128
이연법인세자산 ··· 152
이윤 ··· 42
이익의 극대화(profit maximization) ··· 34
이익잉여금 ··· 133, 155
이익준비금 ··· 155
이익중심경영 ··· 62, 189, 265
이자보상배율 ··· 215
이해가능성 ··· 158
이해관계자 ··· 73
이행감사 ··· 194
인건비 ··· 215
인근 주민 ··· 97
일반적으로 인정된 회계원칙(GAAP) ··· 81, 140
일반체인호텔 ··· 53
임대경영호텔 ··· 53
임의적립금 ··· 155
임차료 ··· 107

임차보증금 ··· 152
입력 ··· 42
잉크충전방 ··· 27

자

자기검증기능 ··· 91, 105, 125
자기자본 ··· 145
자기자본비율 ··· 231
자기자본순이익률 ··· 215, 234
자기자본회전율 ··· 51
자료 처리 ··· 87
자본(capital) ··· 32, 148, 154
자본금 ··· 155
자본금회전율 ··· 51
자본변동표 ··· 164, 165, 183
자본잉여금 ··· 155
자본조정 ··· 155
자본투자 ··· 61
자본회전율 ··· 51
자산 ··· 88, 91, 103, 148, 149
자산관리방식 ··· 53
자산재평가 ··· 61
자연적 자원(natural resources) ··· 32
잔액시산표 ··· 126
잔여지분 ··· 89, 154
장기금융상품 ··· 152
장기대여금 ··· 152
장기부채 ··· 229
장기성매입채무 ··· 154
장기차입금 ··· 154
장기체재형 영구호텔 ··· 53
장기체재형 호텔 ··· 53
장부 마감 ··· 102
재고자산 ··· 151, 230, 277
재고자산회전율 ··· 237
재공품 ··· 151, 264
재무보고서 ··· 45, 70
재무분석 ··· 203
재무비용 ··· 52
재무비율 ··· 224
재무비율분석 ··· 205, 222
재무상태 ··· 139, 254
재무상태표 ··· 92, 132, 144, 172
재무상태표 계정 ··· 112
재무상태표 등식 ··· 88, 144
재무상태표의 양식 ··· 146
재무위기 ··· 24
재무위험 ··· 229
재무적 건전도 ··· 223
재무적 안정성 ··· 232
재무적 정보 ··· 94
재무 정보 ··· 21
재무제표 ··· 46, 74, 102, 136, 137, 139, 183, 203, 223
재무제표감사 ··· 194
재무제표분석 ··· 202, 224
재무활동(financing activities) ··· 43, 44
재무회계 ··· 253
재무회계기준심의회 ··· 78
재무회계기준위원회 ··· 73
재산상태 ··· 46
재투자 ··· 42
저장품 ··· 151
적시성 ··· 79
적정의견 ··· 176
전기(posting) ··· 119
전문경영인(expert) ··· 38
전자공시시스템 ··· 137, 217
정보내용 ··· 140, 161, 168
정보시스템 ··· 86
정보요구 ··· 97
정보욕구 ··· 224
정보의 유용성 ··· 75
정보이용자 ··· 71, 86
정보흐름 ··· 166, 168, 171, 173
정부 당국 ··· 96
정부기관 ··· 95
정산표(worksheet) ··· 101, 130
제조간접비 ··· 257
제조 기업(manufacturing companies) ··· 35
제조원가 ··· 256, 264
제조원가명세서 ··· 264, 265
제좌 ··· 119
제품 ··· 151
제품배합 ··· 277
제품원가 ··· 256
제품제조원가 ··· 264
제한된 서비스 호텔 ··· 57
조업도 ··· 260
조직 ··· 40, 42
조직구조 ··· 56
조직기능 ··· 41
조직화 ··· 55

조합 ···· 37
종업원 ···· 95, 96
주당손익 ···· 159
주식발행초과금 ···· 155
주식회사 ···· 37, 38
주식회사의 외부감사에 관한 법률 ···· 181
주주 ···· 95, 96
중립성 ···· 79
중요성 ···· 82
증권 ···· 37
지급능력 ···· 202
지도원리 ···· 81
지렛대(leverage) ···· 229
지배인제도 ···· 56
직접경비 ···· 256
직접노무비 ···· 256, 257
직접원가 ···· 256
직접재료비 ···· 256, 257
질적 속성 ···· 77, 78
질적 자료 ···· 203

차

차기이월이익잉여금 ···· 155
차량운반구 ···· 152
차변(debit) ···· 113
차입금의존도 ···· 215, 232
창업 ···· 25, 28
창업비 ···· 152
창업 사례 ···· 220
창업아이템 ···· 26
채권자 ···· 95, 96
책임중심점 ···· 262
책임회계시스템 ···· 182
철도 ···· 50
청구권 ···· 88, 89, 92, 145
총계정원장 ···· 121, 130
총괄식 손익계산서 ···· 186
총수익 ···· 274, 276
총원가 ···· 257, 261, 274, 275, 276
총자본순이익률 ···· 234
총자산순이익률 ···· 215, 234
총자산증가율 ···· 235
총자산회전율 ···· 51, 237
총제조원가 ···· 264
추세분석 ···· 205, 211
추세분석법(trend analysis) ···· 240, 243
추세형 손익계산서 ···· 211
추세형 재무상태표 ···· 211
추세형 재무제표 ···· 211, 214
추적가능성 ···· 255
출력 ···· 42
출자형태 ···· 35
취득원가 ···· 80
취득원가주의 ···· 80

카

카지노호텔 ···· 53
커머셜호텔 ···· 53
컨벤션 ···· 50
컨벤션호텔 ···· 53
크루즈 ···· 50

타

타겟코스팅 ···· 288
타인자본 ···· 145
토지 ···· 152
통제 ···· 42
통제가능원가 ···· 262
통제기능 ···· 41
통제불능원가 ···· 262
투자비용 ···· 52
투자수익률 ···· 234
투자유가증권 ···· 152
투자자 ···· 95, 96
투자자산 ···· 152
투자전략 ···· 137
투자활동(investment activities) ···· 43, 44
틈새시장(niche) ···· 26, 60

파

판매관리비 ···· 23
판매량 ···· 274
판매비와관리비 ···· 158
판매조건 ···· 239
포괄손익계산서 ···· 92, 93, 132, 156
포괄손익계산서 계정 ···· 112
표준비율 ···· 223, 241
표현의 충실성 ···· 79
풀 서비스 호텔 ···· 57
프랜차이즈 가입비 ···· 54

프랜차이즈 사용료 ········ 54
프랜차이즈호텔 ········ 54
프랜차이징호텔 ········ 53
피드백 가치 ········ 79

하

한국은행경제통계시스템 ········ 51
한국채택국제회계기준 ········ 181
한국회계연구원 ········ 78, 141
한정의견 ········ 176
합계시산표 ········ 126
합계잔액시산표 ········ 126
합명회사 ········ 36, 38
합자회사 ········ 36, 38
항공 ········ 50
행위의 지침 ········ 140
현금기준(cash basis) ········ 128
현금및현금성자산 ········ 151, 171
현금보유액 ········ 168
현금화 가능성 ········ 229
현금흐름 ········ 46
현금흐름표 ········ 137, 164, 167, 168
현대차 ········ 23
현대회계 ········ 86
호스피텔러티산업 ········ 48, 50, 182
호텔경영회사 ········ 55
호텔기업 ········ 39, 56, 100, 102, 180, 186
호텔 및 모텔업 ········ 50
호텔산업 ········ 48, 60, 61
호텔소유주 ········ 54, 55
호텔신라 ········ 177
호텔체인본사 ········ 54, 55
호텔프랜차이징 ········ 54
호텔회계 ········ 63
화폐단위 측정의 가정 ········ 77
활동성비율 ········ 225, 228, 236
회계 ········ 69
회계가정 ········ 74, 75
회계공준 ········ 75
회계관습 ········ 74, 82
회계기간 ········ 77, 102, 146
회계기간의 가정 ········ 77
회계기준 ········ 80, 176
회계기준위원회 ········ 78, 181
회계등식 ········ 86, 88, 91, 93, 105, 111, 125
회계보고서 ········ 23, 87, 91, 92, 136
회계상의 거래 ········ 103
회계순환과정(accounting cycle) ········ 101, 102
회계실무 ········ 74, 81, 100
회계연도 ········ 77
회계원칙 ········ 74, 80
회계의 개념체계(conceptual framework) ········ 74
회계의 목적 ········ 74
회계이론에 관한 보고서(ASOBAT) ········ 71
회계전문기관 ········ 69
회계정보 ········ 43, 45, 48, 61, 68, 72, 78, 94, 100, 124, 158, 175
회계정보시스템 ········ 87, 133
회계정보이용자 ········ 74, 75, 87, 91, 94, 95
회계질적기준 ········ 74
회계행위 ········ 140
효율 ········ 62, 189, 265
효율성 ········ 58
효율성비율 ········ 236
휴양지호텔 ········ 53

저 자 소 개

류 철(柳 哲)

- 세종대학교 경영학사, 경영학 석사, 경영학 박사(기업경영분석)
- 중소기업청 시장경영지원센터 경영지도위원
- 중소기업청 소상공인진흥원 자문위원
- 한국전산회계학회 수석부회장, 대한경영학회 이사, 한국호텔관광학회 이사, 기타 한국경영학회, 한국산업경영학회, 한국회계학회, 한국회계정보학회, 한국경영정보학회, 한국호텔외식경영학회, 한국외식경영학회, 동아시아식생활학회 회원
- 중부대학교 관광보건대학 호텔경영학과 교수

주요 저서

- 회계학개론(2002). 대전: 대경.
- 현대 회계원리(공저)(2004). 대전: 대경.
- 경영조사방법과 SPSS 10.0(공저)(2005). 서울: 현학사.
- 조사방법과 SPSS 12.0(공저)(2006). 서울: 현학사.
- 누구나 편하게 즐길 수 있는 와인이야기(공저)(2005). 서울: 현학사.
- 와인: 오버뷰(공저)(2008). 서울: 현학사.

주요 논문(학술진흥재단 등재지급)

- 회계정보량의 변화가 기업도산예측에 미치는 영향
- 차별적 정보가설에 따른 재무제표정보의 시장가격화에 대한 비교분석
- 분배, 공시절차 및 상호작용 공정성이 호텔종사자의 직무만족, 조직몰입 및 상사신뢰에 미치는 영향(공저)
- 호텔종사자의 직무스트레스, 조직시민행위 및 조직몰입간의 관계에 대한 연구(공저)
- 호텔기업 조직분권화, 신뢰, 조직몰입의 관계(공저)
- 호텔레스토랑 관계의 깊이와 고객화 수준이 서비스 회복과 고객만족의 관계에 미치는 조절 효과(공저)
- 조리용 와인의 선택 속성과 인구통계학적 특성 사이의 관계에 대한 연구(공저)
- 와인품질평가 요인의 중요도에 대한 레스토랑 종사원의 인식 차이(공저)
- 조리용 와인이 음식의 품질속성에 미치는 영향(공저)
- 하우스와인의 적정 서브온도관리에 관한 연구: 서울 소재 특급호텔을 중심으로(공저)
- 조리용 와인 운영분석 및 조리용 와인 선택요인이 사용만족도에 미치는 영향(공저)
- 와인소비자 유형별 와인품질평가 요인에 대한 중요도 차이(공저)
- 노동보상이 호텔종사원들의 직무만족에 미치는 영향과 보상가치의 조절효과: 호텔와인 관련업무 종사원들을 중심으로(공저)
- 지역사회 애착심에 따른 호텔건립평가와 관광자원개발 선호도 연구(공저)
- 커피 전문점 고객의 이용동기에 따른 경험소비의 차이 연구
- 커피전문점의 물리적 환경・감정반응・행동의도와의 관계 연구(공저) 외 다수

저자와의
합의하에
인지첩부
생략

K-IFRS에 따른 **호텔회계의 이해**

2009년 5월 30일 초　판 1쇄 발행
2022년 7월 30일 개정2판 3쇄 발행

지은이 류철
펴낸이 진욱상
펴낸곳 백산출판사
교　정 편집부
본문디자인 편집부
표지디자인 오정은

등　록 1974년 1월 9일 제406-1974-000001호
주　소 경기도 파주시 회동길 370(백산빌딩 3층)
전　화 02-914-1621(代)
팩　스 031-955-9911
이메일 edit@ibaeksan.kr
홈페이지 www.ibaeksan.kr

ISBN 978-89-6183-192-5　93320
값 22,000원